本书得到中国政法大学"双一流"学科建设项目资助

对话与比较
中意行政法文集

罗智敏◎主编

Dialoghi e confronti

Antologia di diritto amministrativo italo-cinese

中国政法大学出版社

2019·北京

图书在版编目（ＣＩＰ）数据

对话与比较：中意行政法文集/罗智敏主编.—北京：中国政法大学出版社，
2019.11
　ISBN 978-7-5620-9339-8

　Ⅰ.①对…　Ⅱ.①罗…　Ⅲ.①行政法－对比研究－中国、意大利－文集
Ⅳ.①D922.104-53②D954.621-53

　中国版本图书馆CIP数据核字(2019)第275352号

出 版 者　　中国政法大学出版社
地　　址　　北京市海淀区西土城路 25 号
邮寄地址　　北京 100088 信箱 8034 分箱　　邮编 100088
网　　址　　http://www.cuplpress.com (网络实名：中国政法大学出版社)
电　　话　　010-58908289(编辑部) 58908334(邮购部)
承　　印　　固安华明印业有限公司
开　　本　　650mm×960mm　1/16
印　　张　　23
字　　数　　355 千字
版　　次　　2019 年 11 月第 1 版
印　　次　　2019 年 11 月第 1 次印刷
定　　价　　65.00 元

前 言
PREFACE

中国与意大利在法律文化交流方面，近些年来取得了丰硕成果，中意法律界在举办国际学术会议，罗马法原始文献、意大利近现代法学名著的翻译和基础理论研究，教学科研合作，师生交流，研究生联合培养等方面取得了显著的成绩。然而，中意的公法交流相对于罗马法、私法的交流机会较少，国内以意大利行政法为研究内容的著作比较少见，专著则更为罕见，目前仅有意大利詹保罗·罗西（Giampaolo Rossi）（罗马第三大学教授）的《行政法原理》[1]、罗智敏的《意大利行政诉讼制度研究》等，其余有关意大利行政法的讨论散见于曾繁正、赵向标等编译的《西方主要国家行政法、行政诉讼法》[2]、胡建淼的《比较行政法——20 国行政法评述》[3]、关保英主编的《行政法思想史》[4]等著作当中，此外还有罗伯特·隆波里（Roberto Romboli）等人的《意大利法概要》[5]当中有一小部分与公法相关的内容。

中国政法大学法学院与意大利罗马第三大学法学院有着较长时间的交流合作，尤其在行政法方面，基本上每隔两年就举行一

---

〔1〕 [意] 罗西：《行政法原理》，李修琼译，法律出版社 2013 年版。

〔2〕 曾繁正等编译：《西方主要国家行政法、行政诉讼法》，红旗出版社 1998 年版。

〔3〕 胡建淼：《比较行政法——20 国行政法评述》，法律出版社 1998 年版。

〔4〕 关保英主编：《行政法思想史》，中国政法大学出版社 2008 年版。

〔5〕 [意] 罗伯特·隆波里、阿尔多·贝特鲁奇等：《意大利法概要》，薛军译，中国法制出版社 2007 年版。

次行政法方面的国际学术研讨会，法学院还会不定期邀请意大利学者来中国讲座，进行学术交流与访问。本书就是中国政法大学法学院与意大利罗马第三大学自 2011 年以来举办的行政法学术研讨会及部分学术讲座的成果。

全书分为行政组织法，行政行为、行政程序与信息公开，行政诉讼以及环境行政法几个部分，包括在新行政法背景下意大利行政法学界对欧洲问题、行政法研究的方法问题、对行政机关各类行政手段的思考；尤其是在环境保护等领域，行政法如何面对包括公私合作、多元治理、灵活监管在内的多项议题，以期形成值得深思的参照对比。希望通过本书的出版，能够完整呈现近年来中国行政法学界与意大利行政法学界的交流与讨论状况，帮助国内行政法学界增进对意大利行政法当下研究的理解，促进本国行政法的进一步发展。

值此本书出版之际，向多年与中国政法大学法学院进行合作的詹保罗·罗西、达尼罗·帕帕诺（Danilo Pappano，意大利卡拉布里亚大学教授）、安德烈·法理（Andrea Farì，罗马圣玛利亚自由大学教授）表示衷心的感谢！

最后，感谢中国政法大学出版社第三编辑部彭江副编审对本书出版的大力支持，感谢中国政法大学法学院 2018 级行政法硕士研究生王雨婷同学对全书文字整理与格式修订进行的辛勤工作。

罗智敏
2019 年 1 月 1 日

目 录
CONTENTS

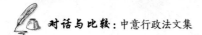

环境行政法

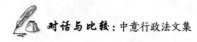

Contents

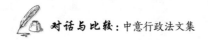

Diritto amministrativo dell'ambiente

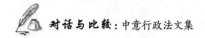

行政组织法

欧洲问题

[意] 詹保罗·罗西 * 著

郭逸豪 ** 译

一、欧盟危机的结构性特征

欧洲的制度正处在明显的危机之中。

各国的"财政危机"让统一货币所要求的预算平衡变得几乎不可能，这造成了某种恶性循环：预算改善的标准与增长的目标之间存在冲突，而增长对于改善预算来说又是必需的。

大部分亚非国家的贫穷与欧洲国家的福利之间明显的对比，导致了大波移民的涌入。正在进行中的战争加剧了这个现象，而这个现象更深刻的根源在于世界不同部分的国家开放和经济社会不平衡之间的无法调和；如果不再次闭关锁国的话，单个的国家无法应对这个问题，但即便撇开伦理上的评价，过度和长期的紧锁国门也会为他们的经济带来损害。

各国在应对经济倒退的问题时常常采用三种措施：操纵货币；扩大债务；救济企业或帮助它们宣传。而这些措施的有效性在欧盟成员国中已经全部或者部分丧失，欧盟也没有有效地实施相应的权力。欧洲存在着某种权力真空，一种高于所有欧盟国家在困难地处理国际金融时所拥有的权力。欧盟则紧跟着各国竞争机构的处理，防止"国家冠军"（campioni nazionali）和拥有国际竞争力的公共或私营企业的形成，但不创立欧盟自己的。让·莫内（Jean Monnet）曾提出一个理论，他认为欧洲不去做，而是让别人去做（non fait, fait faire），如果把这句话倒过来看，我们

---

* 詹保罗·罗西（Giampaolo Rossi），罗马第三大学荣誉教授。

** 郭逸豪，中国政法大学法学院讲师，意大利罗马第二大学法学博士。

可以说，欧洲不做也不让别人做（non fait et non fait faire）。

每一个成员国中的反欧盟势力正在增加，共识也变得越来越少。即使不考虑公投的结果，英国脱欧这件事也是意义重大的。

共同对外政策的缺失反映在损害其他国家的欧盟成员国（比如对利比亚的战争）的单边主义精神（iniziative unilaterali）中，也体现在处理武装冲突时的无能为力中（叙利亚战争）。

将这种危机情形描述为一系列准确原因是明显错误的：这个危机有它的结构性特征。这个制度模型正经历着生死存亡的严峻危机。

二、部分修正（la parziale correzione）的根源与不恰当之缺陷

共同市场和欧洲统一货币在创立当初并未考虑到长时间的维系问题。欧盟旨在调整自己内部成员国之间的关系，最简易的方法便是设立自由市场，或更好的是设立共同市场，防止各国预算的收支不平衡和对有能力的国家增加支出的负担，同时又缺乏相应的保证。

尔后，在最初的领域之外又通过后续的条约进一步增加了一些领域，尤其是《马斯特里赫特条约》和《里斯本条约》，它们赋予了欧盟与其公民的利益有直接联系的任务：自由、安全、公正、经济的发展、充分就业、社会增长和保障、环境保护、人民的福祉（art. 3 c. 1, 2, 3 TUE）；欧盟的任务在于，在与世界剩余部分的联系中确定和推进它的价值与利益，保护它的公民（c. 5）。在这些说明之外，欧盟"仅仅在成员国通过条约而赋予它的职权范围内行动"（art. 5），虽然存在某些发展性的解释空间，它源于所谓"不确定权力"（art. 352 TFUE）的先见之明，当欧盟某个涉及共同市场运行的领域发出请求时，它允许在缺乏特殊指定的职权时进行干预。

欧洲职能的启动利用了针对竞争的相对功能的无限特质，这并非一种物质（materia），而是贯穿其他大部分的特征。因此，环境"物质"（materia）同意欧盟委员会担起授权于各部门的所有者身份。

欧盟法院（la Corte di giustizia europea）所赋予的广义解释使欧洲法律空间得到了进一步意义深远的扩大，该法院是唯一能够独立决定特定职权的机构，并以持续且有益的方式加强了统一的进程，最近，在欧洲秩序中吸收了《欧盟基本权利宪章》和《欧洲人权公约》之后，欧盟人

权法院（la Corte europea dei diritti dell'uomo）成为了人权的守护者。通过这种方式，统一化的进程借助集体基本权利正在进行，尽管它有所保留，却获得了热情的拥护。

欧洲正在紧锣密鼓地制定规范，尤其是涉及普遍利益（interesse generale）的部门（servizi），考虑到这些部门"在推动社会和地域凝聚力时所扮演的角色"（art. 14 TFUE），但仍旧停留在各国在确保履行时的任务是什么这个问题上。

在执行层面，欧盟设立了多个财政组织，用于干预经济事务，尤其是在诸多已经运行多年的基金之上增加了欧洲投资银行（European Investment Bank，EIB），欧洲投资基金（European Investment Fund，EIF）和欧洲战略投资基金（Europeon Fund for Stragegic Investment，EFSI），用来支持农业和其他社会与文化目标。尽管马里奥·德拉吉（Mario Draghi）为扩大解释做出了宝贵的努力，尽管也存在诸多限制，但欧洲中央银行（Banca Centrale Europea，BCE）的权力得到了增强，在存在诸多阻挠的情况下，力求获得投资欧洲的批准。

欧洲机构大部分是规制性的，但也有一部分有执行的任务，比如欧洲空间局（Agenzia Spaziale Europea）。当欧盟处理外部事务时，它的成果意义重大，比如在应对避税和多国滥用信息垄断地位的问题时。在与美国谈判关于自由贸易区的问题时，也是由作为实力地位的欧盟来主导，而非单个国家。

面对经济危机，为了采取条约中未遇见的措施，欧盟援引了国际法中的特殊协定（appositi accordi），协同欧洲财政稳定基金（European Financial Stability Facility，EFSF）创设了一种欧洲稳定机制（Mechanism of European Stablility，MES），而这个财政稳定基金是卢森堡私法中的怪胎，它要求法律学说努力给出一种法律解释。这些机制都超出了欧盟的法律，但欧盟委员会和欧盟法院都以不同的方式找到了处理的方法。欧盟法院将其视为欧盟法律的补充而非对立，确立了它的合法性。

人们一致认为，具有一贯性的欧洲行政法如今已经形成，它包含了"致力于好的行政管理的法律"（尼斯宪章 art. 41），同时，欧盟也被某些人定义为"基于行政法律的共同体"，欧洲宪法的学习研究也得到不断的推广。

"无处不在"（pervasitià）意味着欧盟法律数量上的（quantitativa）繁盛：欧洲法律的条约散见于（scritti）每一个国家的法律中，如今几乎涵盖了国内法的所有领域。但抛却数量，在质量层面（qualitativa）：欧盟法律条文统一化的某些形式比起一些联邦制的国家还要紧密，在某些特定方面，国家宪政传统遭到了恣意的低估，而在联邦制国家中，这些宪政传统却很可能得到了尊重。

然而，它的主要特征是提供了一个共同框架，各个成员国可以在其中进行竞争：在这些措施中，没有一个措施足以解决前面所提及的危机，也没有一个措施足以让民众觉得他们的问题可以交由欧盟来解决。而且，当基础性法律（diritto fondamentale）在欧洲范围内被确定时，满足它则是各国的任务。

不对称的制度设计有其脆弱性，在这种设计中，各国是发展、工作、安全、必要服务的救济和履行之社会需求的独立承受者，却不拥有履行他们的必要权力。这种反常的现象终结于民主制度的运行，因为问题和作为手段的制度之间不相协调。

防止成员国损害其他成员国利益的行为，是欧盟的主要任务，尽管不是唯一任务，可以确定的是，欧洲生存于一个被视为是"禁止与严苛"因素（fattore di divieti e di rigidità）的公共意见之上，而它们在危机的情形下也变得无以为继。针对"布鲁塞尔官僚主义者"的争议是正确且不宽容的，因为是这些官僚们在履行交由他们的任务。

三、"欧洲由此诞生，也由此死去"，但从未有人说起

历史分析明确表明了"数量产生德性"（la quantità fa virtù），极少有短暂存在的例外。较大的集合体比起较小的更具优势，这在地方历史中一直是无可辩驳的。同样的优势也体现在国家间的关系中：在欧洲，有两个国家的内部存在分裂——德国和意大利，它们不像其他国家一样能够扩张，而它们的统一是通过战争来完成的。

"数量"（quantità）赞成集中资源来发展规模经济（economie di scala）。在全球背景下，许多国家拥有一个亚大陆（sub continentale）的规模（dimensione）以及其他不同程度的大规模，这些欧洲国家不单独具备真正的能力来扮演重要角色。对于意大利而言，后来又多了一个理由

来期待一个统一的欧洲：人们拥有巨大的创造性，而它的反面让"综合"（le sintesi）变得尤为困难；只有存在着巨大的动机，集体化才有可能。

我们正处于与过去相似的某种情形中，它让我们感到国家间的统一是必要的。实现意大利统一的意识在过去是如此根深蒂固，在更有意识的大脑中，曾经有许多年轻人为此献出了生命。用加里波第的中尉尼诺·比卓（Nino Bejo）的话——"意大利由此诞生，也由此死去"——是最好的证明。

而如今，已经不存在如此理想化的关于统一欧洲的动机了，或许因为人们不再生活在一个拥有巨大动机的环境中，又或许因为在"一个欧洲"还是"衰落"之间做出无可逃避的选择的意识还不成熟。另外，有意识的政治、文化和宗教成分还渗透在民族国家和地方问题之中。如今，阿尔契德·加斯贝利（Alcide De Gasperi）的话听起来是那么遥远，他在1954年那不勒斯市议会中做了他最后的讲话，致敬了"我们的祖国——欧洲，它处在我们的思想和利益之巅"。唯一强烈和令人悲伤的呼唤来自教皇方济各，还有教会。

然而，欧洲统一的基础在于某些很好理解的理想化的东西。那些构成欧洲的国家在根本上都尊重人权，并真正地维护人权，现如今，公共权力体现在服务上，也服从于法律。与其说一个联邦性质的欧洲面向外部，倒不如说它将自己封闭在内部，但为世界做出积极的贡献。

四、联邦欧洲借助坚固的合作在同心圆中"自下而上"地逐步建构：网络、基础设施、安全和基本福利、文化、部门政策

欧盟是不可或缺的；现今的模式不再有效；现行的制度改革之路已不可行，且会导致失败。如何解决这个错综复杂的问题？

人们提出了许多建议，但大部分都存在同样的问题，它们都缺乏一个全面的战略性蓝图，给人一种随机变化的印象，而这种蓝图对于理想化动机的形成可能十分关键。

五位总统的建议（21.6.15）也大部分倾向于经济和财政措施，在制度层面，他们的主要建议是增强欧洲议会的权力。这是一个由多部门给出的建议，它弥补了欧洲制度民主合法化的缺口（gap），然而，在关于欧洲现行制度的独裁和间接民主特征的争议之外，欧洲议会的力量尽管得到了适当的增强，却无法解决前面所提及的"社会问题接受者"和

"有能力提供答案的制度"之间的不对称性问题，因为它不具备财政杠杆（leva fiscale）和财政开支的相应权力。

其他的建议则重提或强调了将欧盟视为是一种制约（fattore di vincolo）的缺陷：其中之一是由欧洲财政部长设立的德国和法国银行的高管们所提出的，他们对是否通过国家预算拥有否决权！不同的是，如意大利政府所提出的，欧洲财政部长更可能拥有可供自己支配的用于解决社会问题的预算（budget）。在这种情况下，人们可能会直接赞许欧洲政治的优点。虽然同一个政府提议的其他措施也会通过，比如，建立一支欧洲边防队伍和创立一个欧洲基金，用来救助移民们的来源国或减少移民的热情和动力。

倘若不想走回头路的话，或许可以利用几个国家间的国际协议，抑或利用可预见的，因《里斯本条约》而加强的合作，尤其是在 6 个欧盟创始成员国之间（不包括西班牙、葡萄牙和奥地利）。如此，参与国的数目可能达到 TUE（art. 20，2）所要求的 9 个，这是授权加强合作的最小数目。

由此可以形成一个同心圆式的欧洲，它通过不同程度的权力让与和获得来增强和扩大它的核心区域，只要这些权力与义务的丧失和获得一直是相对应的。此外，如今的欧洲已经是一个更加快速发展的欧洲：一些国家加入了欧元区，而另一些还没有，它也在与英国协商"分手协议"，同时又存在着国际条约，比如并非 28 个成员国都签署了的 MES。因而，我们可以忽略那个"全体一致"（regola dell'unanimità）的规定，那是个真正的笑话。

欧洲始于那些决定增强融合的国家，这样可以为人民带来更多的安全，在很大程度上保障和满足基本需求。

在由一个不具备法律价值的文件所决定的关于组织结构的构想中，我们可以加强某些业已启动的统一进程：通过关涉普遍利益的经济服务来增强欧洲的社会性权益，科学研究和空间方面的共同计划，边界的军力和辅助移民的投入，伊拉斯谟计划的扩大，文化和电影的创新，发展项目的资助（包括"容克计划"，不涉及那些不期望加入的国家），基础教育的和谐化（非同质化），基本辅助项目，能源网络和谐形式的统一化（包括油气、运输和邮政），借助融合和共同经营的项目来加强与其他国家发展的合作。

伴随着一个数年的计划，所有这些都逐渐地将各个国家的预算份额变成了欧盟的预算。

之后，我们可以在现行的宪政体制之内推进一些新的制度性措施，或者进行一些个别的修改：增强欧洲中央银行和统一银行系统，创设欧洲警察，共享武装核心力量，促进财政政策的和谐化，创设一些欧洲公共企业的战略部门或采取混合资本的形式。

上面所提议的方式基本上接近于让·莫内（Jean Monnet）推动欧洲煤钢共同体（CECA）制度的方式。在 1950 年 4 月 28 日的备忘录中，莫内指出了面对欧洲政治共同体理念的困难，他写道："从类似的情形出发，就只有一条出路：以一种具体的和坚决的行动来解决有限但具决定性的问题点，它可能会造成这个问题的根本改变，并逐渐改变所有问题中的相同议题。"

五、公法新的研究路径

法学主要把欧洲问题假定为一个"事实"（dato）来处理。大学依旧将这个阶段保留在其学习科目（curricula）之中，放在具有国际法性质的"集体法"（diritto comunitario）名目之下，而超越这个阶段，作者们都关注欧洲法，并将其放置在法律渊源、组织和业务（attività）部分，尤其针对它的概论，作为如今几乎完全依赖欧洲法律规范的公共关系。

现如今，所有国家都有为数众多的学者在贡献出他们宝贵的论著和一些真正的、恰当的专题论文。但与之相关的全面的理论方面的问题并不多见。主要的还是原创性的问题，或者是从国家行政法体系的现有范畴中所推导出的问题，但阅读 G. D. 罗马尼奥西（G. D. Romagnosi）19 世纪初的作品就足以证明，尽管欧洲法律已经提出并实现了一系列辅助性、比例性的原则，但学者们还是就上述原则进行了明确的论述。尤其是在更详细的德国学说中，批判性的议题却十分稀缺，比如宪法法院禁止未经合法的民主机关决议通过的主权转让。欧洲法院正被各国法院的基础性问题所淹没。鲜少存在异议，如同法国国家议会所展示的行政机关执行欧洲人权法院关于行政制裁的判决的职责。（Ass. 31/7/14, M. Vernes）

不管怎样，在全面考虑公法学者的研究之后，我们会发现，在那些深入研究欧洲法的学者与那些忽略欧洲法研究或者将其边缘化的和研究本国法律秩序或者比较法的学者之间存在着某种不平衡。关于不同领土国家之间的权限分配问题主要集中在国家与地区或者自治共同体或者土地（landers）的关系之上，这些问题很重要，但已经失去其战略意义上的重要性。伴随宪法法院判决的是无休止的争论，而面对这些争论，欧洲法院和欧洲人权法院的判决被广泛且非批判地接受。

还有公共和私人的关系问题，它是公法学科的核心，而它极少跨越国家问题的门槛，或者仅仅理所当然地认为，欧洲方面在强化市场经济时才考虑欧洲问题，忘却了各成员国之上的"共同体"。差异并不小，因为首先，欧洲秩序中蕴含着一种自由的意识形态，它并不在于欧洲法院自己所做出的某些令人困惑的东西，因为欧洲的实证秩序并未展示出对自由市场的兴趣，由于那些与成员国的共同利益相对应的措施，比如许多领域的措施，如煤炭、渔业、农业、针对第三世界的关税政策。即便存在共同利益，预算平衡的教条也被毫无异议地遗忘：想一想存款和借贷以及类似制度被排除在公共领域的审计范畴之外，便已足够。

人们很少去研究关于经济和服务的欧洲公共领域问题。在这些问题中，带有基本利益性质的欧洲企业议题仅是某些有趣研究的主题，而这些研究仍未得到它们应有的发展。

一个更加广为流传的，对欧洲问题具有决定意义的意识能使学者们将注意力集中在学术研究不断提升的标准和立法（de jure condendo）之上，以及与在联邦制国家已经实验过的行政制度和拥有复杂秩序的宪法的体制比较上，它们都涉及领土型国家，从欧盟到共同体。

相比到此为止我所谈论的，仍需讨论的是，长期的视角是否意味着一个国家联合体的视角，或者一个区域间大联合的联邦视角。

这是我们最初的问题，但提出问题至今，我们所达成的积极成果是，把那些要求极大程度国家自治和预想脱离欧洲的人民带到一个非敌视欧洲的立场。此外，当下的历史正经历逆行的阶段（una fase inversa），想要退回到8个世纪前各个民族国家的建立时期，以及帝国与教会的超民族国家权力土崩瓦解的时期，倘若不是因为这段历史过于久远，他们肯定更赞同那种特征鲜明的单独的自治体。

公私混合型案例：阅读的关键和方法的问题

[意] 詹保罗·罗西 *　著

郭逸豪 **　译

一、案例的碎片化和法律范畴的危机

如今法学正在讨论法律的危机，至少是在讨论法律的深层次变化问题，几十年来一直如此。相比于其他部门法而言，行政法与个人、社会团体和国家的联系更加紧密，它以某种特殊的形式参与了这场辩论。

如今，所有国家都考虑逃避行政法律，考虑在公共行政方面不断提高私法适用的比例和国家主权的危机。这样的环境制造出了一些刻板印象。某些学者将无国家的行政法、全球政府、公私区分的终结和"新型法律"（这一点很好理解，不是先前的东西，而是现在所是的东西）理论化。

与此同时，法官、律师、行政人员都在继续做着他们的大部分工作，这些工作并未发生大规模的改变，如果说的不是使用信息工具和带着极大的困难寻找那些扩大和增加了的法律渊源。然而，在实践适用中，时常会遇到不确定的东西。

我所要提出的问题如下：我们应该认为，在关于普遍问题的会议和写作中所提出深层次变化要么是真实的，或者相反，它仍属于制度、经济和社会背景下的前法律（pregiuridico）问题，但它仍未回到实证制度之中？一种科学，如法律科学，其本身拥有验证其实效性的难以回避的必要，我们无法从危机状况中推论出我们所考虑的这个现象的终点，也

---

* 詹保罗·罗西（Giampaolo Rossi），罗马第三大学荣誉教授。

** 郭逸豪，中国政法大学法学院讲师，意大利罗马第二大学法学博士。

无法推导出新的法律系统和范畴。

回答这个问题并不容易，统一的答案也并非必须。我们更应该通过使用正确的科学方法来寻找简化的答案，这种方法能够借助分析现象的特征来减少不确定性的范围。

二、主权的危机和它对法律范畴的直接影响

在给出的所有答案中，以下观点流传甚广，即经济全球化决定了全球性法律的形成与主权危机，以及与之相关联的范畴危机。我们预料会发生主权危机，是因为国家已经失去了亚里士多德（Aristotle）所描述的自给自足的必要条件。沟通和交换的工具不再受到地域限制。在部分程度上，经济和金融不再受国家控制。19 世纪中叶，德国学派诞生于制度性的假设前提，尔后，这些公法领域的国家制度的前提处于明显的危机之中：所有公法的基本概念都建构在一种自足和封闭的国家体系的前提之下，或者至少是以能够决定自己的开放程度为条件。

如果说危机明显存在，但由此造成的法律层面的后果却并不明显。

认为每个问题都肯定有相应的答案的观点显然是错误的。答案可能空缺，或者需要长时间去寻找。

实际上，经济并非全球化，而是"半全球化"。"主权国家"变得更为虚弱［不是更强大，如托马斯·皮克提（T. Piketty）认为的那样］，因为国家不再能够保持完全封闭，因为伴随着源自内部或者超国家的法律的多样性，国家需要履行的功能变得更多了。

这种虚弱并未从相应增加的由国际或者欧洲组织所履行的功能中得到一丁点的补偿。虽然很多人期待"全球性政府"，但它并不存在；相反地，在这段时间，超国家组织在曾经企及的力量层面也明显变得虚弱。尽管在着重强调去地方化的背景下，地域性国家仍保持其唯一的制度性地位，不仅在福利的新功能方面，同时在保障自由和安全的传统功能方面也有能力履行责任。

因此，在虚弱的主权和提出新的法律范畴及获得可供使用的方法的必要性之间，并不存在直接的联系。

三、"公共与私人"区分的变质和案例多样性所引起的相应的解读障碍

法律范畴的不断碎片化，不断增加的案例复杂化，这些特征在具体法律生活的真实应用中并不少见。

毫无疑问，"公共"与"私人"的真正分离也因为诸多复杂的因素而陷入危机。在这些因素中，新自由主义意识形态的传播明确扩大了市场的范围和私法的范畴，旨在使私法范畴普遍化或者至少是把"公共的"逼到角落，让其变得多余。在某种背景下，地域性国家的必要功能反而增加了，这种功能包括保护它所承担的被视为是"权利"的利益，避免其减少，而这种功能的增加导致民法范畴的适用无法从其本身获得令人信服的解释。

这里也实施所谓的"预先逃避"（fughe in avanti）。从公法角度来看，比较明显的"逃避"是它将公法的目标理论化，使所有制度都纳入私法范畴。从私法角度来看，法律制度在不断客观化，而这些制度从商法转到了民法，这种客观化让某些人认为"合同已死"，或者至少是制度的统一概念的死亡。另一个普遍化的不恰当趋势在于，任何一个受保护的法律情形的案例都被视为主观法律。

这里关系到理论和实践的错误。在理论层面，斯大林和纳粹时期的法学家并未提出"公法目的"的论点，因为当时的观点假设了政治统治，以及个人被国家所吸纳。"合同已死"的观点迷人且充满悖论，它极端化了某个真实现象，这个现象看到了合同本质要素普遍适用的危机，同时也看到了某些案例的普及，在这些案例中，法典化原则的价值变得多余。在实践层面，"公共"和"私人"的两极肯定随着逻辑、制度和不同的司法地点一起幸存下来，但它们都是会经常出现的法律事件，人们无法利用传统的理论对其进行解释，因此会引导我们去研究一些新的或者经历过创新的关键解读。

四、科学方法适用于法律

经过以上快速的确认，我们明确地知道，不可能会出现针对这些问题的简易答案，因此，我们需要反思在研究和法律适用中所采用的方法。

在所有国家的法律学说中，辩论一直是最热烈的，但也经常在伴随

着一段沉寂时间的危机，迎来尤为活跃的阶段。不管怎样，大部分辩论都停留在它自己的封闭圈子里，而不去利用活生生的法律所提供的论据。

现在不去考虑问题的本质，我认为，我们有足够的理由相信，至少存在某种具有自己特殊性的法学方法，但本质上却并不会与科学的其他部门有所不同，因为它们都从提出问题出发，分析案例，解构基本事实，提出与问题和分析结果相适应的解答，确定普遍的特征和不同的构成性特征（笛卡尔）。

这种研究路径并不要求在规范演绎法和现象学归纳法之间做出选择，因为既定的规范（尽管它被认为是不详尽的）在案例学习中是不可或缺的。然而，不可否认的是，在秩序井然且稳定的背景下，演绎法使用起来更加容易，而在不断增强的能动性和多变性的危机之下，首先需要分析和确认不同的特征，如果不同的案例有着共同的特征，那么答案就不在于扩大概念以便让不同案例中的概念变得容易理解，因为这样的话，它会使概念变得稍纵即逝以及缺乏意义。

"大概念"（megaconcetti）的扩大化趋势在所有国家的大部分法律科学中依旧是最普遍的，它引导法律科学，比如说，去理解"关系"范畴中个人与国家关系的所有事件，或者去描述行政是如何实施的，以及诉讼中的"个人"如何行动的，或者去评判所有合同本质要素都欠缺的合同案例。

这些设定都简化了实际上错综复杂的现实，人为地将它们变成一种不恰当的概念统一体。

五、"法律泥淖"测试中的本质和渐进主义方法的使用

普遍化和简单化一样，都是错误的行为。范畴和正确的科学方法并不在于"大概念"，而是在对于复杂的案例依然有效的基本概念，而在这些复杂案例中，本质的要素以不同的方式组合在一起［如19世纪初期 G. D. 罗马尼奥西（G. D. Romagnosi）和 O. 冯·吉尔克（O. von Gierke）所指出的那样］。

我们如何能够在没有水和土地的概念的情况下将一个泥淖解释为浑浊的水和土地的搅动（mischiata）呢？在我们确定某些本质概念之后，这些概念依据不同的等级组合在一起，而在这些不同等级中，其中一个

或者另一个占据主导地位。这种方法在如今越来越多的"混合型案例"（fattispecie miste）的定义中找到了具体的适用，它也赞同法学为新现象提供详尽的解释。

在大部分案例中，公法和私法的要素以不同的方式组合在一起，我们应该使用"主导性"标准（il criterio della prevalenza）：适用的基本原则（公法或者私法）是主导性特征原则；其余的特征要么是绝对的，要么是多余的。

那么，比如在股份有限公司公共主体（enti pubblici）改变的情形下，一种非简要和非任意的回答应该基于决定这个公共主体的本质要素：它无法支配与功能的必要性相联系的自身存在，连同借助规范力求达到必要目标的股份有限公司的公共特征。因此，股份有限公司的私法原则在与公共特征兼容的限度内适用。

还有，存在着不计其数的，可以完全地或者简单地归于行政措施（缺乏第三方意愿，在第三方的法律领域内产生影响的单方行为）或者合同（选择主体、方式、时间和客体的自由行为）范畴的案例。但大部分案例的单边性（根据要求或者借助程序的措施）和自由（具有格式条款且有程序限制的有名合同等）的比例都很低。这里也是，案例的混合特征越明显（以至于需要新的名字来描述，比如"合意"或者"合约"），实际问题的解决方法就越依靠基础要素的主导性标准来决定。

相同的标准会带来有益的结果，在我们试图定义公共和私人的混合型特征时（比如公共的经济主体或者具备公共利益的私人主体），或者试图理解某些行为的特征时，对于这些行为而言，简单回归到措施或合同范畴看起来是被迫的（比如公共服务使用者给付的价格或税的特征）。

这同样也适用于主观法的情形：维护受到保护的利益有其等级，它源自于拥有所有主观法律情形的"关系型"特征（carattere relazionale），包括那些被定义为"绝对"的情形：权利伴随着其他主体的职责、义务、权力以及其他权利；在这种决定性的共存（convivenza）中，有效保护以不同的方式与权利保持一致。

在寻找对源起于经济发展和其与公共权力的关系的新混合型案例的关键解读中，可能稍显特殊的是，我们是在学说的科学合作中发现了它们，这些学说可以追溯到意大利的吉安·多梅尼科·罗马诺斯（Gian Domenico Romagnosi）和德国的奥托·冯·基尔克（Otto von Gierke）的学说。在两者的学说中，等级（gradazione）的标准得到了清楚的论述，并和所有权一起被适用。

　　需要解释的是，在公共权力和公共服务法律化和发展的初期，我们更容易捕捉到本质特征，而基于黑格尔学说的国家中心主义得不到支持，因此，与其立足"底部"（个人、社会团体），不如从顶层（国家、规范）出发，利用更恰当的工具来理解错综复杂又充满能动性的现象，比如研究和理解现行的行政法科学。

意大利共和国对地方团体监督的演变

［意］ 达尼罗·帕帕诺 * 著

罗智敏 ** 译

本文目的在于通过研究监督制度的发展，分析从 1861 年开始中央政府与地方自治复杂关系的演变，也就是制度的统一性与分散性之间的关系。[1]

中央对地方的监督制度实际影响地方自治的程度。

在这里不可能重构对地方团体或市镇自治监督的全部历史，因此不可避免地进行简要论述。

如果考察意大利历史，几乎有一个世纪，国家与地方是统一的，国家保留着重要的监督权。

最初可以追溯到 19 世纪中叶，1861 年意大利国家的建立（较晚于欧洲其他国家），统一了以前多个已经存在的小国家，这些国家被称为统一前国家。

随后，处于黑暗的法西斯时代及二战的失败，1946 年[2]从以前的萨丁王国中诞生了意大利共和国，两年之后，1948 年通过了宪法。

统一前的意大利，受到欧洲其他国家的统治，组织模式受到皮埃蒙特及全部萨丁王国的法国模式的影响。

法国模式建立在统一性原则之上，因集权及取消领土全部差异而著

---

　* 达尼罗·帕帕诺（Danilo Pappano），意大利卡拉布里亚大学教授，罗马圣玛利亚自由大学教授。

　** 罗智敏，中国政法大学法学院教授，意大利罗马第二大学法学博士。

　〔1〕 有关于中央与地方关系，参见 M. Nigro, Il governo locale, I, Storia e problemi. Lezioni di diritto amministrativo 1978−79, Roma 1980, p. 2 ss.

　〔2〕 关于法西斯时期，参见 S. Fontana（a cura di），Il fascismo e le autonomie locali, Bologna 1973.

名。这个制度受到 1789 年法国大革命而确定的平等原则的影响：取消以前的特权，确保所有人享有同样权利，行政规则与方式也具有统一性。

意大利统一之后，1865 年的统一法复制了法国模式，并将其扩大到所有意大利王国的领土。[3]

因此意大利王国的领土在地方层面是实行同样规则与职能的市镇。市镇分为省（例如，1870 年建立罗马省）。此外还确定了行政管理者的选举原则（在法西斯时期被废除，随后又恢复）。

除了市镇与省，还保留了国家驻地方机构省督，代表中央政府，是省与地方政府的首脑，行使对市镇与省一级机构的监督职能。[4]

监督体制（由 1865 年第 2248 号所谓的 Ricasoli 法律确定，1889 年、1915 年及 1934 年的立法又重新规定）是这样的：

省督是国家在每一个省的国家机构，对市镇及省理事会决议（即地方议会的决议）进行监督；次省督对市镇及省政府的决议进行监督（即地方政府的决议）。

决议应该送达给省督（或者次省督），其对是否违反法律进行审查；否则不授权执行，并撤销决议。尽管如此，决议在送达给省督（或者次省督）15 日后没有作出决定的，则可以执行。

除了合法性审查之外，还进行实质性审查（也就是行为的适当性），审查市镇或省的财政内容的决议，直到监督机关批准才发生效力。

这些内容是转让不动产、公共债务、设立地役权、超过 10 年的出租与承租、限制预算的超过 5 年的开支、集市与市场制度、使用与管理财产的条例、市镇税费条例以及地方卫生、建筑与警察条例等。

实质性监督由省行政委员会批准，这是一个集体机构，设立于每一个省，由省督、政府任命的成员以及省选举的成员组成。

此外，每一个市镇有市镇秘书长，设立在市镇，却是国家的职员。由内政部任命，其地位极其特殊，除对地方团体的整体行为进行监督外，

---

〔3〕 对于上述时期的制度分析，参见 Forti, I controlli dell'amministrazione comunale, in V. E. Orlando, Primo Trattato completo di diritto amministrativo, vol. II, Milano 1915, pp. 607–873; M. S. Giannini, Autonomie comunali e controlli, in Zanni Rosiello（a cura di）, Gli apparati statali dall'unità al fascismo, Bologna, 1976, p. 122 ss.

〔4〕 关于省督，参见 S. Cassese, Il Prefetto nella storia amministrativa, in Riv. Trim. dir. Pubbl., 1983, n. 4, p. 1449; F. P. Casula, I prefetti nell'ordinamento italiano, Milano 1972.

还应该对所有选举机构决议提出合法性的意见。

除此之外，中央政府还享有针对地方团体及公共行政机关不合法行政行为的特别撤销权。这是一种后来的监督形式，在 2001 年宪法改革之后才出现的。

只有在法西斯时期，政府机构替代了地方层面选举的议会，例如在市镇设立了市长（Podestà），其行为由省督进行预先的合法性与实质性监督。

当然这只是一个插曲，因为 1934 年法西斯下台之后，1947 年第 530 号法律又恢复了以前的监督制度。

对于市镇是一个国家机构还是一个自治的公共团体曾经存在争议，随后达成共识认为是一个公共团体，即使有一些职能（户籍、征兵、选举名单）是作为国家机构行使的，至今如此。[5]

尽管处于一个强大统一的背景，从 19 世纪初设立的市镇还是具有非常重要的地位。当时并没有关于市镇职权的强制性规定，但是市镇在绝大部分的公共服务方面具有积极作用，例如运输、市场等，随后国家法律对此确认并规定。

随着 1946 年意大利共和国的诞生及 1948 年《宪法》的生效，在上世纪发展起来的制度得到完全的确定。

《宪法》确定了国家统一及地方自治。

根据《宪法》第 5 条的规定，"共和国统一不可分裂，承认并推动地方自治……"《宪法》确定的共和国统一不可分裂及地方自治的两个原则

---

〔5〕 市镇被认为是"国家机构"的观点（可以追溯到 V. E. Orlando, Principi di diritto amministrativo, Firenze, 1892, p. 140）反映了单一国家的观念，在此观念中，不承认与国家相区别的市镇。单一国家的概念对应的是统一与集中的行政。对市镇作为"国家机构"观念是逐渐超越的。首先，理论界阐述了通过某种主体的间接形式的国家活动组织，这种主体以地域为基础，与国家相区别，具有相区别的法人地位，被称为"自主"（autarchia）。这样出现一个与国家相区别的主体，行使与国家相似的权力，追求与他们相重合的不区分的国家利益。出现了一个综合且分散的行政，其中具有强烈的占据统治地位的统一的烙印，但是已经超越了国家是唯一的公法人主体的观念。其次，伴随着社会的发展且确定了某种程度的社会与经济的多元性，理论界比"自主"（autarchia）的概念走得更远，承认了"自治"（autonomia）的概念，也就是不仅是与国家相区别的团体，而且也是可能与国家利益不同的地方共同体自己特殊利益的表达者。这就是 1948 年《宪法》第 5 条所说的"政治自治"的概念，至今仍然有效。这样在国家-人或者国家-机构的概念之外，出现了国家-集体或共同体的概念，具有市民社会的重要性。

并不矛盾，而是表达了在制度统一面前必须保证地方的自治。[6]

与过去相比，创设了一个新的在国家之下的团体——大区。大区由省与市镇组成。

每一个大区都设立了政府特派员，对国家与大区合作行使的行政活动进行监督并签署大区的法律（原《宪法》第 124 条与第 127 条，已经被废除）。

在对地方团体进行监督方面，《宪法》第 130 条（已经被废除）曾经规定，一个依据法律规定的模式设立的大区机构对省、市镇及其他地方团体行为的合法性进行监督；在法律规定的情形下，可以按照重新审查要求的形式进行实质性监督。

1953 年第 62 号法律（所谓的 Scelba 法）开始贯彻《宪法》，设立了大区监督机构，其本应该在行使监督职能方面代替省督和省政府。

然而，大区设立很晚，1970 年才开始设立，因此对于地方团体的监督体制仍然是以前的制度。只有在设立大区 20 年后，20 世纪 90 年代初期开始，1990 年第 142 号法律才对监督体制进行了具有意义的改革。

该法随后又经过多次修改，最终在 2000 年颁布第 267 号法令——《地方团体统一规定》。[7]

最终并没有实现对地方团体行为的实质性监督。

事先合法性监督也缩减至地方团体的有限的一些行为。事先监督（所谓的"强制性监督"）只是针对市镇与省议会的一些行为，包括议会制定的章程、条例（不包括涉及组织与会计自治方面的内容）、年度预算、多年预算及相关的变动、财务报告。

地方议会或政府的其他行为不受监督，除非涉及某些特殊领域（招标、人事录用及机构计划），政府本身或某些议员要求进行监督（所谓的选择性监督）。选择性监督也可以由省督进行。

---

　　[6]　关于宪法中规定的监督制度，参见 A. M. Sandulli, I controlli sugli enti territoriali nella Costituzione, in Riv, Trim. Dir. Pubbl. , 1972, p. 574 ss; A. Amorth, Problemi del controllo sugli enti locali dopo le norme della Costituzione, in Amm. It. , 1950, p. 356 ss; G. Zanobini, Osservazioni sulle norme costituzionali relative ai controlli sugli enti locali, in Nuova Rassegna, 1951, p. 3 ss.

　　[7]　See A. Brancasi, I controlli sugli enti locali alla luce della legge 142/1990, in S. Cassese (a cura di), I controlli nella pubblica amministrazione, Bologna 1993; P. A. Capotosti, Profili generali dei controlli amministrativi sugli enti locali, in Nuova Rass. , 1991, I, p. 1003 ss.

受监督的行为由大区监督委员会（CO. RE. CO）进行监督，该委员会包括一名政府专员任命的委员（每个大区都有）以及大区议会从大学教授、司法官、律师等专家中选举出的四名委员。

除了对行为的监督之外，还确定了对机关的监督。

如果市镇或省不作为或者在财政困难时，省督被授予了替代权，可以任命一名专员。此外，还规定根据内政部长的建议，共和国总统享有解散地方团体的权力，现今仍然享有。解散的情形包括：①严重违反宪法及法律；②严重公共秩序原因；③市长或者省主席因为辞职、到期、其他障碍、死亡，或者因为议会超过一半的人员辞职导致不可能确保机关正常运转；④在期限内没有批准预算；⑤黑手党渗入。

此外，几乎所有财政都来自于国家的转让：税收只有国家收取，国家集中一切财政收入，随后分给地方团体。固定开支占地方团体预算的大部分，因此开支的自主性是有限的。

在意大利经验中，市镇自治是一种组织工具，将制度统一的需求与对应国家不同地区需要的组织弹性的需求结合起来。20世纪中后叶的大部分时间里，国家与地方自治的关系在一个统一的框架内运行，在这个框架中，国家保留了对自治主体的机关与行为进行监督的权力。

这种体制后来也经过一些变动，但是维持了一个多世纪的时间。

在最近的几十年，从2001年开始，中央与地方的关系因宪法的修改而发生变化，宪法强化了大区、省与市镇的自治。[8]

此外，通过承认市镇与省自主财政与自主开支，也扩大了财政自治。

对地方团体的监督体制也发生了变化。尤其是废除了上述《宪法》第130条的规定，因此，由大区委员会进行的对地方团体行为的合法性监督不复存在。

然而保留了对机关的某些监督（例如共和国总统有权解散地方团体）以及根据向议会汇报的结果由审计法院对随后管理进行的监督。

中央政府对不合法行政行为的特别撤销权与新的制度相抵触。

---

〔8〕 See C. Pinelli, Quali controlli per gli enti locali dopo la riforma del titolo V della Costituzione, in Le Regioni, 2005, p. 165 ss; L. Chieffi, G. C. Di Sanluca（a cura di）, Regioni ed enti locali dopo la riforma del titolo v della Costituzione. Fra attuazione ed ipotesi di ulteriore revisione, Torino, 2004. 对2001年宪法改革确定的新制度的更深入的分析，参见 G. Corso, V. Lopilato（a cura di）, Il Diritto amministrativo dopo le riforme costituzionali, Milano 2006, vol. I e II.

市镇秘书长仍然在每一个市镇中必须存在，但是他们如今已经被剥夺了过去的权力。他们不再是内政部的职员，是需要通过公共考试的一个国家特殊机构的职员。法律规定了市镇秘书长的义务，包括"在行政行为符合法律、章程及条例方面的法律–行政帮助以及有关团体利益行为的公证活动"。将其他例如协调领导的职能（"可能性"职能）授予各市镇自行决定。市镇秘书长不再由政府任命，而由市长（镇长）从登记在市镇秘书长簿上的人员中选择任命。如今成为相关市镇为了团体管理的合规性而进行选择的一种"公共自由职业者"，已经没有以前规定的渗透的权力（比如对市镇议会和政府行为必须提供的合法性审查意见）。

国家的进一步监督体制还涉及地方团体的开支自由权。

公共开支是数量众多的自治团体（地方团体、大区、其他公共团体等）的行为结果，但对于没有遵守限制预算赤字的欧盟层面规定方面，国家是唯一的针对欧盟承担责任的主体；结果就是不能不赋予国家对于确定总开支规划并对其进行限制的工具。在初期的不确定之后，国家对地方团体开始进行限制，被称为内部稳定协定。它规定了对地方团体预算的限制，还规定地方团体违反协定的制裁（禁止担任职务、减少国家划拨、不能签订抵押合同等）。[9]随后还规定了由审计法院对于市镇、省及大区是否遵守有关于内部稳定协定的预算平衡以及来自于欧盟对于意大利的限制规定（2003 年第 131 号法律）。

自 2001 年宪法改革实施的 15 年来遇到了大量适用问题（除了表达差之外），因为存在一个基本的瑕疵：在地方自治与中央统一之间，也就是制度的统一与分散性需求之间没有一个较为清晰的平衡。

这种不确定性导致进行了更多次改革，但是并没有实现。[10]

---

〔9〕 如今，此规定已经由关于预算平衡新规定所替代，主要因为发生在意大利和其他国家的财政危机，参见 D. Pappano, Autonomia finanziaria degli enti territoriali e garanzia dei diritti al tempo della crisi, in Federalismi. it, n. 1/2016.

〔10〕 首次试图改革的是蒙蒂政府，2012 年通过了修改宪法的法律草案，没有修改基本制度，而是纠正了现行体制在适用中出现很大问题的某些方面。例如，在"运输、能源国家网络"方面的立法权，目前是国家与大区共同享有（对此具有不确定的基础），曾经规定属于国家专有权。因为政府危机没能进行其他改革。2016 年，伦齐政府通过了对宪法进行全面改革的法律草案，涉及国家与地方自治的关系。宪法改革的一部分内容是对 2001 年已经修改的宪法第二部分的第五章进行修改。宪法性法律草案要想通过必须进行全民公决；2016 年 12 月 4 日，全民公决没有通过，改革失败，因此目前 2001 年宪法改革中的第五章仍然有效。

在财政危机之后，对于公共账目管理的担心更加明显，导致在公共开支及对开支进行监督的规定不断出现。蒙蒂政府 2012 年通过的第 174 号法令重新规定了大区遵守欧盟对意大利财政限制方面行为的合法性的事前监督。

2001 年所规定的新的宪法制度，在监督方面可以说仍然是不稳定的，处于调整阶段。

伴随着时间的流逝，正如罗西教授在其发言中所提到的，可能会有一个综合的考虑，在统一与分散这两个对立的需求之间确定一个新的平衡。

尽管如此，从意大利的经验来看，监督制度根据不同阶段而不断变化，不存在一个对所有制度都理想的有效的解决办法；每一个制度有其特殊性，但是可以认为"自治"并非不确定与不分散的同义词；自治的含义是广泛的，总之，也体现了可以在一个范围内进行深入监督。

比较视野下的中国央地关系：现状与未来

张　莉[*]

中国在传统上是一个中央集权的国家。然而，自 1978 年改革开放以来，在中央与地方关系（以下简称"央地关系"）问题上，中国做出了一些调整与改革。该如何认识当今中国的央地关系？在此基础上又该如何推进中国的地方分权？本文力图从比较的视角回答上述两个问题。

一、对当前中国央地关系的基本判断

1911 年辛亥革命后，中国国家建设的基本议题是：确立共和、实现统一、建立制度、创造发展。在经过权衡最终决定采取单一制国家结构形式后，我国在央地关系问题上一直摇摆于中央集权与地方分权之间。在这种摇摆的背后，实际上存在着现代国家央地关系建构中的一个基本难题——既要适应政治民主化对多元自主的要求，也要适应现代化对国家内在统一的要求。

（一）目标：民主集中制原则指导下的央地关系

1949 年新中国成立后，中国的央地关系融入了社会主义因素，这集中体现在坚持民主集中制原则和党的统一领导。1982 年《中华人民共和国宪法》（以下简称《宪法》）第 3 条规定"中华人民共和国的国家机构实行民主集中制的原则"，而该原则在央地关系问题上的具体要求是"在中央的统一领导下，充分发挥地方的主动性、积极性"。这里的"中央统一领导"，不仅体现在国家对全国性事务的领导权上，还强调地方在发挥自身积极性管理地方事务的过程中要有全局观念、承认国家在区域平衡问题上的统筹兼顾权。因此，社会主义中国要建立的中央与地方关

---

* 张莉，中国政法大学法治政府研究院教授，法国巴黎第一大学法学博士。

系是一种寻求中央集权与地方分权平衡、地方自主与全国统筹协调的央地关系。

（二）现实：权力下放与地方分权并存

关于何谓"中央"、何谓"地方"，国家法律和党的政策文件都没有给出明确的定义。从制度化结构体系看，在人民代表大会制度下，中央与地方关系具体表现为四大类纵向关系，分别是：军事权、立法权、行政权与司法权（包括审判权与审判监督权）。虽然上下级关系性质不同、监督机制不同，但这四种机构体系却都呈现出"等级制"的特征。而行政权主导国家与地方公共生活的传统，导致中国的中央与地方关系在很大程度上缩减为国家行政机关之间的关系，即中央政府与地方各级政府之间的府际关系。

中国的地方行政机关具有双重角色。一方面，就其管理的全国性事务而言，它们是国家行政机关的下属机关，向中央政府负责、受中央政府领导；另一方面，就其管理的地方性事务而言，它们是地方人民代表大会的执行机关，对同级人民代表大会及其常委会负责并报告工作，接受其监督。因此，按照法国法中央与地方关系的理论分析框架，中国的中央政府与地方政府间同时存在着权力下放（déconcentration）与地方分权（décentralisation）两种机制。其中，地方分权是权力从一个主体（即国家）向另一个主体（即地方团体）的转移，而权力下放是在国家这一同一法律主体内，由更贴近行政管理现实的派出机关（services déconcentrés）代替设于中央的国家机关管理地方层面国家事务的机制。

从实际政治过程看，目前，中国的省、设区的市、县级市、乡镇一律设立地方人大，具有一级"地方政权"（régimes politiques locaux）的性质，名义上与法国法上的"地方团体或地方领土单位"（collectivités terri-toriales）近似，但实质上不过是国家的一级"行政区划单位"（circon-scriptions administratives）。它们只是在宪法、法律规定的限度内行使地方行政事务自主管理权，并未真正触及政治权领域。因此，中国的地方分权是建立在宪法间接承认的地方自治权或地方自主管理权基础之上的"行政性分权"。

（三）过程：地方分权推动了中国的改革开放

中国是一个地域广博、地区差异性大的单一制国家，地方制度的改革必须在地方分权与权力下放之间作出选择。从改革开放 40 年的实践看，目前的做法更倾向于体现地方自治精神的地方分权，而非单纯的权力下放。有学者甚至认为中国的改革开放始于地方分权，府际关系调整是中国改革开放的动力之源。[1]

1979 年 7 月颁布实施的《中华人民共和国地方各级人民代表大会和地方各级人民政府组织法》率先打破了中央高度集中的单一立法模式，承认地方规范制定权（又被称作"地方立法权"），规定省、自治区、直辖市的人民代表大会及其常委会根据本行政区域的具体情况和实际需要，在不与国家宪法、法律、政策、法令、政令抵触的前提下，可以制定和颁布地方性法规，并报全国人大常委会和国务院备案。1982 年《宪法》则在宪法层面正式确立了中央与地方职权划分的总原则，即在保证中央统一领导下，充分发挥地方的主动性、积极性。1994 年开始的财税体制改革，确立了以分税制为核心的中央与地方关系调节机制，为此后在中央和地方之间逐步建立合理的利益、权力、责任关系奠定了必要的财政与法律基础。

然而，在改革与调整中央与地方关系的过程中，中国出现了诸如地方保护主义、中央政府宏观调控能力下降、法制较不统一等问题。对此，我们应当作冷静地思考，既不能掉以轻心，也不能夸大。实际上，地方政府具有自我意识并开始维护自身利益是一种正常的现象，这在某种程度上是过去高度集权体制的"反弹"。然而，在承认地方相对于中央具有独立主体地位之余，还需要通过经济、法律与行政等手段在二者之间建立起稳定、良性的合作关系。

二、未来展望：综合运用多种手段推进地方分权

事实上，在任何国家，中央与地方之间的关系都不是此消彼长的"零和"关系，而是互相依赖的"双赢"关系。中国在未来进一步调整中央与地方关系时，需要在尊重地方利益的同时，加强中央的权威性，建立起一套比较符合实际、能够为各方所接受并且具有可操作性的利益分析与协调机制。而该机制既要处于动态的调整和发展中，又要有规范化的、相对稳定的法律依据和制度保障。只有综合运用法律、财政、行

---

〔1〕 林尚立："重构府际关系与国家治理"，载《探索与争鸣》2011 年第 1 期。

政和人事等手段，才能建立起对地方的刚性约束机制，地方分权才能在可控的限度内有效地推行。

（一）确立地方自主管理（地方自治）的宪法原则，明确地方团体公法人地位

从世界主要国家的经验看，地方分权与国家结构形式之间没有必然的联系。无论是单一制国家，还是联邦制国家，都可能实行地方分权。不仅如此，社会主义国家坚持的民主集中制也不必然与地方团体自主管理（狭义的地方自治）存在不可调和的矛盾。列宁就曾指出："民主集中制不仅不排斥地方自治……相反要求地方自治。"〔2〕所谓地方自治或地方自主管理，不过是在国家统一领导全国性事务的前提下，由地方居民通过民选代表执行地方性事务而已。它与只强调本地区的利益、反对整体利益的极端做法——地方主义——有着本质的区别。

外国的地方团体是一个独立的法律主体，与国家一样，具有公法人地位，与代表国家在地方行使国家职权的地方行政机关有着本质的区别。例如，在与中国情形最为相似的法国，设置在地方的行政组织有两类：一是作为国家派驻地方代表的"专员"（préfet）及其公署（préfecture）；二是实行议行合一体制（地方议会议长兼任地方行政首长）的"地方团体"，它们在宪法、法律划定的框架内行使地方自主管理权。法国因此形成了在大区和省级层面，既有地方国家行政机关（专员公署），又有地方团体自主管理机构（地方议会与地方政府）的双重格局。出于节约资源的考虑，法国在市镇一级的行政首长具有双重身份，同时负责执行国家的行政事务和管理地方团体的行政事务。当然，在其具体行使职权时，要根据法律依据，区分其所代表的是国家还是市镇，毕竟这是两类性质不同的公法人。目前，在中国尽管也区分中央国家机关派驻地方的机关和通过地方选举产生的地方各级人民代表大会以及由其产生的人民政府、人民法院和人民检察院，但后者一律被冠以"地方国家机关"，并未真正享有独立于国家的法律主体地位。

中国在未来进行地方制度改革时，可能需要如某些学者所主张的那样，思考哪些层级适合由地方团体自主管理，哪些层级适合由国家或上

---

〔2〕《列宁全集》（第十四卷），中共中央马克思、恩格斯、列宁、斯大林著作编译局编译，人民出版社1990年版，第149页。

级地方团体派出机关进行"他治"。[3]中国如果不愿在现有的管理层级间做出地方分权与权力下放的区分，而是倾向于简单地减少层级、继续保留地方政府的"地方国家行政机关"与"地方执行机关"双重角色，也未尝不可。但需要在这两种角色的职权与职责间做出明确的划分。因为，地方政府承担的事务，既可以是自治事务，也可以是委办事务。对于委办事务，由于以国家的名义进行委托，国家或上级地方团体享有指挥命令权，进行合法性与适当性监督；而对于自治事务，由于具有不同的法律主体身份，国家或上级地方团体只能进行指导，没有指挥命令权，其监督职能也仅限于行为的合法性而不能及于适当性。

中国未来一旦确定一般行政区域（民族区域自治地方以外的行政区划单位）具有公法人地位，就不仅要以国家法律的形式确定其类型及创设规则，而且要通过立法、行政、财政和司法等多种途径对它们进行监督。

（二）合理划分事权，确立职权专属原则

目前，中央和地方实行"统一领导，分级管理"。地方各级国家机关与中央国家机关一样，对各类事务都具有广泛的职权。各级政府对本行政区内的行政事务都享有普遍的管理权。其结果是：应当由中央管理或负责的事务，中央的职能未能完全到位，削弱了中央的统一领导；而应当由地方承担的事务，中央或者地方上级又介入过多，影响地方的积极性与主动性。此种上下"一般粗"的"千层饼"式职权分配体制，不仅造成了资源浪费，也使行政程序变得烦琐，行政效率较低下。

未来可以考虑制定《中央与地方关系法》，在法律架构中明确中央的事权、地方的事权、二者共享的事权以及事权遗漏的处置原则等。

（三）深化财税体制改革，加强国土整治功能

1994年，中国推行分税制财政体制改革，将税种统一划分为中央税、地方税、中央与地方共享税，建立起中央和地方两套税收制度，并设立中央与地方两套税收机构分别负责征管。在核定地方收支数额的基础上，实行了中央财政对地方财政的税收返还和转移支付等制度。2018年3月开展的国地税征管体制改革有助于纳税人办税便利化的提升，但并没有

---

〔3〕 李洪雷："地方自治与中国地方政府法"，载《"中央与地方关系的法治化"国际学术研讨会论文集》，2007年1月6日。

从根本上动摇分税制。

分税制财政体制改革初步实现了中央政府与地方政府间税种、税权的划分，实现了财政"分灶吃饭"，但这一改革尚未完全到位，仍存在如下不足：①财权与事权不适应。总体而言，地方政府的事权范围相对较大，而财权范围相对较小。很多本应由中央承担的事务，如义务教育，却由地方承担。②中央与地方收入不均衡。按照现行税制，纳入中央税和共享税的若干主导税种占全部税收的90%以上，并且中央分享比例高，省以下各级财政所掌握的地方税大多数是比较零星、稳定性较差的小税种。③税收立法与管理权过于集中。1993年发布的《国务院关于实行分税制财政管理体制的决定》明文规定："中央税、共享税以及地方税的立法权都要集中在中央，以保证中央政令统一，维护全国统一市场和企业平等竞争"。目前，除屠宰税、筵席税的开征、停征权被下放给地方外，其他税种的开征、停征、税率、税目、优惠、减免等完全由中央统一规定。地方无权开征新的地方税税种，不能发行地方公债，甚至无法自主地对地方税税种的税率、征收范围以及税收优惠等进行调整。④财政转移支付制度不健全，中央区域调节能力有限。我国现行的转移支付制度很不规范，主要依靠双方的讨价还价，缺乏足够的透明度和稳定性。⑤分税制体制停留在中央对省级分税的层次，省以下基本上还是"分成制"。部分省、市打着"加强宏观、中观调控"的旗号，将财权层层集中、事权纷纷下移。省级财政"二次"集中财力、市级财政"三级"集中财力，导致县乡政府的财政困难。⑥政府之间的财政关系缺乏法律规范。目前，中央和地方财政关系及其调整基本上都是根据中央的"红头文件"，缺乏一定的法律约束。

如果说30年前中国中央与地方之间的财政资源分配问题是府际关系调整的中心，今天，深化央地关系改革的重心就应当是二者的职能分工与协调。中央与地方应当基于事权与财权对等的原则，建立起一个"职能有分工、使命共担当"的职能结构体系。与之相适应的是，要建立一个合理的公共财政收支体系，既能保证政府合理、有效地汲取财政资源，提高政府的能力，又能大大提高政府财政支付的合理性与有效性，从而使有限的公共财政发挥最大的效益。

在地区差异日渐加剧的今天，国家需要站在国土结构〔4〕转型的高度重视国土整治，重构府际关系。为了协调区域经济发展、缩小地区差异，财政管理体制改革要求建立一套规范的中央向地方的转移支付制度。此外，中央政府与地方政府之间还应当建立协商共进机制，多以行政契约等法律手段稳定二者关系，推进制度建设。

（四）下放干部人事管理权，发扬地方民主

目前，国家按照"党管干部"的原则对各级地方的工作人员进行管理〔5〕。由于地方主要领导由中央和上级国家机关任命，上级对下级官员具有较高权威，导致地方只重视上级和中央的命令，而忽视地方民众意愿。

当前，中国的中央与地方关系重构大大超出了府际关系调整的范畴，直接关系到政府职能的转变以及国家治理结构和治理能力现代化。历史上中国在处理中央与地方以及地方各级政府之间关系时，之所以会出现很多似乎难以解决的悖论问题，例如"一放就乱、一收就死"，一个重要原因就是没有将上级政府对下级政府的放权（实为地方分权）与保障和扩大地方居民对地方事务进行民主管理的权利（地方自治）结合起来，其结果是中央政府让渡的权力被地方政府及其部门截留。要建立和完善中央与地方合理的分权体制，必须下放干部人事管理权，让地方人民代表大会制度充分发挥效用，增强地方官员的民意代表性。

（五）以法治化手段推进地方分权

现有的中央与地方关系缺乏法治保障，双方权限划分并不明晰，利益协调也带有很大的随机性和偶然性，其结果是双方都感觉到自己在权力变动中利益受损。于是，中央凭借其权力在层级上的优势对两者关系进行非制度化和不确定性的修改，导致地方政府对中央的信任感削弱，而地方只有诉求于自身，努力增强本地经济实力，以此作为与中央讨价还价的筹码。这固然与中国文化的非法治性传统有关系，但中国古人用

---

〔4〕 国土结构是国土之上的人、财、物的流动与聚集所形成的生产与生活的空间关系，国土整治是国家对国土之上的人、财、物的配置协调机制。

〔5〕 省一级的领导干部由中央直接考察、考核、提拔、任免、审查，地方无权干涉这一级干部的管理工作。厅局级和地市级主要领导干部，中央虽不直接管理，但必须由地方定期向中央汇报，由中央组织部备案管理。

"中央'地方化'、地方'中央化'的配方来达成'天下大治'"的想法[6]与做法在现代社会很难发挥效用。建立在民主、公开和自主管理基础之上的现代社会，要求结束这种中央与地方权力浑然不分的局面，要以相对明确的条文和机制为不同的法律主体划定权力界限和责任范围。

为此，在明确提出地方分权的宪法原则之外，中国未来需要加强中央与地方关系的立法，以《中央与地方关系法》形式确立二者事权划分的原则，合理界定中央与地方的权力与责任，并建立中央与地方关系的监督机制，以达到"维护中央权威"和"尊重地方利益"的统一和平衡。

---

〔6〕〔美〕孙隆基：《中国文化的深层结构》，广西师范大学出版社2004年版。

意大利市镇的发展

[意] 詹保罗·罗西 * 著

罗智敏 ** 译

理论上说，市镇有三种方式：①没有国家的市镇；②有国家驻地方机构的市镇；③在国家内作为自治团体的市镇。

很明显这是一种简化，因为没有考虑到可能在市镇与国家之间存在的团体，这对于解释极端情形以及理解中间团体是很有用的。

我们在以前与中国同事进行的会议中已经谈论到，理解制度体系的重要方面是两个原则组成的方式，即统一与自治，[1]这两个原则是根本性的，但是相对的。

市镇的这三种方式曾经在意大利历史上多次并存或者分别存在过。

在根本层面，不同时期需要强调市镇发展的历史性、差别性以及持续的要素。

古罗马城市以及罗马帝国自治市的发展不在本报告中讨论。

众所周知，罗马帝国的终结是毁灭性的。征服帝国的游牧民族既没有维持，也没有创设任何形式的最低程度的民事及刑事地方组织。

随后是封建时期，封建领主的权力与土地所有权人相同，没有设立任何形式的公共组织的条件。

在 12 世纪，封建制度出现危机，城市涌现从乡村来的移民潮流，手工业与商业得到发展，重塑了集体生活。从那时开始之后的几个世纪里没有国家，所谓的帝国远离地方，影响很小。

---

* 詹保罗·罗西（Giampaolo Rossi），罗马第三大学荣誉教授。

** 罗智敏，中国政法大学法学院教授，意大利罗马第二大学法学博士。

〔1〕 O. Von Gierke, Das Deutsche Genossenschaftsrecht, Berlin 1968; G. Rossi, Enti pubblici associativi, Torino 1979.

市镇因此在实质上再次获得了中心权力，包括制定民事与刑事规范的权力。这样发展了一段新的市镇自治史，实质上是市镇制定自己的"章程"的"主权"史。直到1800年才设立了被认为是国家分权机构的省，在1948年《宪法》生效后设立了大区。

在没有帝国的情形下，市镇的章程构成了非常具有创造性的有意义的规范基础。因为没有或很少有更高层的规范，市镇可以更自由地制定自己的民事、刑事及行政规范，并建立自己的管理制度。

市镇章程之间的差别非常大。例如因意大利豪华游轮康科迪亚号（Costa Concordia）在吉廖岛（Giglio）附近触礁淹没而闻名于世的吉廖岛镇，它的章程除了民事、刑事及行政管理规范之外，还有很多条款涉及乡间小路及驴的问题，在小岛上，这些条款是唯一的运输与交通的规定。这个章程在随后的几个世纪中多次被修改，直到1814年才被废除，因为受到法国大革命的影响，确定了平等与统一的原则，因此市镇丧失了制定不同章程的权力，由国家统一规定，留给市镇的仅是对那些国家规定的职能制定条例的权力。

在那个时期，统一与自治这两个对立原则之间的摇摆决定性地指向了统一。

在意大利行政法学界，最初时期，詹德门尼克·罗马涅西（Giandomenico Romagnosi）[2]，曾经认为市镇是集体生活的首要基础，随后，维多利奥·埃玛努埃勒·奥尔兰多（Vittorio Emanuele Orlando）受黑格尔思想影响，认为市镇是国家机构，称之为"自主"，也就是市镇权并不是自己制定自治规范的权力，而是由国家法律授予制定行政措施的权力。省督是内政部的分权机关，是地方的行政首领，具有强大的监督权。市镇由省政府协助，组成人员一部分是省督官员，一部分是市镇人员。这两部分人员的比例由立法决定。省政府对市镇行为的合法性行使事先监督权，也曾经具有实质监督权。

市议会由民众选举，市议会选举市长，除了市长之外，还有一个市镇秘书的职位，是内政部的国家官员，记录并签署决定。

在整个19世纪及20世纪初期，市镇直接回应民众的需求，具有极

---

〔2〕 G. D. Romagnosi, *Principi fondamentali del diritto amministrativo onde tesserne le istituzioni*, Firenze 1832.

为创造性的角色：建立了第一批公立小学（随后被收归国有，因为市镇不能总是保证良好运转，开始干预教师的工作），管理卫生与健康、社会救助、道路、水，随后在技术发展允许的情形下，管理运输与能源。1903年《关于管理公共服务的市镇企业法》（La legge sulla municipalizzazione dei servizi publici），形式上规定了市镇在公共服务领域可以与不可以做的范围，实际上，对一种现象进行规范早已由市镇自发进行。

市镇机构领导人的选举也只是在法西斯时期被取消，选举有助于在公民中加深归属其集体的观念。

1948年《宪法》最终采纳了行政法学界多元主义的观点，做出规定："无论是个体还是在展示其个性的社会组织中，人都享有不受侵犯的权利。"（第2条）"共和国统一且不可分割，承认并推动地方自治；在属于国家的公用事业中实行最广泛的行政分权；使国家立法的原则与方式符合自治与分权的需要。"（第5条）

1948年《宪法》设立了大区，并且赋予大区一些并不广泛的职能。授予了大区、省以及市镇财政自治权，尽管很长时间这个条款都没有被实施。

宪法还设立了一个大区的机构（大区监督委员会），任务就是对市镇与省的行为进行合法性监督（对于一些行为也进行实质性监督以便重新审查）。

1948年《宪法》之后取消了省政府，他们行政司法的职能授予给了大区行政法院以及最高行政法院，组成了行政司法机构，行政法官与普通法官不同，他们的政治权是相对独立的。

重新组建了选举机构，随后改变了选举制度，市长由民众直接选举。

理论界广泛支持市镇自治，"自主"的定义又回到非由国家委托的权力而是自有权力上。尽管市镇一些职能（例如户籍）继续由国家驻地方的机构行使，[3]如今已经没有任何人怀疑市镇在国家法律及宪法范围内是自治团体。

包括监督权在内的国家对市镇立法的整体制度，直到1990年第142号法律之前都没有很多变化。通过这部法律，市镇重新获得了制定章程的权力。一些评注者对此权力赋予了极大的意义，认为这是恢复了市镇

---

〔3〕 M. Nigro, Il governo locale, Roma 1980.

的古代自由权。然而这种观点是错误的。法律非常宽泛地授予了制定章程的权力，仿佛包含了市镇的所有组织与职能。实际上国家法律很准确地规定了市镇职能与组织的重要方面，因为留给章程的范围很有限（章程效力低于国家法律）。

最后这 20 年的发展有些混乱与不确定。监督权被减弱了，通过对《宪法》最后一部分的修改，取消了大区监督委员会。秘书长仍然保留，不属于市镇，也不再是内政部官员。市镇秘书的招聘及法律地位由一个专门的国家局负责。市镇在基本制度中地位得到了强化，甚至被赋予可以行使所有那些不需由上一级行使的职能。

辅助性原则得到实施，即上一级团体不应该承担那些较小团体可以有效进行的事情。[4]

为了进一步支持市镇及所有其他地方自治，开启了一个立法程序，启动市镇及大区的联邦主义，赋予地方团体一部分来自于本地的重要的税收收入。

然而这个过程非常混乱，因为没有对地方团体地域范围进行重新界定：通常对于行使那些因技术进步与福利发展由公权力行使的那些职能来说，市镇的规模太小。例如，当服务仅限于需要一个医生时市镇可以提供医疗服务，但是现在市镇不能提供医疗服务，因为要求专业服务与适当的设备；当只有少量垃圾时可以提供垃圾处理服务，但是当垃圾大量增加就很难提供，新的垃圾再利用的形式产生了新的生产活动。[5]

随着全球化的发展，地方团体职能增多。全球化削弱了国家在超国家方面及地方事务的指导。从法律角度来看，建立在市镇生活基础之上的"居所"的意义比过去更重要，侵蚀了"公民"身份（从属于一个国家）。

因此应该解决适应性的问题，在近年来，这个问题伴随着财政危机，不仅与国家有关，而且首先涉及的是所有地方团体。[6]

在国内开始普遍认识到不能只有一个针对欧盟负责的团体和成千个

---

〔4〕 G. Falcon, Autonomia amministrativa e principio di sussidiarietà, in Dir. Soc., 1998, p. 279 ss; N. Mac Cormick, Democracy and subsidiarity, in Dir. Pubbl., I, 1999.

〔5〕 M. S. Giannini, Diritto Amministrativo, I, Milano, 1993, p. 202 ss.

〔6〕 欧盟国家的总债务与美国或日本相比，不会再增长或成比例地增长，但是统一货币使得欧盟各国的财政重新平衡变得困难。一定会脱离这种过渡状态，或废除统一市场与货币（这是回到过去了，是反历史的），或者就像我们希望的那样实现政治的统一。

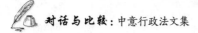

享有过度自由的团体。

因此，如同其他欧洲国家一样，意大利重新引入了近些年来被有点轻率地取消了的监督和约束制度。

因此我们正在统一与自治对立需求之间寻找新的平衡点。

如前所述，这是一种历史上多变的平衡，错误地将最好的解决办法抽象地理论化。

一般而言，可以说在良好行政方面证实了有效的原则曾经是并且现在也是：

（1）市镇一直在国家确定民众新的需要及给予其回应方面最具有创造力。

（2）行政中靠近民众的一个重要部分，尤其是服务方面，有利于民众监督及健康的民主。

（3）除了遵守地方集体的历史传统之外，当市镇的规模能够有效地行使服务保障的职能时，是合适的。

（4）保护基本权利方面的问题，也就是涉及公权力法人威权确定方面，国家比地方团体更有保障，尽管地方团体也能行使某些保护基本权利的职能，但是只有当国家法律规定且在国家监督下行使才更有保障。

（5）能更直接地影响人的基本权利的服务，尤其是教育，最好由国家层面而非市镇层面来保障。

（6）财政资源分配应该遵守责任原则；如果同时可以审查避免鼓励不受监督的支出，某些收入及支出的自治有利于一种平衡。

可以看出，文章最初指出的历史上的三种模式（没有国家的市镇、作为国家机关的市镇以及作为国家内自治团体的市镇），只有第三种模式在当今几乎所有国家中都存在，这种模式随着时代的变化也有所不同，根据渐进原则，通过多种组织与程序工具，达到统一与自治的平衡。

独立行政局

[意]　费德里科·帝耐力 *　　著

罗智敏 **　〔译〕

　　在意大利，独立行政局的模式从 20 世纪 90 年代出现并推广，它体现了国家经济角色的变化：从直接管理（公共服务的）经济活动，经常处于垄断地位（如电话系统、电能源的生产与分配），到对更多市场竞争主体（包括国家自己的企业在内）的经济活动进行规制。[1]

　　国家经济角色的变化并没有完全排除由国家和其他地方团体对经济活动进行直接管理，至今仍然经常存在，这是由多种因素决定的：①为了促进成员国之间的交换与流通，欧盟规定那些以前处于垄断地位经济活动的自由化，以实现统一市场；[2]②技术的发展使得一些经济活动不再具有垄断属性（例如电子通讯领域，通过电子与卫星系统太空中增多频率已经发生了彻底革命）；③欧盟向其成员国做出的预算限制，结果就是必须将一些无效率的公共企业向私人出售（所谓的私有化）。[3]

　　独立行政局这种行政模式设立与发展的基础是竞争性的开放市场，其基本特征就是相对于政府权力的独立性，当然通过议会，政治仍然继续对这些行政机关进行影响。这种组织模式观念的基础在于通过对限制竞争行为的审查而对市场规则正确运行进行监督，这种监督应该委托给一个具有"中立"地位的主体进行，既针对经济主体，也针对那些在公有

---

　　* 费德里科·帝耐力（Federico Dinelli），意大利罗马第三大学法学院讲师。

　　** 罗智敏，中国政法大学法学院教授，意大利罗马第二大学法学博士。

　　〔1〕　See A. La Spina e G. Majone, Lo Stato regolatore, Bologna, 2000.

　　〔2〕　See G. Corso, Mercati amministrati e liberalizzazione: una prospettiva di diritto europeo, Milano, 2000.

　　〔3〕　关于私有化问题，参见 C. Ibba, La tipologia delle privatizzazioni, in Giur. comm. , 4/2001, 464 ss.

企业内部享有股东权的政府行政机关。[4]

例如，在电子通讯方面，一个全部所有权公有的企业 Rai 广播电视公司与私有企业（Mediaset、Sky、La7 等）竞争；在全部或部分自由化的电子能源与煤气市场，也有公有企业如国家碳化氢公司、国家电力公司与私有企业竞争。

对遵守市场规则的监督不要求采取具有政治-行政自由裁量性的行为（这是其他公共行政机关的典型行为），仅要求做出具有技术性的决定，与法官针对一项争议解释与适用法律规范相似。[5]

将独立行政局的职能与司法职能类比毫无疑问是合适的，因为在一些情况中这些行政局也被要求行使"类似司法"的解决争议的职能（例如企业之间或者企业与用户之间的争议）。

可以纳入独立行政局主体地位的独立局的模式并不完全一致与统一。因此不存在一部关于独立行政局的一般性的法律，以一种统一的方式规定其组成、组织机构、职能等。

针对每一个独立行政局都存在一个专门设立它的特殊法律。

因此理论界通过对立法者设立的不同机构进行分析，总结它们的共同特征。包括一些很久以前就已经存在的机构，如意大利银行（对信用市场进行监督），公司和证券交易所全国委员会（"Consob"，对股票及其他金融市场进行监督），私人保险与集体利益监督局（"Isvap"，对保险市场进行监督）。[6]

随后立法者对该范畴进行适当地规定，使它们具有一些特殊的法律后果，例如针对它们行为的诉讼属于行政法官的专属管辖权，或者涉及它们的诉讼使用加速程序。

独立行政局的一般特征有哪些？

从组织的角度来看，这种模式基本的共同特征包括：①集体管理；

---

〔4〕 关注独立行政局的理论非常多，可以参见 M. D'Alberti, Autorità indipendenti (dir. Amm.), in Enc. Giur., 1995; F. Merusi, Democrazia e autorità indipendenti, Bologna, 2000; F. Merusi e M. Passaro, Le autorità indipendenti, Bologna, 2011; N. Longobardi, Autorità amministrative indipendenti e sistema giuridico-istituzionale, Torino, 2009.

〔5〕 更为深入的讨论，参见 P. Lazzara, Autorità indipendenti e discrezionalità, Padova, 2001, ma anche da A. Police, Tutela della concorrenza e pubblici poteri, Torino, 2007.

〔6〕 在这种意义上，参见 G. Rossi, Principi di diritto amministrativo, Torino, 2010, 179 ss.

②议会而非政府任命集体成员；③集体成员具有高度的专业性与技术能力；④任期超过立法议会的任期且不可连任；⑤在职期间禁止参加任何其他专业性或经济行为；⑥团体的组织与管理自治；⑦人事自主支配。

可以看到，这些特征可以保证团体管理的独立性，既不受经济利害关系者压力的限制，也不受政府当局的干涉。

很明显可以不同地规定这些特征中的一个和多个要素，以取得不同程度的自治与独立。

从其行为来看，这种模式的主要特征在于它们从事一种技术性的行政活动，并不包含（或者更确切地说不应该包含）确定所保护利益的自由裁量权，也不能够保护这些利益，仅仅是根据规范评估一些作为法律结果的事实。

因此独立行政局完成的是法律授权他们的更为精确的"任务"：保证所有市场主体正确适用某个领域应该适用的规则，包括所有在这个领域运行的公共主体与私人主体。为此，很明显这些行政局应该对所有经济主体保持中立。

在意大利，独立行政局可以分成两种类型：保证型与规制型。[7]

在保证型的独立局中，毫无疑问市场与竞争保护局（AGCM）最为重要，它成立于1990年，目的是监督企业的行为，在企业严重限制竞争或滥用主导地位时也具有处罚权力。

它不具有制定规则的权力，仅监督企业是否遵守法律确定的规则。

保证型的独立局模式也包括个人信息保护局（Garante della Privacy），它并不监督市场的正确运行，而是保护一种利益，私人保护自己隐私权的利益，在市场中会遇到一些圈套：企业有可能利用个人信息（尤其是所谓的个人"敏感信息"）以达到商业目的。

这种职能的敏感性要求该行政局的活动既不能受市场经济主体（公共主体或私人主体）的影响，也不能受政府的影响，因为它涉及监督遵守法律规定的个人信息的管理。

与保证型的独立局不同，规制型的独立局可以制定规范以对它们职权

---

[7] Così G. Rossi, op. cit., 181 s.

内的经济领域的用户利益进行调整。[8]

意大利内部制度应该符合欧盟指令，最重要的一些规制型的独立局是市场与竞争保护局（AGCM）与电力与煤气局（AEEG）。两者除了监督竞争规则之外都可以制定一些规范，要考虑所涉市场的部分竞争性的特征以及这些市场涉及的公共服务的特征，其目的是向用户确保提供可接受价格下的某种质量。

这就解释了为什么这些当局享有定价权，或者具有确定由企业承担公共服务义务的权力；也解释了为什么市场与竞争保护局享有批准与特许权。

在涉及规制型独立局时会提出利害关系人参与它们制定规则行为的程序问题。实际上，既然这些独立局制定的规则肯定适应市场，该领域的经营者及用户（以及代表用户的协会）应该表达它们对将要制定的规则的意见，这似乎是正确的。

独立行政局模式的产生是为了保证市场的正确运行，有时在意大利制度内部为其他目的而使用。这种情况就是"公共行政机关评估、透明及廉洁独立委员会"（CIVIT），其设立是为了对独立行使评估职能进行指导、协调与监督，保证公共行政机关管理活动对外的透明。因为它应该监督公共行政机关（包括政府的公共行政机关）的良好运行，所以它更可能地独立于政府。

现在需要提出一个问题：这些独立行政局行为向谁负责？

独立行政局应该向议会作年度报告。报告包括它们的活动，主要采取的行为及结果。此外，能够向议会提出建议，采取一些措施弥补缺陷或者纠正运转不灵。

与其他任何行政机关一样，它对其违法行为与侵害第三人利益的行为要承担责任。这就意味着如果一个主体（一个企业或者一个公民）认为受到独立行政局的侵害，他可以向一个法官提起诉讼以撤销该行为，并有可能获得赔偿。

总之，尽管与传统行政机关相比具有特殊地位，独立行政局也不会脱离承担责任与政治监督的轨道。

---

〔8〕 See V. Cerulli Irelli, I poteri normativi delle autorità amministrative indipendenti, in M. D'Alberti e A. Pajno（a cura di）, Arbitri dei mercati, Bologna, 2010.

这种监督表现在：

（1）设立它的决定中，即在政治上选择使一种行政职能保持"中立"。

（2）议会的任命团体管理的委员会成员中，以绝大多数（一般是议会2/3）票通过，这些委员不能被认为不具有民主合法性。

（3）在年度报告阶段，独立局应该向议会做出报告。

意大利非政府组织的发展

［意］詹保罗·罗西 * 著

罗智敏 ** 译

一、对问题及术语的说明

协会现象在当代具有复杂性与多变性，因此很难做出一个简单而清晰的法律界定。

非政府组织（NGO）术语本身也具有不确定性：非政府组织首先在国际法中使用，用来指那些参加主要由政府组成的国际组织的协会。然而该术语更经常指那些不以营利为目的的协会。

在错综复杂的协会现象中，包括意大利在内所有国家的法律制度都有一个基本的二分法：以营利为目的的协会（股份公司）及非营利协会。

股份公司只存在私法问题，因为它只涉及股东之间与第三人的财产关系，具有合同性质。

相反，非营利协会呈现的问题就更为复杂，因为它们不仅保护自己成员的利益，而且经常涉及比较重要的国家制度方面的问题（例如救助、医疗卫生、劳动、环境等），他们通过不同方式干预国家制度。

意大利与其他欧洲国家的经历向我们展示了非营利协会与国家制度的关系，即使现在也可以分为以下几种不同类型：①对立；②冷淡；③合作；④补充。

二、历史演进

（1）在中世纪（公元 1200 年）行业协会、慈善协会及文化协会的长

---

* 詹保罗·罗西（Giampaolo Rossi），罗马第三大学荣誉教授。
** 罗智敏，中国政法大学法学院教授，意大利罗马第二大学法学博士。

· 042 ·

足发展。

（2）在绝对国家时期（公元 1600 年）全部服从于国家权力。

（3）法国大革命之后（公元 1700 年末）禁止协会（资产阶级的协会除外），后来产生对工人与农民的协会的宽容制度及对行业协会、慈善协会及文化协会的公法制度。

三、1942 年《民法典》的一般条款与 1948 年《宪法》的规定

1942 年的《民法典》的规定承认了股份公司的简化形式，但依然保留授予协会法人资格的特许行为模式（通过国家总统令）。还规定只有在经过政府许可后，协会才可以购买不动产并接捐赠。《民法典》认为行政特许行为是对协会与基金会法人资格的承认。这些条款几乎未被适用，其中部分被删除。更多得到适用的却是《民法典》中关于"非法人团体"的少数条款。

《宪法》规定了无须批准的协会自由以及协会能够有助于达到社会服务目的的原则。

意大利《宪法》允许结社自由，其第 18 条规定："为了非刑法禁止的目的，公民有权不经许可而自由结社。秘密协会及那些通过具有军事性质的组织追求政治目的的协会，即使是间接的，也被禁止。"

《宪法》第 2 条将人的不可侵犯的权利扩大到"发展其人格的社会组织"。该条被解释为社会组织进行普遍利益活动的一种权利。这种解释随后在 2001 年被正式确定并将其纳入《宪法》规定的辅助原则中："根据辅助原则，国家、大区、大城市、省和市镇支持公民、个人与和协会为开展普遍利益的活动的自主创议"（第 118 条第 4 款）。

四、最近的发展及目前的体制

第二次世界大战后协会制度几十年的发展并非是贯彻《宪法》规定的一种体系化立法的结果。经常发生的是在立法者介入之前，社会组织的活动和司法判例产生影响。

《民法典》关于协会的一般规定得以保留，关于授予法人资格的特许规定被废除。按照现在法律的规定，要求承认法人资格的协会需要在内政部的办公室注册登记。登记并非自由裁量行为并受法院监督，但是内

政部有权停止执行违反公序良俗的决定。然而大部分协会都愿意保留非法人协会的性质。

其他一些进行公共利益活动的协会通过部门法获得了承认，这些法律规定协会应该在公共行政机关登记注册。注册的协会可以获得国家拨款。

然后，意大利通过了一部关于 ONLUS（非营利组织）的法律，规定了重要的税收优惠。

这些税收优惠也用于那些在经济方面具有互助目的或社会用途的协会（如为残疾人士安排工作）。

其他具有特殊重要职能的协会由公法规范。

如今总体情况如下：

（1）非法人协会的建立只需要通过简单的公证行为即可，司法判例承认它们具有与法人非常相似的法律主体地位（可以拥有自己的财产、职员、银行账户、税务主体等）。与法人的区别就在于董事的连带责任。

（2）那些从事公共服务（志愿者协会、非营利性组织、国际领域的非政府组织、在医疗卫生领域运行的组织）或其他维护重要社会利益的协会（环境协会等）。这些协会不仅能够为自己成员的利益，而且能够为了保护他们想要保护的重要社会利益而诉诸法庭（例如环境保护）。

从事公共服务的协会需要公共捐助与税收优惠，因此要求他们在公共行政机关进行登记注册并符合法律所规定的一些条件（非营利、具有社会任务的章程、收支公开），还要接受公共行政机关的监督以审查他们是否遵守了这些条件。

（3）在经济领域活动的非营利协会也有了长足发展（产品与消费者合作团体）。法律首先规定了税收优惠。欧盟规范与欧洲法院的判例也确认如果不营利可以优待，这些与竞争原则相违背。

（4）原来具有公共团体法律资格的一些协会（例如自由职业者救济基金会、意大利红十字会、文化学会）已经变成了"公共利益的私人团体"。目的是保持这些协会因公共性质而具备的优势（例如协会成员的捐助义务、税收优惠、公共捐助），但是减少对它们的限制与监督。然而，从法律角度而言"公共利益的私人团体"具有很大的不确定性。

（5）相反，保留了更传统的代表与保护职业类的所谓的"同业公会"（律师、公证员、工程师、医生、商人等）及生产类协会（商业、工业、农业协会）的公共团体的法律资格。这些团体由该领域的成员组成，他们参加机构的选举。团体的注册是强制性的，职能是对执业行为与经济行为的条件进行监督。

加入了国际奥林匹克委员会的意大利国家奥林匹克委员会（CONI）也是公共团体。这些团体受制于公法规范，但是实际上他们具有自主开展自己活动的特权，行使具有公法性质的权力，也享有税收优惠。

行政法学视野中的中国事业单位

李洪雷 *

改革开放以来，中国事业单位的改革一直在不同层面上持续推进。进入新时代，我国社会主要矛盾已经发生变化，人民群众期盼更好的教育、更稳定的工作、更满意的收入、更可靠的社会保障、更高水平的医疗卫生服务、更舒适的居住条件、更优美的环境、更丰富的精神文化生活，对公益事业的要求更高、更多样。通过改革解决好公益事业布局结构不合理、资源配置不均衡、质量效率不高的问题，可以更好满足人民群众日益增长的美好生活需要。在强化公共服务职能、建设服务型政府的大背景下，深入推进事业单位改革已经成为中国继国有企业改革、政府机构改革之后，所面临的又一项重要而紧迫的任务。在中国，对于事业单位及其改革的研究，传统上主要是由一些研究行政管理和非政府组织的学者进行的，法学界的关注不够，行政法学界更是罕有人研究。事业单位作为公共服务这一重要行政职能和任务的承担者，对于事业单位的法律规制主要是一个行政法问题，对事业单位的性质、分类、组织结构和法律监督等的思考，都必须纳入行政法学的体系框架。

一、事业单位概念的历史演进

在中华人民共和国成立后形成的传统中，"事业"是特指"没有生产收入""所需经费由国库支出"的社会工作，而"事业单位"则是指没有生产收入、经费由国家开支、不实行经济核算、提供非物质生产和劳务服务的公共组织，主要包括科学、教育、文化、卫生和体育等部门和单位，例如学校、医院、研究机构、演艺团体等。确定事业单位的标准主

---

* 李洪雷，中国社会科学院法学研究所研究员，北京大学法学博士。

要有：①活动性质和目的，即事业单位是"为国家创造和改善生活条件，从事为国民经济、人民文化生活、促进社会福利等项服务活动，不是以为国家积累资金为目的"的组织。[1]②行业领域，即从事教育、科学、文化、卫生等活动。③经费来源与管理方式，即由国家机关举办或者其他组织利用国有资产举办，并且不进行经济核算。在改革前这几个标准基本上是统一的，可以保证其与企业单位、行政机关的明确区分。

改革开放以后，前述的各项标志之间出现了脱节，这导致事业单位的范围混乱。一些人仍然沿袭传统的按照行业来划分的方法，即将教科文卫行业的国有单位一律称为事业单位，但这些领域的事业单位有些由于进行（或者应当进行）企业法人登记，而在法律上已经退出了事业单位的行列，而有的事业单位，虽然没有进行企业法人登记，但由于采取企业化的管理方式，事实上已经与企业没有实质区别。

国家全额拨款、不进行经济核算也已不再是事业单位所共有的一个特征。传统上的事业单位，其经费全部由政府拨给，其业务如果取得收入也由政府统一调配。后来经过改革，形成了事业单位的三种拨款方式：全额拨款、差额拨款、自收自支。而根据财政部于1997年实施的《事业单位财务规则》，国家对事业单位实行核收定支、定额或者定项补助、超支不补、节余留用的预算管理办法。定额或者定项补助可以为零。就其实质而言，与原来的管理方式是一致的，例如，补助为零实际上就是原来的自收自支的事业单位。

在行政改革过程中还出现了一些与行政机关行使相同行政职权，但却被定性为事业单位的机构，典型的有证监会、银保监会和电监会等，将这样的单位界定为事业单位，一方面是政治上的考虑，即在形式上缩小国家行政机关和公务员的队伍，从而体现行政改革的成果；另一方面是为了适应监管事业的专业化性质，在其工作人员的招聘、工资、福利、奖励等方面的适用与一般的行政机关有所不同。

在事业单位概念问题上应当注意的一个问题是，由于改革后出现了民办的非营利组织，其职能与传统的国办事业单位相同，在一段时间中，人们将其称为民办事业单位，但1998年国务院制定发布了《民办非企业

---

〔1〕 参见1984年全国编制工作会议《关于国务院各部门直属事业单位编制管理试行办法（讨论稿）》。

单位登记管理暂行条例》〔2〕，用"民办非企业单位"取代了"民办事业单位"的名称，从而将事业单位的概念保留给了国有的事业单位。

二、事业单位的基本性质

考察中国事业单位的历史演进，我们可以发现，事业单位的核心特征是在行政机关之外，相对独立的承担公共服务职能的公共组织，至于其活动领域和管理方式等，都是依附于这一性质而产生的。实践中，一些名为事业单位但实际上不承担公共服务职能的组织，则是因为种种原因对事业单位概念误用或滥用的结果。未来中国的事业单位，应当坚持其作为相对独立承担公共服务职能的公共机构的性质，并在此基础上对其类型划分、组织结构和管理体制等问题进行探讨。

明确事业单位的这一基本性质后，可以将下列组织排除在事业单位之外：一是以营利为目的公办组织。中国目前许多事业单位承担的是应由营利性市场主体来提供的非公益性服务与产品，这其中既有计划经济时代的遗留物，但也不乏基于各种因素而设立的新机构。大量非公益型机构充斥于事业单位之中，使得国家财政负担过重，无力发展那些真正具有社会公益性的社会事业。不仅如此，这些机构利用其特殊的地位和条件进行不正当竞争，造成了经济社会秩序的混乱。因此对于承担这类职能的事业单位，应当通过民营化改革，使其转变为普通的企业，从而回归民间。二是实际承担政府监管或行政执法职能的所谓事业单位。将证监会、银保监会和电监会等政府监管机构定性为事业单位，有利于采取灵活的财务会计和工资福利等制度，吸纳专业人才，提高监管绩效。但由于其行使的市场监管职能与公共服务职能存在差别，人事管理实质上也基本遵循一般行政机关的做法，将其定性为事业单位正当性不足。要解决这一矛盾，应当进行政府监管机构改革，建构符合政府监管机构特点的管理体制，明确承认政府监管机构区别于一般行政机关的特殊性，而不是将其与履行公共服务职能的事业单位混为一谈。对于那些因为行政编制等原因而被纳入事业单位、不具有特殊性的行政执法机构，则应

---

〔2〕 根据《民办非企业单位登记管理暂行条例》第2条的规定，民办非企业单位是指企业事业单位、社会团体和其他社会力量以及公民个人利用非国有资产举办的，从事非营利性社会服务活动的社会组织。

通过编制管理制度改革，使其回归行政机关序列，但其人事和财物管理等方面仍可保持一定的灵活性。

明确事业单位的这一性质，有助于我们正确认识事业单位改革的目标。为了落实以人为本的科学发展观、建设和谐社会，政府的公共服务职能只能强化而不能弱化。事业单位作为主要承担公共服务职能的公共机构，其地位应当提升，国家财政等保障责任应当进一步充实。事业单位改革的目标，绝不是如一些人认为的那样，是要减轻政府的财政负担，为政府甩包袱，而是要建立适应其职能性质的组织构造和体制机制，促使其更加有效地履行公共服务职能。

应当注意的是，并非所有涉及公共利益的职能都应由国家大包大揽，国家应当鼓励和促进公益型非政府组织的发展，充分利用民间资源，而不必完全利用自己的组织和人员。某些事业单位所承担的职能如果由民间组织承担更加有效，则国家可以将其撤销，转由民间组织承担，但国家应当依法对民间组织的活动加以规制，并通过税收优惠、财政补贴等方式促进其健康发展。

三、事业单位的组织类型

如果将事业单位定性为相对独立地承担公共服务职能的公共机构，则它并非如很多人所认为的那样是中国特有的现象。实际上在西方国家，大量存在着在行政机关之外相对独立地承担公共服务职能的公共机构。一方面，在德国、法国等大陆法系国家，公务法人（公务机构）是极为重要的一种公法组织形式，这是指为持续履行某种特定的公共目的而成立的一个结合人与物的公法人。工业化和城市化的发展，要求国家承担了大量的服务行政任务，涉及教育、文化、科技、保育和公共事业等众多领域，为了适应这些新的行政任务对专业性和灵活性的要求，这些国家在科层制的传统行政机关之外创设公务法人，作为拥有法律人格的组织体独立地履行行政任务，以避免传统行政机关的官僚习气和僵化手续，增加管理机构的独立性和自主能力，这被称为"间接国家行政"，是行政分权的一种形式。这种组织形式具体的益处有：避免一般行政上的官僚主义习气、僵化手续，保持一定程度的精神自由；能够得到捐赠人的信任，容易得到社会上的赞助；具有财政上的独立和经营上的灵活性。作为一个法人，公务机构在管理上必然享有一定的自主权，拥有一定的独立性。但这种独立性并不是绝对的，它还必须接受国家主管机关的监督。[3]

　　另一方面，在近年遍及全球的公共行政改革浪潮中，执行机构的设立被许多国家所采用，例如英国的执行署（Executive Agency）[4]，法国的中央服务机构（The Service of National Scope，SCNS），意大利的局署[5]和荷兰特别管理局（Special Regime Agency）[6]等，成为履行公共服务职能的一种新的组织形式。[7]这些执行机构是相对独立的部属机构，它们在组织上仍然在部内，不具有独立的法律人格，需要接受部长的领导，部长就它们的活动向议会负责，但它们不必遵循部的正规方式，管理人员在预算和管理方面具有很大的自主权。例如，英国执行署一般具有准自治的地位，但它并非独立于其所母部之外的法律实体，其普通职员也属于英王雇员。利害关系人对执行署的行为不服申请司法审查，应以部而非执行署为被告。在执行署中设首席执行官（Chief Executive）总管政策执行。首席执行官是专业化的管理人员，通常从文官队伍之外招聘。首席执行官对部长负责，对机构目标的实现承担责任，根据"框架文件"（Framework Document）行使宽泛的管理职权。框架文件是首席执行官与部长之间的基本协定，但财政部经常也是一方当事人。框架文件有的长达数百页，其中一般包括：当前与将来的合作目标；执行署的财政安排，包括预算与审计程序；执行署的人事政策；执行署绩效的评价标准等。框架协议每三年重审一次，但在此期间也可进行调整。框架文件有时被

---

　　〔3〕　关于法国的公务法人或公共机构，参见陈淳文："论法国法上之公法人"，载《月旦法学》2002年第84卷；王名扬：《法国行政法》，中国政法大学出版社1989年版，第119页；潘小娟：《法国行政体制》，中国法制出版社1997年版，第142页。关于德国的公共营造物或公共机构，参见蔡震荣："公法人概念的探讨"，载翁岳生六秩诞辰祝寿论文集编辑委员会编辑：《当代公法理论》，月旦出版股份有限公司1993年版，第254页；李洪雷："德国行政法学上行政主体概念的探讨"，载《行政法学研究》2000年第1期。

　　〔4〕　Craig, *Administrative Law*, London: Sweet & Maxwell, 1999, p. 94.

　　〔5〕　Marine, *The Politics of Quasi-autonomous Organizations in France and Italy*（*PSA annual conference*）, Leicester, 2003, pp. 21-24.

　　〔6〕　OECD, *Distributed Public Governance: Agencies, Authorities and Other Government Bodies*, 2002, p. 113.

　　〔7〕　当然并非所有执行署均承担公共服务的职能，很多执行署也承担着市场监管或社会管理方面的政策执行功能。

称为契约，但由于执行署不是独立的法律实体，因此严格说来其最多称为"准契约"。[8]当执行机构没有达到确定的绩效目标时，主管部的主要惩罚手段是降低首席执行官和高层管理者的绩效工资。执行机构改革的基本逻辑是，中央文官系统应当由一个相对较小的核心组成，它只负责政策的制定，以减轻政治家的政治责任负担，提高决策的质量；在其之外设置大量执行署，它们只负责执行政策，对于事务执行享有较高的自主权，以提高执行的质量。这与中国执政党提出的健全决策权、执行权、监督权既相互制约又相互协调的权力结构和运行机制的行政体制改革思路具有一定的相通之处。

参照国外的经验，在将行使行政监管与执法职能以及进行营利活动的公办组织剥离后，作为相对独立承担公共服务职能的中国事业单位，从组织结构角度主要可以分为两类：一是公务法人。某些服务职能的履行需要一定程度的独立性和灵活性，由行政机关直接管理不妥当时，就可以把主管机构创设为公务法人。[9]公务法人作为公法人，独立履行法定任务和承担相应责任，同时必须遵守国家法律并接受国家的监督。公务法人在提供公共服务时可以在公法（行政法）或私法（民法）的利用关系之间进行选择，即所谓行为形式的选择自由，如果选择公法利用关系，则其活动应遵循行政行为和行政程序的法律规范，对其行为不服相对人可申请行政复议与行政诉讼；如果选择运用私法方式提供服务，则应遵循民法规则，发生纠纷时遵循民事争议解决途径。公务法人的治理结构主要有两部分组成，即决议机关和执行机关。决议机关为理事会，负责对重大问题的审议、决策，理事一般包括相关政府机构代表、雇员代表、用户代表、独立专家等。执行机关为主席或总经理，主要负责日常管理工作。二是执行机构。对于一些不适合作为独立法人运作的事业

---

〔8〕 关于英国的执行署改革，参见 Craig, *Administrative Law*, London: Sweet & Maxwell, 1999, p. 94；[英]简·莱恩：《新公共管理》，赵成根等译，中国青年出版社 2004 年版，第 210 页；周志忍主编：《当代国外行政改革比较研究》，国家行政学院出版社 1999 年版，第 103 页。

〔9〕 政府对于自己所承担的公共服务职能，除了选择以公务法人的组织形式进行之外，还有其他的组织形式可以选用，例如可以选择设立私法人（企业法人或基金会）的形式进行，此时须遵循民事组织及其活动的法律规范；可以由不具有独立性的普通科层制行政机关或机构进行，此时续遵循行政法的一般规范；也可以设立公法上的财团法人（公法基金会）与社团法人（例如公立大学）。

单位，可以改造为附属于政府部门的执行机构。执行机构不具有独立的法律人格，法律责任由所属政府部门承担，但为保障执行机构的活力与效率，应赋予其一定的自主权，并对其运作机制进行改革，例如可从公务员队伍之外招聘职业经理人作为首席执行官，按照其与相关政府部门签订的框架协议进行管理，相关政府部门依据框架协议定期对其绩效进行考评。

四、制定事业单位管理法

2011 年《中共中央、国务院关于分类推进事业单位改革的指导意见》（中发〔2011〕5 号）要求，到 2020 年要建立起功能明确、治理完善、运行高效、监管有力的管理体制和运行机制，形成基本服务优先、供给水平适度、布局结构合理、服务公平公正的中国特色公益服务体系。要在清理规范基础上，按照社会功能将现有事业单位划分为承担行政职能、从事生产经营活动和从事公益服务三个类别。对承担行政职能的，逐步将其行政职能划归行政机构或转为行政机构；对从事生产经营活动的，逐步将其转为企业；对从事公益服务的，继续将其保留在事业单位序列、强化其公益属性。今后，不再批准设立承担行政职能的事业单位和从事生产经营活动的事业单位。根据职责任务、服务对象和资源配置方式等情况，将从事公益服务的事业单位细分为两类：承担义务教育、基础性科研、公共文化、公共卫生及基层的基本医疗服务等基本公益服务，不能或不宜由市场配置资源的，划入公益一类；承担高等教育、非营利医疗等公益服务，可部分由市场配置资源的，划入公益二类。党的十八大以来，中央高度重视事业单位改革，各级党委、政府精心组织、扎实推进，在全国范围内完成了事业单位清理规范和分类，根据不同事业单位特点实施分类管理和改革，在推进政事分开、事企分开、强化公益属性等方面取得重大成果，在守住财政供养人员只减不增底线的同时，调整布局结构、优化资源配置、提高运行效率，有力促进了公益事业健康发展。2018 年《中共中央关于深化党和国家机构改革的决定》要求，加快推进事业单位改革。全面推进承担行政职能的事业单位改革，理顺政事关系，实现政事分开，不再设立承担行政职能的事业单位。加大从事经营活动事业单位改革力度，推进事企分开。区分情况实施公益类事业单位改革，面向社会提供公益服务的事业单位，理顺同主管部门的关系，逐步推进管办分离，强化公益属性，破除逐利机制；主要为机关提供支持保障的事业单位，优化职能和人员结构，同机关统筹管理。

目前，剥离承担行政职能的事业单位和从事生产经营活动的事业单位的任务已经基本完成，对从事公益服务的事业单位区分为公益一类和公益二类的工作也正在推进。将改革成果及时确定下来，建立事业单位管理制度的基本框架。近年来，我国事业单位法治建设也有了很大的进展。继 1998 年制定了《事业单位登记管理暂行条例》（2004 年修订）之后，又于 2014 年制定了《事业单位人事管理条例》，这是我国第一部系统规范事业单位人事管理的行政法规。在事业单位领导人员管理方面，2017 年 1 月中组部分别会同中宣部、教育部、科技部、国家卫生计生委印发《宣传思想文化系统事业单位领导人员管理暂行办法》《高等学校领导人员管理暂行办法》《中小学校领导人员管理暂行办法》《科研事业单位领导人员管理暂行办法》《公立医院领导人员管理暂行办法》五个办法。在这样的背景下，建议制定《事业单位管理法》，对事业单位的组织形态、治理结构、活动原则和监督机制等加以规定。事业单位管理的法律制度，必须保障公共服务职能的强化，符合事业单位职能运行的规律，以人为本、保护从业人员的合法权益，避免国有资产流失。

中国社会组织及其发展建议

解志勇 *

20 世纪 80 年代以来，伴随着全球结社浪潮的兴起和我国改革开放进程的不断推进，我国大量出现了以民间力量为主体，具有非政府、非营利、社会性、自愿性等特点的组织形式并不断发展壮大。经过长期的摸索和实践，其影响已广泛渗入社会生活的各个领域，成为推动社会发展的一支重要力量。我国社会组织的发展有一个逐渐成长的过程，大致经历了三个阶段。在发展的同时也凸显出诸多问题，如行政化严重、内部治理不力、监管缺位、法律体系不完善等。本文首先介绍了我国社会组织的发展概况；简要梳理了社会组织运行的法律依据；重点指出了社会组织运行中存在的突出问题以及相关建议。

一、中国社会组织之发展概况

NGO（Non-Governmental Organization）作为一种具有普遍性的政治、经济和社会现象，可谓源远流长，不同地域对其有不同的界定。要想弄清中国社会组织的问题，首先要了解目前我国社会组织的概况。

（一）NGO 名称之争与中国社会组织之发展阶段

自改革开放以来，我国社会组织主要经历了三个阶段，各不同类别的社会组织在数量、结构、质量上都有了不同程度的改善。

1. NGO 的名称之争

因文化传统和具体理解的差异，对 NGO 的称谓，不同国家（地区）有不同的提法，如非政府组织、非营利组织、第三部门、志愿组织、慈善组织、免税组织、草根组织等。在我国学界，"民间组织""非营利组

---

* 解志勇，中国政法大学法学院教授，中国政法大学法学博士。

织""社会组织"等语皆有；在官方，长期使用"民间组织"一词，但是在民政部 2007 年"全国社会组织建设与管理工作经验交流会"上，民政部门开始正式使用"社会组织"代替以往的"民间组织"。此外，民政部民间组织管理局于 2016 年 8 月 30 日正式更名为社会组织管理局，国家社会组织管理局主办的"中国社会组织公共服务平台"的网站以及其颁布的法规也使用这一称谓。这些变化都反映出我们对社会组织认识的与时俱进。在这里沿用"社会组织"之名，意在突出其社会性特征。

2. 中国社会组织之发展阶段

以改革开放为起点，根据社会组织的立法状况和发展规模，我国社会组织经历了 1979—1987 年原始生长期、1988—2001 年制度规制期、2002 年至今的正向发展期三个阶段。

图 1 显示，在原始生长期，社会组织从无到有、从少到多；全社会结社活跃、数量增长较快，已基本呈现出社会组织的雏形。但同时因缺乏制度性规范，出现了无序发展的态势。

在制度规制期，社会组织走上了一条艰难的制度构建之路，这条道路前后经历十余年，其间发生了许多值得记述的重大事件，如成立登记管理机关、两次清理整顿、颁布相关法规、取缔合作基金会、取缔非法组织等。[1]经过十多年的探索，中国社会组织的管理格局已基本形成。

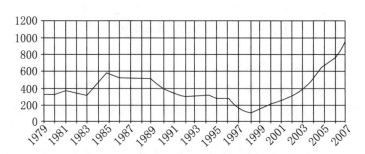

图 1　1979—2007 年中国主要社会组织年度增长图示[2]

自 2002 年起至今，图 2 显示社会组织的数量呈正向增长趋势，社会

---

〔1〕 王名主编：《中国民间组织 30 年——走向公民社会》（1978—2008），社会科学文献出版社 2008 年版，第 21 页。

〔2〕 王名主编：《中国民间组织 30 年——走向公民社会》（1978—2008），社会科学文献出版社 2008 年版，第 11 页。

组织布局得到调整，结构得到优化，质量有所提高。国内外新形势的发展为中国社会组织的发展提供契机的同时，也带来了更多的挑战。

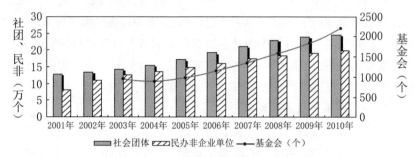

图 2　2002—2010 年中国社会组织发展趋势〔3〕

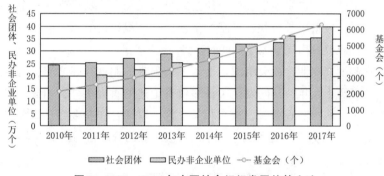

图 3　2010—2017 年中国社会组织发展趋势〔4〕

（二）中国社会组织的分类

依不同标准，社会组织相应有不同类别。从立法规制的角度上来讲，中国社会组织主要存在三大类：社会团体、民办非企业单位、基金会。

根据现行《社会团体登记管理条例》，社会团体是指中国公民自愿组成，为实现会员共同意愿，按照其章程开展活动的非营利性社会组织。民政部在《关于〈社会团体登记管理条例〉有关问题的通知》中，把社会团体主要分为学术性社团、行业性社团、专业性社团与联合性社团四

---

〔3〕　参见民政部发布的《2011 年社会服务发展统计公报》，载民政部官网，http://www.mca.gov.cn/article/sj/tjgb/，最后访问时间：2019 年 4 月 9 日。

〔4〕　参见民政部发布的《2011 年社会服务发展统计公报》，载民政部官网，http://www.mca.gov.cn/article/sj/tjgb/，最后访问时间：2019 年 4 月 9 日。

类。按照社团活动地域范围划分，社会团体可分为全国性的社会团体、地方性的社会团体、跨行政区域的社会团体。

根据现行《民办非企业单位登记管理暂行条例》，民办非企业单位是指企业事业单位、社会团体和其他社会力量以及公民个人利用非国有资产举办的，从事非营利性社会服务活动的社会组织。按照单位服务的主要领域可划分为工商服务业类、科技研究类、教育类、卫生类、社会服务类、文化类、体育类、生态环境类、法律类、宗教类、农业及农村发展类、职业及从业组织类、国际及其他涉外组织类等。

根据现行《基金会管理条例》，基金会是指利用自然人、法人或者其他组织捐赠的财产，以从事公益事业为目的，依法成立的非营利性法人。按照是否向公众募捐资金划分，基金会分为公募基金会和非公募基金会。公募基金会按照募捐的地域范围，又分为全国性公募基金会和地方性公募基金会。此外还有境外基金会在中国内地设立的代表机构也属于重要的基金机构。

当然除了上述三类划分，还存在很多法律规制以外的社会组织形态，考虑到其中的复杂性，在此不作阐述。虽然各类社会组织在成员、组织、具体目标等方面存在差别，但是都具有民间性、非营利性、自治性、志愿性、公益性和社会参与性等突出特征。它们广泛存在于工商服务、科研、教育、卫生、文化、体育、生态、法律、宗教等各领域，并且依靠公众广泛的社会参与度实现服务于社会公益的目标。

二、中国社会组织运行的法律依据

从立法的效力层次来看，我国社会组织运行的法律依据，一是宪法对公民结社自由权的规定，这是其最根本的运行依据和合法性来源；二是宪法之下一系列的法律法规及规范性文件。具体来说：

在法律层面上，目前没有统一的社会组织立法，但是很多法律如《中华人民共和国公益事业捐赠法》《中华人民共和国合同法》《中华人民共和国证券法》《中华人民共和国律师法》等中与社会组织相关的内容可以适用。专门对社会组织进行规制的有国务院制定的《社会团体登记管理条例》《民办非企业单位登记管理暂行条例》《基金会管理条例》等，这三部法规是管理社会组织的重要依据。部门规章方面如《基金会年度检查办法》《社会组织评估管理办法》《民办非企业单位登记暂行办法》《基金会信息公布办法》，以及财政部及相关部门对科技、文化类等民办非企业单位制定的管理办法等，对社会组织作出更细致的规定。地方层面也在不同程度上对社会组织进行了相应规定，如《江苏省社会组织评估管理办法》《浙江省社会团体管理办法》《上海市基金会信息公布实施办法》等。

在我国，虽立法方面还有不少缺陷，但以法律法规和规范性文件为架构的社会组织管理制度已初步形成，并且相关配套法律制度也在不断健全完善。

三、中国社会组织运行中的突出问题

社会组织的快速发展，对我国"小政府、大社会"的构建起到了重要作用，但其应有作用还远未发挥。相比于发达国家，明显"先天不足、后天脆弱"，突出问题体现在以下方面：

（一）管理体制"先天不足"，行政化严重

"天价餐费"[5]"全国小记者培训活动中心"[6]等欺骗性培训等接连曝光，社会组织为何频频出事？"社会管理体制滞后是社会组织频频'出事'的内在根源。长期以来，我们沿用行政方式来管理社会组织，社会组织在资金来源、管理运作和社会服务等方面存在先天不足，在很大程度上依附于政府部门，事实上成为政府行政权力的延伸。"[7]现行的双重管理体制，使大量"非法组织"存在于法律约束以外，而合法组织的行政色彩浓厚、独立性差，如卷入足球打黑风暴中的足协前主席南勇按照国家工作人员进行处理便说明了"行政化"的事实，这严重削弱了社会组织的社会特性。

（二）内部治理不力，缺失长远发展战略

汶川抗震救灾，中国红十字会"万元帐篷""虚开发票"等问题接

---

〔5〕 "中国红十字会称上海天价餐费属严重违规"，载腾讯新闻，http://news. qq. com/a/20110419/001469. htm，最后访问时间：2019 年 4 月 9 日。

〔6〕 "全国小记者培训中心被指伪装官方背景敛财"，载网易新闻，http://news. 163. com/11/0902/04/7CU04QMP0001124J. html，最后访问时间：2019 年 4 月 9 日。

〔7〕 孙艳敏："社会组织反腐：去行政化商业化"，载《检察日报》2011 年 10 月 18 日，第 5 版。

连曝光，引发公众质疑，内部治理不力，缺失长远发展战略是主要原因。现行立法对社会组织内部治理制度的规定较为粗糙，很多社会组织的机构不健全、内部制度不完善、资金使用不透明、财务管理不规范、从业人员不专业、服务模式不清晰、自律意识淡薄。此外，更多的社会组织缺乏长远的发展战略，目标定位不明，不仅难以承担更多的公益职责，反而滋生出不少社会问题和矛盾，显然不利于其长远发展。

（三）政府、社会监管缺位，社会组织公信力降低

首先，现行立法实行严审批、宽监管的模式。一旦进入"门槛"，对社会组织的具体运转便"放任自流"，缺乏中间过程的监管。其次，现有的监管措施较为薄弱。立法对监管措施规定太过简单，对登记后人、财、物的操作运转等均缺乏监管措施。最后，登记管理机关无力监督，业务主管单位不去监督，社会监管缺乏，没有形成监督合力。监管的缺位衍生出社会组织的诸多腐败问题，大大降低了其公信力，比如"郭美美"事件引发的民众对"官办"慈善机构的信任危机便是实证。

（四）立法薄弱，法律依据不足

目前我国社会组织相关法律体系暂达不到现实所需，不利于社会组织的发展和规范，"存在着法律位阶低、互相协调差、实体规范少、政策不配套、制度有盲点等问题"[8]。具体来说：缺乏法律层面的规范，行政法规、规章不能作为其运行的长效机制；现有立法行政管理色彩浓厚且多是程序规范，在活动范围、权利义务、运行和保障等方面缺乏实体性规定且与其他立法政策衔接性较差；缺乏行业协会、商会、涉外社会组织以及志愿服务等方面的立法，"在税收优惠、财政资助、人事管理、社会保险等方面缺乏健全的政策规定"[9]。

（五）以公谋私，背离价值追求

依市民社会的理论，社会组织是政府和企业、政府和社会、政府和市场的桥梁，也是公民社会参与社会管理的主要形式，其应致力于维护公共利益、保障公众权益、服务于公众的组织目标。但是现在我国部分

---

〔8〕 参见王名："加快社会组织立法工作"，载《人民政协报》2011 年 3 月 5 日，第 B02 版。

〔9〕 参见孙伟林："我国社会组织发展现状、问题与建议"，载《中国党政干部论坛》2009 年第 8 期。

社会组织背离这一目标，以公谋私，借公益之名大量敛财，或者工作人员将捐赠资金占为己有，抑或对社会捐赠资金挥霍浪费等，这严重背离社会组织产生的初衷。如此下去，社会组织存在和运行的合理依据便会逐渐丧失。

四、对中国社会组织发展之建议

我国社会组织之所以存在上述问题与体制、文化、法律、历史等因素都有关系，只有将其发展面临的困境一一解决好，才能促进我国社会组织健康、有序地良性运转。

（一）完善社会组织管理体制

"十二五规划"首次以突出位置正式提出"加强社会组织建设"，预示着"党和政府对社会组织已经开始从原来的管制为主，转向培育和鼓励为主"[10]。最重要的是要改变广受诟病的双层管理体制，实现行政机关由"业务主管"转向"业务指导"。民政部已于2010年开展了民办非企业单位直接登记的试点工作，党的十八届二中全会提出对"行业协会商会类、科技类、公益慈善类、城乡社区服务类社会组织实行民政部门直接登记"，并且2016年8月中共中央办公厅、国务院办公厅印发的《关于改革社会组织管理制度促进社会组织健康有序发展的意见》明确了直接登记的四类社会组织的范围，要求对存量"四类社会组织"逐步实行直接登记管理。上述对社会组织"松绑""放权"等做法将逐步为我国构建起一套完善的社会组织管理体制。

（二）加强内部组织管理

对于社会组织的内部建设，要建立健全社会组织内部各项规章制度，使其各项活动有章可循；建立健全民主决策机构和制度化机制，通过民主化的内部决策制度的建设，克服社会组织管理过程的行政化、官僚化倾向；建立和完善财务会计制度，做到收支规范、账目清楚、公开透明，保证社会组织的廉洁性。通过对其内部管理体制的健全和完善，从而形成社会组织自我管理、自我约束、自我发展的内部运行机制，增强社会

---

〔10〕 俞可平："官方对社会组织从管制为主转向培育鼓励为主"，载凤凰网，http://news. ifeng. com/mainland/detail_2011_05/08/6243458_0. shtml，最后访问时间：2019年4月9日。

组织自律意识。

（三）推进政府监管方式转向

首先，社会组织的监管应该向"宽审批严监管"方式转变，降低登记门槛，加强过程监管和日常监管；要从传统的行政性监管转向法治监管，从政治监管转向综合性监管。其次，要明确监督主体，强化监督力度，这需进行具体的立法规范，明确各个主体的监督职责，防止推卸责任。最后，强化行政执法工作，健全执法查处的主体、程序、监督、处罚等有关规定，加强执法力量，使社会组织在合法的范围内活动，在其组织宗旨确定的范围内活动。

（四）建立多元化社会监督机制

社会组织数量多，监管社会组织各项活动的成本高，而监管队伍有限，仅靠政府监管明显不足，加强民间监督是必需之道；尤其随着网络技术的发达，使得社会组织接受社会力量和公众的监督成为可能。当然，社会组织将其活动和财务等情况向社会公开是民间监督实际有效前提条件，所以推进社会组织信息方面的公开也是很重要的。如建立有效的举报系统和反馈机制，相关部门一旦接到举报，即应及时调查并向公众公布调查结果和处理情况。

（五）正确定位，树立长远发展战略

社会组织应需而生，其生命力来自于响应社会民众需求和获得民众的信任。要取得持续的发展应正确定位其价值目标，树立长远发展战略。不管是服务于特殊区域或特定群体，还是针对不同性质的工作，社会组织需要有明确的定位和中长期规划应社会所需，急民众所急合理划定自身功能范围。[11]社会组织的价值定位于政府的补充，应从微观局部着手，发挥特色，与政府形成协同力，树立其长远发展战略，实现自身存在的价值。

（六）完善法律法规体系

"目前，法律层次的立法缺位，已经导致居于行政法规层次的立法不堪重负，既有超越立法权限的嫌疑，也无能为力于改革开放后迅速变化

---

〔11〕 参见赵敏："NGO 在灾难中的成长契机与发展方向"，载《社团管理研究》2011 年第 7 期。

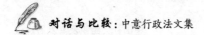

的社会现实。"[12]针对这种情况，理论界和相关高校和研究机构的专家学者都提出统一制定社会组织法的主张，这也是必要的。应结合实际，逐步制定形成配套的、不同层次的法律法规体系，用法律形式明确各类非政府组织的性质、职能、宗旨、地位、权利、义务、组织形式、活动的范围等，使我们的社会组织更加有法可依。

---

〔12〕 谢海定："中国民间组织的合法性困境"，载《法学研究》2004年第2期。

私有公物研究

——法学与经济学的双重视角

马颜昕 *

公物的公字，往往会使得人们将其与公共利益、公共使用、公共目的、公共所有等词汇联系在一起。依据公物法理论，公共利益、公共使用与公共目的的确是公物的核心理念，然而是否必然公共所有？这却值得探讨，并会从而产生一系列问题：公物是否可以私有？私人供给公物是否具有经济学上的可行性？私人公物的权利样态是怎样？国家是否有义务给予私人公物补偿？本文将从法学和经济学的双重视角，对这些问题进行探讨。

一、私有公物法律概念源流

法国是公物法制度的最早诞生地。而在法国，公物的主体必须是行政主体，私人不能为之。私人即使自愿将其所有的物提供给公众使用，构成事实上的公物，也不受公法的支配，由此引发的纠纷完全使用私法规则。[1]因此在此时，公物都是公有，私人所有的物，即使公用，也不属于公物，不适用公法。

之后德国在参考学习法国的基础上，逐渐发展出自己的公物法体系。德国公物法的特征是修正私有财产权制度。其认为公物同时处于公法与私法的交叉支配之下，公物适用民法，但是在公法有明确规定的情况下，公法支配权和所有权排斥私有财产上的权利。在这种制度设计下，公物

---

* 马颜昕，华南师范大学法学院、政府改革与法治建设研究院特聘副研究员，中国政法大学法学博士。

[1] 侯宇：《行政法视野里的公物利用研究》，清华大学出版社 2012 年版，第 27、29 页。

的私法财产所有人、公法支配权人与管理义务人是相互区分的。[2]因此，在德国法上，公物的私法财产所有权人不一定专属于行政机关，私有公物成了可能。[3]日本、中国台湾地区等的公物法主要受德国行政法影响较深，也分别认可了私有公物的存在。[4]

而在英美法系中，虽然没有系统性的公物法制度，但是也存在这样相似的问题。整体上来说，英美法系并不排斥在私人财产上设立类似于私人公物这样的公共负担。比如在一些私人沙滩上确认公共地役权，允许公众穿越；或者将中央大火车站这样的重要建筑命名为地标，进行特殊保护，限制私人改建等。[5]

我国公物法的研究者不管是吸收德国理论，还是学习美国经验，又或者是甚至参考法国模式，但在公物分类上，通常均承认私有公物的存在。[6]这也体现了随着时代的不断发展，私有公物已经实际大量存在，并且越来越发挥着重要作用，理论上已经不可能将其忽视。

二、私有公物的经济学基础——私人供给的可行性分析

公物作为一种公共物品，由于排他性弱、经济上的外部性强、物品提供者难以从中直接获得足够经济回报等特点，被许多经济学学者认为必须由政府提供，而难以由私人提供。因此传统上认为，公物的提供主要是政府的职能，私人难以承担，也不愿承担。

然而科斯（Coase）早就在其论文中用实证考察的方式，对上述观点进行了反驳。灯塔是前述经济学学者们常用来作为公共物品只能由政府提供的代表物。但科斯通过考察发现，在英国的历史实践中，灯塔可以由私人提供，私人可以建造、管理、筹资、所有和处分灯塔，也可以收

---

〔2〕　[德]汉斯·J.沃尔夫、奥托·巴霍夫、罗尔夫·施托贝尔：《行政法》（第2卷），高家伟译，商务印书馆2002年版，第474~475页。

〔3〕　肖泽晟："公物的二元产权结构——公共地役权及其设立的视角"，载《浙江学刊》2008年第4期。

〔4〕　参见[日]盐野宏：《行政组织法》，杨建顺译，北京大学出版社2008年版，第247、250页；翁岳生：《行政法》（上册），中国法制出版社2009年版，第425页。

〔5〕　马颜昕："美国法律体系中的'公物法'规范"，载《福建行政学院学报》2016年第4期，第62~67页。

〔6〕　参见肖泽晟：《公物法研究》，法律出版社2009年版；侯宇：《行政法视野里的公物利用研究》，清华大学出版社2012年版。

取使用费。[7]因此从经济学实证的角度，私人可以成为公物的良好供给主体。

这其中的原因在于，虽然公共物品的正外部性较强，容易引发搭便车等效应，但是并非所有情况下，投资人都无法从公共物品的供给中收益。私人投资公共物品至少存在如下两种收益模式：

第一，某些特定公物上存在着多种功能，其上部分功能具有排他性，可以独占收益。私人投资这些公物，在实现公共目的的同时，可以实现自己的商业利益。比如一个平战结合的人防工程，战时是全民使用的人防工程，而在平时可以作为地下商场、停车场等进行商业使用。比如一些小型水电站，其上的防洪功能极大的正外部性，无法排他，但是发电收益权却具有排他性，投资人可以从中受益。[8]

第二，通过特定的制度安排，即使是一些纯粹的无法排他的公共物品，投资人实际上也可以从中获得收益。前述的灯塔就是典型。在英国历史上，灯塔的私人投资者通过灯塔使用费受益。灯塔使用费由所在港口的代理者收取，每座灯塔的使用费不同，船只每经过一座灯塔，就根据船只的大小缴纳使用费。还有专门发行的名册来刊载不同航程所要经过的灯塔和相应的收费标准。[9]虽然灯塔是一种具有强烈正外部性的典型公共物品，但是通过航程计算和港口收取的方式，私人可以从中获利。当然，仍然有部分搭便车的情况出现，比如那些不在英国港口停靠而由外国船主管理的船只。[10]但部分的搭便车，不能否定制度安排所提供的投资人获益的可能性。

如上两种获益模式当然不是商业实践中的全部，但是它们至少已经证明了，即使存在正外部性、搭便车等问题，投资人从中获得商业回报也仍然可能，从私人利益的角度，私有公物具有可行性。

而从公共利益的角度，对私有公物可行性的反对主要集中在担心私

〔7〕 ［美］罗纳德·哈里·科斯：《论生产的制度结构》，盛洪、陈郁译校，上海三联书店1994年版，第215～239页。

〔8〕 雷玉琼、胡文期："刍议混合产权制度——一种公共池塘资源治理的视角"，载《中国行政管理》2009年第10期。

〔9〕 ［美］罗纳德·哈里·科斯：《论生产的制度结构》，盛洪、陈郁译校，上海三联书店1994年版，第223～224页。

〔10〕 ［美］罗纳德·哈里·科斯：《论生产的制度结构》，盛洪、陈郁译校，上海三联书店1994年版，第232页。

人供给公共物品可能会损害公共利益，从而认为为了保护公共利益，需要一概国有。但正如美国佩恩中央运输公司诉纽约市案中所表现的那样，一个财产上存在一定公共利益，需要进行特别保护并限制其上的私人权利时，也并不需要一定以取得该财产为手段（这往往是既不可行也不明智的）。[11]所有权具有多种权能，是许多权利组成一个权利束。公共目的可能只需要在一个方面对其进行约束，为了实现这个约束，而将整个所有权归为国有，一方面会极大地增加公共财政的负担，另一方面也会影响原有物的利用效率。实际上这一问题可以通过下面所讨论的多元权利结构予以解决。行政机关只须获得需要的公共地役权即可，而无须取得整个所有权。

三、私有公物的多元权利结构

公物上承载了公共目的与公共利益，需要提供公共使用；而私有意味着所有权归属于私主体，上面自然也存在着私人利益。因此私有公物上必然存在着多元权利结构。

一元是代表公共利益和公共目的的公共地役权。[12]公共地役权的主体有二：一是国家，公共地役权的表现形式是国家对于私有公物的监督管理；二是公众，表现形式为公众对于私有公物在公共目的的范围内的直接使用。

另一元则是私人权利。私人权利主要是基于私法获得，目的是为了维护私法所有权人的私人利益。在特定的范围内，公共地役权和公共利益优先，私人权利和私人利益只能在剩余范围内实现。

这样的多元权利结构，一方面给予私人供给公共物品以产权激励，另一方面也促进了公物的多元利用，有利于物尽其用。但其潜在问题有二：一是多元产权混合，可能导致为了追求经济效益而忽略了公共目的；二是混合产权结构下产权可能不甚清晰，可能影响私人权益，降低私人的投资积极性，增加市场经济下的交易成本。[13]

---

〔11〕 See Penn Central Transportation Company et al., Appellants v. City of New York et al., 98 S. Ct. 264.

〔12〕 肖泽晟：《公物法研究》，法律出版社2009年版，第113～132页。

〔13〕 ［美］斯蒂文·沙维尔：《法律经济分析的基础理论》，赵海怡、史册、宁静波译，中国人民大学出版社2013年版，第10～21页。

解决这一问题，需要从根本上明确公共地役权的范围，明确公私权利和公私利益之间的界限。如此方可定分止争，保证产权的确定性和可预见性，同时实现对公共利益与私人利益的保护。而确定公共地役权范围的关键制度就是命名。命名是指行政主体对财产做出开始公用的意思表示。命名直接确定了公物的使用目的，也确定了公物的可用性的范围。

命名制度要求对于公共地役权必须要通过特定法律程序予以事先确认，只有在这个范围内，可以对私人权利予以限制。这也是对"公法无授权（力）则禁止，法不禁止（私人）则自由"理念的体现。命名这一前置性的程序的完善，也将使得私有公物上的多元产权间的界限变得明晰。

公物法上命名的方式有多种，如通过法律命名；通过规划或者计划等正式程序命名；通过具体行政行为命名；通过标志进行命名；通过行政协议进行命名等。法律上的命名可能比较抽象概括，主要是对一些重要的基本公物类型予以命名，但此时的命名还缺少具体性，指导性不强。规划、计划、标志、具体行政行为等可以对具体某一公物上公共使用的范围予以确认。比如某一小区的私人道路可能被规划为特定情况下可以供公众通行。而公众通行的方式、时间、限度等则可以由规划决定。该规划可以规定只能用于公众日常生活的步行通行，不能通行机动车，时间是早上 8 点到晚上 12 点，不能通行危险物品等。然后规划可以通过标志的方式具体明确，如增加通行时间的指示牌。如此，其上的公共使用、公共地役权与私人使用、私人权利之间的界限就清晰明白了。

在现代社会，公私合作的模式愈加流行，行政协议也逐渐成为命名的重要方式。通过协议命名，可以体现私人主体的参与性，而通过双方的协商完成交易，比起行政主体的单方面确定，在一定情况下更有利于经济学效率，可以更加接近帕累托最优。依据科斯定理，当交易成本为零时，无论产权在法律上如何安排，私人谈判都会导致资源最优配置。[14] 当然，现实社会中，交易成本不可能为零，因此是否更有效率的判断，主要就是需要比较双方达成一致的交易成本与行政主体单方收集全面信息并做出判断的成本何者更高。而行政主体的信息片面性与权力

---

[14] ［美］罗伯特·考特、托马斯·尤伦：《法和经济学》（第6版），史晋川、董雪兵等译，格致出版社、上海三联书店、上海人民出版社 2012 年版，第 77 页。

寻租等的可能都需要计入行政主体单方判断的成本之中。

四、私有公物的补偿——基于经济学视角的新分析框架

私有公物是在私人物品上设立公共地役权，构成了对原有权利的限制，当这种限制达到一定程度时（比如完全剥夺了该物的私人使用时），则可能构成了征收或者征用（或者所谓的管制性征收），需要予以补偿。比如将一个小区的内部道路开放，变成公共道路，供所有社会车辆通行，此时就可能存在这个问题。

但是对于很多私有公物来说，有时候补偿问题的判断不是这么简单。可能其并没有剥夺私人的所有权或使用权，但是通过设定公共负担的方式，对私人权利进行了限制。这种限制影响了私人的使用和利益，但是又构不成征收或者征用。这种情况下国家是否有补偿义务呢？关于这一问题，大陆法系的传统解决方案是特别牺牲理论，而英美法系则是管制性征收制度。

德国行政法上，损失补偿制度缘起于古典征收概念，但经过长期发展已经不再局限于传统的征收，对于某些财产权的限制，在一定情况下国家同样有义务进行补偿。特别牺牲理论是判断是否需要进行补偿的标准之一，其含义是指，国家对人民财产权的干预，无论其形态是为对财产权的剥夺，还是对财产权利用的限制，如果财产权人的牺牲程度与他人所受限制相比，显失公平且无期待可能性，那么国家应该予以补偿；反之，如果没有达到特别牺牲的程度，那么单纯属于财产权的社会义务，国家无补偿义务。[15]

而美国法传统上使用所谓管制性征收的概念，是指国家虽然没有启动正式的征收程序，只是通过一些管制性法令措施对财产权之占有或行使予以限制，却可能产生财产权被剥夺的间接效果，于此情形在法效果上与普通的正式征收实无两样，因而也构成征收。[16]美国判例法创设了纷繁复杂的标准来确定是否构成管制性征收，而这些标准"通常都不太确定、太令人困惑和太不一致"，"无法提供指引所有案件的统一方向"，

---

〔15〕　翁岳生：《行政法》（下），中国法制出版社 2009 年版，第 1728 页。

〔16〕　王洪平、房绍坤："论管制性征收的构成标准——以美国法之研究为中心"，载《国家检察官学院学报》2011 年第 1 期。

引发了学者的诸多争议与批评。[17]

在这一问题上，法经济学却另辟蹊径，提供了一些超越传统特别牺牲理论与管制性征收制度的不同思路。用一个例子来说明，假设某城市的海边，有一个海边地块。该海边地块尚未开发。依据当地的具体情况和法律习惯，为了保护公众享受海边景观的权利，政府很有可能会发布限制，要求海边地块限高，并允许公众自由通行。假设政府未发布该限制，该地块可以建设高层封闭小区，则该地块的商业价值显然较大，投资10个亿左右时，方达到边际收益与边际成本的平衡。而如果政府发布了该限制，则该地块只能建设低矮和松散的建筑，商业价值较低，投资3个亿时，就已经达到了边际收益与边际成本的平衡。

然后我们继续假设，如果认为这种限制政府不需要全额补偿，那么地块投资人考虑到这种风险，计算风险和收益总期望后，其投资额将高于3亿并低于10亿。没有补偿使得该地块受到限制的风险被投资人所内部化。[18]而如果认为规定这种限制政府需要进行全额补偿，投资人就会无视可能发布限制的风险，投资达10亿元方停止。在这种情况下，一旦风险发生，政府发布了限制，投资人可以获得全额补偿，没有损失。但是对于社会总体来说，却产生了损失，因为此时该地块的商业价值无法支持10亿投资，实际上是使用公共财政全额救济了这种风险。因此全额补偿会过度刺激私人投资，降低社会总体效率。

刚刚我们讨论的是补偿对于私人的激励作用，现在把视角转向政府。如果不要求补偿，政府官员会更加轻易地决定采取管制性限制，因为管制的风险和成本全部由外部投资人承担。相反，如果政府需要补偿，这种外部成本就被政府内部化，政府必须考虑清楚管制是否能够完全促进社会总体效率，也会更加谨慎。[19]

通过这个例子我们可以看出，传统上，无论是期待可能性理论还是管制性征收理论，更多的都是关注公平与正当性问题，试图解决的是，

---

〔17〕 参见［美］约翰·G.斯普兰克林：《美国财产法精解》（第2版），钟书峰译，北京大学出版社2009年版，第650页。

〔18〕 ［美］罗伯特·考特、托马斯·尤伦：《法和经济学》（第6版），史晋川、董雪兵等译，格致出版社、上海三联书店、上海人民出版社2012年版，第169页。

〔19〕 ［美］罗伯特·考特、托马斯·尤伦：《法和经济学》（第6版），史晋川、董雪兵等译，格致出版社、上海三联书店、上海人民出版社2012年版，第169页。

当公民权利受到何种程度的影响时，其是否有获得补偿的正当性。但是经济学分析引入了新的理念，是否补偿不仅仅是一个有关公平的问题，更有关效率以及社会总体福利。全额补偿将刺激过度投资，造成浪费，无法实现帕累托最优；而不补偿又会刺激政府过度管制，同样造成浪费。当然，这里是全额补偿与不补偿两种极端情况的比较，但通过这个例子，更重要的是从而将效率问题引入私有公物限制的可补偿性问题。

经济学的效率问题与传统法学范式并非完全脱离，很多情况下是相互补充。比如特别牺牲理论需要期待可能性，而期待可能性实际上在效率判断中也异常重要。只有当风险是可以预期的时候，上述关于过度投资激励或过度管制激励的问题才会出现，对于完全不可预计的风险，并不适用上述分析。而效率理论需要进行社会总成本和效益的分析，这实际上也是与比例原则密切相关，甚至可以说成本效益分析为比例原则提供了新的具体标准。

因此在对私有公物限制的可补偿性问题进行探讨时，需要发展一种新的方式，利用比例原则为桥梁，将经济分析引入判断过程中，结合传统的特别牺牲理论等工具，对补偿问题进行包含公平性分析与成本效益分析在内的综合判断。

五、结论

在公物法最初诞生的法国，公物专属于行政机关所有，不存在私有公物。但之后德国发展出修正的私有财产权理论，为私有公物提供了理论可能，其后日本、我国台湾地区也均认可了私有公物的存在。我国现有公物法研究者一般也均不否认私有公物的概念。

传统上，许多经济学者认为公物只能由国家供给，但科斯通过实证考察的方式予以了有力反驳。私人投资者可以从公物供给中获利，从而产生投资积极性。而国家也并非只有取得了所有权才能对公物上的公共利益予以保护。公物的私人供给具有可行性。

私人公物上同时存在着以行政机关和公众为主体的公共地役权和以私人投资者为主体的私人权利。两种权利如果界限不清，将会影响公物作为物的效用，也不利于两种权利各自的保护。命名是界定两者界分的一种好的工具。命名可以是抽象的法律，也可以是具体的规划、标志、计划、具体行政行为等。而随着公私合作的推进，在私有公物上，行政协议也是一种很好的命名工具。依据科斯定律，在交易成本足够低的情况下，行政协议可以最大化的实现社会总效率。

在私有公物的公共负担是否需要补偿的问题上，传统上大陆法系使用特别牺牲理论进行判断，而英美法系则使用管制性征收理论。这两种理论更多的都是对公平性问题进行探讨，而经济学工具则超越两者，将效率问题引入这个议题。通过比例原则所搭建起的桥梁，私有公物上公共负担的可补偿问题可以有且需要有一种新的综合分析。

行政行为、行政程序与信息公开

"命令-控制型"行政权与市场规制

[意] 法布里奇奥·弗兰齐亚* 著

李 媚** 译

一、"命令-控制型"行政和市场机制间的"环境保护"

公共管理机关会以各种方式干预环境保护，既包括在针对破坏自然环境的行为中作为"执法者"，也包括负责监管私主体的活动，也就是说对该行为与环境公共利益保障的协调性进行审查，以便于为私主体提供行为合法性证明。

因此，公共管理机关干预环境保护的方式是多样的，主要可归纳为两类：

第一类方式，通常被称之为"命令-控制型"模式，行政机关通过行使一系列权力来确定标准、限制或一般性禁令，以使得个体活动的开展符合授权性规定（通常都是与某个计划相一致的）；授权相关公共机关履行监管（进行限制和授权）和处罚职责；依照相关条例规定来处理意外的情况；为私人的行为确立秩序和禁令。[1]

第二类方式，被称之为"市场手段"[2]。相反，这一方式是利用市场动态而采取的一系列策略，是基于市场本身的调节机能和基于对经营者良性行为的强化而实现的。在某些情况下，公共管理机关只采取简单

---

* 法布里奇奥·弗兰齐亚（Fabrizio Fracchia），米兰波科尼大学教授。

** 李媚，中国政法大学比较法学研究院讲师，意大利罗马第二大学法学博士。

〔1〕 M. Cafagno, Principi e strumenti per la protezione dell'ambiente. Come sistema complesso, adattativo, comune, Torino, 2007; F. Fracchia, Introduzione allo studio del diritto dell'ambiente: principi, concetti e istituti, Napoli, 2013.

〔2〕 L. Pardi, Strumenti di mercato a tutela dell'ambiente, Napoli, 2012.

的措施对已经存在的市场进行调节，即对固有的需求或是供给进行调节。但在另一些情况下，公共管理机关甚至需要开创新的需求和新的市场：在这样的情况下，环境保护目标的实现并不能完全托付给市场机制。公共权力在此总是试图使得每个私营企业都能够获取盈利，其利用市场机制使得私人企业能够内化相关的环境成本（或利益）。

换句话说，尽管公共管理机关在此试图掩盖其作为执法机关的一面，但其仍然保持了一定的执法者的角色，采用了不同的手段对市场进行干预。

不可否认的是，这两种方式如今并不是只能择一而行，相反，它们之间是互补的，这反映出环境保护方针的独特属性。"市场手段"是在后期发展和丰富起来的，即其是针对公共权力的影响逐渐改变而采取的措施，目的是想要克服传统"命令控制"式的手段所带来的局限和困难。

二、主要的命令–控制权

我们首先从"'命令–控制型'行政"的概念开始，在这一模式中所运用的各项行政权力〔3〕中最为重要的是许可权〔4〕，这一权力充分体现出预防为主的原则。这意味着进行提前干预以避免出现环境问题。事实上，许可权是有优势的，其可以事先审查私人行为相对于公共利益（例如环保利益）而言是否相协调。基本上，行政许可是以事先同意的形式做出的：也就是说，其应当防止破坏环境的行为发生，在这一意义上而言，如果缺乏合法性的授权，相关私主体的行为就是非法的。

而且，在环境保护权领域，这一权力还表现出某些特性：

首先，通常情况下，行政许可除了对已存在的有益的情形允许其继续存在外，也会进一步对已获得许可的行为进行监督检查，因为其要求私主体所开展的活动必须符合相应要求。

其次，有时可以在某一程序结束时才做出行政许可。在这一程序期间，行政机关和投资了新技术创新的申请者之间存在一个真正的有关是否许可的争议。

---

〔3〕 V. F. Fracchia, I procedimenti amministrativi in materia ambientale, in A. Crosetti, R. Ferrara, F. Fracchia, N. Olivetti Rason, Diritto dell'ambiente, Bari, 2008.

〔4〕 In argomento, v. P. Dell'Anno, Manuale di diritto dell'ambiente, Padova, 2003, 389 e ss.

再次，由于环境利益的显著特征和在这一领域科学技术不断发展的事实，行政许可一般是在特定时期做出的，但将来有被修正的可能性。不仅许可到期可以被修正，依照"行政反省"理念，某些情况下在到期之前也有可能被修正。也就是说，针对有关环境问题认识的不断发展演变，行政机关可以不断地修正自己的行为，这些决定并非是不可逆转或不可更改的。

最后，在环境保护领域，通常行政许可必须明确地表达出来，所以不允许进行默示许可（除非是特殊情况下，被许可的行为对环境的影响较低），也不允许采取其他行政管理的简化形式来许可私主体开展活动，应当事先为私主体确定准确的履行措施，而不能只是随后对履行情况再进行干预。

在命令与控制模式中，问题又是会回到规划权上，其目的是在时间和空间上对人类未来的活动做出安排：环境法律规定了许许多多的规划方案，通常规划之间也可能存在冲突（很难决定到底哪一个具有优先性），它们都有可能对环境产生显著影响，所以这些规划将会受到战略性环境影响的评估，即会在立法阶段以及具体适用阶段来检验其对环境因素的影响性，以确保对环境更高层次的保护。

如果私主体违反了环境保护的法律或行政法规（依照授权而制定的）的规定，构成行政违法，那么行政机关可以行使其处罚权，对违法主体进行一定限度的处罚：通常是罚金性质的，但也可以进行撤销其资格的处罚，这会对企业的活动产生直接影响（如撤销之前已获得的授权）。

处罚的前提条件是已经完成了监管，也就是说已证实特定行为符合特定处罚标准：监管的进行通常意味着检查和监督功能的行使，意味着要进入被监管活动的运行地点以便于开展取证等活动。这是一个需要非常谨慎细致的行为，通常行政机关如果只基于事实情况是很难应对环境问题的，这并不是由于"许可"或是"规划"的不充分，而是由于在各种监管形式之间缺乏协调，或由于缺乏有效的程序、标准和统一性。另外，也必须避免过度对被监管企业的侵入和干预，这可能导致严重的后果，有时甚至对企业造成损害。

最后有必要再讨论一下命令权，其在环境损害领域中非常重要（如果被证实是违法行为，那么就需要命令该私主体采取环境修复措施），并且这一命令权在应对法律没有规定的紧急情况时也很重要，在这一情况下，行政机关有自由裁量权。

从简要的论述中可以看出，命令和控制模式明显带有预防功能，能够确保某一地区的所有主体都获得同等对待；此外，这一模式确立了一般的标准，以至于在紧急情况下也能发挥良好作用，起到了很好的预防作用。命令和控制手段能够对广大可能遭受损害的区域提供很好的保护，因为这一保护并不依赖于受害者的起诉，也不是对已经发生的损害进行补偿时才出现的。

但同时这一模式也具有一些局限性，可以归纳如下：

首先，在制定标准、进行规划或设置限制时，要求行政机关必须对具体情形有充分了解：事实上，确立一个错误的标准可能造成严重损害（如果标准不严格，则毫无用处；相反标准太严格的话，则可能带来限制竞争的风险，会对市场造成不合理的抑制），但通常情况下，详细信息仅掌握在那些受行政行为监管的主体手上，也就是掌握在相关企业和一般个体手上（因此人们常说"信息不对称"会击垮行政机关）。

其次，这一命令与控制模式非常死板严格，其所确定的绝对限制性条件基本上对全国都是平等的，其本身预设的就是广泛适用性，但这在面对错综复杂的环境保护问题时很难达到满意的效果。

再次，由于这一机制的严格性和普遍适用性，所以，落实的费用非常高：事实上，必须对全国的所有活动都进行监管，其可能涉及人员、设备、资源供给等问题。

最后，也是最重要的，这一体系并不能够促使潜在的侵害人去采取良性行为：也就是说这一模式只要求他们遵守一般的标准和限制，但对达到更高层次的保护环境水平而言，这明显是毫无用处的（因为其并不鼓励多付出相关努力）。从企业的角度来看（处于不同情况下拥有不同"环境道德标准"的企业），这些标准看起来要么太过宽松，要么太过严格，虽然从法律上而言都必须绝对无差别的遵守。

三、市场机制

如上所言，正是由于对上述所提到的困难需要采取不同的环境保护方式，这就使得可以充分利用市场和市场动态来对自然环境进行更好的保护。[5]在这一模式中，环境和市场间的关系显然跟之前的不同，即环境不再被看作是市场的障碍，二者是趋同的，其共同目标都是确保环境保护能到达较高的水平。[6]

正如所提到的，被归为市场机制的手段可以区分为两类：一是对现存的市场供求进行调整干预，以便于可以引导生产和消费方式；二是通过公共权利来创造一个新的市场。

我们先来看第一类，首先涉及的是所谓的污染排放"税"，虽然没有禁止污染排放，但收税的目的是不鼓励排放，因为确实对环境有危害：税收能起作用的关键在于纳税总额应当超过治理污染的花费。经济和财政手段中的逻辑也相似，相关制度要能起到鼓励的功能（如通过减税手段干预到对现存建筑物的能源改造中）：在这一情况下，企业家在改造成本比所获补贴少的情况下会被激励而采取良性举措，因此对环境也产生了积极的外化效果（在此，环境税被内化为企业成本）。

在这一类型的干预手段中，时常会提到所谓的"绿色公共采购"，其目的是通过合同引导公共开支（即当行政机关作为相关物品或服务的购买人时），以使得市场能够对环境产生作用。换句话说，行政机关在选择其合同相对方时，应当选择那些重视环境保护的私主体，通过这样的方法，这些私主体会被激励来进行投资以完善其自身产品的环保性能，由此对整个环境体系都产生积极影响。另外，公共机构作为产品"消费者"而占领的市场也是相当大的（占整个欧盟的国内生产总值约16%）。

"绿色公共采购"既体现了可持续发展原则（这应该使得经济和环境相协调），也体现了一体化发展原则（即环境保护需求应该融入欧盟相关政策和行动的制定和执行中），并且"绿色公共采购"所包含的原则应该可以适用于所有政府公共合同，不仅在选择合同相对方阶段（公开招标方式），也在合同履行阶段。例如，在评价标准的管理中应考虑到环境因素，且应该考虑降低这一特定产品或服务对能源和环境资源的消耗。或者在签订承包合同时，要求在合同履行时尊重特定的保护环境的条件

---

〔5〕 M. Cafagno, Strumenti di mercato e tutela dell'ambiente, in G. Rossi, Diritto dell'ambiente, Torino, 2015, 186 e ss.

〔6〕 M. Clarich, La tutela dlel'ambiente attraverso attraverso il mercato, in Annuario AIPDA, Milano, 2006, 103 e ss.

（例如，要求其使用废物回收的材料）。

还有一些手段是对影响消费者的信息缺陷起作用（这些信息缺陷有碍于消费者做出正确的购买选择），同时允许市场对环境保护积极效果的达成进行指导。我们会利用这一旨在面对市场"绿色议题"的机制而提出绿色优惠，即优先考虑对环境影响最小的产品：实质上，生产商谁使得其特定行为符合法律所规定的更高标准（这并非生产商的自身义务，是在"命令和控制"范围之外的），谁获得产品的环境质量"认证书"，那么这些产品就更容易获得环境敏感类产品的市场占有份额。在这种情况下，政府部门起到了对已经存在的市场进行调整的功能，以"官方的"方式管理特定产品的环境质量信息，这些产品通常都用绿色商标标注，以证明该产品生产是符合特定的环境要求的。

然而，在某些情况下，认证也可以由私主体认证机构颁发，但这些私人认证机构必须此前获得公权力机构关于可以从事这一认证活动的授权。

正如所提到的，与之前通过市场进行环境保护的方式不同的是，公共机构的介入也可以创造一个新的市场，在这一市场中交换的并非是传统的物（比如能源），而是各种凭证（认证或是排污份额）。在以上所说的各种激励自发自觉性的手段中，鼓励私主体参与其中，但其没有参与义务。但在这一方式中，相关主体的选择空间正逐步缩小，这意味着他们都有保护环境的义务，而不能从法律规定的体系中"要求退出"。

最有名的例子是有关"京都议定书"所规定的温室气体排放配额的制度，其目的是减少特别是石化燃料燃烧所产生的污染物排放到大气中，防止大气中的能量辐射，引起全球变暖（被称之为排放贸易）：其确定了一个总的排放限额，以使得每个国家都可以在这一市场上购买和转让其排放权，但必须符合其所分配的总的限额。并且每个国家自身都应该设立一个排放份额分配的国家计划，确立分配总额，并为每个主体都确定一个具体的排放份额。

基本的理念是"总量控制和交易"，也就是说确定排放的最高上限以促使交易市场活跃。然而这一系统的特点，至少一定程度上仍然是传统纳税大国占优势地位（它们负责确定目标和分配份额），它们同样也是控制者和处罚者。事实上，涉及温室气体排放的行为不能在缺乏特定授权的情形下进行，谁违反义务谁就应该受到惩罚，甚至可以撤销相应的授权排放的份额。

保护方式的多样性及其复杂性，这使得环境法达到极其精细的高度。同样，环境法原本作为国际规范所产生的重要结果，如今各个国家的规范包括了各种各样旨在解决所有现实的环境问题的法律手段，意大利也是如此。

尽管如此，还存在很多的问题，这与环境规范的适用较为复杂和烦琐有关，与负责适用规范的行政机关的软弱无能有关，也与资源的缺乏有关，更不用说环境保护只在一定程度上取决于法律制定的质量，更为重要的是要进行文化的变革，以及要求所有主体都承担起各自的责任。

《保护世界文化和自然遗产公约》 与城乡规划

张冬阳 *

　　我国拥有众多的世界文化和自然遗产，城市化进程的加速则给这些世界遗产造成了不可挽回的损失。据报道，在第 31 届世界遗产大会上，三江并流的筑坝问题被世界遗产委员会警告，北京故宫、天坛、颐和园、丽江古城以及布达拉宫也被要求整改。

　　一旦被列入《世界遗产名录》，自然和文化景观就成为全世界共同的遗产，也就意味着对全人类的责任和义务。世界遗产并非终身制，联合国教科文组织会定期组织专家考察，如若发现遗产损坏，将会将其列入《濒危世界遗产名录》，并对遗产所在国发出警告。如果没有采取有效的措施加以改善，最终可能从世界遗产名录中除名。目前已经有两处遗产被除名，其中之一就是位于德国德累斯顿的世界文化遗产易北河谷。在2004 年被列入名录后，德累斯顿政府以缓解交通为由，在易北河谷上规划建设连接两个城区的桥梁，2006 年易北河谷因此进入《濒危世界遗产名录》。2007 年开始建造四车道大桥，世界遗产委员会在 2009 年将该文化遗产正式除名。该遗产的除名不仅是对一直自称"文化德国"的冲击，也被认为是德国法律的耻辱。[1]

　　这引发一系列思考，即国际条约尤其是《保护世界文化和自然遗产公约》在本国的效力如何；该公约有没有对世界遗产保护设定最低界限；世界遗产保护在行政规划中应当居于何种地位。在"各国利益交融、兴衰

＊ 张冬阳，中国政法大学法学院讲师，德国汉堡大学法学博士。

〔1〕 Michael Kilian, "Die Brücke über die Elbe", Zeitschrift für Landes-und Kommunalverwaltung 2008, S. 254.

相伴、安危于共"的全球治理背景之下，[2]上述问题对于拥有世界遗产而需要进行规划的当地政府有着现实意义。

一、世界遗产保护存在的问题

1972 年 11 月 16 日，联合国通过了《保护世界文化和自然遗产公约》（以下简称《世界遗产公约》），该公约是国际社会共同保护全球文化与自然遗产的重要手段。1985 年 11 月我国全国人大常委会批准了《世界遗产公约》，截至 2014 年，经联合国教科文组织审核批准列入《世界遗产名录》的中国世界遗产有 47 项。在国际法上，包括我国在内的所有缔约国在享有世界遗产称号的同时也有遵守该条约的义务。

具有突出普遍价值的自然文化遗产被《世界遗产名录》收录只是保护的第一步，而如何进行有效保护是每个条约批准国都要面临的长期问题。《世界遗产公约》第 4 条和第 5 条就此要求缔约国"竭尽全力""采取积极有效措施"来保护本国文化和自然遗产。世界遗产的具体保护工作在各国呈现的问题也不一，发展中国家主要是维护资金匮乏，发达国家则是社会发展进程对世界遗产所产生的消极影响。

二、《世界遗产公约》及其操作指南

（一）公约及其操作指南的规定

除了《世界遗产公约》，1977 年世界遗产委员会颁布了《实施保护世界文化自然遗产公约的操作指南》（Operational Guidelines for the Implementation of the World Heritage Convention，以下简称《操作指南》）。《操作指南》在几十年发展中，从最初的 27 条扩展到现在的 290 条。《操作指南》颁布的法律依据是《世界遗产公约》第 10 条第 1 款："世界遗产委员会应通过其议事规则"。《世界遗产公约》第 11 条第 2 款规定，世界遗产委员会按照自己制定的标准来制订、更新和出版《世界遗产目录》。《操作指南》在《世界遗产公约》的转化实施中发挥着重要作用。

根据《世界遗产公约》第 3 条的规定，世界遗产的保护首先是缔约国的事务，缔约国要自行确定和划分本国国内的要保护的财产。缔约国

---

〔2〕 习近平："在中国国际友好大会暨中国人民对外友好协会成立 60 周年纪念活动上的讲话"，载《人民日报》2014 年 5 月 16 日，第 2 版。

应视本国具体情况尽力把遗产保护工作纳入全面规划；同时采取为其确定、保护、保存、展出和恢复这些遗产所需的适当的法律、行政和财政措施（《世界遗产公约》第4条和第5条）。

因此，缔约国有义务保护突出且具有普遍价值的文化与自然遗产，但这种保护也要取决于各国自身的操作可能性与实际条件。为了督促缔约国实现这些义务，《世界遗产公约》第29条第1款规定，缔约国应当提交为了实现本公约所通过的法律、行政规定以及所采取的保护措施。

（二）列入《世界遗产名录》与《濒危世界遗产名录》的程序

根据《世界遗产公约》第3条的规定，缔约国可自行确定和划分本国国内的世界遗产。然后向世界遗产委员会提交一份符合相应标准的文化和自然遗产的财产清单（《世界遗产公约》第11条第1款）。《世界遗产名录》的申报与列入程序故分为国内与国际程序。

1. 本国世界遗产的提名程序

德国本国提名程序由各州的相关职能部门与地方乡镇共同合作，各州的建议名单经由德国联邦文化部常务会议决定。我国申报世界文化遗产工作的业务主管部门是国家文物局，最终向国际社会报送申报项目要经主管部门报国务院批准。申报文件中除了对申报项目的描述外，还有对维护状态、环境等影响的说明，当然也必须包含对其非同寻常的重要价值的评估，同时要说明未来维护世界遗产的相关措施。[3]

2. 世界遗产委员会的提名程序

世界遗产委员会由联合国教科文组织总干事任命组成的一个秘书处协助工作（《世界遗产公约》第14条第1款）。提名程序中，国际文化纪念物与历史场所委员会（ICOMOS）作为一个非政府国际组织为秘书处提供咨询（《世界遗产公约》第14条第2款）。国际文化纪念物与历史场所委员会所指定的专家基于书面文件、实地走访和对其他组织的咨询后制定出一份详细的专家意见，并按照世界遗产委员会的标准对该申报项目是否可以构成世界遗产进行表态。世界遗产委员会以此决定该申报项目是否可以列入《世界遗产名录》。除了被列入的可能性外，申报项目也可能被驳回给申报国，要求其补充或者延期。[4]整个提名程序持续不超过

---

〔3〕《操作指南》第130~132条。

〔4〕《操作指南》第153~160条。

两年。[5]

3. 世界遗产列入《濒危世界遗产名录》

根据《世界遗产公约》第 11 条第 4 款的规定，世界遗产委员会在必要时可以制定一份《濒危世界遗产名录》。一些受到严重特殊危险并亟须维护措施或者国际援助的世界遗产被收录在这份名录中。[6]这些危险不仅是建筑根基的倒塌，也包括城市规划的破坏或者周围环境的妨碍，即使是法律保护的匮乏也构成危险。[7]

列入《濒危世界遗产名录》的前提是该危险尚可被避免或者消除。[8]这个决定可以由世界遗产委员会主动做出，无需缔约国申请。[9]不过各缔约国必须采取相关的保护措施，这需要缔约国与世界遗产委员会的秘书处之间进行协调。[10]

4. 从《世界遗产名录》中除名

当世界遗产的重要特征由于毁坏、倒塌或者其他影响而丧失，该世界遗产就会被从《世界遗产名录》中除名。除名前必须要同相关国家进行协商，其他非政府国际组织也参与到决策程序中。[11]

公约只是规定了自然文化景观列入《世界遗产名录》，以及在面临危险时将世界遗产列入《濒危世界遗产名录》中，并未提及世界遗产的除名。因此有疑问的是，《操作指南》第 192~198 条规定的从《世界遗产名录》除名是否超越了《世界遗产公约》第 10 条所赋予世界遗产委员会制定议事规则的权限。[12]

《操作指南》作为世界遗产委员会的议事规则，并未被缔约国批准，一般只能作为国际组织的内部事务规定。[13]《操作指南》细化世界遗产

---

[5] 《操作指南》第 168 条。

[6] 《操作指南》第 177 条。

[7] 《操作指南》第 177~189 条。

[8] 《操作指南》第 181 条。

[9] 《操作指南》第 183 条。

[10] 《操作指南》第 184 条。

[11] 《操作指南》第 192~198 条。

[12] Peter Strasser, "Putting Reform into Action-Thirty Rears of the World Heritage Convention: How to Reform a Convention without Changing Its Regulations", *International Journal of Cultural Property* 2002, 246.

[13] Rainer Wolf, "Weltkulturvölkerrecht und nationalstaatliche Umsetzung", Natur und Recht 2008, 314.

评定标准的法律基础是《世界遗产公约》第 11 条第 2 款和第 5 款，其中授权世界遗产委员会"按照自己制定的标准"来制订和更新《世界遗产名录》。但公约并没有授权世界遗产委员会对概念范围和国际条约中所确定的手段进行实质性扩展，特别是除名这种手段在《世界遗产公约》中根本没有提及。

国际法院（International Court of Justice）在司法实践中则赋予了国际组织隐含性权力（implied powers），只要该权力处于该国际组织职能范围之内，且对其履行职责是必要的。[14]由于《世界遗产公约》的规定过于抽象，《操作指南》成为联系抽象的公约与缔约国具体遗产保护工作之间的纽带，是缔约国实施《世界遗产公约》的根本依据。[15]《操作指南》细化规定在一定程度上对缔约国行政机关的行政实践也会产生相应的指导作用。

三、公约在缔约国法律体系中的地位

（一）需要转化的公约

我国可以直接适用民商事性质的涉及私人权益的条约，但其他类型的条约需要通过立法加以转化。[16]因此应当通过立法来转化实施《世界遗产公约》。在自然和文化遗产的保护上，我国出台了如《文物保护法》《风景名胜区条例》等法律法规。行政规划上，2008 年生效的《城乡规划法》明确要求制定和实施城乡规划时应当保护自然资源和历史文化遗产，对自然及文化遗产进行保护的思想贯穿整部法律。不过这些法律都没有明确世界遗产的地位及具体保护。

（二）《濒危世界遗产名录》和除名的效力

当一些世界遗产受到严重特殊危险并亟须维护措施或者国际援助时，会被世界遗产委员会收录到《濒危世界遗产名录》之中，这份所谓的"红名单"主要发挥预防作用，提醒缔约国和国际社会积极采取措施来保护受到危险的遗产。而除名没有这种预防效力，但会对缔约国起到间接

---

〔14〕 饶戈平、蔡文海："国际组织暗含权力问题初探"，载《中国法学》1993 年第 4 期。

〔15〕 马明飞："《保护世界文化和自然遗产公约》适用的困境与出路——以自然遗产保护为视角"，载《法学评论》2010 年第 3 期。

〔16〕 赵建文："国际条约在中国法律体系中的地位"，载《法学研究》2010 年第 6 期。

性的制裁作用。[17]一旦从《世界遗产名录》中除名，就意味着该缔约国在世界遗产保护上缺乏作为，相应地就推定缔约国行为违反了国际条约的保护义务。[18]

四、公约对行政规划机关的影响

（一）公约对行政规划机关的效力

如前文所述，《世界遗产公约》在没有通过国内法转化时，就不对具体的行政机关产生直接效力。德国出台了很多法律，如《德国建设法典》《德国自然保护法》《德国国土规划法》等来要求行政机关重视自然文化遗产的保护。[19]首先，体现在规划法上是原来的《德国国土规划法》第2条要求将文物保护纳入国土规划体系当中，《德国建设法典》第1条第6款第5项要求乡镇地方在编制规划时重视建筑文化文物和其他对城市自然景色有重要意义区域的保护。其次，在具体建设方案上，一些建设项目合法性上要看他们是否违反了公共利益（《德国建设法典》第35条）。不过这些法律都没有明确提及世界遗产，加之《世界遗产公约》又不具有直接效力，导致行政机关在进行大型建设项目规划时并不重视世界遗产的保护，而是刻意强调本地经济发展和"顺从民意"。德累斯顿易北河谷被除名这一事件所引发的法律争议说明了这一窘境。

德累斯顿市的森林宫殿大桥建设早在1996年就有所计划，正式进入行政审批程序则是在2000年，不过由于噪音问题没有被批准，经过修改后的规划案在2004年2月通过。早在2003年德累斯顿市政府就已经提交易北河谷的世界文化遗产申报文件，并在2004年7月被指定为世界文化遗产。在得知桥梁计划后，2005年世界遗产委员会明确反对森林宫殿大桥的规划方案，认为桥梁的建设会使得河谷风貌"不可逆转地受到损害"，更在2006年7月11日将易北河谷列入"红名单"。[20]鉴于该桥梁

〔17〕 Christina Hotz, Deutsche Städte und UNESCO-Welterbe: Probleme und Erfahrungen mit der Umsetzung eines globalisierten Denkmalschutzkonzeptes, Hamburg Verlag Dr. Kovac, 2004, S. 42.

〔18〕 Ulirich Fastenrath, "Der Schutz des Weltkulturerbes in Deutschland", Die Öffentliche Verwaltung 2006, 1027.

〔19〕 Armin von Bogdandy/Diana Zacharias, "Zum Status der Weltklturerbekonvention im deutschen Rechtsraum", Neue Zeitschrift für Verwaltungsrecht 2007, 531.

〔20〕 Draft Decision 30 OM 7B. 77.

项目争议过大，2005 年德累斯顿市举行了全民表决，超过 2/3 的市民支持该项建桥规划。

面对政府立即执行全民表决结果的诉讼，德累斯顿行政法院在 2006 年8 月 30 日中的判决中认为，虽然《世界遗产公约》只适用于联邦，但是萨克森州作为联邦下的一个州，通过联邦忠诚（bundestreue）而负有义务不损害联邦所批准的国际条约。行政机关在裁量时必须考虑到"联邦是否会陷入违反国际条约的危险之中"，以友善国际法（völkerrechtsfreundlich）的方式来解释国内法。德累斯顿行政法院还认为萨克森州一边协助申报世界遗产，一边又拒绝保护世界遗产，这是自相矛盾的行为。[21]

当地政府上诉后，2007 年 1 月萨克森州高等行政法院则认为德累斯顿市议会有义务按照全民表决的结果来建造大桥，并指出，即使易北河谷进入"红名单"也不是拖延建造桥梁的正当性理由，因为"地方民主自治原则居于更重要的地位"；《世界遗产公约》没有被转化为国内法，缺乏直接的法律约束力。不过萨克森州高等行政法院肯定了《世界遗产公约》的间接效力，认为在解释联邦和各州法律时必须要重视该公约。但该公约所保护的"人类遗产"这个抽象概念具有开放性，而且《世界遗产公约》第 4 条和第 5 条中将尽力保护义务交给缔约国，这一切只是要求行政机关在规划考量时重视世界遗产，而不能得出世界遗产在规划权衡时就享有固定保护地位的结论。[22]

2007 年 5 月德国联邦宪法法院审理该案时认为，《世界遗产公约》无论是从初衷还是字面上都没有包含对自然文化遗产的绝对性保护。《世界遗产公约》第 6 条第 1 款和第 4 条都详细地肯认了缔约国对本国受保护自然文化遗产的主权，对这些自然文化遗产的保护是缔约国自身事务。从宪法层面上看，因为该公约义务的不确定性，其与转化全民表决结果并不相冲突，直接民主亦可在文化遗产的规划中实现。不过，如果为了实现直接民主，那全民也就必须接受失去世界遗产的称号，进而丧失相关荣誉的代价。[23]换而言之，联邦宪法法院支持了萨克森州高等行政法

---

〔21〕　Verwaltungsgericht Dresden, Beschluss vom 30. 08. 2006, 12 K 1768/06.

〔22〕　Sächsisches Oberverwaltungsgericht, Beschluss vom 9. 3. 2007, Deutsche Öffentliche Verwaltung 2007, 567.

〔23〕　BVerfG, Beschluss vom 29. 5. 2007, Neue Zeitschrift für Verwaltungsrecht 2007, 1177.

院的判决，也变相承认行政机关在规划时享有一定自主权。

易北河谷被除名这一事件所引发的一系列法律诉讼说明，国际条约法对职能日趋扩张的行政机关潜在地产生一定的约束力，而这种国际层面所形成的法律规则往往和本国的相关法律很难融合。[24]行政机关现代行政中的一项重要职能是城乡规划和其他不同种类的专业规划，如交通道路、能源管道等。[25]无论城乡还是基础设施的规划都要求行政机关在规划和审批时权衡各种利益，这包括经济、社会与环境等各个方面，所以现代规划法具有一定的技术性和专业性。[26]行政规划一方面要注重经济社会发展，另一方面也要重视自然文化遗产的保护：既不能以经济发展而牺牲自然文化遗产，也不能以保护自然文化遗产为名而停滞社会经济发展。在权衡过程中，行政规划机关必须把世界遗产纳入权衡范围内。[27]

（二）规划与保护间的平衡

从上面的论述可以看出，《世界遗产公约》并没有绝对地禁止在世界文化和自然遗产周围开发建设工程。[28]我国《城乡规划法》第 32 条规定，城乡建设和发展应当依法保护和合理利用风景名胜资源，统筹安排风景名胜区及周边乡镇、村庄的建设。那如何在遵守公约规定的保护义务同时又进行合理规划？德国在这方面接受的教训或许可以为我国行政机关在进行城乡规划时提供一定的参考。

1. 作为公共利益的世界遗产

《德国建设法典》第 1 条第 6 款第 5 项要求乡镇地方在编制规划时重视建筑文化文物和其他对城市自然景色有重要意义区域的保护，第 1 条第 7 款要求编制规划案时公正地权衡公共利益和私人利益。因此，世界遗产保护利益应当成为规划权衡时公共利益的组成部分，甚至世界遗产

---

〔24〕 Eberhard Schmidt – Aßman, Aufgaben und Perspektiven verwaltungsrechtlicher Forschung, Tübingen：Mohr Siebeck, 2006, S. 60.

〔25〕 Peter Badura, Staatsrecht, 5. Auflage, München：Verlag C. H. Beck, 2012, S. 665.

〔26〕 Claudio Franzius, "Stuttgart 21：Eine Epochenwende？", Das Gewerbearchiv 2012, 235.

〔27〕 至于对大型建设项目进行全民表决，德累斯顿市的森林宫殿大桥就说明了将行政机关高度复杂且需要权衡各种因素的规划简化为全民表决的"是或者不是"是极为不明智的。

〔28〕 Michael Kilian, "Die Brücke über die Elb", Zeitschrift für Landes-und Kommunalverwaltung 2008, 253.

称号的丧失也可以成为其中的考量因素。〔29〕如果没有注意到这点，那行政机关的规划裁量就存在瑕疵。而且，在规划中，世界遗产保护必须被视为重要的公共利益，在缺乏特殊正当理由时，规划机关必须对其予以保护。〔30〕这为规划机关设定了较高的正当性负担。

德国迈宁根行政法院在 2006 年的一个裁判中认为，即使风力设施的建造不影响世界文化遗产的称号，联合国教科文组织所认定的世界文化遗产也是"极其值得保护的"公共利益。本案中，政府规划在瓦尔特堡世界文化遗产对面的一座山上建造风力设施。此外，法院还指出旅游业也应当成为规划权衡的重要因素。在世界文化遗产地，旅游业发挥着特殊作用，旅游观光者对瓦特尔堡周围现存的环境也有着值得保护的利益，这当然包括全方位观赏的利益。基于在经济中的地位，旅游业也构成重要的公共利益。〔31〕

然而迈宁根行政法院的判决并不具有普适性，以世界遗产保护为名而禁止任何开发是不切实际的。但在规划时，行政机关必须要按照《世界遗产公约》第 4 条和第 5 条表明自身已经动用所有手段和可能性来保护世界遗产，这也就要求规划机关积极寻找替代性方案（Alternativenprüfung）。世界遗产的维护作为规划法意义上一项重要的公共利益，只有在证明完全放弃该项规划或者其他替代解决方案实在不可能时，才可以不考虑世界遗产的保护利益。德累斯顿易北河谷除名事件中，在得知建设工程开始时，2006 年 7 月世界遗产委员会要求德累斯顿政府立即停止施工并考虑替代性方案，如易北河地下隧道。〔32〕

2. 行政机关的规划空间

由于规划权衡因素较多，行政机关必须根据立法确定的标准和现实不确定因素来实现法律确定的目标，规划法也就赋予了行政机关相当大的裁量空间。面对自然文化遗产的保护和经济社会之间的协调发展，法

---

〔29〕　Rainer Wolf, "Weltkulturvölkerrecht und nationalstaatliche Umsetzung", Natur und Recht 2008, 314.

〔30〕　Michael Kilian, "Die Brücke über die Elbe", Zeitschrift für Landes-und Kommunalverwaltung 2008, 253.

〔31〕　Verwaltungsgericht Meiningen, Beschluss vom 15. 01. 2006, Natur und Recht 2006, 398.

〔32〕　Decision 30 COM 7B. 77.

院对规划决策只能进行有限度的审查。[33]对此，行政机关应当充分利用裁量空间，发展出完善的自然文化遗产保护与管理体系。如可以按照《操作指南》在必要时应当建立适当缓冲地带（buffer zone），以此避免世界文化遗产本身和观瞻度受到损害。[34]2004年，科隆市计划在世界文化遗产——科隆大教堂四周建设高层楼房，由于这将对教堂整体风貌造成破坏，就需要建立缓冲地带，以保证其观瞻度。[35]

实践中的困境还在于，公约没有明确规定保护水准，虽然没有完全禁止变动，但也缺乏说明何为合理开发。对于普通的文物保护，德国法在一定情形中承认文物保护利益居于次要地位。如《萨克森州文物保护法》第12条第2款第2句规定当公益占压倒性地位时，行政机关必须授予在文物周围的建设许可证。德国联邦宪法法院也认为，即使一项财产被行政机关认定为文物，但当文物的维修保养对所有权人来说成为过高负担时，所有权人利益优先。

鉴于世界遗产保护的重要性，且法律缺乏明确的保护标准，当行政机关和世界遗产委员会在项目规划对世界遗产的影响上有分歧时，应当寻求积极有效的沟通。这也是《操作指南》第172条所要求的，即缔约国在世界遗产范围内采取较大措施时必须向世界遗产委员会通报并咨询其意见。当行政机关的规划对世界遗产产生危险时，行政机关应当主动向世界遗产委员会和联合国教科文组织秘书处解释。必要情况下，与世界遗产委员会展开积极合作，共同寻找解决方案。而行政决策或者全民表决不能简单地取得优先地位，[36]毕竟涉及的是经认定的全人类的文化和自然遗产。

我国《城乡规划法》在第4、17、18、31条强调了保护自然历史文化遗产，体现了我国对历史文化遗产保护的重视。但不可以将自然历史文化遗产的保护片面地理解为不可变更，当然也更不能走极端，为了经

---

〔33〕 Helge Sodan/Jan Ziekow, Grundkurs Öffentliches Recht, München: Verlag C. H. Beck, 2005, S. 435.

〔34〕《操作指南》第103条。

〔35〕 Diana Zacharias, "Cologne Cathedral versus Skyscapers—World Cultural Heritage Protection as Archetype of a Multilevel System", *Max Planck Yearbook of United Nations Law*, 10 (2006), 312.

〔36〕 Ulrich Fastenrath, "Der Schutz des Weltkulturerbes in Deutschland", Die Öffentliche Verwaltung 2006, 1027.

济社会利益而过度开发世界遗产，规划有可能威胁到世界遗产一体性的大型建设项目。《城乡规划法》第 1 条要求，城乡规划是为了促进城乡经济社会全面科学协调可持续发展，因此世界遗产所在地的行政机关在编制城乡规划时，应当制定出符合《世界遗产公约》的管理与发展规划；具体建设审批时重视世界遗产保护，合理权衡各种利益因素。在做出对世界遗产有可能产生影响的规划时，及时与国际组织沟通和合作。

五、结语

具有突出价值的自然文化景观被列入《世界遗产名录》是有其代价的。一旦被列入，自然文化遗产就不再只是申报地的事务，而需要接受全球的监督和关注。《世界遗产公约》虽然不对缔约国国内行政机关产生直接效力，但是行政机关在进行规划时必须重视世界遗产的保护，将世界遗产作为公共利益来衡量。保护世界遗产并不意味着完全禁止开发，而需要行政机关利用规划裁量权发展出完善的自然文化遗产保护与管理体系。从这个角度上看，国际法已经介入缔约国行政法领域，并产生不容忽视的影响。行政机关也就不能局限于国内的发展和要求，而是应当放在构建人类命运共同体的大背景思考和发展之上。进行城乡规划和建设规划时，为了能够合理处理当地经济社会发展需求和世界遗产保护间的关系，当地行政机关必须与国际组织共同合作，有效沟通，以求取得共赢。

行政调查程序的法治建构

宋华琳 *

行政调查是指行政主体在具体行使法律授予的权限时，为了确定是否存在符合该权限行使要件的事实，针对特定当事人进行的事实调查或资料收集活动。[1]行政机关要行使公权力做出各种行政行为，其前提是要确定需要调整的事实关系，这离不开对事实的调查和认定。要实现合法、合理地行政，有赖于合法、公正、准确地展开行政调查。

在我国行政法学研究中，相对更为关注行政行为总论，以及存在单行法律规范的行政许可、行政处罚、行政强制等行为类型；相对聚焦于法律行为，对事实行为研究相对较少；相对聚焦于外部行为，相对较少研究过程性行为。我们尚未对行政调查法制展开系统深入的研究。[2]在制度建设层面，《中华人民共和国行政许可法》（以下简称《行政许可法》）第61~62条规定了行政许可的监督检查程序，《中华人民共和国行政处罚法》（以下简称《行政处罚法》）第36~38条规定了行政处罚中的调查程序，在行政征收、行政给付等领域的单行法律法规中，也对行政调查程序多有规定。作为地方政府规章，《湖南省行政程序规定》第4章第3节标题为"调查和证据"，对行政调查程序作了较为系统的规定。

---

* 宋华琳，南开大学法学院教授，浙江大学法学博士。

[1] 参见［日］室井力主编：《日本现代行政法》，吴微译，中国政法大学出版社1995年版，第129页。

[2] 已有的研究成果包括余凌云主编：《行政调查的理论与实践》，中国人民公安大学出版社2014年版；叶必丰："《行政强制法》背景下行政调查取证制度的完善"，载《法学》2012年第2期；黄学贤："行政调查及其程序原则"，载《政治与法律》2015年第6期；章志远："我国行政调查法制化的现状与课题——以消防行政调查为例的考察"，载《江苏社会科学》2010年第3期；胡敏洁："福利行政调查权与受益人权利保障"，载《当代法学》2008年第2期；安永康："美国法上的行政调查"，载《公法研究》2014年第1期；金自宁："论行政调查的法律控制"，载《行政法学研究》2007年第2期；徐涛："行政隐蔽调查的法律空间"，上海交通大学2014年博士学位论文。

但目前我国欠缺统一的行政程序立法，对行政执法程序还缺少整齐划一的规范，从全国层面看，关于行政调查程序的统一规定尚付阙如。

因此，本文试图以比较法为借镜，结合我国实定法律规范、判例和行政实践，为我国行政调查程序制度建构和勾勒法治要点，探寻契合法理规律，符合法治实践的可能方略。行政调查程序的法治建构，需关注正当程序原则的适用，设计公正的行政调查程序，以保障当事人的程序权利；还需关注作为调控手段的程序法治，探索通过行政调查方式的选择，职权调查程序的展开，以及引入合作行政，发挥其他主体在行政调查中的作用，令当事人履行协助义务，准确、有效率地对事实进行调查。

一、行政调查过程中的程序公正

行政调查是行政机关收集信息、调查事实的活动，是行政过程中的一环，是行政程序中的一个阶段，是未来行政行为的预备和辅助。如果未对事实展开行政调查，或未能进行全面、准确地行政调查，甚至开展了违法或无效的调查，很可能导致错误地适用法律规范，乃至做出违法的行政行为。[3]

大部分行政调查是做出行政行为的先行阶段或准备程序。根据后续行政行为的类型，可将行政调查分为"带有给付性目的的调查"和"带有取缔性目的的调查"。[4]就"带有给付性目的的调查"而言，调查可能涉及对当事人经济能力、生活状况、伤残程度的认定，其专业性很强，需要从程序上来确保相关实体价值。就"带有取缔性目的的调查"而言，可能会涉及受处罚相对人的确定、违法情节的确定、相关因素的考量等，涉及公正的调查程序，关乎当事人财产权和自由权的保障。

尽管行政程序法传统上更为关注直接涉及行政相对人权利义务、有外部法律效果的原理和规范，但鉴于行政调查程序可能对行政相对人权利义务产生间接的乃至实质的影响，亟待规范行政调查程序，以确保实现最低限度的程序公正。

（一）行政调查组织的合理架构

为了实现行政任务，行政组织权的归属主体有选择组织形式的自由，

---

〔3〕 陈慈阳主编：《行政法实例研习》，元照出版有限公司 2017 年版，第 56 页。

〔4〕 台湾"行政院"研究发展考核委员会编：《行政检查业务委托民间办理法制之研究》，1998 年版，第 11 页。

可以在传统和新兴的多元组织形态中，选择最适合任务实现的行政调查组织形态，行政调查组织的法律架构应有一定的弹性，使其能以尽量少的资源，实现行政调查任务，或者能以同样的资源，来达到更好的效果。[5]

但是，当法律规定了行政调查的组织形态，行政主体开展行政调查时，则必须恪守法定要求。例如，根据《生产安全事故报告和调查处理条例》[6]和《铁路交通事故应急救援和调查处理条例》[7]的规定，应由行政机关组织调查组，对事故进行调查，调查组为合议制行政组织，调查组的组成应当遵循精简、效能的原则，根据事故的具体情况，事故调查组由有关人民政府、安全生产监督管理部门、公安机关、相关行政机关等单位派人组成，并应当邀请人民检察院派人参加。事故调查组认为必要时，可以聘请有关专家参与事故调查。[8]

《行政处罚法》第37条第1款规定："行政机关在调查或者进行检查时，执法人员不得少于两人"，在《中华人民共和国反垄断法》《中华人民共和国银行业监督管理法》《中华人民共和国证券法》等单行法律规范中，也规定行政调查人员不得少于两人。参与《行政处罚法》制定的实务人士的解释，之所以规定行政调查人员不得少于两人，"有利于执法人员之间的监督，同时也为了保证执法人员的安全。"[9]行政调查少于两人的，被调查单位有权拒绝调查。行政调查人员应当具备与调查活动相适应的专业知识和业务能力。

（二）行政调查的事先告知

从保障当事人权益的角度出发，一般而言，在开展行政调查前，可就行政调查的目的、调查事项、调查方式、调查范围及预定的调查日期，告知当事人，并说明行政调查的理由和背景，这或许有助于提高当事人对行政调查的接受度，同时也可事先知晓拟定的调查时间和方式对当事

---

〔5〕　参见詹镇荣：《行政法总论之变迁与续造》，元照出版有限公司2015年版，第39页。

〔6〕　国务院令第493号，2007年6月1日起施行。

〔7〕　国务院令第501号，2007年7月11日公布，2012年11月9日修订。

〔8〕　参见宋华琳："铁路事故调查法律制度的建构及反思"，载《浙江社会科学》2012年第2期。

〔9〕　李岳德主编：《〈中华人民共和国行政处罚法〉释义》，中国法制出版社1996年版，第123页。

人是否方便。[10]这使得行政调查能够保留一定的弹性，行政主体或可根据当事人的要求，就调查时间和方式进行必要的调整。

但对于较易违法的特定规制事项，如果行政机关将拟调查事项事先告知当事人，则当事人有可能针对待调查的关键问题，隐匿有关材料，隐瞒关键事实，使得行政调查机关即使进行现场调查，也只能看到有利于当事人的一面，无法全面查明事实。因此，出于行政执法的特定需要，行政调查机关可以在未事先告知当事人的情况下，开展行政调查。行政调查不事先告知的特定情形或可包括：①当有投诉举报或其他来源线索表明可能存在违法行为时；②行政机关在其他执法活动中发现违法行为线索时；③行政机关对当事人提交资料真实性有疑问时；④当事人此前有违法记录时。在中国的行政管理实践中，常常将这种"不事先告知的调查"称为"飞行检查"或"突击检查"，[11]这有助于获得更具客观性和真实性的情况，避免相对人的有意规避行为和掩饰违法行为。[12]

无论是"事先告知的调查"还是"不事先告知的调查"，调查人员到达被调查单位后，都应表明身份，并出示书面通知，告知调查要求及被调查单位的权利和义务。行政调查人员未表明身份，或未出示合法证件，或未出示应出示的调查通知书的，被调查单位有权拒绝接受调查。这也为诸多实定法律规范所佐证，例如，根据《中华人民共和国税收征收管理法》第59条的规定，税务机关派出的人员进行税务调查时，应当出示税务检查证和税务检查通知书，未出示税务检查证和税务检查通知书的，被调查人有权拒绝调查。[13]

（三）行政调查中的听取意见程序

行政调查中的听取意见程序包括行政听证程序。例如，根据《行政处罚法》第42条的规定，行政机关作出责令停产停业、吊销许可证或者执照、较大数额罚款等行政处罚决定之前，应当告知当事人有要求举行

---

〔10〕 参见［日］和田英夫：《现代行政法》，倪建民、潘世圣译，中国广播电视出版社1993年版，第227页。

〔11〕 例可参见《药品医疗器械飞行检查办法》，国家食品药品监督管理总局第14号令，2015年9月1日起施行；《兽药生产企业飞行检查管理办法》，农业部第2611号令，2017年11月21日起施行。

〔12〕 刘平：《行政执法原理与技巧》，上海人民出版社2015年版，第278页。

〔13〕 另可参见《中华人民共和国反洗钱法》第23条第2款、《中华人民共和国证券法》第181条。

听证的权利，举行听证时，调查人员提出当事人违法的事实、证据和行政处罚建议，当事人进行申辩和质证。行政听证程序是一种正式化程度较高的程序，其本质是"言词辩论"，当事人可以委托代理人、陈述意见、提交证据、开始质辩，其以两造对峙、法官居中裁决的司法程序为模板，给予当事人陈述相关事实、主张并提交证据的机会，是以维护当事人的权利和利益为目的的准司法型程序。

行政调查中的听取意见程序不限于行政听证程序。从法治国家原则与正当程序原则出发，特别是行政机关在作出不利于被调查者的决定之前，应该在行政程序中，给予被调查者就相关的具体事实、理由和证据等进行解释和申述理由的适当机会。例如，在"许文庆诉国家知识产权局专利复审委员会、第三人邢鹏万宣告发明专利权无效纠纷提审案"中，法院在判决中指出，"专利复审委员会在无效程序中，应当给予申请再审人许文庆就这一具体事实和理由进行解释和申述理由的适当机会"[14]。

二、职权调查程序的展开

（一）职权调查主义的立场

行政行为的正确与否，不仅在于正确解释所需使用的法律规范，还要以掌握事实真相、正确认定事实为前提，对事实真相的调查，不能由当事人的意志来决定，而应当由行政机关依职权展开。行政机关应遵循"职权调查"原则，自行决定调查的种类和范围，决定是否调查，采集何种证据。[15]职权调查的主要依据是依法行政原则，是在个案中发现实现具体行政法的方法，探寻个案正义，确保公共利益。

在民事诉讼中，当事人对自己提出的主张，有责任及时提供证据，法院审判也受当事人提出证据的拘束。[16]而行政机关可以依职权广泛地调查证据，查清事实真相，不受当事人主张的拘束。[17]其目的在于，行政机关就其行政行为的正确性，在法律上自负其责，以自己的观点进行

---

〔14〕 载《最高人民法院公报》2016 年第 2 期。

〔15〕 参见张文郁：《权利与救济（三）：实体与程序之交错》，元照出版有限公司 2014 年版，第 146 页。

〔16〕 参见《中华人民共和国民事诉讼法》第 64~65 条。

〔17〕 李洪雷：《行政法释义学：行政法学理的更新》，中国人民大学出版社 2014 年版，第 393 页。

调查和评价，并在理想状态下确认实质上真实正确的事实。[18]

在依职权行政行为中，行政机关认为必要时，可依职权开展调查。例如《行政处罚法》第 36 条规定："行政机关发现公民、法人或者其他组织有依法应当给予行政处罚的行为的，必须全面、客观、公正地调查。"在依申请行政行为中，如果申请人主张的事实符合行政机关对案件事实的基本要求，行政机关可以以申请人主张的事实为出发点，通过审查、核查以及检验、检测、检疫等方式，对申请人所主张的事实予以调查。[19]一般而言，在干预行政中，职权调查主义具有更广泛的空间，行政机关必须在法律规定的范围内，就对当事人权利产生不利影响的事实要件展开调查。

（二）职权调查程序的启动

启动职权调查程序的前提在于，存在开展事实调查的必要性，且存在可调查的事实。

存在开展事实调查的必要性，是指调查涉及作出行政行为的重要事项，其对行政行为的内容具有影响力。从行政程序标的这一角度来看，要根据行政任务的内容，来确定何种事实是重要的、需开展调查的事实。从便宜原则出发，对于不具有任何线索的事实或完全无关紧要的事实，无须开展行政调查。[20]对于众所周知的事实、自然规律及定理、按照法律规定推定的事实、已经依法证明的事实、根据日常生活经验法则推定的事实，以及因行政行为构成要件效力所产生的具有拘束力的事实，或法院确定已存在的事实，行政机关也无需开展调查。[21]例如，《工伤保险条例》第 19 条第 1 款规定，"对依法取得职业病诊断证明书或者职业病诊断鉴定书的，社会保险行政部门不再进行调查核实。"

存在可调查事实的前提：一是必须存在关于该事实的具体线索；二是行政机关具有开展调查的可能性和与之相适应的调查能力，在相应资源和时间的约束下，不得出现无法得出调查结论的情形。因行政调查人员的专业素养、执法水平的差异，因当事人协助程度、陈述能力、认知程度的不同，可能导致可调查事实的查明程度不同。这就需要通过确立

---

〔18〕 萧文生：《国家·地方自治·行政秩序》，元照出版有限公司 2009 年版，第 277 页。

〔19〕 参见《行政许可法》第 34~35 条及《城市居民最低生活保障条例》第 7 条的规定。

〔20〕 台湾行政法学会主编：《当事人协力义务/行政调查/国家赔偿》，元照出版公司 2006 年版，第 111 页。

〔21〕 参见《最高人民法院关于行政诉讼证据若干问题的规定》第 68 条。

关于证明力、证明责任、自由心证、推定事实等事实认定的法律规则，来应对事实认定的现实困难。[22]

行政机关有选择是否启动行政调查程序的裁量权，可以去判断是否有必要开展事实调查。例如，《工伤保险条例》第 19 条第 1 款规定："社会保险行政部门受理工伤认定申请后，根据审核需要可以对事故伤害进行调查核实。"法律规范规定"可以"调查核实，意味着赋予了行政机关选择是否启动行政调查程序的裁量权。在"铃王公司诉无锡市劳动局工伤认定行政纠纷案"的裁判摘要中指出："工伤认定程序中的调查核实，可以由劳动保障行政部门根据需要进行。故调查核实不是每个工伤认定程序中必经的程序。"[23]

但在特定的情况下，行政机关有启动行政调查程序的义务。例如，《中华人民共和国行政强制法》第 27 条规定："行政机关采取查封、扣押措施后，应当及时查清事实，在本法第 25 条规定的期限内作出处理决定。"据此，行政机关在采取查封、扣押措施后，有依法及时开展调查、查清事实的义务。在"刘云务诉山西省太原市公安局交通警察支队晋源一大队道路交通管理行政强制案"中，最高法院判决认为："实施扣留等暂时性控制措施，应以制止违法行为、防止证据损毁、便于查清事实等为限，不能长期扣留而不处理，给当事人造成不必要的损失。因此，晋源交警一大队扣留涉案车辆后，既不积极调查核实车辆相关来历证明，又长期扣留涉案车辆不予处理，构成滥用职权"。[24]

（三）证据调查程序的公正性

应以合法、全面、客观、公正的方式开展调查，收集有关证据。行政调查取证应具有合法性，行政机关以非法手段取得的证据，不得作为认定案件事实的根据。[25]根据《最高人民法院关于适用〈中华人民共和国行政诉讼法〉的解释》[26]第 43 条的规定，"以非法手段取得的证据"包括严重违反法定程序收集的证据材料，以违反法律强制性规定的手段

---

[22] 萧文生：《国家·地方自治·行政秩序》，元照出版公司 2009 年版，第 278 页。

[23] 载《最高人民法院公报》2007 年第 1 期。

[24] 载《最高人民法院公报》2017 年第 2 期。

[25] 参见《中华人民共和国行政诉讼法》第 43 条第 3 款。

[26] 2017 年 11 月 13 日由最高人民法院审判委员会第 1726 次会议通过，自 2018 年 2 月 8 日起施行。

获取且侵害他人合法权益的证据材料，以及以利诱、欺诈、胁迫、暴力等手段获取的证据材料。

行政机关应全面开展行政调查，既调查有利于当事人的事实，也调查不利于当事人的事实。在事实认定过程中，不得遗漏应调查的事实。行政机关对于调查收集到的证据，应予以全面考虑，并进行综合分析认定。否则，有可能构成行政行为的"主要证据不足"。例如，在"罗伦富不服道路交通事故责任认定案"中，法院判决指出："本案所涉重大交通事故发生在松滩桥上，事故发生时桥面堆放着炭渣。该桥面是否属于整修范围，是否准许堆放炭渣，堆放炭渣而不设立安全标志和防围设施是否合法，这种行为与此次重大交通事故的发生是否有直接因果关系，被上诉人交警队既没有认定也没有排除，因此该事故责任认定属事实不清。"[27]行政机关不得事先对特定具有关联性的证据材料加以排除，不得对某些证据材料弃之如敝屣。

行政机关调查收集证据必须客观，避免主观随意性，应遵循证据相互印证的规则，将调查来的直接证据和间接证据、直接当事方证言与其他了解案情的证人证言相互比对，提升据以认定事实的客观性。行政机关调查收集证据必须公正，即调查收集证据不存在偏私或武断，不仅要做到调查手段和程序合法，还应当以当事人看得见的方式，实现全面客观调查收集证据的目标。

行政调查机关应当对调查收集到的证据进行逐一审查，对全部证据综合审查，运用逻辑推理和生活经验，确定证据材料与案件事实之间的证明关系，排除不具有关联性的证据材料，准确认定案件事实。[28]例如，在"泰山石膏股份有限公司、山东万佳建材有限公司与国家工商行政管理总局商标评审委员会商标争议行政纠纷再审案"中，法院判决指出："判断'泰山大帝'是否系道教神灵的称谓，是否具有宗教含义，不仅需考量本案当事人所提交的相关证据，也需考量相关宗教机构人士的认知以及道教在中国民间信众广泛的历史渊源和社会现实。"[29]

（四）行政调查记录的制作

行政调查记录的制作是行政调查活动合法有效的重要保证，国务院

---

[27] 载《最高人民法院公报》2002年第5期。

[28] 参见《最高人民法院关于行政诉讼证据若干问题的规定》第54条。

[29] 载《最高人民法院公报》2017年第1期。

于 2018 年也在推行包括行政执法公示、执法全过程记录、重大执法决定
法制审核在内的"三项制度",其间也从行政执法规范化的角度,提出对
调查取证过程进行记录。[30]行政调查记录包括文字记录和音像记录,文
字记录是以纸质文件或电子文件对行政调查活动进行全过程记录的形式,
音像记录则是通过照相机、录音机、摄像机、执法记录仪、视频监控等
记录设备,实时对行政调查过程进行记录的方式。

《行政处罚法》第 37 条第 1 款规定:"……询问或者检查应当制作笔
录"。《行政许可法》第 61 条第 2 款规定:"行政机关依法对被许可人从
事行政许可事项的活动进行监督检查时,应当将监督检查的情况和处理
结果予以记录,由监督检查人员签字后归档……"行政调查人员应当将
调查的时间、地点、内容、发现的问题及其处理情况,做出书面记录,
记录应当交被调查人核对。记载有遗漏或者差错的,被调查人可以要求
补充或者更正。被调查人确认记录无误后,应当签名或者盖章;调查人
员也应当在记录上签名。[31]

《中华人民共和国行政诉讼法》（以下简称《行政诉讼法》）第 33
条第 1 款第 8 项规定,"现场笔录"构成了行政诉讼证据类型之一,法院
在行政审判中,也会通过对行政调查记录合法性的评判,进而说明证据
的证明力,来判断行政行为是否具有事实根据。例如,在"郑云、河北
省围场满族蒙古族自治县人民政府再审审查与审判监督案"中,最高人
民法院在裁定书中指出,根据调查笔录的内容,判定行政行为具有事实
根据,判定行政相对人的主张证据不足。[32]行政机关在做出行政行为的
过程中,有制作调查笔录的义务,行政机关应制作而未制作调查记录的,
有可能构成"违反法定程序"。[33]

---

〔30〕《国务院办公厅关于全面推行行政执法公示制度执法全过程记录制度重大执法决定法
制审核制度的指导意见》（国办发〔2018〕118 号）,2018 年 12 月 5 日发布。

〔31〕 参见《中华人民共和国反洗钱法》第 24 条第 2 款以及《中华人民共和国安全生产
法》第 65 条。

〔32〕 中华人民共和国最高人民法院 2018 年 6 月 28 日作出的（2018）最高法行申 1266 号
行政裁定书。最高人民法院在裁定书中指出,"高永林在调查笔录中不仅提到了转让给郑云争
议地的四至,且说明了转让给郑云的林地有 10 多亩,与郑云主张的林地有 60 多亩明显不符。
故郑云主张争议林地北界为申玉祥门前小道,证据不足。"

〔33〕 参见"平山县劳动就业管理局不服税务行政处理决定案",载《最高人民法院公报》
1997 年第 2 期。

三、行政调查方式的选择

（一）行政调查的诸种方式

行政机关为了实现行政活动的目的，在开展行政调查程序时，可以采取不同的调查方式。如果实体法律规范中针对特定的调查事项，设定了特定的行政调查方式，行政机关有遵循其规定的义务；如果实体法律规范中未对行政调查方式做特别规定，则行政机关可以根据个案需要，选择与个案相适应的调查方式。调查方式包括询问当事人、询问相关人员、现场检查、现场勘验、鉴定及现代科技手段等。

在行政调查中，可以询问当事人，这是最为直接的了解案件事实的方式。[34]行政机关既要向涉嫌违法的行政相对人进行调查，也要向了解案件事实的直接当事人和利害关系人进行调查，特别是案件涉及的直接当事方，是案件事实的直接经历者，也是权利攸关方，理当成为行政调查不可或缺的对象。[35]行政机关还可以向证人、鉴定人、举报人及其他相关人员进行询问。

现场检查通过对特定的人员、物品、场所等进行直接检查，可以更为直观、确切地确定相关事实是否存在，确定事实的性质与程度。[36]在美国法中，认为如果一个行业在历史上长期受到严格的行政规制，或生产经营需以行政许可为前提，则相关行政人员无须检查令状，即可进行现场检查。[37]类似地，根据我国《行政许可法》第 62 条的规定，行政许可机关有权对被许可人的生产经营场所依法进行实地检查。但《中华人民共和国宪法》第 39 条规定："中华人民共和国公民的住宅不受侵犯。禁止非法搜查或者非法侵入公民的住宅。"行政机关如要进入公民住宅进行行政调查，则需依据法律的授权，只能对其有可能实施违法行为的场所进行调查，不能对公民的生活场所进行调查。当公民住宅实际上成为违法生产经营场所或依法登记为经营者住所时，行政机关可以依职权实施调查。

行政调查的方式还包括现场勘验和鉴定。现场勘验是行政机关在行

---

〔34〕 参见《行政处罚法》第 37 条。

〔35〕 北京市高级人民法院于 2018 年 7 月 17 日针对苏嘉鸿与中国证券监督管理委员会作出的（2018）京行终字 445 号二审行政判决书。

〔36〕 参见章剑生主编：《行政程序法学》，中国政法大学出版社 2004 年版，第 143 页。

〔37〕 参见安永康："美国法上的行政调查"，载《公法研究》2014 年第 1 期。

政调查程序中，对违法行为现场、事故现场、违法物品所在地现场等进行勘察、检验的行为。[38]行政调查过程中做出的鉴定结论，构成了行政程序的重要证据。在法律规范中，常以检验、检测、检疫等术语来指代此处讨论的"鉴定"。随着现代科技的发展，还可以利用大数据和人工智能，通过引入视频监控、遥感、无人机、无人驾驶汽车、机器人等，来更好地查明事实，提高行政调查的精准性，进而确证违法情节、违法行为及其幅度。[39]

（二）行政调查方式的选择

行政调查方式不同，能实现相应行政任务的程度也不同，对当事人的自由权、财产权和隐私权的限制程度也不同。立法无法以列举的方式，规定何时对何人采取何种方式进行调查，立法不得不以概括授权的方式，赋予行政机关选择调查方式的裁量权。行政机关在具体调查方式、方法、时机的选择上，享有一定的裁量空间，只要裁量没有超出必要的限度，法院在审查行政行为合法性时，也会对行政调查方式的选择予以尊重。[40]

行政调查活动的实施，需要付出行政成本，当开展不必要的频繁调查、进行重复调查、进行无目的的调查时，会加重被调查者的负担，增加行政机关的人力物力成本，这无助于公共利益的实现，也有违比例原则的要求。[41]行政机关如有较为简便的调查方式，却选择较为繁复的调查方式时，可能对当事人构成了不合理的过度负担，造成了对当事人财产权或其他权利的直接或间接侵害。[42]

行政调查是做出最终行政行为之前的中间行政行为，有辅助、准备的作用，因此行政调查的范围和要求当事人提供的信息，应与最终要做出的行政行为有合理关联，不能给当事人带来不合理的负担。行政机关

---

〔38〕 参见《中华人民共和国道路交通安全法》第72条以及《中华人民共和国消防法》第51条。

〔39〕 参见宋华琳、孟李冕："人工智能在行政治理中的作用及其法律控制"，载《湖南科技大学学报（社会科学版）》2018年第6期。

〔40〕 北京市高级人民法院于2018年7月17日针对苏嘉鸿与中国证券监督管理委员会作出的（2018）京行终字445号二审行政判决书。

〔41〕 参见台湾行政法学会主编：《行政法争议问题研究》（上），五南图书出版公司2000年版，第750页。

〔42〕 许宏吉："行政调查应有之内涵与趋向"，载《法令月刊》第57卷第8期（2006年8月），第20页。

所选择的特定调查方式，其付出的时间、费用、资源应与行政任务相匹配，行政机关应尽可能选择成本较低、对当事人侵害程度较低的调查方式。或应优先使用让当事人自行提交信息和资料的方式，这可以给当事人带来相对较少的负担，而且当事人对相关信息和资料最为了解，此种方式应优先于行政机关基于当事人同意进入现场检查的方式。只有在前述这几种方式都无法实施时，行政机关才可依法强行进入现场检查，这种方式或许给当事人权利造成最多侵害。

在我国实务中，法院承认了行政机关的调查方式选择裁量权。例如在"肇庆外贸公司诉肇庆海关估价行政纠纷案"中，法院判决指出："肇庆海关以海关掌握的国内其他口岸相同型号规格产品的实际进口成交价格资料为基础，采用合理方法进行估价，符合《海关审价办法》第7条第1款规定的程序，也符合《海关审价办法》第11条规定的估价原则，且未超出行政机关自由裁量权的行使范围。"[43]

但在特定个案中，选择行政调查方式的裁量权有可能出现"收缩至零"的情况，行政机关在此时别无选择，必须采取特定的某种调查方式。例如在"苏嘉鸿与中国证券监督管理委员会二审行政判决书"中，法院指出："殷卫国系中国证监会认定的内幕信息知情人，在认定苏嘉鸿内幕交易中起着关键的'联接点'作用，依法应当纳入调查范围，中国证监会在开展调查的方式、程序和手段上存在一定的裁量空间，但在是否对殷卫国进行调查了解的问题上不存在裁量的空间。"[44]在本案中，中国证监会未能穷尽必要的调查方式和手段，未能向作为内幕信息知情人的殷卫国本人进行调查询问，法院进而判决中国证监会程序违法。

四、行政调查程序中的合作行政

（一）利用其他主体实施行政调查程序的可能性

行政调查作为行政过程中的中间环节，调查程序作为专业性、技术性较强的事实认定程序，不一定排他性地非要由行政机关来实施。应关注由行政机关、事业单位、专家委员会、行业协会、专家以及第三方机

---

〔43〕 载《最高人民法院公报》2006 年第 5 期。

〔44〕 北京市高级人民法院于 2018 年 7 月 17 日作出的（2018）京行终 445 号二审行政判决书。

构等多元主体共同组成的"规制空间"，这些不同主体有着不同的立场、知识、信息、资源和能力，可以通过多元主体的相互依存、相互合作，来开展行政调查，查清待查事实，实现行政任务。[45]

法律法规可以授权其他主体实施调查。第一，法律法规可以授权事业单位进行调查，例如《中华人民共和国药品管理法》第 121 条规定，对假药、劣药的处罚通知，必须载明药品检验机构的质量检验结果，该条文规定作为事业单位的药品检验机构所进行检验活动的法律地位，并将其作为后续行政规制措施的依据。第二，法律法规可以授权专家咨询组织进行调查，例如《医疗事故处理条例》第 24 条第 1 款规定："医疗事故技术鉴定，由负责组织医疗事故技术鉴定工作的医学会组织专家鉴定组进行。"行政机关利用其他主体的调查结果，做出后续的行政行为。第三，法律法规可以授权专门人员进行调查，例如《中华人民共和国治安管理处罚法》第 90 条规定，为了查明案情，需要解决案件中有争议的专门性问题的，应当指派或者聘请具有专门知识的人员进行鉴定。

即使法律法规没有明文规定，行政机关也可以考虑自己的执法资源、专业知识，就自行调查和委托其他主体进行调查的成本进行比较，来决定是否委托其他组织展开特定调查。第一，其他主体在组织架构上具有更多灵活性，可能具有更多的专业知识和技术能力，委托其他主体开展调查，可能会提高行政调查的效率，提高行政调查的专业性、准确性。第二，在环境、食品药品、金融等特定规制领域，由行政机关进行调查，可能会带来行政机关和当事人之间的对立，这不利于调查的展开，当事人还有可能怀疑调查结果的公信力。由其他主体开展调查，有助于发展出更具合作性的规制进路，提升调查结果的公信力。第三，有的行政调查是以科学设施测量出数值标准，有的行政调查则涉及相当程度的裁量判断，如被调查机构的等级评定等，对于不涉及裁量权运用的事项，或更适合委托其他主体进行事实调查。

未来应进一步发挥专业技术组织在调查中的作用。《行政许可法》第 28 条规定："对直接关系公共安全、人身健康、生命财产安全的设备、设施、产品、物品的检验、检测、检疫，除法律、行政法规规定由行政机关实施的外，应当逐步由符合法定条件的专业技术组织实施……"专

---

〔45〕 参见宋华琳："行政法学视角下的认证制度及其改革"，载《浙江学刊》2018 年第 1 期。

业技术组织应符合一定的条件，例如根据《行政处罚法》第 19 条的规定，"对违法行为需要进行技术检查或者技术鉴定的"专业技术组织，"应当有条件组织进行相应的技术检查或者技术鉴定"。从事调查活动的专业技术组织应具备与调查活动相适应的专业能力、专业知识、专业人员，实施技术性、专业性、合目的性、以规则为基础的调查，来客观、公正、准确地进行事实调查。

（二）行政调查程序中的当事人协助义务

行政机关在进行调查的过程中，尽管已经尽力调查，但未必能完全掌握所有证据材料，所以有赖于当事人的协助。当事人掌握诸多知识、信息和资料，如果当事人在行政调查中能履行协助义务，特别是提交其所掌握的事实和证据，则有助于行政机关查明事实真相，确定违法构成要件的存在与否，使得行政机关更能做出实质上合法、正确的决定。

当事人在行政调查程序中的协助义务，其主要目的在于协助查明事实，主要体现为程序性义务，这包括如下几个方面：第一，配合调查和接受询问。例如根据《行政处罚法》第 37 条第 1 款的规定，当事人或者有关人员应协助调查，不得阻挠调查，应当如实回答询问。第二，提供有关情况和资料。例如《中华人民共和国银行业监督管理法》第 33 条规定："银行业监督管理机构根据履行职责的需要，有权要求银行业金融机构按照规定报送资产负债表、利润表和其他财务会计、统计报表、经营管理资料以及注册会计师出具的审计报告。"第三，当行政机关依法履行调查职责时，被调查的单位和个人应当配合，不得拒绝、阻碍和隐瞒。

对于依申请行政活动而言，当事人参与行政行为的范围和程度，有时候会超出法律要求的协助范围和程度，申请人会向行政机关提交有关材料，来努力证明自己符合法定条件、标准，以期获得相应的行政许可、行政给付。但申请人此时应反映真实情况，对其提交申请材料实质内容的真实性负责。[46]

对于依职权行政活动而言，尽管引入了当事人的协助义务，但行政机关仍依法对作出的行政行为负有证明责任，[47]行政机关负有查明事实和调查证据的职责。当行政调查目的是为了查处违法行为，有可能作出

---

〔46〕 参见《行政许可法》第 31 条。
〔47〕 参见《行政诉讼法》第 34 条。

对当事人不利的后续行为时，当事人可能相对不愿履行协助义务。因此宜在相关实体法律规范中，对当事人提供信息和资料的类型、范围和内容，做出尽量明确、具体的规定。

当事人协助义务不应超过法律规定的种类和范围。如当事人不掌握相关事实，或当事人限于能力和认知水平无法履行协助义务，或当事人的陈述无助于对事实的认定时，则没有必要要求当事人履行协助义务。当事人的协助应有助于达成行政调查的目的，且具有必要性，不能过度。当事人协助义务的履行，不应逾越比例原则的范围。例如行政机关不应要求当事人提交与调查事项无关的材料。

行政机关在行政程序中负有职权调查的职责，不能将查明事实的义务完全转移给当事人来负担。如果当事人不履行协助义务，行政机关仍需履行法定调查职责，通过其他适当调查途径，来努力查明事实。需要指出，《中华人民共和国刑事诉讼法》第 52 条规定："不得强迫任何人证实自己有罪"，这意味着任何人都没有义务向法官回答可能使自己陷于可能受到刑事追诉的事项。类似地，在行政调查中，当事人可以拒绝做出有可能对自己不利的陈述，当事人拒绝不利陈述不得成为从重、加重处罚的理由，这也是保护当事人权利的内在要求。[48]

五、结语

本文是在法治主义立场下，对行政调查程序进行法治的全面检视。首先，行政调查过程中应恪守程序公正，应依法对行政调查组织加以合理架构，行政调查原则上应事先告知，并表明身份，应通过陈述和申辩程序、听证程序的架构，来听取当事人意见。其次，行政调查应秉承职权调查主义的立场，在存在开展事实调查的必要性，且存在可调查的事实时，启动事实调查程序，并保证证据调查程序的公正性，制作调查记录。再次，行政机关有选择不同行政调查方式的裁量权，但应优先选择成本较低、对当事人侵害程度较低的调查方式。最后，应注重利用合作行政的方式，来开展行政调查程序。法律法规可以授权其他主体实施行政调查，行政机关可以委托其他主体实施行政调查；行政调查程序中当事人应履行协助义务，协助义务的履行应符合比例原则的要求。

---

〔48〕 章剑生："论行政处罚中当事人之协助"，载《华东政法大学学报》2006 年第 4 期。

我国目前尚无统一完备的行政调查程序立法，无论未来是出台相关的法律还是行政法规，是出台单行的行政程序法还是行政法通则，抑或是以行政法规形式出台《行政执法条例》，建议都应设置专门章节，对行政调查的法律框架和要点加以规定，其间应对行政调查的组织形式，行政调查中的告知、表明身份、陈述和申辩、听证程序和调查笔录，职权调查原则、启动职权调查程序的要件、职权调查程序和证明责任分配，行政调查程序中对专业技术组织和第三方组织的利用，行政调查程序中的当事人协助义务及其界限，做出成文规定。

目前，应进一步关注法院如何发展行政法，如何通过判决发展行政调查的法律原理。行政调查属于行政机关在实施行政程序过程中，以达成实体决定为目的的行为或措施。行政调查程序是行政行为过程的一部分，多属于做出行政行为之前的准备行为，其本身不具有规制内容，也不是对外直接发生法律效果的行为形式。从行政过程论的视角，行政调查与后续的行政决定具有一体性，行政调查程序违法，常构成后续的行政行为程序违法。法院在审查行政行为合法性时，可以对作为行政行为中间环节的行政调查程序进行审查，当法院判定行政调查"违反法定程序"时，可以判决撤销或部分撤销相应的行政行为。[49]这使得本文讨论的行政调查程序法治原理，不仅仅是学理上的高蹈宏论，也被写入了法院判决的裁判要旨，这也使得行政机关要应司法审查的要求，回应依法行政的需要，进一步完善行政调查程序法治化、规范化水平，从而更好地保障行政调查中当事人的权益，并更为有效率地履行行政调查权，更好地查明案件事实。

---

〔49〕 参见《行政诉讼法》第70条。

获取和控制公共部门信息和数据的新举措

——意大利恢复透明度和问责制改革

[意] 阿里斯蒂德·波利切[*] 著

杨晓萌[**] 译

一、自 1990 年以来意大利公共机构透明度和文件获取权情况

意大利 1990 年第 241 号法律首次确立了行政文件获取权的一般规则，设置了关于获取行政文件的程序和权利的新条款。这是针对公共行政部门和一般公权活动的公开性和透明度问题经过长期和复杂斗争的结果。

在过去很长一段时间内，仅特定领域内的公共行政部门文件才可以为公众获取。

2005 年第 195 号法令中关于获取公权力机关环境信息的规定（根据欧洲指令 2003/4/EC 关于获取环境信息的规定所制定）首次尝试从透明度角度解决第 241/1990 号法律对信息获取权的限制问题。

随着 2015 年立法改革的进行，意大利的议会决定为推动行政行为的开放性和透明度迈出重要一步。

第 241/1990 号法律的初始版本规定，信息获取权设立的目的是"保障行政活动的透明度并促进公正性"，但其主体仅限于"任何有保障自身法律地位和权利需要的人"。由此可知，第 241/1990 号法律第 22 条的旧条款仅赋予某些特定主体获取政府文件的权利。从行政透明度原则来看，此条款设定的主体范围非常有限。

---

[*] 阿里斯蒂德·波利切（Aristide Police），罗马第二大学法学院教授。

[**] 杨晓萌，中国政法大学法学院行政法专业博士研究生，意大利罗马第二大学法学院联合培养博士研究生。

该条款之后被 2005 年 2 月 11 日第 15 号法修改：取消了获取政府文件主体的限制，而且"利益相关者"也被扩大到"私营实体，包括代表一般公共利益的私营实体，但是要与所申请获取的文件有直接的法律利益关系"。

新法规定获取权的目的，则是保障以上主体能够亲自参与与其利益直接相关的行政决策或立法活动，并基于对情况的全面了解提出意见。

新法对透明度的规定有十分重要的意义，因为通过对行政文件获取权的保障，可以落实"鼓励公众参与，保障行政活动公正和透明的一般原则"（意大利《宪法》第 117 条第 2 款第 m 项）的规定。

二、第 150/2009 号和第 33/2013 号法令

透明和公开性原则的雏形可以追溯到第 150/2009 号法令。该法令将透明度界定为"……完全可获取性，包括在政府部门的官方网站上公开相关文件和信息"，并指明该原则的目的是"……促进合理控制和公正原则的普遍遵守"。

因此，法律赋予了每个公民获取公共信息的法律资格，以鼓励对公共行政部门行为的全面控制。

第 150/2009 号法令有两个目标：

第一，通过行政透明度的提升和公共服务职责的履行，保障公共行政部门的公正和效率。

第二，通过提升程序和组织结构透明度预防腐败问题。

预防腐败是第 33/2013 号法令的重点内容。依据第 190/2012 号法律，第 33/2013 号法令的目标是预防和打击公共机构中的腐败和违法行为。

公权力机构主要通过其"官方网站"履行第 33/2013 号法令规定的透明度义务，保障每个用户都可以通过此网站找到与该机构的活动和组织相关的所有信息，且无需任何形式的身份验证和识别。

上述信息必须在机构网站的"透明行政"主页里公开。

透明度责任是修订后的第 33/2013 号法令的核心内容，主要功能为监察公权力机关的行为方式是否符合法律规定。

反腐败相关机构负责更新三年透明和廉洁计划，并向部长（或该机构其他掌握政治方向的领导）、内部独立评估机构以及国家反腐败局汇报

延迟或者不履行公开义务的情况（在部分情况下向纪律办公室汇报）。

为进一步落实透明度相关条款，第 33/2013 号法令第六章专门规定了对透明度条款执行情况的监督以及制裁措施。这些处罚既直接针对依法承担透明度责任的主体，也针对承担数据和信息公开责任的管理者和政治机构。

处罚制度是落实公民获取权的保障（第 33/2013 号法令第 5 条规定）。有关公民获取权的条款明确规定，"根据现行条例，公权力机构有义务公开文件、资料或者数据，而且任何人都有权要求公权力机构公开其应公开但尚未公开的信息。"

因此，公民获取权已经由第 33/2013 号法令通过立法的形式确定。但是，公民可以获取的文件、信息和数据仅限于法律明确规定要求政府和公共机关公开的范围。

三、为落实第 124/2015 号法律第 7 条的新"透明度法令"

2015 年 8 月 7 日第 124 号法律第 7 条的新规定（"审查和简化预防腐败、公开和透明的相关条款"），授权政府依据相关原则和标准，通过"一项或多项法令，以调整和整合 2013 年 3 月 14 日第 33 号法令"。

在第 7 条第 1 款第 h 项所规定的原则和标准中，对"不违背公开义务"的理解可以参照"落实信息自由（一个特别的和新的原则），可以通过信息获取权，甚至互联网的方式实现，即授予任何人（不论其地位如何）获取公共权力机关所掌握数据和文件的权利，以此鼓励通过多方式监督公职的履行和公共资源的使用，但法律规定保密或者不予公开的情况除外。此外，公开还要受到保护公共利益和私人利益等情况的限制"。

在此基础上，意大利公共行政部长提出了一项新的透明度法令，该法令于 2016 年 2 月 11 日生效，并同时获得国务委员会咨询部门批准。该法令最终以 2016 年 5 月 25 日第 97 号法令的形式，于意大利共和国官方杂志上公开。

基于此项新法令，笔者将分析此次重要改革的创新之处和相关重要内容。

四、第 97/2016 号法令中关于透明度的规定：获取数据和文件的自由

第一项重要改变是新法令第 2 条内容。此条款修订了第 33/2013 号法令第 1 条第 1 款内容，进一步阐释了透明度的目的，将透明度理解为"完全可获取性"，即不仅为了"鼓励通过多方式监督公职的履行和公共资源的使用"，还为"保护基本权利"（这也是新法令的变化之处）。

第 1 条第 2 款解释了此项基本权利的内涵和外延，指出透明度"……是保障个人和集体自由以及公民、政治和社会自由的条件，将此权利纳入良好行政体系中，有利于建立一个开放的、为公民服务的政府"。

将公民获取权视为基本权利的新理念是对透明度原则的具体落实。因此，对第 33/2013 号法令第 1 条第 1 款的进一步澄清，才正式拉开了创新的序幕。

事实上，根据第 33/2013 号法令之前的版本，公民获取权由"公权力机构组织和活动的透明度要求"这一规定赋予。经过新法令修订后的第 33/2013 号法令第 2 条第 1 款规定，"依据本法令，获取公权力机构以及其他团体（依据第 2 条之二）所持有数据和文件的自由，通过公民提出获取要求或者公共行政部门主动公开关于其组织和活动以及行为方式的文件、信息和数据的方式实现。但涉及保护公共利益和合法私人利益的信息除外。"

这是一项重大的变化，因为它清楚表明，透明度相关规则的目的不再是通过公开公共行政部门的所有文件以实现形式上所谓的"行政窥视"，而是（更准确地说）保障公民获取公共行政部门信息和文件的自由，这种保障通过"公民获取"和"文件、信息和数据的主动公开"实现。

于是，新法令第 6 条修订了第 33/2013 号法令第 5 条的内容（该条款将公民获取权仅确定为不履行公开文件、数据和信息义务的处罚理由，至今依然如此）。而且还增加了第 2 款，规定"为鼓励以多种方式监督公职履行和公共资源使用，鼓励公共积极参与，每个人都有权获取公共机构持有的数据和信息（除此前已经根据本法令公布的数据和信息），但涉及保护公共利益和合法私人利益的信息除外"。

这是一项非常重要的创新，因为通过这种方式，之前的制裁措施则

转变成一项公民获取数据和公共文件的真正权利，这在英美法系中被定义为"信息自由"。新法令规定的"公民获取"，旨在将公民获取权从公民对公共行政部门所持有数据和文件的合法地位中剥离出来；新权利涉及政府和公共机构所持有的所有数据和文件（尽管要遵守严格的限制条件，下文将详述）。

新权利不仅涉及要求主动公开的数据和文件（如果要求公开的数据和文件尚未在官方网站上公开，行政部门仍有公开义务），还涉及依据现有规范没有主动公开义务的数据和文件。

新法令还规定，要通过消除对"信息"的误解来扩大公民对"信息和文件"的获取范围。第5条各款所提到的"信息"，其内涵并不一致。第3款规定（诚实而言，本款对信息的定义非常正确），公民可以获取的内容必须清晰界定为"所需的数据、信息或文件"。而本条其他条款（所提到的"信息"）则都与获取权行使有关。

对数据和信息的区分来自计算机语言。对二者进行区分非常重要，而且应该在法令框架内保持对其解释的一致性。二者的具体区别为："数据"是一个客观已知要素，而"信息"则是基于对众多数据进行加工而得出的一种知识，即从使用者间或从大量的数据（该数据可以从数据库中查询而得）中获取。

五、新公民获取权的限制

第33/2013号法令新规定的第5条之二（即新法令第6条第2款），还规定了公民获取权的例外情况。

第1款规定，为防止对公共利益造成损害，有必要拒绝以下获取请求：涉及公共安全、国家安全、国防和军事问题、国际关系、国家政策和财政及经济稳定、犯罪侦查和起诉行为顺利进行等。

第5条之二第2款还规定，申请获取本款所规定的数据、文件和信息，在以下情况也会被拒绝："拒绝申请可以防止对以下私人利益的侵害：①根据相关法律规定，要求保护的个人数据；②通信自由和秘密；③自然人或法人的经济和商业利益，包括知识产权、版权和商业秘密。"

之后的条款还排除了获取涉及国家秘密数据和文件的情形，以及法律所规定的其他限制和公开要求，"包括相关法规规定的获取数据或文件的具体条件、方式或者限制，还包括 1990 年 241 号法律第 24 条第 1 款所规定的内容"。

尽管对公民获取权进行限制在很大程度上是必要和合理的，但是上文所提到的限制范围其实非常广泛，而且很容易超出国家利益保护的实际需要。正如国务委员会针对该法令提出的意见，面对法令第 5 条之二所规定的多种豁免公开类别，政府和公权力机构"可能会充分利用其自由裁量权，以扩大不予公开的范围"以及"可能顺理成章地对有关措施的实际效果提出质疑"。

事实上，第 5 条之二第 4 款和第 5 款的规定仅部分消解了行使获取权诸多潜在的限制。

第 4 款提到，仅排除文件特定部分的获取，且排除此部分就可以充分保障相关利益（所谓的"部分获取"）；第 5 款规定，可以用推迟获取来替代拒绝获取。

在所有的新规定中，必须提及并批评第 33/2013 号法令新第 5 条第 5 款的规定，即拒绝获取不应该被鼓励，没有正式拒绝必须被认为默认拒绝获取。尽管本条款设置的目的是减少部分公共行政部门的负担，然而毫无疑问，"与 1990 年 241 号法律的相同条款相比，此条款与阐释获取数据或文件理由义务的规定是明显的倒退。"而国务委员会的意见（第 515/2016 号法令）看起来则更为合理，"尽管是暂时的，但就目前情况而言，应该支持公民获取权的限制和排除规则"。

六、新"透明度法令"的范围

第 97/2016 号法令规定了一则新条款（第 2 条之二）。

新条款旨在解决第 33/2013 号法令初始适用过程中出现的一些重要问题，这些问题在国家反腐败局（ANAC）决议中也有所体现。

新条款规定，第 33/2013 号法令也将适用于港务局、专业协会和公共事业单位（国家反腐败局 2014 年 10 月 21 日第 145 号决议，国家反腐败局关于适用第 190/2012 号法律的意见）；公共控制企业；协会，基金，私营实体，以及大部分活动由公权力机构资助，或者董事会和监事会多数成员由公共行政部门任命的非法人组织机构（国家反腐败局 2012 年 12 月 18 日第 34 号决议）。

同样的指导原则也适用于以下规定，"要求公开的数据和文件主要涉及以下机构的活动：国家和欧盟法规定管理公共利益的机构；法令第2条（为执行2015年8月7日第124号法律第18条通过）规定的公共参与企业；协会、基金和私营机构；履行公共职能（专为公共行政部门生产商品和提供服务，或者管理公共服务，以及被公共权力机构承认拥有任命管理机构人员的权力）的非法人机构"。

由于新法令的规定，公民获取权将适用于整个公共领域。

七、公民获取及其成本

新第3条第1款规定，"所有文件、信息和数据依法强制公开，公众有权了解，而且可以免费反复使用。"但第5条第3款明确规定"以电子或纸质形式公开的信息或文件，仅需要支付行政部门在公布相关信息时产生的相关费用"。

如果使用"文件使用"这一术语，此时的公民获取仅仅被理解为要求查阅文件，而不包括复印文件，这种情况也适用有偿获取的原则。同样，复印文件的获取请求也无法免费满足。

法令文本所附的技术报告（Technical Report）对此问题进行了说明，"根据现行立法，申请获取有关行政部门人力资源、设备和财政资源方面的数据和信息时，要考虑以下情况：尽管申请获取的次数不受限制，但也要在不违背相关规定的前提下，偿付相关行政部门以电子或纸质形式公开数据和文件时所产生的相关费用"。

八、与第三方的沟通

基于对行政费用支出（即行政行为的经济效率）情况的审查，第5条新第4款的规定存在一些问题。该条款规定，"接收到获取请求的行政部门，如果能够确定（待公开信息涉及的）第三方主体，根据第5条之二第2款，该行政部门有义务告知第三方主体，可以通过挂号信的方式邮寄带有回执的请求获取内容复印件，或者经过允许以电子的方式进行告知。在收到告知的10日之内，第三方也可以通过网络的方式就获取请求提出合理异议。有效期届满，行政部门应根据要求提供确认收到异议请求的函件"。

第三方可以基于以下情况提出异议（规定于第 5 条之二）："①根据相关法律规定，保护个人数据；②保护通信自由和秘密；③保护经济和商业利益（自然人或法人），包括知识产权、版权和商业秘密。"

从平衡提升透明度和保护第三方秘密的角度来看，这项规则应该会受到热烈欢迎。

然而，考虑到第三方主体数量众多，行政部门未必能够承受落实公民获取权的相关成本（还要考虑组织和人力资源的花费），这是新立法所忽视的问题。

如果第三方主体无法提供电子通讯方式（依据意大利法律，这种方式只能适用于"已经同意这种通讯方式"的第三方主体），法令规定需要给其邮寄带有签名回执的挂号信。

当然，要了解该条款的实际效用，还应该核查为实施数据行政法典（2005 年 3 月 7 日第 82 号法令）的法令其规定的变化，主要关于电子保证邮件的使用和披露方面，这是最复杂的问题。

九、对获取请求的拒绝：一种新的行政责任

该法令在违反法律规定的权利和义务的制裁机制方面也有实质性创新。

特别是第 33/2013 号法令新的第 46 条规定了，"责任产生于违反公开要求和公民获取权相关条款"，还规定了"除第 5 条之二规定的情形，未能履行现行法律规定的披露义务，拒绝获取请求，延长获取时间以及限制获取次数等行为，都是对管理责任进行评估的要素。不论是否对行政部门的形象造成损害，这些个人责任都将与其绩效和附加待遇挂钩。只要公民在行使获取权过程中认为有所阻碍，责任人就要对此负责，……这种责任属于无过错责任"。

在此方面，很明显，"任何为行政部门形象的损害负责的理由"只需要参照此方面标准：为个人形象损害负责的理由非常精确和具体，由危害公共行政的犯罪（意大利《刑法》第 314~335 条）或其他明确属于刑事犯罪构成，这一点最近也得到审计法院各分庭的确认（审计法院 2015 年 3 月 19 日第 8 号判决）。因此，也有必要将违反公开义务或者拒绝公民获取（或应该补充）列为以上犯罪情形之一。

那么，如何将其他制裁方式与违反这些义务相联系，要看法令如何将未履行上述义务与"基于绩效的奖励"和"与绩效有关的附加补偿"相联系。这是一种"附加制裁"，此种新的管理责任将适用于未知实体，而且其效果可能优于规定固定数额罚款（按比例或百分比）。

十、意大利新改革中个人获取权和公民获取权的区别

自生效之日起，第33/2013号法令就形成了一种"双轨制"：一是传统获取权（也称"古典"获取权），即依据第241/1990号法律目前继续实行，而且有其独特的前提和规则；二是公民获取权，即规定于第33/2013号法令，目前已经将可获取范围扩大至公权力机构所持有的数据和文件，但依据第33/2013号法令豁免公开除外。

两种权利共存意味着一个人可以基于不同的立场行使获取权。公民在选择获取方式时，可以考虑哪种方式具有不需要陈述获取理由的明显优势。

然而，公民获取权在一定情况下很难实行，反而"古典"的个人获取权会更有效。第33/2013号法令新第5条之二明确规定了"适用于新形式的公民获取的限制，比1990年第241号法律第24条的规定更为宽泛和详细，允许政府在可能危及公共利益的情况下拒绝获取申请"。

少数情况下，可以基于对合法公共或私人利益的保护需要而获得获取权，但是要满足以下条件：获取请求由有资格的人提出，请求获取的记录和文件不是第33/2013号法令新第5条之二所列举的豁免公开情形。

十一、意大利通向透明度之路：公开和限制

尽管上述内容都非常重要，但扩大公民获取范围才是政府的最优选择。

对公民获取进行限制也要从积极的角度进行考量。事实上，不仅网上可获取信息的数量与透明度之间有直接对等的比例（即相较于大量信息都可以从网上获取，行政活动相关信息不直接公开可以使得公民行为更加成熟），而且通过公开更多"模糊"的数据和现象，可以督促公民行使获取权（国务委员会第515/2016号决定）。

在此方面，新法令追求一种合理化，甚至意图稍微减轻公权力机关

的负担。例如，取消了现行第 20 条第 3 款关于公布"良好组织水平"的要求，而且还对一些公开要求进行规范（例如，第 33/2013 号法令对第 3、17、20 条的修订）。

在以地方经济危机、持续的支出审查以及削减公共行政部门人员和资金为特征的时代，改革成本（严格来说是经济和组织方面的成本）也是一个值得思考的问题。如果考虑新法令第 44 条规定的内容，即"执行本法令将不会增加公共财政成本"以及"负责确保本法令规定义务履行的权力机构，依据现行法律只可以处理可用的人力资源、设备和财政资源"，问题将会更加复杂。另外，也不能对规则进行合理性和必要性审查，包括基于成本效益分析（当然不仅仅是"经济成本"）以及比例原则。

事实上，欧盟也认为良好的治理一定是开放的治理，更高的透明度必然也会提升政府对公民的负责程度。同时也要承认，如果不针对政府机构内部工作采取措施，现有情况不可能在中长期有明显改善。因此，必须对改革的实施情况进行监督，而且要时刻掌握行政改革的动态，否则"实行透明度"（就像现任政府提出的整体改革）可能会被认为是一个失信的承诺。

控制公共腐败的新方式

——意大利恢复透明度和问责制改革

[意] 阿里斯蒂德·波利切[*] 著

杨晓萌^{**} 译

一、新反腐败措施：意大利法律体系中针对腐败问题的首个解决方案

(一) 引言

近几年，社会中的腐败问题由于逐渐恶化从而成为讨论焦点。[1]社会科学领域的专家和学者一般将腐败定义为：滥用公职以获取个人利益。腐败现象并非意大利所特有，现代多数国家的行政体系中都存在此问题，而且目前对此问题的重视程度已经到了国际层面。[2]

从意大利法律体系来看，到目前为止，"腐败"一词都是刑法基本术语，用其指代具体的罪行。由于反腐败主要在刑事诉讼领域进行，因此腐败的含义一般仅限于刑法范畴。然而，在现有法律体系之内，此术语还有一种更为宽泛的含义，即在宪法和行政法层面预防政治和行政领域中的腐败问题。事实上，行政法已经阐释了一种比刑法领域更为宽泛的

---

　* 阿里斯蒂德·波利切（Aristide Police），罗马第二大学法学院教授。

　** 杨晓萌，中国政法大学法学院行政法专业博士研究生，意大利罗马第二大学法学院联合培养博士研究生。

　〔1〕　G. De Vergottini, Una road map contro la corruzione, in www. magna-carta. it, 2012.

　〔2〕　J. Gardiner, "De ning Corruption", in A. Heidenheime, M. Johnston eds., *Political Corruption. Concepts & Contexts*, New Brunswick and London, 2002; J. Svensson, "Eight Questions about Corruption", in *Journal of Economic Perspectives* 3, 2005; V. Visco Comandini, Pro li economici della corruzione, in F. Merloni, L. Vandelli eds., La corruzione amministrativa. Cause, prevenzioni e rimedi, Firenze, 2010; S. Bonfiglio, La dimensione sovranazionale dell'etica pubblica, in F. Merloni, R. Cavallo Perin eds., Al servizio della Nazione：etica e statuto dei funzionari pubblici, Milano, 2009.

"腐败"概念，"该行为是一种责任来源，或者虽然不会受到任何制裁，但却与法律制度的精神相悖：利益冲突、裙带关系、任人唯亲、党派偏见、滥用公职、铺张浪费"〔3〕。

"行政"腐败的概念，首先会使人们想到腐败现象主要有关"良好行政的整体需要、对政府与公民关系的改善以及国家民主运行的基本要求"。另外，此概念也会影响良好公共行政原则（意大利《宪法》第97条）的含义：对公共行政部门腐败行为的治理，不仅可以采取"压制机制"（传统的刑事和行政处罚）的方式，还可以采用预防性控制，增强透明性，对公职人员进行道德和专业培训等措施。〔4〕

意大利政府最新发布的一则通知强调了行政腐败和刑事腐败之间的联系。〔5〕该通知指出，腐败的概念应该进行广义理解，从而可以涵盖这样一种情况：不论刑法如何（规定），享有行政权力的人通过滥用被授予的权力获取私人利益。

处理有关腐败的突发事件成本非常高，如果不采取措施消除或者至少限制腐败问题对意大利整体经济的影响，其后果不堪设想。〔6〕由此，设立了预防腐败委员会，由意大利议会议长任命，萨比诺·卡赛赛（Sabino Cassese）担任主席。此外，还设立了负责公共行政失序和犯罪的委员会，由公共服务部部长任命，并由古斯塔沃·米纳维尼（Gustavo Minervini）担任主席。二者都明确了腐败发生的根本因素，而且都致力于提出根除腐败问题的补救措施。

第3/2003号法律的颁行是当时打击腐败问题的关键一环，该法提出设立特设机构——预防腐败的高级专员（运行到2008年）——以阻止腐败的蔓延。后来，第150/2009号法令规定了旨在优化公共工作生产

〔3〕 B. G. Mattarella, Recenti tendenze legislative in materia di prevenzione della corruzione, in Percorsi cost. , 2012; G. Forti, La corruzione del pubblico amministratore. Linee di un'indagine inter-disciplinare, Milano, 1992; D. Della Porta, A. Vannucci, Corruzione politica e amministrazione pubblica: risorse, meccanismi, attori, Bologna, 1994; F. Palazzo, Corruzione pubblica. Repressione penale e prevenzione amministrativa, Firenze, 2011.

〔4〕 V. Cerulli Irelli, Etica pubblica e disciplina delle funzioni amministrative, in La corruzione amministrativa. Cause, prevenzione e rimedi, op. cit. , 92.

〔5〕 Presidenza del Consiglio dei Ministri, dipartimento della funzione pubblica, servizio studi e consulenza trattamento del personale, DFP 0004355 P-4. 17. 1. 7. 5 del 25 gennaio 2013.

〔6〕 R. Garofoli, Il contrasto alla corruzione. La l. 6 novembre 2012, n. 190, il decreto trasparenza e le politiche necessarie, in www. astrid-online. it, 2012.

率，以更好保障公共行政部门的效率和透明度的新规则，即建立一个独立的评估、廉洁和透明性评估委员会（CIVIT）[7]。

（二）意大利关于打击腐败现象的提案

根据 2011 年 12 月 23 日的公共行政和简化部部长命令，成立了负责研究和制定关于公共行政部门中的透明性和预防腐败提案的委员会（以下简称"委员会"）。

委员会于 2012 年 1 月 11 日召开首次会议，会议审议通过加快制定打击腐败措施提案。该委员会的工作得到了经济合作与发展组织（OECD）和欧洲专门委员会内各工作组（这些工作组的主要任务是监督内部反腐败条例遵守国际标准的情况）所提供的有益成果的支持。在提案通过的最后，委员会还建议通过制定行政腐败法案的方式，加强预防腐败措施并使预防腐败工作有效开展。

事实上，正如反腐败国家联合会[8]的报告指出，"意大利没有一个统筹的反腐败规划，目前也没有评估公共行政领域反腐败措施有效性的方法"。国家立法机关主要通过刑事立法来压制腐败现象，而刑法则适合在具体情形之下介入，不适合阻止普遍存在的犯罪现象。

意大利应该有一项专门针对预防腐败立法的政策。在通过专项立法之前，意大利大部分司法辖区，不仅提出（公众）对公共腐败现象迅速蔓延的不满，而且还提出不如意大利腐败问题严重的国家已经就此问题采取积极措施。例如，法国因为丑闻曝光和司法调查在 1993 年通过了一项反腐败法。

委员会指出，预防腐败也需要跟进检验和测量方法以及建立有效的管理体系（受风险管理模式启发）。有效管理体系在意大利公共行政中几乎不存在，而此又为提高公共行政廉洁度所必需。尽管过去将腐败定义为"不可测量和不可估量"的现象，但委员会于 2011 年指出，现在已经有很多检验和测量犯罪的方法和工具。这些方法和工具的产生基于战略

---

〔7〕 B. G. Mattarella, La prevenzione della corruzione in Italia, in Giornale di diritto amministrativo, n. 2, 2013, 125 ss; C. Marzuoli, Fenomeni corruttivi e pubblica amministrazione: più *discipline*, un unico intervento, in Diritto penale e processo, n. 9, 2011.

〔8〕 反腐败国家联合会，在欧洲理事会内部成立，载 http:// www. coe. int/t/dghl/monitoring/ greco/evaluations/round2/GrecoEval1-2（2008）2_Italy_EN. pdf, 43rd Plenary Meeting, Strasbourg, 29 June -2 July 2009，最后访问时间：2014 年 12 月 7 日。

规划管理模式[9]的作用、组织内促进风险文化的方法、重要事件的识别系统（所谓的风险提示）、分析工具、风险的评估和处理、审计体系的预测、风险管理者的作用和应对风险的责任体系、所有活动的核实和控制模式、通讯计划和内外部的信息沟通等，这些仅是有效预防腐败模式的部分构成要素。OECD 的部分研究表明，这些措施的施行还必须辅以"反腐败机构"的设立。

（三）增强透明性的提案

委员会的报告强调了透明性条款对预防腐败的重要作用。透明性是一项原则，尽管该原则最初与 1990 年 8 月 7 日第 241 号法律所规定的申请获取行政文件的机构属性和限制相关，但其今天有更广泛的内涵，可以用"完全可获取性"来界定。透明性意味着所有公民可以直接获取信息（由公权力机构提供）全部价值，但同时也受到隐私保护以及《行政程序法》第 24 条规定内容的限制。在此意义上，透明性是预防腐败的基础性手段，即（透明性将使人们能够）获知政府干预相关领域的证据数据，（因为透明性原则的存在）承认了对利害关系人的公共责任，推动了问责制的发展，也降低了在行政敏感领域内非法劳动环境所伴随的风险。因此，有必要通过达成有责合约，比如通过达成公开以下数据的义务条款的方式提高透明度：

第一，担任政治职务者（不论是经过选举还是通过其他方式行使全国、大区和地方的政治权力）相关数据，这些数据至少应包括：任公职期间的资产负债情况，配偶及二等血亲以上亲属的公司所有权和股份情况，以及任命上述公职的所有费用。

第二，享有行政管理职能的公务员，其收入水平和资产负债情况信息。

（四）改革行为法典的必要性

委员会还强调，有必要审查第 165/2001 号法令第 54 条的规定，旨在对公共行政部门工作人员的行为法典进行改革，明确公职人员行为的法律责任，从而可以在其违法时按照纪律责任予以处罚。

---

〔9〕 Prime ri essioni e proposte emendative, 2011, http://www. governo. it/GovernoInforma/documenti/20121022/rapporto_corruzione - DEF. pdf, in La prevenzione della corruzione. Per una politica di prevenzione.

此项法典改革的目的是明确公职人员（尤其是管理人员）的职责范围，增加与工作履行相关的责任。现行规则的主要目标是，保障公职人员的独立性以公正行使委托职责。

（五）不相容、不适任和不合格

委员会还认为有必要对与政府领导层不相容的制度进行全面审查，旨在确保更强的独立性和更有效的人员管理，增强公众对其行使委托职责公正性的信心。因此，委员会指出，迫切需要规范行政职权（特别是管理层）的享有者与外部利益（意在对官员的独立性产生负面影响）之间的关系。

特别是，在规范行政职位招聘不相容的敏感问题时，必须考虑管理职责归属者与私营企业潜在利益之间的冲突，这些私企往往与行政机关有密切关系，比如遵守其规则和服从其控制，或者给予经济捐助。

因此，应当特别注意以任命、选举或者其他方式授予政府或其他权力机关管理层职位时的相容性问题。

与此同时，该制度还应该通过规定违规选任严格禁止令（的方式），修订政治机关职权享有者的选任规则，修改部分关于不适任和不合格者的处理规则。

（六）举报：保护和奖励

委员会认为，腐败是一种非常隐蔽的犯罪，因为它是以行贿者和受贿者之间的犯罪合意为基础，双方都会对其行为极力保密。因此，为有效预防腐败，有必要通过培训来提高工作人员的（反腐败）意识。

为试图打破这种个人和社会之间的异常沉默，国际组织一直十分关注此种犯罪的预防问题［经济合作与发展组织中的贿赂问题工作组（WGB）；欧洲理事会反腐败国家组织（GREEK）］。这些国际组织已经向意大利提议，可以创设多种形式来保护和鼓励举报非法行为的行为。

在此方面，委员会认为除了保护举报人之外，还有必要借鉴其他国家的相关规定（比如美国），实行鼓励举报的奖励制度。

举报奖励制度的实施，要以审计法院对财产损害和可能性损害的判断结果为基础，以百分比的参数化形式支付相应的奖励资金。

（七）补救措施的提出及空白的填补

委员会于2011年提出的措施，包括制定旨在预防腐败的组织规划。

这一预防措施有效施行的重要前提是有一个综合性预防腐败体制的配合，而此综合体制要交由独立的国家权力机构保障运行。该国家机构负责起草地方政府在制定和批准其预防组织计划时必须遵守的指导方针。

委员会认为，即使有上述指导方针，法律仍然有必要要求政府制定组织计划的基本内容（依据 2001 年第 231 号法令中关于私法人责任的规定，如果有所调整，必须基于所涉行为者和利益多样性进行必要区分）。

更具体地说，委员会认为有必要：

（1）扩展到各级政府，不仅大区政府，而且地方政府也有实行组织规划的义务。

（2）更准确界定政府制作的风险计划，比如，确定潜伏在较大腐败风险过程的种类和阶段，以及确定组织计划的目的是为预防腐败。在这方面，即使有最高管理层的支持，对计划的适当选择与决定政治方向的机构同样重要。没有将计划的制订工作委托于行政部门之外的人，就是为了防止组织计划"市场"的出现。

（3）确定需要采取措施以保障组织模式有效实施的人员。

（4）确定组织预防计划的基本内容，比如：①程序上腐败风险最高职位的必要轮换安排；②在制订计划时，是否有可能通过设立监督机构以确保对程序敏感阶段进行更好管理；③特别注意在程序界定中出现的阻碍因素；④监督行政部门和与之签订合同的人（对批准、特许经营权或者提供经济利益过程等感兴趣）的关系，包括核查董事长、股东和雇员等与行政部门领导和工作人员之间是否存在血缘或者姻亲关系；⑤有关监督计划实施责任的公开要求。

根据委员会的意见，一部新法律应该包括：

（1）公共行政学院需要配合的行动计划，以及对公共行政部门工作人员提供关于道德和法律培训的计划，与政府进行定期协商，对工作于腐败犯罪风险较高领域的公职人员的培训。

（2）在没有有效执行程序的情况下，将涉及每个公职人员的责任（纪律和管理责任）具体化。与计划规定的内容不同，要防止这些问题在缺乏说服力和对处罚类型缺乏反思的官僚体制下解决。

委员会还认为，合理且年度更新的组织计划应该有更长的生命力。由国家反腐败委员会批准的国家年度计划应该以制订指导方针为目标，而且政府在制定具体预防腐败政策时必须遵循该指导方针。

在反腐败背景下，一些并非由委员会提出的措施也有积极作用。这些措施主要包括以下内容：

（1）游说规则。

（2）调动管理职位时，应进一步考虑给予相应救济，以及由此重新思考政治和行政之间的关系。

（3）公共竞争的集中化（包括地方政府之间的竞争）。

（4）在政府系统中引入"随机呼吸测试"（一种随机的控制方式）。

（5）加强行政机构推动和实施预防腐败政策的责任。

二、2012 年第 190 号法律及其对监管制度的影响

（一）2012 年第 190 号法律反腐败的新思路：腐败的国际维度和相关执法策略

依据 2012 年 11 月 6 日通过的第 190 号法律，意大利议会立法委员会在 2011 年通过了一部综合性立法，该立法旨在落实公共行政领域内腐败和违法的预防和压制机制。

该立法的首要目标是贯彻《联合国反腐败公约》（所谓的《梅里达公约》）规定的义务。该公约由联合国大会 2003 年 10 月 31 日第 58/4 号决议通过，意大利于 2003 年 12 月 9 日签署该公约并于 2009 年 8 月 3 日由第 116 号法律批准。该法还要履行 1999 年 1 月 27 日签署的《欧洲腐败委员会刑法公约》（被称为《斯特拉斯堡公约》）规定的义务，以及考虑国际机构（比如，经济合作与发展组织内的工作组）的建议，"在有关刑事犯罪的法律中引入'非法利用影响力'和'私人主体之间的腐败问题'等内容"[10]。

有效打击腐败需要一个完整的政策，该政策要强化相关压制救济措施，同时引入预防措施，比如以合理、有机和确定的方式制约腐败现象和促进其传播的因素。

第 190/2012 号法律的主要目标是从不同角度处理腐败问题，而且首次明确了用刑事方法控制腐败现象（我们法律制度中的典型方法）与用

---

〔10〕 Severino：《新反腐败法》，Vigano：《关于贪污改革影响的推测》，载《当代刑法》，2013 年 3 月 11 日，第 1~3 页。

行政方法预防腐败现象之间的关系。预防腐败的行政方法包括提升公共道德、行政行为完全透明化以及培训公共行政部门的工作人员等。

（二）培训主题：计划和整体对比视野下行政行为的廉洁和道德文化

培训主题是反腐败立法的核心方面，不仅可以为行政部门创造一个廉洁和道德的文化氛围，还可以为第 190/2012 号法律的有效实施提供一个良好开端。

此部法律主要关注近年来不太常用的一种行政手段：各级政府规划。该法规定建立一个新的反腐败部际委员会，为国家反腐败计划提供指导方针。每一个行政部门都要批准一项预防腐败的 3 年计划，该计划要评估公共职位腐败的风险程度，并指出将该风险降到最低所需的组织变革。[11]因此，意大利议会在 2012 年所做的工作广泛而又复杂，为应对和遏制频发的腐败现象展开了多种行动并采取了适当措施。[12]

第 190 号法律就预防功能引入了一系列内部制约措施，意在影响以下几个方面：

（1）政府组织情况（在此情况下，要求组织计划中体现预防腐败风险的功能）。

（2）工作人员的廉洁问题（在某些利益冲突的情况下，明确禁止授予行政职务以及适用作为行为法典的新规定）。

（3）机构的透明度、决策过程、公共资源使用方式（已由政府开始执行）。

（4）领导层与公职人员之间的关系。建立一套廉洁投诉违法事实（公职人员在公共行政部门内获知的）的保护机制，将会促进公职人员的忠诚度以及机构之间合作。

特别要说明的是，就腐败现象提出的各项评估指标，不是偶发和突然的，而是系统和广泛的。因为经过对相关费用的考量发现，制定一项结合预防和压制完整步骤的政策，要以相同的监管方法和对腐败广义的界定（有行政法和传统的刑法两个方面）为基础。[13]这条路径的主要步骤

---

〔11〕 B. G. Mattarella, M. Pelissero a cura di, La legge anticorruzione. Prevenzione e repressione della corruzione, Torino, 2013.

〔12〕 S. Cassese, Maladministration, in Foro it., 1992, V, 243.

〔13〕 V. Musacchio, Prevenzione e repressione nella lotta alla corruzione nella pubblica amministrazione, in l'Amministrazione italiana, n. 12, 2011.

包括：

（1）加强压制性救济措施。

（2）引入（或增强现有的）预防措施，旨在以合理、有机和确定的方式制约腐败现象和促进其传播的因素。

（3）促进"合法性"和"尊重规则"文化的广泛传播。

关于压制性救济措施，第190/2012号法律规定了两种具体的罪行：非法利用影响力罪（《刑法》第346条第2款）以及职务腐败罪（《刑法》第318条）。刑法还通过新的第317条拓展了贿赂罪，增加了新的敲诈勒索罪。与此同时，《刑法》新第319条第4款规定了"不当诱导给予或允诺利益罪"。

虽然这些新刑法条款非常重要[14]，但并不属于本文的讨论范围。本文关注的是新法的第三步：促进"合法性"和"尊重规则"文化的广泛传播。

事实上，对合法性和道德文化的规定才是这项新立法最具创新性和最实质性部分。

第1条第11款规定，公共行政学院将会设立相关课程，包括对国家和地方政府工作人员进行关于道德和法律问题的培训，以及与政府（具体指负责对工作于腐败犯罪高风险领域的公务员进行培训的政府）进行定期协商。

遗憾的是，该法缺乏对普通公民进行培训的相关条款，而此类条款对普及合法性文化十分重要。很明显，腐败现象扩散的基本条件是人们可以从中获利，这同时也是社会共识之一。因此，我们也应该考虑向中小学和大学提出相关建议，从而可以在民间社会机构的参与下制定一项关于规则和道德问题培训的联动政策。

（三）2012年第190号法律的范畴和意义

该法第1条第59款明确规定，意大利《宪法》第97条有关"预防腐败和有效执行公正原则"的规定应该适用于意大利所有的公共权力机构。因此，该项规定"适用于政府"。尽管上文提到的规范本身面临着使

---

〔14〕 E. Dolcini, F. Viganò, Sulla riforma in cantiere dei delitti di corruzione, in Dir. pen. cont. , Rivista trimestrale, n. 1, 2012, 239 e ss；F. Viganò, La riforma dei delitti di corruzione, in R. Garo-fo-li, T. Treu eds Libro dell'anno del diritto, Roma, 2013；F. Palazzo, Concussione, corruzione e dintorni：una strana vicenda, in Dir. pen. contemp. , n. 1, 2012, 227 ss.

用不同的术语以确定被监管者的问题，但普遍认为该规定可以直接适用于政府，以及遵守地区联席会议，特伦托、博尔扎诺自治省和地方权力机构所达成的一系列协定的机构。

实际上第 60 款已经对此问题作出了规定：自该法生效之日起 120 天内，通过联席会议达成的协议来明确具体要求，解释相关术语。各大区，特伦托、博尔扎诺自治省，地方权力机构，公共团体和私人都必须受其约束。此条款旨在全面和迅速落实第 190 号法律相关规定，特别是：①明确各行政部门应制定的预防腐败三年计划（2013—2015 年），并在所在大区和公共服务部备案。②各行政部门要制定与确定公务员禁止从事的活动有关的规定。③各个行政部门要制定行为法典。第 61 款也规定，联席会议的协议还明确了要执行有关法律所规定法令的相关要求。

（四）2012 年第 190 号法律对原有的监管制度可能产生的影响

1. 行为法典的新准则

如前所述，第 190/2012 号法律不仅就反腐败问题规定了全面的综合制度，而且还修改了现行法律。此次修改对于促进和加强廉洁、尊重法律规则和合法性文化而言具有重大意义。

该法还对以下条款进行了修改和补充：针对 2001 年 3 月 30 日第 165 号法令，规定了政府聘任组织的一般规则；针对 1990 年 8 月 7 日第 241 号法律，规定了行政程序新规则和行政文件获取权。除此之外，还采取措施加强良好治理，保障现有行为规则（行为法典）的实施，根据所追求目标插入新的制度和行为规则（不相容、利益冲突、明确程序结论以及延伸行政活动的一般原则）。为增进公共部门廉洁性，第 190 号法律已经着手改变行为法典的准则，并且正在制定 2001 年 3 月 30 日第 165 号法令第 54 条的新版本。

这种预防性措施在反腐败过程中有更广泛的作用，即当发现普遍接受的原则已经不适用时建立新的标准，以及如果预期与实际行为之间的差距变大，那众多的道德行为法则和行为规则就不仅涉及公共部门，也常常会涉及私营部门。[15]

规定如此多的条款不单纯是为了压制，更意在使行政部门的行为合法化和正当化，例示会造成管理不善的行为，避免对刑法手段的过度使

---

[15] B. G. Mattarella, Le regole dell'onestà, Bologna, 2007.

用。像通过 1994 年第一部公务员行为法典〔16〕时利奥波多·埃利亚（Leopoldo Elia）指出的，"目的不在于惩罚或者救济，而是为了指导其开始按照规定行事"。这句话还引发大约十年前马西莫·塞维鲁·札尼尼（Massimo Severo Giannini）以"公共道德"为主题的评论。事实上，他将此问题与 ircocervo（意大利语中指代半山羊和半鹿的神话动物）联系在一起，"似乎存在一套规范公职人员道德的法律规则；但如果你仔细分析，会发现这些规则实际上充满矛盾"〔17〕。

履行公职的具体要求为，采用合理或者符合其身份的行为方式履行上级命令，并且要公平对待公民。公务员履行职责过程中必须遵守的纪律和所伴生的荣誉本身并不构成一种利益，但他们所代表的行为方式必须在履行其他职责过程中实现：期限和权威性原则已经清楚表明，公共服务必须由公共代理人以特定的形式展开，这样才可以对其行为方式进行准确评判，这对于公务员的履责方式而言十分重要。〔18〕

因此，普通公民与公职人员对尽责程度的要求并无不同：其要求都源于第 165/2001 号法令第 54 条第 1 款。但是同样的忠实义务对于不同的公职人员表现则不尽相同，"因为同时负有政治和行政责任的人，其不忠行为会带来潜在危险"。

第 190/2012 号法律并没有根本性创新（像自 1994 年开始施行的公务员行为法典，后来直接明确规定于 2001 年第 165 号法令）。但第 54 条属于创设条款，规定政府要拟定"公共行政部门工作人员行为法典，以保证所提供公共服务的质量，预防腐败，遵守宪法规定的勤勉、忠诚、公正以及只服务于公共利益的义务"。第 54 条明确了新法典的核心内容，即必须包含专门规定公务人员职责的章节，明确所分配职责，还要规定禁止所有公职人员在履行职责过程中以任何理由寻求或者接受金钱、礼物或者其他好处。

在新版本中，违反行为法典规定的义务，包括为违反有关执行 PTPC 的义务，都是纪律责任的来源，"在违反职责、义务、法律或规则时要承

---

〔16〕 L. Elia, Camera dei Deputati-Atti parlamentari, Resoconto stenogra co, seduta di giovedi' 19 maggio 1994, 49.

〔17〕 M. S. Giannini, Scritti, vol. X, Scritti pubblicati tra il 1964 e il 1996, Milano, 2013, 319.

〔18〕 C. Carbone, I doveri pubblici individuali nella Costituzione, Milano, 1968, 177 ss.

担民事、行政等责任"。然而，可以预想，"严重违反或者一再违反规则，会依据第55条之四第1款规定受到惩罚"，或者依据直到2012年才最终确定解雇纪律处分内容的第165/2001号法令，在虚假出勤、无正当理由旷工数日（若不是连续，但是只要在2年期间内达到3次），或者无正当理由拒绝基于公共利益需要而进行的工作调动，伪造文件或者命令以获得工作机会、职位晋升或与之相关，或者多次恶劣行为：骚扰、威胁、辱骂或以其他方式损害他人荣誉和尊严等，这些情况下公职人员可能受到革职的纪律处分，也可能会由于涉及犯罪而被永久剥夺职位。此外，如果不履行已通过的法典中所规定的义务，会承担同样的后果。

为了凸显公共行政部门工作人员行为法典的重要性，2012年第190号法律重述了第54条内容，澄清法典的本质是确定相关法律行为义务，以及惩罚违反纪律责任的行为。[19]

2. 不相容性和利益冲突

该法第42款规定，禁止享有公权力或者代表政府行为的公务员，在辞去职务的3年之内，通过其原职位的权力，以公共行政相对方的身份开展私人经营业务，违反本款规定订立的合同或约定无效。禁止私人主体在已经签订或者履行协议之后的3年之内与政府议价，否则将承担返还相应费用的义务。此规定说明，新条款不仅旨在规范公职位终止的相关事宜，也将违反法律禁止规定的经营者排除在招标范围之外。此外，第42款还对第165/2001号法令中关于利益冲突的规定进行了修改和补充：制定相关规则，以查明是否存在违规任命公职人员的情况，并评估可能影响公职人员公正行使职权的冲突或者潜在利益情况。

根据第46款，对于那些涉嫌《刑法典》第二卷第一章规定之罪（危害公共行政部门罪）的人，即使审判没有结束，也不可以授予其管理财政资源的职责。这些职责具体包括：采购公共物品，向公共或私营社会团体给予财物援助或者分配经济利益。此外，犯有以上罪行的人也不可以成为遴选负责分配经济利益人员委员会的成员。

该法第41款还规定了与程序性事务负责人有关的利益冲突规则。具体指的是，依据第241/1990号法律第6条新规定，程序性事务或者有关

---

〔19〕 E. D'Alterio, I codici di comportamento e la responsabilità disciplinare, in La legge anticorruzione. Prevenzione e repressione, op. cit.

部门的负责人在审核通过相关意见、技术评估和最终措施时，有义务避免利益冲突，并且要报告每种冲突（包括潜在冲突）的情况。

3. 对所谓"举报者"的保护

"举报"是发现违法或者违规行为的一种方式，权力机关意欲利用此方式来辅助其预防腐败工作的开展。

第190/2012号法律第1条第51款规定了对公务人员举报犯罪的保护方式，即"向普通法院或者审计法院投诉的公职人员，如果因工作关系而知悉其直接主管领导的违法行为，不得因直接或者间接与投诉有关的原因而对其工作条件产生影响，不得制裁、解雇举报者或者使其受到歧视性条款的约束"。法律还为如实举报其所知非法行为的公职人员提供匿名的保护。但第190号法律第51款第2项规定，依据正当辩护权，如果举报者身份"对被告辩护权的实现至关重要"，则要予以公开。与实际或者潜在腐败现象有关的讯号和沟通行为都可能成为追责腐败行为的直接依据，但要妥善保存这些举报材料并且要隐匿举报者身份。

4. 公共合同的终止

从2006年4月12日第163号法令（工程、服务和物资公共合同法典）的修订和补充内容来看，公共合同和公共采购领域相关规定也有所创新。

三、第33/2013号法令生效后的新行政透明性制度

（一）公权力机关对透明性、公开性和其他信息基本规则的重构

第190/2012号法律规定，行政事务透明性原则对于打击公共行政机关内的腐败和非法行为而言至关重要。

依据意大利《宪法》第117条第2款第m项、2009年10月27日第150号法令第11条以及第241/1990号法律第1条、第190/2012号法律第15条第2款所规定的行政透明性原则是实现公民权利和社会权利的基本要求。及时并且定期公开与行政事务有关的信息，事实上可以鼓励更多形式的外部监督，从而震慑和制止潜在的非法和违规行为。依据意大利《宪法》第117条第2款第m项，对透明性的界定由第150/2009号法令与第190/2012号法律中的规定一起构成，即"完全可获取性，包括在政府网站上公开机构组织、职责履行、公共资源使用情况以及措施执行和

评估结果等方面的相关信息，促进对行政机关遵循合理和公正原则情况的广泛监督"（第 150/2009 号法令第 11 条）以及"社会权利和公民权利的基本利益要求"（第 190/2012 号法律）。透明性有赖于公权力机关在遵循易于获取、完整和便于查阅原则的前提下，在官方网站上公开与行政程序相关的信息，但同时公权力机关也要履行保护国家秘密和个人信息的义务。公权力机关的官方网站上也要公开其预算和决算情况，以及以公共工程建设和公共服务产品提供的单位成本。第 190/2012 号法律第 1 条第 35 款授权政府可以通过修改或整合现有条款，或者设立新条款的方式制定一项新法令，以重构关于政府公开性、透明性和信息发布义务相关规则。为执行立法授权任务，政府于 2013 年 3 月 14 日通过了第 33 号法令，该法令即关于"政府公开性、透明性和信息发布义务相关规则的重构"。该法令内容落实了意大利《宪法》第 117 条第 2 款第 r 项所规定的功能，即协调国家、大区和地方的统计数据和网络化数据，同时也明确了第 117 条第 2 款第 m 项中规定的政府因为透明性、预防和打击腐败以及不当管理行为而需要对公民权利基本利益予以保障。

批准通过该法令的目的是加强有关透明性措施，这不仅是预防腐败的关键环节，也整合了现行关于公共行政部门透明和公开义务的冗杂的规定，还通过官方网站的设置规范了公开义务的履行程序。因此，透明性可以被理解为一种知情权，使民主制约公权力行使成为可能，从而有效预防腐败现象或者"弊政"。[20]

此外，第 33/2013 号法令第 11 条将透明性规则的适用范围拓展到独立机构，即独立机构也"应该依据其相关规定确保关于透明性规则的执行"。

法令分为七章，另附有数据、信息和文件的公开格式：

第一章阐述透明性原则：透明性相关的权利、义务和限制，数据的质量以及公开和获取信息的方式。

第二章规定了公共行政部门组织、运行和参考标准文件的公开：关于政治机构的职责分工和资源分配，组织结构情况，机构内部可接通的电话号码和有效电子邮件的清单。

第三章规定了与公共资源使用有关的预算情况（计划的和实际的）

---

〔20〕 F. Merloni, La trasparenza amministrativa, Milano, 2008.

的公开：财务报表的各项指标和预算计划，以及与目标监控、土地和资产管理，以及程序性支出相关的数据和信息。

第四章规定了与提供公共服务相关的信息公开：比如关于服务质量标准，每年有明确记录的提供公共服务的成本和时间，以及采购货物、服务和必需品的成交时间和金额的"服务表"或文件。

第五章涉及具体领域的信息公开，比如采购和公共工程、城乡规划、环境信息、国家卫生服务、特别干预和应急程序等

第六章规定了透明性和公开规则的执行和监督主体：负责透明性的独立评估机构（OIV），以及公共行政部门廉洁和透明性评估委员会（CI-VIT）。此外，本章还规定了公共行政部门违反透明和廉洁义务的处罚措施。

第七章规定了履行公开和透明义务的最终和过渡条款：司法保护、财政收支平衡，以及变更或废除立法。

这项立法最具有创新性的措施是对公民获取权的规定。依据此项权利，公民的请求不受任何限制，而且申请人资格不能成为拒绝的主观理由。申请免费，但是应向公共行政部门内负责透明性的公职人员提出。接受申请的公共行政部门应在 30 日之内在官网公开相应文件、信息或者数据，而且公布后应该向申请者告知，必要时提供信息获取方式。依据地方法规，如果请求公开的文件、信息或者数据已经公开，相关行政部门应该告知申请者获取方式。为防止拖延回复或者不回复，申请者可以依据该立法令第 5 条第 5 款，向上级机关提出复议或者向有管辖权的行政法院提出诉讼。

在此措施的保障之下，通过公权力机关和其他适用本规则机关的官方网站，任何人不仅可以获取行政机关依职权主动公开的信息，还可以基于任何理由获知公共资源的使用情况信息。

依据公民获取权，任何人都有"权力"用民主方式监督行政部门依法行政，这就使得行政部门内的领导层（尤其工作于腐败风险高的领域）承担更大责任。公共行政部内阁办公室第 2/2013 号通知强调，公民行动主义对预防腐败、民主控制行政活动有重要的震慑意义。

（二）透明和廉洁计划

第 33/2013 号法令第 10 条继续深化了第 150/2009 号法令第 11 条中

关于透明和廉洁三年计划（PTTI）的规定。PTTI 确定了执行透明性规则要求的程序，因此它与预防腐败三年计划（PTPC）密切相关，甚至"通常"是其内容的一部分。为了在国家反腐败计划提案（公共服务部向廉洁和透明性评估委员会提交）中加强二者之间的联系，预计两项计划都会通过而且于每年的 1 月 31 日之前进行更新。廉洁和透明性评估委员会已经在第 6/2013 号决议第 3.1 款第 b 项里要求政府注意对这些措施进行整合，且此要求已经由第 33/2013 号法令第 10 条第 3 款进一步确认和强化。

鉴于透明性被认为是打击腐败不可或缺的措施，相关法律和法令在 PTTI 和国家反腐败计划之间建立了非常密切的联系。第 33/2013 号法令第 10 条第 2 款规定，PTTI"通常是 PTPC 的一部分"，以及"PTTI 与 PTPC 预设的措施和行动相联系"。PTTI 的内容还与相关措施执行情况（由地方政府提出）有关，因为促进透明性是"每个行政部门的战略领域"，并且能够为个人和组织目标的设定提供支持和保障。

PTTI 的内容一般包括：①规定行政部门的组织情况及其设立功能；②指出与以往计划（如果通过）相比的创新之处（如果有）；③说明 PTTI 的起草和通过过程；④说明针对透明性的沟通性倡议；⑤描述具体实施过程；⑥确定公布和更新待公开数据的负责人；⑦保障公民顺利实现获取权的措施；⑧明确指出，对于除法律明确规定之外的其他补充性数据，行政部门要承诺在年末和未来三年之内公开。

地方权力机关也要制定 PTTI。但是公共行政部门的分支机构及由其控制的公司不需要制定 PTTI，只需要遵循公开要求即可。然而，后一种情况则需要在其网站上建立"透明行政"板块，而且其内部必须设置专门职位以控制和监督其遵循公开要求的情况。除此之外，他们还必须制定一种能够及时回应公民获取数据申请的制度。

（三）受本规定监督的公职人员和其他相关人员

每个行政部门内，承担预防腐败责任的是其透明性部门的负责人。其任务是根据法律规定对该行政部门是否良好履行公开要求进行审查，确保已公布信息的完整性、清晰性和时效性，并为政治机关、独立评估机构和国家反腐败局提供指导。此外，还要负责更新 PTTI，检查行政部门是否妥善履行了公开义务，根据相关法律规定结合其严重程度，及时报告不履行或者不公正履行公开义务的情况。

此外，独立评估机构还负责检查 PTTI 的执行情况是否与国家反腐败计划规定一致。从"评估指标运用充分性"以及法令第 4 条第 4 款规定"政府不得公开已经明确为敏感或者司法等与透明性的特殊目的无关的个人信息"两个方面进行核查，此外，独立评估机构还依据与透明性义务有关的规定来评估负责发布信息的组织和个人的义务履行情况。

作为国家反腐败权力机关，廉洁和透明性评估委员会也要监督公开义务的履行情况，还可以要求独立评估机构的负责人提供与透明性相关的信息，要求其公布与纪律检查办公室、政治领导和审计法院可能存在的税务责任有关的遗漏的和未公布的信息。

公共服务部负责监督预防腐败战略的施行，并为政府制定有关透明度的政策和规则提供指导和支持。公共合同管理局（AVCP）负责对政府采购程序进行监督。公共服务部和公共合同管理局可以依据 190/2012 号法律第 1 条第 32 款之规定获取政府部门的相关数据和信息，这些信息也要在行政机关官方网站上公开，并向审计法院汇报。

四、反腐败行政组织

（一）负责预防和打击公共行政部门和公共领域内腐败问题的政府部门和公共机构

根据新法律的规定，预防和打击腐败的任务已经委托于三类主体：

（1）部际委员会，负责根据指令制定指导方针。

（2）公共服务部，负责预防腐败战略运行的推进和协调。

（3）公共行政部门廉洁和透明性评估委员会，现为国家反腐败局（ANAC），负责与其他权力机构沟通并行使监督和管理权，以确保相关机构的预防措施得以有效执行及有关透明性的法律得以遵守。

（二）部际委员会和公共服务部

部际委员会成立于公共行政领域反腐败法生效后几个月，主要负责预防和打击行政部门内的腐败和违法行为（2013 年 1 月 16 日总理令）。

根据第 190/2012 号法律第 1 条第 4 款之规定，部际委员会的任务是制定公务员事务部在制定国家反腐败计划时必须遵守的准则。为执行其任务，委员会制定了"部际委员会依据 2012 年 11 月 6 日第 190 号法律为公务员事务部拟定国家反腐败计划制定的指导方针"。部际委员会由总理（兼主席）、公共行政和简化部长、司法部长和内政部长组成。总理缺位的情况下，委员会由公共行政部部长主持。委员会会议也向其他公职人员开放，从国务卿到部长理事会的主席和秘书。

（三）廉洁和透明性评估委员会（现为"国家反腐败局"）

为落实第 15/2009 号法律，第 150/2009 号法令第 13 条明确了廉洁和透明性评估委员会的职能定位，即包括主席在内的 5 位成员组成的合议机构。委员会的职能后来依据第 190/2012 号法律被扩张。因此，2013 年 10 月 30 日第 125 号法律将廉洁和透明性评估委员会的名称改为"国家反腐败局：政府透明性评估机构（ANAC）"。

国家反腐败局的设立标志着法律授予其指导、协调和监督"评估政府职能的履行情况"的职能，指导政府提高服务质量，保证行政的透明性和职责履行指标的可比性和可见性。

第 190/2012 号法律旨在建立体现于第 150/2009 号法令的功能性联系，包括绩效、透明性和廉洁度，并且提出预防腐败的新措施，以预防和处罚有腐败特征的事实、情形和行为。

国家反腐败局肩负许多关于预防和打击腐败的任务，比如，与国外机构合作，剖析腐败现象；批准公共服务部制定的国家反腐败计划；准备呈交议会的年度报告；监督和控制反腐败计划所规定措施的落实及其实效性，以及监督行政部门遵守透明性规则的情况；就公务员自愿履行行为法典和纪律责任情况，以及行政部门管理层人员的外部任职情况提出意见；指导方针的制定必须考量领导层人员履行行为法典的个别情况。

第 190/2012 号法律逐渐将规则的咨询、监督和控制权交于国家反腐败局，还赋予其检查和命令的权力。之后，第 33/2013 号和第 39/2013 号法令，以及第 62/2013 号总统令又扩张了国家反腐败局的职能和权力。与第 150/2009 号法令规定的道德劝说模式相比，赋予其更大的影响和效力。总而言之，政府透明性评估机构的主要职责为：预防腐败，增进透明度，提高绩效和服务质量。

为履行其职能，国家反腐败局应该考虑与其他机构和组织的合作（包括涉及不同领域的国际机构），还应该采取监管、评估、监督和控制以及集中协商等方式开展行动。就规则而言，国家反腐败局要制定旨在指导独立评估机构制定关于透明度和绩效规则的指导方针，也为了解决在监管行政部门活动过程中出现的问题。政府透明性评估机构可以通过编制核实透明性所需程序相关文件的分析报告，以及通过向政府和独立评估委员会领导直接报告、咨询和贯彻其行动等方式来履行其监督和评估职能。顾问工作的重要性日渐提升，就预防腐败而言，当前趋势使我们可以预测"哪些旨在提升工作绩效和透明度方面的措施可以进一步加强"。尤其是根据第 190/2012 号法律的新规则，第 33/2013 号法令中有关透明性的要求以及第 39/2013 号法令机构之间不相容性的规定，极大增加了对顾问工作的需求。

最后，国家反腐败局还通过支持创新性和实验性项目的方式来履行其职能。今年将特别关注"透明窗口"项目的实施问题，该项目在 2009年第 150 号法令第 13 条第 6 款第 p 项中有明确规定，旨在现行立法框架规定的不同公开维度中，为促进公共行政部门数据的获取提供一个突破口，如"绩效""服务质量""透明性"和"腐败"。

政府透明性评估机构依据其机构使命、背景、与利益相关者的关系和财务状况等，确定其战略目标，并制定覆盖其所有活动领域的三年计划（政府透明性评估机构绩效计划）。从战略目标出发，将其细化为年度可操作目标。具体目标由国家反腐败局合议机构确定，然后交由秘书长执行。不论战略目标还是可操作性目标都必须服务于其根本目标。政府透明性评估机构的使命分为三个重要方面：首先，"反腐败和透明性"领域，此领域与促进和保障预防腐败措施的执行以及"提高公权力机关和法律规定的其他人员相关信息的透明性和公开度"的战略目标有关；其次，"绩效和质量"领域，此领域与"增强落实改革措施的实施，有效提高政府绩效"的战略目标有关；最后，"沟通和管理"领域，与"增加预防腐败措施的创新性、提高组织效率和透明度（包括提高获取信息的质量）"的战略措施有关。因此，每个战略目标通过具体的业务计划被细化为年度可操作性目标。

（四）预防性反腐败措施：国家反腐败计划（NAP）

反腐败最重要的预防措施之一则是国家反腐败计划（NAP）。该计划明确规定于第 190/2012 号法律第 1 条第 4 款第 c 项，旨在明确行政部门内腐败风险较高的领域，以及保障国家和国际层面制定的预防公共行政部门腐败战略的顺利执行。此外，该计划还是中央和大区各行政部门在制定预防腐败三年计划时的重要参考依据。该计划必须确保国家战略根据政府反馈情况进行必要的调整，以便逐步形成更有效的预防措施。由此看来，NAP 的制定是一个周期性过程，在此过程中，具体战略和措施要根据反馈情况进行逐步细化、修改或者替换。此外，NAP 的制定还要考虑预防制度的逐步发展问题，因为该计划的成功实施很大程度上取决于公众对预防措施的认可，即所涉及人员都能够接受并推动该措施的实施。

因此，该计划的主要目标则是促进法律规定的预防措施的充分实施。为进一步完善该计划，NAP 草案拟定完成后将会有协商程序，该协商过程将由政府、反腐败相关权力机构、国家行政学院（SNA）以及世界银行和国际透明性非政府组织成员共同参与。协商将以交换意见和召开会议的方式进行，其商议结果在制定最终版 NAP 草案的过程中会予以考量。

第一版 NAP 的内容由三部分构成。第一部分提出，计划在 2013—2016 年期间在国家层面实现战略目标，由公共行政部和国内其他预防腐败机构负责实施。还提出了已生效法律和法令的预期目标，以及对 NAP 的普及。第二部分主要以"去中心化"的方式来阐释预防腐败战略，即将该战略具体到每个行政部门，还包括为政府执行预防措施提供指导性（包括法律规定的）规则。此文本的核心作用是制定预防腐败三年计划（PT-PC），该计划也为每个行政部门预防腐败战略的制定提供了范本。第三部分规定了应向公共行政部提交的数据和信息，以及为监督和制定后期战略目标所收集的最终数据。

此外，NAP 还附有附录和表格，主要内容为政府采取综合措施时必须遵循的时间安排。因此，该文本同附录和表格应该被视为一个整体。

政府透明性评估机构也强调 NAP 要有灵活性，以确保公共行政部门能够将指导方针与严格执行和裁量执行的指令区分开。根据公共服务部制定的标准，尽管反腐败侦查和网络数据发布的一般程序必然一致，但是对更高腐败风险行政任务和措施执行有效性的判断需要依据对政府的区分性评估结果。NAP 的有效时间范围为 2013—2016 年，其任何后续更新（包括年度更新）都要经过政府透明性评估机构的批准。

（五）预防腐败三年计划（PTPC）

2012 年第 190 号法律第 1 条明确规定了另一个预防性反腐败措施，即预防腐败三年计划（PTPC）。公共行政部门依据该计划确定"不同行政职位的腐败风险程度评估并提出预防同类风险的组织性干预措施"，并及时向政府透明性评估机构报告。PTPC 是每个行政部门内部确定预防腐败策略的基础性文件。依据部际委员会制定的指导方针，受 PTPC 约束的行政部门包括：①中央政府，包括非经济性国家机构，还有大学和其他行政部门；②大区和特伦托、博尔扎诺自治省行政部门，地方权力机构以及公共团体。

根据第 190/2012 号法律和 NAP，必须具体规定于 PTPC 中的领域/较大部门为：被指定有预防义务和职责的主体（负责对工作于高腐败风险领域的工作人员进行预防和管理）；明确风险领域和风险评估结果，可以参照第 190/2012 号法律第 1 条第 16 款所明确规定的风险的领域；确定强制措施，可以参照第 190/2012 号法律规定的强制措施。第 190/2012 号法律和 NAP 所规定的其他内容则更多是非强制性的，比如规定了关于任务和责任分配的时间，还有何时以及如何评估和监控 PTPC 所规定内容的有效性、相关措施的实施情况以及其内容的完善。

五、结论：下一步措施

（一）如何克服"绩效文化"

改革初期为权力机关施加的系列规则，营造了一个只关注创新而不愿意承担责任的政府形象。因此，政府仅对法律进行解释是不够的，还要通过采取补充措施以积极执行法律。简而言之，政府看起来只是在形式上遵守时限和程序以规避追责风险，而不是自觉执行有效的预防腐败政策。此现象与第 150/2009 号法令关于绩效、透明性和服务质量的规定最初几年适用时所发现的情况类似，而反腐败法在施行的第一年里就普遍衍生出一种"形式遵守"的思维。

这种问题在意大利的公共行政部门中很普遍，而且还可能由于法律和法令规定的管理责任范围扩大而更加突出。其可能的结果是管理人员以纯形式的方式做出回应，使得行政程序变得更加烦琐和迟缓。

简单的惩罚（或者处罚）并不能有解决此问题。为督促每个行政部门制定预防政策，有必要加强对知识的传播、建立最佳沟通方式以及挖掘差异性。从此角度来看，行政部门的对外开放程度对教育计划和培训都会产生影响。

（二）培训和教育的重要性

尽管培训也被列为法定的预防腐败方式，但目前还缺失此环节。由此可知，国家行政学院（SNA）的行动进展非常缓慢。支持制定 PTPC 和其他涉及行政部门腐败风险政策个人负责制的行动正在展开，但在试行阶段该行动仅局限在部分行政部门范围内。

虽然 2014 年提供的培训和援助时间明显增加，但要求行政部门对工作在腐败严重领域的人员进行有针对性培训则很难实现。由于存在这种疏漏，所采取的措施总是无法与实际需要相协调和适应。因此，必须由国家反腐败局同意并确定培训的基本内容，以此帮助政府有针对性地选择培训课程。此外，还应该通过高科技的方式扩大提供教育的范围。

（三）区分的需要

众多复杂的纪律规范在实际应用过程中出现了特殊的问题，即相关规范没有对政府的规模大小进行必要区分。相对小型的地方政府无法充分和恰当执行法律的特殊规定，比如关于组织管理人员的轮岗的规定，因为在小型政府中往往只由一个人负责执行。

为落实反腐败政策，且不同于"中心治理"模式，最好建立一个能够发挥地方团体（比如大学、商会、研究所等）积极作用的公共机构网络系统，以便发布信息和文件以及确定具体情况下的最优行动模式。该网络系统要与公共行政部和反腐败机构在其各自职权范围内相互配合。同样，考虑到相关机构数量众多，教育机构必须与相关部门协调处理第 190/2012 号法律与第 33/2013 号法令和第 39/2013 号法令的适用问题，以找到"可持续"的解决方案。

（四）信息的相关性

获取可靠和有序流动的信息是有效落实第 190/2012 号法律和监督行政部门行为的必要前提。由此来看，一个重要且紧迫的任务是，通过公共行政部与国家反腐败局的协调，确定发布数据和信息（具有可处理和可对比性）的标准化程序，以便发挥数据和信息的监督作用。中央政府履行职责的经验表明，不论大型或者中型的行政部门，信息都是一个重要问题。因此，不应该低估在这方面的努力。

（五）透明性：视角的转换

透明性规则已经开始调整，但是由于义务的大量增加，行政部门立即履行公开义务会极其困难，数据、文件和信息公开的有效性也会因此受到影响，而且还会助长政府不愿意对其活动进行解释的态度。即使已经全面努力来扩大机构网站发布信息的范围，透明性作为一种有效促进广泛社会控制的方法，其效果迄今为止仍然不太令人满意。部分原因在于，大多数政府不愿意或者无法制作和发布与服务提供及其费用相关的信息，而公开此类信息又是向外部公布其履职情况的要求。

这代表了今年启动的监管干预措施的重要因素，并将成为行政部门2014年新一轮绩效目标的重点内容。此外，还应当加强绩效和透明性之间的关系，在绩效计划中明确规定要适当参照与落实透明和廉洁三年计划相关的任务、目标和指标。

（六）测量问题

有效打击腐败必须克服今天依然存在的信息不对称问题，因此，有必要对此现象进行可靠和充分的测量。这种测量还有利于全面了解这一现象的动态情况和地域分布，以便有效处理不同部门之间存在的政策差异。

因此，有必要通过立法的方式将腐败问题纳入国家统计研究所系统调查的范围，并且开始记录研究调查成果的积极进展。与此同时，还有必要克服司法数据来源的缺陷，因为没有全面的刑事判决电子档案，难以通过司法实践分析和评估腐败现象。

（七）公民社会的推动

公民社会的推动是反腐败政策成功实施不可或缺的力量。公民、企业、其他个体或团体，不仅可以参与PTPC、PTTI以及行政部门行为法典的制定，还可以向相关机关举报实施的不同监督标准、不充分或者延迟履行反腐败相关的职责等行为，特别是透明性义务的履行、不兼容及违反行为规则的情况。

根据本年度关于透明性的小规模报告成果，反腐败和透明性立法的潜在效用远未得到充分发掘。就此，加强国家反腐败局听取公众意见的职能，将是鼓励公民和企业积极参与，以及推动行政部门启动公民获取信息机制的有效方法。

行政诉讼

意大利行政司法的发展

［意］达尼罗·帕帕诺 * 著

罗智敏 ** 译

一、针对公共行政机关的司法保护：一元体制与二元体制

司法保护是对公民对抗行政机关最为重要的保护形式，因为相对于所涉利益而言法官是独立且中立的。

每个国家司法保护的方式不同。一些国家，尤其是普通法的国家，实行的是司法制度统一原则，行政争议跟私人之间的争议是一样的，也属于普通法官或民事法官的职权（大不列颠）；不过通常在普通法官那也有一些行政方面的专门法庭，比如西班牙。

在其他国家，尤其是大陆法系国家，比如意大利或者法国，实行的是二元体制，也就是在普通法院之外还存在行政法院，解决与公共行政机关的争议可能是普通法官或者行政法官的职权。

在意大利，确定有权法官的标准是行政机关行使权力的类型。[1]

如果行政机关行使的是高权性权力，争议由行政法官管辖，如果行政机关行使的是非高权性权力则属于普通法官的管辖。

高权是指行政机关不需要相对人同意单方对其产生法律影响的行为。

---

* 达尼罗·帕帕诺（Danilo Pappano），意大利卡拉布里亚大学教授，罗马圣玛利亚自由大学教授。

** 罗智敏，中国政法大学法学院教授，意大利罗马第二大学法学博士。

[1] 在法国，为了确定一个争议是否属于行政法官的管辖范畴，使用了"公共服务"的概念，这个概念包括所有公共行政机关做出的行为，因此在法国行政法官的管辖权包括所有一方当事人是公共行政机关的争议，给普通法官管辖的案件很少。在德国，适用具体案件的法律规范标准，也有一些经验标准：如果适用公法规范，则属于行政法官管辖；如果适用私法规范，则属于普通法院管辖；法律可以以明确的方式进行规定。

这是法律赋予行政机关的一种特权，原因是行政机关追求的是公共利益。法律不仅限制行政权，也是行政权的基础，因为没有法律规定就没有高权。

在所有集体组织中，行政机关恰恰是通过行政权的形式满足公共利益，这就是为什么不用经过他人同意就行使的原因所在。

如果想购买一块土地，在该土地上修建公共工程，需要利害关系人同意的话，很有可能公共工程无法实现。如果需要利害关系人的同意才能征收税款，也很可能税款根本收不上来。这就是法律授予行政机关为了实现公共工程征收私人必要财产或者税务机关强制收税的理由。法律授予行政机关单方影响他人法律范畴而无须经过他人同意的原因大抵如此，所谓的"高权"也是"有名的"，也就是说只有法律规定才能存在。

这就使得公共行政机关和私人之间的关系与私人和私人之间的关系是完全不同的。在私人之间实行的是同意原则：经过他人同意，一个私人可以合法地对他人产生法律效果；这也存在于产生财产性法律效果的法律范畴，比如捐赠，没有他人同意就不产生法律效力。〔2〕

追求公共利益一方面是行政权存在的合法原因，另一方面要求公共行政机关无须经过他人同意而单方做出影响他人的行为。

并非总是如此，因为行政机关不总表现为高权机关，很多情况下行政机关以平等的地位作出一些行为，或者作出与私人一样的行为，行使的并不是高权。例如公共行政机关的司机发生交通事故，或者一个行政机关不支付不动产的租金。

意大利体制就是针对行使高权行为引起的争议由行政法院管辖，因非高权行为发生的争议由普通法官管辖。〔3〕

高权行为与非高权行为对应的是主观权利与合法利益。

"合法利益"的概念又回到了主体地位的范畴。这是一种私人针对高权行为的行使所具有的地位，与主观权利不同，因为行政机关行使高权行为不能说私人针对其利益享有无限制的保护。

例如，一个私人要求行政机关许可一块沙滩经营一个公共浴场，或者批准从事某种行为，不能说此人具有一个获得许可或者批准的"权

---

〔2〕 关于高权，参见 M. S. Giannini, Diritto amministrativo, Vol. I, Milano, 1993.

〔3〕 关于管辖权的划分，参见 M. Nigro, Giustizia amministrativa, Bologna, 2002.

利"；尽管如此，他有权知道是否被许可，或者为何许可给他人而不是他自己；他不享有获得许可的债权，而是一种请求权，行政机关在行使高权时应该公正且遵守法律。

例如，所有权，对于其他私人而言是一种主观权利，比其他请求享有更宽泛的保护，但是针对行政机关的征收权，表现的方式就不同了：不能保证对财产利益的无限保护，因为行政机关可以合法地征收；但是可以保证请求行政机关合法地行使权力，因为如果权力合法地行使，对私人的损害也是合法的。

因此合法利益是一种法律制度所承认的针对高权的行使受到保护的法律地位，能被用于确定行政法官的管辖权。[4]

当行政机关行使高权时，不再与私人处于平等地位，表现为高权机关，单方对私人产生法律效果。在这种情况下，私人不能避免损害，仅享有合法利益，要求行政机关合法行使权力。

当行政机关不行使高权行为从而不表现为高权机关时，处于与私人相同地位，争议就属于普通法院。例如，行政机关为了办公室购买办公用品签订合同；可能发生的履行合同的争议，如款项的支付或者交货等，这些涉及的是债权人的地位或者公共行政机关的债权，不涉及高权。因此相关争议属于普通法官管辖。

在那些不存在合法利益概念的国家中，因为只有主观权利的概念（例如西班牙、英国、中国），也应该权衡私人与行使高权行为的行政机关之间关系的特殊性，无论是对处于平等关系的私人之间而言，还是对私人与作出私法行为的行政机关之间的关系而言。

普通法官与行政法官管辖权划分的一个例外表现在法律明确规定的某些特殊领域，在这些领域中尽管争议涉及的主观权利也归属于行政法官管辖（《宪法》第103条）。这种情况就是所谓的行政法官的专属管辖权，是普通法官与行政法官管辖权划分一般标准的例外。[5]

---

〔4〕 关于合法利益，参见 F. G. Scoca, Contributo alla figura dell'interesse legittimo, Milano, 1990; F. G. Scoca, L'interesse legittimo, Milano, 2017. 这本书指出了最近20年的发展状况。

〔5〕 关于专属管辖，参见 L. Mazzarolli, Sui caratteri e i limiti della giurisdizione esclusiva: la corte costituzionale ne ridisegna l'ambito, Dir. Proc. Amm., 2005, p. 214; M. C. Cavallaro, Brevi riflessioni sulla giurisdizione esclusiva nel nuovo codice sul processo amministrativo, in Dir. Proc. Amm., 2010, p. 1365.

二、意大利行政法官的组织机构

意大利行政法官是这样构建的：一审是大区行政法院（创建于1971年），分布在每一个大区，针对大区行政机关的行为争议或者中央行政机关做出的在大区内发生效力行为的争议，属于大区行政法院管辖。

上诉法院是最高行政法院（在19世纪中期设立），位于罗马，是行政法院的最高机构。[6]

这是行政诉讼的二审法院，也是终审法院。

在意大利没有像法国与德国一样的中间一级的行政法院。在法国，位于大区的上诉行政法院是二审法院，在德国，设立在邦的高等行政法院也是一审行政法院的上诉法院。

意大利的最高行政法院作为二审法院，对于已经做出的一审判决具有完全审查的权力，可以做出一个新的决定替代一审判决。在这个意义上可以说，上诉审是一审的继续审，能够直接针对争议的实质关系作出判决。

然而在法国，伴随着上诉行政法院的成立，国家参事院已经演变为纯粹的合法性和撤销的审理法院。国家参事院进行实质性和程序性的合法性监督，特别是监督被上诉判决的形式与程序上的合法性、法的错误以及对事实法律界定的错误，并不会对上诉法官作出的事实判断重新进行讨论。德国也是类似，联邦行政法院是行政司法的最高机构，向联邦最高行政法院上诉是受到限制的，因为需要上诉判决或者联邦行政法院的许可。

与法国不同，意大利没有确定管辖权属于普通法官还是行政法官的权限争议法庭（由行政法官与普通法官构成），这是最高法院的职权，最高法院在意大利是普通法院的最高机构。

意大利最高行政法院的判决可以向最高法院上诉，但是仅限于管辖权的原因（《宪法》第111条）；只有当事人认为对于争议的问题应该由普通法官管辖而不应该由行政法官作出决定时才可以上诉。为此，意大利最高行政法官是行政司法的第二级且是最后一个审级的法院。

---

〔6〕 A. Travi, Manuale di Giustizia Amministrativa, Torino, 2016; F. G. Scoca (a cura di), Giustizia amministrativa, Torino, 2014; G. Corso, Manuale di diritto amministrativo, Torino, 2017.

除了司法活动以外，最高行政法院还对政府履行咨询职能。法律规定了最高行政法院在政府颁布规范或者行政文件时通过提出意见进行参与的一些情形。

最高行政法院传统上有六个庭：法律规定前三个庭行使咨询职能，第四、五、六庭行使司法职能。1997 年通过了对制定规范行为进行咨询的另外一个庭（1997 年第 127 号法令第 17 条第 28 款）。2008 年第 112 号法令第 54 条又规定，最高行政法院院长来确定哪些庭行使咨询职能，哪些庭行使司法职能，在 2010 年，第三庭就转成了司法庭，因此，如今有三个咨询庭，四个司法庭。

为了解决最重要的问题或司法冲突事项，法律规定了司法职能的司法全体会议，由最高行政法院院长主持，由司法庭的 12 位法官组成。召开全体会议可以由被分配进行审理的司法庭提议，也可以由最高行政法院的院长提出。在行使咨询职能时，为了解决特别重要的问题，法律规定了由最高行政法院全部法官组成的全体会议制度。

三、意大利行政司法的发展

从 19 世纪末创设行政法官开始，意大利行政司法制度经历了一个多世纪的漫长发展过程，在 20 世纪后 20 年进行了重要改革。

这个发展历程是逐渐加强对私主体针对公共行政机关的保护，尤其是经过理论界与司法界对一些新理论领域的阐释发展而来的。

最初的观点是行政机关在行使其自由裁量权时，私人不享有法律上受到保护的利益，因为行政机关所追求的公共利益至上。

因此，私主体针对一个公权力的请求被认为在法律上无足轻重，行政机关没有义务说明其选择的理由或考虑其行使的权力，或者对其行使权力造成的损害进行赔偿。

合法性原则确定了这样的观念，即权力并非原始性的，而是来自于法律，法律作为其权力的基础同时也是其行使权力的界限，因此，只有法律规定的行政权合法地行使，才能影响私人的受到制度保护的主观法律地位；如果行政行为是不合法的，对私人法律地位的影响就不是法律规定的"合法的"，受到影响的私人可以通过法律规定的工具进行抵抗。

19 世纪末期（1889 年）行政法官设立之后，开始回应保护因公权力行使而受到影响的利益的需要，授权行政法官对私人进行保护，创设了与主观权利不同的"合法利益"的概念。

从那时候开始，由行政法官保护因行政权违法行使而被侵害的利益，对行政权进行的监督（被称为"合法性审查"），并逐渐发展，但是过程并非那么简单。

最初，保护是有限的，因为人们认为行政诉讼的目的并非是直接保护受到违法行政行为侵害的私人利益，行政诉讼的最主要的目的是恢复被违法行为损害的公共利益；这导致对私主体的保护仅是行政法官撤销判决的间接结果。[7]

与这种理论相契合的法律利益，也就是私人针对公权力而被认为享有的法律上的可以得到制度保护的利益，如果与公共利益相重合的话，只能得到一种间接保护。这被认为是"偶然得到保护的利益"。

无论是行政诉讼还是行政法官可以享有的权力，都与这种理论相关联。

如果行政诉讼的目的是公共利益和恢复合法性，行政法官就没有必要被授予以直接保护被损害的私人利益为目的的诉讼工具（调查权、预防性保护的权力以及赔偿等）。

行政诉讼曾经仅是撤销之诉，审查表面上行政行为是否合法。

例如，法官没有使用技术专家的权力，在一切行政机关的决定取决于某种技术的案件中都无权支配技术专家（例如，拆除被认为是危险的建筑物，针对一种疾病确立一种治疗是有效的还是无效的）。法官不能对行政机关的行为进行适当的审查。

法官以前也享有极为有限的预防性保护的权力，也就是为了避免法官最后作出的对私人有利的判决没有用处（因为不可能执行了），允许法官在行政诉讼中采取临时性措施以对原告的请求进行保护。

此外，因为诉讼保护的直接目的是公共利益，并不是受到损害的私主体的利益，私主体可能受到的损害的赔偿也不是行政法官作出的判决内容，也就是说禁止作出损害赔偿判决。

很明显，相对于普通法官针对私主体之间关系或者行政机关与私主

---

〔7〕 关于合法利益的实质性质，参见 M. Nigro, Giustizia amministrativa, Bologna, 2002.

体之间争议（行政机关没有行使高权行为从而处于平等地位）进行的保护，行政诉讼保护是很乏力的。

在高权与自由权的关系中，制度总体而言是以高权为中心，行政诉讼提供的保护是非常有限的。随后，尤其是在 20 世纪的中叶，理论的发展促使对私人因违法行政行为而受到损害的利益保护范围扩大。

尽管困难重重，高权与自由权的关系经历了漫长的再平衡过程，伴随着新的里程碑与挫折，为实现公共利益，在追求对保护私主体的需要与行使行政权的需要之间的平衡过程中，确定了重大文明成果。

随后的发展明确了因公权力行使受到保护的利益，即合法利益，是一种因私人利益受到违法行政行为侵害而直接得到保护的法律地位，其核心是合法利益而不是公共利益。

这就取得了共识：行政诉讼主要是为了直接保护那些因不合法行使高权行为造成损害的利益，而不是脱离于任何保护个人的需要，纯粹对被损害的合法性进行恢复。

通过向行政法官起诉，私主体对抗行政机关的决定，审查的应该是行政机关与私主体之间的法律关系，诉讼旨在审查私主体请求权的基础：在夺权性权力的情况下（也就是权力的行使使得私主体失去某些东西，例如征收、处罚等），请求避免损害；在扩大性权力的情形中（也就是那些不进行剥夺而是授予私人某物的权力，例如许可、批准等），请求获得某种好处。

如果法官应该审理行政行为背后的行政机关与私主体之间的关系，那么必须授予法官相对于过去更深入地审查行政机关作出决定的基础事实的权力。

这就允许行政法官不仅仅撤销违法的行政行为，而且可以进一步适当审查事实，也就是原告的请求，采取所有必要措施对被损害的利益进行恰当保护，包括要求行政机关作出某种确定内容行为的给付判决，或者因违法行政行为而造成损害的赔偿判决。

特别是从 20 世纪 90 年代开始，新理论就这样推进一系列行政诉讼的改革，重新规划了行政司法的模式。

特别是增强了调查手段，例如规定了技术专家，从而扩宽了被审查的行政决定的范围；为了在行政诉讼进行中更有效地提供预防性保护，增强了法官采取更适当措施的权力；增加了向行政法官提起行政诉讼的类型，规定了在以前不可能的要求行政机关作出某种行政行为的给付之诉；此外，承认行政法官享有因行政机关违法行使权力造成损害的赔偿问题的司法管辖权。

行政司法管辖权因此享有"完全管辖"，能够对行政行为违法行使而损害的主体利益进行适当保护。这也就意味着在行政权不合法行使的情况下，不能像过去一样存在特权且行政机关不承担责任。[8]

目前《行政诉讼法典》（2010 年第 104 号法令）吸收了司法判例的观点，规定了可以向行政法官提起的诉讼多元性及无名诉讼原则，能够满足原告的请求。[9]

司法保护有效性的宪法原则（《宪法》第 24 条及第 111 条）在意大利使得普通法院与行政法院的法官为了审理争议可以支配的工具方面越来越接近，对合法利益与主观权利提供保护方面越来越接近。

很多学者提出，针对行政争议还存在一个与普通法官不同的特别法官没有意义，比如还要区分主观权利与合法利益，他们提出，像其他国家一样，废除行政法官，将所有涉及行政争议的案件由普通法官审理。

超越行政法官、放弃合法利益的概念是否意味着将行使高权行为时公共行政机关与私人的关系类似于两个私人之间的关系，或类似于行政机关处于平等地位时与私人之间的关系，是否意味着主观权利与合法利益等同，这个问题的提出是不正确的。

针对行政机关高权行为对私人的保护，实际上与一个私人针对另一个私人或针对处于平等地位的行政机关的保护是不同的，这是因为处于行政决定背后的实质关系是不一样的。

也正是这个原因，在没有行政法官而将行政争议授予普通法官审理的那些国家中，所面对的保护问题是一样的：在那些国家中，普通法官即使审理市民与存在公益需要的高权之间的关系，也不能与审理处于平等地位的两个私人之间或者私人与不行使权力的行政机关之间的关系

---

〔8〕　一般性的理论问题，参见 A. Police, Il ricorso di piena giurisdizione, Milano, 2000.

〔9〕　关于行政诉讼中可以提起的诉讼类型理论问题，参见 V. Domenichelli, Le azioni nel nuovo codice del processo amministrativo, 2011, in www. ius‑publicum. it；e a M. CLARICH, Le azioni nel processo amministrativo tra reticenze del Codice e nuove aperture, in www. giustizia‑amministrativa. it.

类似。

因此，在西方国家，行政审判的二元模式与一元模式开始趋同：只有普通法官的国家，也确立了针对公共行政机关的特殊规则。

例如，在英国模式中，所谓的司法审查是一种普通法官对公民对抗公共行政机关的保护工具；逐渐地创设了特殊的行政法庭；随后规定了针对行政行为司法审查的新程序（1977 年规定，随后吸收在 1981 年的一部法律中），这是制度的新发展，最后在最高法院内部成立一个特殊行政法庭（从 1999 年开始这样称呼），负责对行政行为进行司法审查的所有问题。在西班牙普通法院中也存在涉及公共行政机关争议的特殊部门。

提出问题的正确方式是，不去问行政法官还是普通法官是最优选择，而是问针对行政行为所损害的利益，法官（行政法官或普通法官）享有哪些可供支配的保护工具。

事实上，无论是因为历史原因存在行政法官的国家，例如意大利，还是在那些只有普通法官的国家，共同的要素是不允许存在行政机关的特权领域，不能因对公共利益进行有效和实际保护为理由就损害司法保护的实效性原则。

四、结论

目前意大利行政诉讼规范是 2010 年通过的《行政诉讼法典》（2010年第 104 号法令）。这部法律将行政司法领域的所有法律规范进行整合与体系化规定，是前述发展的成果。这部法典是意大利理论与司法实践针对公共行政机关有效性保护原则的确认和总结。

如果观察意大利的经验，从 1889 年创设行政法官开始，进行了一个多世纪的理论发展，经历了一些重大的制度变化，尤其是 1948 年《宪法》生效之后，在后 20 年得到了迅速发展。

即使是通过了行政诉讼法典，仍然有一些不确定的内容需要司法实践的介入。尽管如此，意大利的经验显示在任何一个有组织的集体中，公权力遵守规则的进程都处于中心的地位，正如一些学者，如罗西教授（G. Rossi），所言的行政权的"法律化"。[10]

---

〔10〕 G. Rossi, Principi di diritto amministrativo, Torino, 2017.

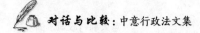
　　这是一个缓慢的逐渐的进程，是一些新的收获与征服的结果，且不是立即形成的，因为需要长期的调整，这种调整只有经过一个较长的期间才可以衡量。

论意大利行政诉讼的一般原则及启示 *

罗智敏 **

引 言

意大利《民事诉讼法典》生效于 1942 年，因为行政诉讼的特殊情况，直到 2010 年才颁布了《行政诉讼法典》，该法典对以前涉及行政诉讼的法律规范及司法实践所确认的内容进行了体系化规定。与《民事诉讼法典》不同〔1〕，意大利《行政诉讼法典》在第一卷第一编第一章以三条的内容规定了行政诉讼的一般原则，开宗名义地表明了行政诉讼的目的就是确保全面有效的司法保护。这些原则反映了在欧盟法的影响下，意大利行政诉讼目的的变化，从对行政行为的监督到全面有效的司法保护。伴随行政诉讼目的的变化，为了能够真正满足当事人的诉讼请求，行政诉讼中的许多具体内容也相应地发生了变化。比如，行政诉讼的审理对象从过去纯粹对行政行为的审理转变为对行政法律关系的审理、行政诉讼类型的增加、行政法官权力的变化等。全面理解行政诉讼的一般原则是认识意大利行政诉讼制度的基础，本文对此三项原则进行了梳理，以期加深国内学界对意大利行政诉讼制度的了解，并推进对我国行政诉讼基本原则的思考。

---

* 本文为 2014 年国家社会科学基金项目"行政诉讼预防性保护研究"（14BFX148）的阶段性成果。

** 罗智敏，中国政法大学法学院教授，意大利罗马第二大学法学博士。

〔1〕 意大利《民事诉讼法典》并没有在第一卷就明确规定指导民事诉讼的基本原则，而是分散在法典不同部分加以规定，例如在第 99 条规定了"请求原则"，第 101 条规定了"辩论原则"。

一、有效性原则（Il principio di effettività）

（一）有效性原则的含义及宪法依据

《行政诉讼法典》第 1 条规定："行政裁判根据宪法与欧盟法的原则确保全面及有效的保护。"

理论界认为，全面与有效这两个概念具有内在联系，全面保护是指私人为维护其利益能够提起的诉讼类型，有效保护涉及的是司法救济的能力，即司法保护要保证满足起诉者的实质要求。全面保护可以理解为有效保护中的一个方面，如果不全面也不会具备有效性。[2]简而言之，就是行政法官应该确保满足有权的起诉者的实质请求。[3]

有效性原则的宪法依据体现在意大利《宪法》第 24 条第 1 款与第 133 条第 1、2 款。第 24 条第 1 款规定："任何人都可以为保护自己的权利和合法利益而起诉。"第 113 条第 1 款规定："针对公共行政机关的行为，总是允许请求普通或行政司法机关对权利与合法利益进行司法保护。"第 2 款规定："这种司法保护不得通过特别复审方式或确定行为种类加以排除"。从上述宪法条文可以看出，私人针对行政机关的法律地位有两种，即"权利"与"合法利益"，理论界一般称为"主观权利"与"合法利益"，这是意大利普通法院与行政法院对行政案件管辖权划分的标准。意大利行政诉讼最典型的特征就是行政案件的二元管辖体制，涉及公民的"主观权利"由普通法院管辖，涉及"合法利益"的案件由行政法院管辖。然而法律并没有规定主观权利与合法利益的范围，二者区

---

〔2〕 Federico Freni（a cura di），La tutela cautelare e sommaria nel nuovo processo amministrativo，Giuffrè Editore，2011，pp. 4-5.

〔3〕 G. Chiovenda，Istituzioni di diritto processuale civile，Napoli，1932，I，41. L. Torchia，Introduzione. I principi generali nel Codice del rocesso ammnistratvio，in http://www. irpa. eu/wp-content/uploads/2011/07/codice-gda-principi1. pdf；R. Caponigro，Il principio di effettività della tutela nel codice del processo amministrativo，in https://www. giustizia-amministrativa. it，最后访问时间：2018 年 1 月 9 日。

别的标准在理论界也存在争议。[4]如今学者们认为[5]，宪法的规定确认了合法利益与主观权利处于同样地位，不能认为与主观权利相比合法利益是一种受到"次级"保护的法律地位，也不能认为合法利益仅是公共利益的反射利益。《宪法》第24条明确指出了公民的法律地位无论是主观权利还是合法利益都应该受到司法保护，这反映了全面保护的原则。

（二）欧盟法的影响

《行政诉讼法典》第1条明确承认了司法有效保护要依据欧盟法的原则。这条规定重申了欧盟法的原则，体现了欧盟法的影响，并将一个已经在意大利通过理论及判例存在的原则法典化。[6]

在欧盟法与意大利国内法的关系上，欧盟法具有直接适用的效力，并居于优先地位。意大利《宪法》第11条及第117条以限制主权的方式确定了欧盟规范的地位。[7]此外，意大利宪法法院及最高法院的一系列判决都指出欧盟法比国内法重要，意大利法官有权力与义务不适用与欧共体法相抵触的国内法律。[8]

在诉讼制度方面，欧盟立法者并不对成员国的司法体制进行干预，但成员国要遵守不歧视与切实保护的原则，针对欧盟所保护的主体地位，成员国在诉讼制度中应该确保不低于国内相似地位的保护标准，且成员国的诉讼制度应该保证全面与实际保护的标准。[9]除了欧盟条约的规定之外，欧洲法院判决所阐释的原则也应该得到遵守。根据欧盟法的规定

---

〔4〕 在19世纪末，意大利理论界认为行政机关行使权力是为了维护公共利益，合法利益仅是保护公共利益时因行政机关不合法行使职权所"偶然"产生的利益，因此仅仅具有程序上的"工具性"意义，私人提起行政复议或诉讼只是作为对行政权违法行使的一种对抗而存在。E. Guicciardi, La giustizia amministrativa, Pdaova, 1957; Bigliazzi Geri, Breccia, Busnelli, Natoli, Istituzioni di diritto civile, Genova, 1978, p. 337.

〔5〕 F. G. scoca（a cura di）, Giustizia Amministrativa, Giappichelli Editore, 2014, p. 80.

〔6〕 M. P. Chiti, Diritto Amministrativo europeo, Milano, 2008, p. 15.

〔7〕 意大利《宪法》第11条规定："意大利反对把战争作为侵犯其他民族自由的工具及解决国际争端的方式；允许在与其他国家同等条件下，为一个保障国际和平与正义的制度而对主权作必要的限制；促进和支持实现该目的国际组织。"第117条规定："在遵守宪法与欧盟规范及国际义务所规定的限制下，立法权由国家和大区分别行使……"

〔8〕 Cort. Cost., n. 113/1985; Cort. Cost., n. 348/2007; Cort. Cost., n. 349/2007; Cass. Sez. Uni., n. 634/1987.

〔9〕 M. Schinaia, Intensità ed estensione della giustizia amministrativa italiana ed i principi comunitari, in http://curia.europa.eu/common/dpi/col_schinaia.pdf, 最后访问时间：2018年1月9日。

与欧洲法院在判决中所阐释的原则，成员国对本国公民实行全面和有效保护的原则应该有明确的法律规定。[10]

如前所述，意大利的行政诉讼体制与欧洲其他国家不同，有着自己非常鲜明的特色，以原告起诉涉及的是其"主观权利"还是"合法利益"为标准，行政案件分别由普通法院与行政法院受理。然而欧盟法并不区分所谓的主观权利与合法利益，这给意大利的行政诉讼制度带来了挑战。为了达到欧盟法要求的全面、实际有效的司法保护的目的，《行政诉讼法典》明确扩大了行政诉讼的类型及保护范围，如规定公民可以针对损害合法利益行政行为提起损害赔偿之诉；在有关公共合同的行政诉讼方面，规定加速程序；在预防性保护方面，增加了诉前的预防性保护程序，预防性保护措施从单一的"停止执行行政行为"到行政法院可以根据具体案情采取一切"能够临时性保证诉讼判决效力"的措施，这些规定都加强了对公民进行司法保护的有效性。

（三）司法界的贡献

《行政诉讼法典》颁布之前，尽管可以从宪法规定中挖掘全面有效保护的含义，但是有效性原则并没有在法律中予以明确规定，实践中针对行政争议对公民的有效保护还存在一定差距，究其原因，还是行政案件二元管辖的差异所致。普通法院与行政法院对行政案件的审理权限也有所不同。普通法院针对违法的行政行为，不能作出撤销判决，也不能要求行政机关作出或不做某种行为，只能判决对行政行为不予适用；但是针对私人权利受到行政行为的损害，普通法院可以作出赔偿判决。在《行政诉讼法典》出台之前，行政法院根据对行政行为合法性审查的一般管辖权，只能审查行政行为是否存在无职权、越权和违反法律这三种情况，行政法官调查权力有限，只能作出撤销判决；如果法律没有作出特殊规定，行政法官不能变更行政行为也不能作出替代行为；对于行政机关对私主体合法利益的损害，行政法院不能受理损害赔偿之诉，行政法官无权作出赔偿判决，这样的做法不能满足全面有效司法保护的要求。此外，在预防性保护方面也是如此，在 2000 年第 205 号法律颁布之前，行政法院能够采取的预防性保护的措施只能是停止执

---

〔10〕 1996 年欧洲法院 10 月 19 日 C–236/95 判决、2002 年 12 月 12 日 C–470/99 判决以及 2003 年 2 月 27 日 C–327/00 判决、2004 年 10 月 14 日 C–275/03 判决中都有所阐述。

行行政行为。

在涉及是否可以直接寻求司法保护方面，司法界在推动有效保护方面也起到重大作用。例如涉及征收赔偿方面，1971年10月22日第865号法令第19~20条规定，对于征收方面的争议，如果公民要求赔偿之诉，只有在提前通过行政途径确定之后才可以提起，在行政机关确认赔偿之前，被征收所有权人即使享有主观权利，也不能起诉。宪法法院指出，法律的规定没有确保快速完成确定赔偿程序，这些条款与《宪法》第24条不相容，会使得"司法保护陷入行政机关的专断之中"（宪法法院1990年2月22日第67号判决，宪法法院1990年10月22日第470号判决）。

此外，司法界在推动贯彻全面有效司法保护方面还做出了一系列贡献。例如在合法利益是否可以提出损害赔偿方面，最高法院1999年第500号判决抛弃了合法利益不可赔偿的理论，并且认为赔偿之前需要撤销被诉行政行为，确立了对合法利益损害赔偿的一般原则。在预防性保护方面，鉴于法律只规定了停止执行被诉行政行为这一种方式，1983年6月1日最高行政法院全体会议第14号裁定指出，临时性保护也可以采取不同于停止执行的措施，包括命令行政机关作出某种行为；1985年宪法法院第190号判决宣布1971年12月6日第1034号法律第21条最后一款[11]的规定违宪，宪法法院允许行政法官采取与《民事诉讼法典》第700条相应的预防性保护措施。[12]此外，2000年最高行政法院全体会议第1号裁定在承认行政法院专属管辖权的权力范围时，认为行政法官可以规定行政机关作出一个应为的给付或者命令行政机关向起诉人交纳一定数额的金钱。除了宪法法院与最高行政法院之外，许多大区行政法院也在此方面也起到了推动作用，如1986年拉齐奥大区行政法院针对行政机关拒绝录用的决定作出预防性保护裁定，命令行政机关暂时录用起诉

---

〔11〕该条款规定，在公职人员财产纠纷方面，如果起诉人有合理理由认为他的权利正在受到一个巨大的不可恢复的损害之威胁时，不允许行政法官采取一切可能有利于保证判决效力的措施。

〔12〕意大利《民事诉讼法典》第700条涉及的是预防性保护程序，该条没有规定预防性保护措施的具体类型，只是将权力赋予了法官，由法官根据具体的案情来采取各种使判决效力得以实现的措施。

人并给与其相应的报酬。[13] 西西里大区行政法院 1987 年第 19 号裁定命令拒绝建筑许可的行政机关发放许可的裁定。[14]

二、正当程序原则（Il principio del giusto processo）

（一）正当程序原则的含义及宪法依据

《行政诉讼法典》第 2 条明确规定了正当程序原则："行政诉讼适用《宪法》第 111 条第 1 款规定的当事人平等、辩护及正当程序原则。行政法官及当事人为了实现诉讼合理期间进行合作。"

理论界认为，正当程序是一个纯粹的"综合性的概念"，涵盖司法过程中一切保证公平与效率的原则，包括保证当事人辩论的完整与平等、当事人诉讼合作的义务及诉讼的合理期间。有学者还将正当程序归纳为组织方面的原则与功能方面的原则，前者包括法官公正及中立原则、辩论原则，后者包括全面完整保护及诉讼合理期间。[15]

正当程序原则不仅在欧洲法院、欧洲人权法院的案例中有所阐释，在欧盟的一系列公约、决议中都有所体现。如《欧洲人权公约》第 6 条第 1 款就规定："在决定某人的公民权利和义务或者在决定对某人确定任何刑事罪名时，任何人有理由在合理的时间内受到依法设立的独立而公正的法院的公平且公开的审讯。"随后 1977 年欧洲理事会通过的关于《保护个人权利不受行政当局行为侵害》的决议、2001 年欧洲议会通过的《欧洲良好行政行为法》第 16 条、2000 年尼斯峰会签署并于 2007 年修订的《欧盟基本权利宪章》第 41 条、2009 年 1 月生效的《里斯本条约》都有关于正当程序的规定。

正当程序原则规定在意大利《宪法》第 111 条第 1 款："司法审判通过法律规定的正当程序进行。"这一款是通过 1999 年 11 月 23 日第 2 号宪法性法律所增加的，在意大利宪法的最初文本中没有关于正当程序的明确规定。理论界认为，在宪法修改之前，仍然可以从宪法的其他条款中挖掘出正当程序的含义（包括《宪法》第 24~25、102、111~113 条），这些条款可以认为是存在一种"正当的合法的程序的概念，保证当事

---

[13]　T. A. R. Lazio, Sez. III, ord. n. 147/1986.

[14]　T. A. R. Sicilia-Palermo, Sez. II, ord. n. 286/1987.

[15]　F. G. scoca（a cura di），Giustizia Amministrativa, Giappichelli Editore, 2014, p. 162.

享有平等的武器"。[16]宪法法院也开始将是否遵守正当程序作为权衡一部法律是否违宪的标准。[17]在一系列判例中，宪法法院都强调了正当程序的意义，将它提升到为"司法审判基本任务的最高需要"。[18]

需要强调的是，意大利《宪法》第111条第1款的规定体现了法律保留的原则。这里面的法律指的是国家法律（意大利大区也可以制定法律），法律不仅指议会制定的法律，也包括法令（Decreti legislativi）[19]与具有法律效力的政令（Decreti-legge），不包括政府制定的条例。[20]同时，这一条也表明了立法者可以根据《宪法》的规定采取更为适当的标准与方式来规定正当程序方面的条款，无须担心将来会被宪法法院认为违宪。[21]

此外，意大利《宪法》第111条第2款规定："任何一种诉讼程序在中立且公正的法官主持下，以当事人双方地位平等、公开辩论的方式进行。法律确保合理期间。"这一款也被认为是正当程序的应有之意。

（二）正当程序原则包含的子原则

一般认为，从《宪法》第111条第2款的规定可以看出，正当程序原则包括三个子原则：法官中立与公正原则、当事人平等原则与辩论原则、诉讼期间合理原则。

1. 法官中立与公正原则（Il princicpi di terzietà e imparzialità）

对于《宪法》第111条第2款规定的法官中立与公正这两个概念，存在不同的观点。有些学者认为这两个概念是完全重叠的[22]，也有人指出"中立"（Terzietà）指的是法官的身份，而公正（Imparzialità）涉及

---

〔16〕 P. Barile, diritti dell'uomo e libertà fondamentali, Bologna, 1984, p. 287.

〔17〕 宪法法院第一次使用"正当程序"的概念是1980年第61号判决，在此判决中，法院认为关于《民事诉讼法典》第415条与第416条违宪问题没有基础，提出这两条违宪的法官认为这两条没有规定被告进行辩论的充分合理的出庭期间。

〔18〕 Cort. Cost., n. 137/1984.

〔19〕 法令（Decreti legislativi）是指由政府根据议会通过特别法律（所谓的授权法）授权而制定的那些具有法律效力的文件。具有法律效力的政令（Decreti-legge）是政府在特殊、必要和紧急情况下所颁布的临时性措施，也具有法律效力。

〔20〕 Cort. Cost., n. 185/1996.

〔21〕 N. Trocher, Il valore costituzionale del giusto processo, in Il nuovo art. 111 della Costituzione ed il giusto processo civile, a cura di Civinini e Verardi, Milano, 2001, p. 44 ss.

〔22〕 M. Mengozzi, Giusto processo e processo amministrativo: profili costituzionale, Giuffrè Editore, 2009, p. 111ss.

的是法官在诉讼中的职能。[23]还有学者指出公正要求的是法官与诉讼中的当事人没有任何关系，而中立要求法官与诉讼中的利益保持一定的距离。[24]

要确保《宪法》第 111 条第 2 款规定的公正与中立，从司法机构整体而言，应该规定确保法官不受当事人影响的制度，从这个角度上来说，《行政诉讼法典》第 17～18 条规定的法官自行回避与申请回避是保证法官公正与中立的重要制度。[25]意大利 2006 年 2 月 23 日第 109 号法令列举了司法官应该避免的行为，其中指出法官不允许注册或者参加政党。这个规定曾经被提出违宪，但宪法法院认为这样的规定是立法者为了保证司法系统的独立与公正，确保法官只服从宪法与法律。[26]

除了法官中立与公正之外，在宪法中还有关于法官独立（Indipendente）的规定，如《宪法》第 104 条规定"司法官构成自治并独立于任何其他权力的系统"。宪法法院在 1965 年第 93 号判决中指出，公正与独立是不同的，独立指的是与其他国家权力机关之间的关系，或者与同为司法系统的其他机构之间的关系，而公正指的是法官独立于法庭中其他利益，因此具有中立性。意大利行政法官的产生、任命、升迁等完全是自治的，由行政司法委员会（Consiglio di presidenza della Giustizia Amministrativa）管理，这个机构与意大利司法官最高委员会（Consiglio superiore della Magis-

---

[23]　P. Ferrua, Il "giusto processo", Bologna, 2007, p. 53

[24]　G. Ubertis, Neutralità metodologica del giudice e principio di acquisizione processuale, in Riv. It. dir. e proc. pen. , 1, 2007, p. 16.

[25]　《行政诉讼法典》第 17～18 条规定法官自行回避与申请回避适用《民事诉讼法典》相关规定。根据《民事诉讼法典》第 51 条的规定，法官自行回避的情况有：①同本案有利害关系，或者同与本案涉及相同法律问题的另一案有利害关系；②本人或其配偶与一方当事人或其辩护人是四亲等以内的亲属，或有收养关系，或共同生活，或经常共同进餐；③如果其本人或其配偶与一方当事人或其辩护人之间有未决的诉讼正在进行，或有强烈的敌意，或有债权、债务关系；④如果在本案中提供过法律建议，或进行过辩护，或在本案中担任证人，或者在本诉讼程序的其他审级中担任过法官，或担任过仲裁员，或作为技术专家提供过协助；⑤如果是当事人一方的老师、监护人、行政支持人、代理人、中介人或雇主；此外，如果是与本案有利害关系的某一团体、社团或工厂的董事（理事）或管理者。如果存在其他可能造成偏袒的重大事由时，法官可以请求法院院长允许其回避本案的审理；如果提出请求的法官本人就是法院院长，则上述申请应该向上一级法院院长提出。《民事诉讼法典》第 52 条第 1 款规定，在法官应当回避的案件中，任何一方当事人都可以根据特定的理由和证据，提出要求法官回避的申请。参见《意大利民事诉讼法典》，白绹、李一娴译，中国政法大学出版社 2017 年版，第 20～21 页。

[26]　F. G. scoca (a cura di), Giustizia Amministrativa, Giappichelli Editore, 2014, p. 165.

tratura）〔27〕类似，因此，在独立方面，行政法官与普通法官是一样的。

2. 当事人平等原则与辩论原则（I principi della parità delle parti, del contraddittorio）

当事人平等原则也明确规定在《宪法》第 111 条第 1 款中。为了实现真正的平等，行政诉讼中的一些制度与民事诉讼有所不同，比如举证责任方面，根据《行政诉讼法典》第 63 条第 1 款、第 65 条第 1 款的规定〔28〕，《行政诉讼法典》规定了"谁主张、谁举证"的规则，同时第 65 条第 2 款又规定行政法官也可以依职权要求获得由公共行政机关支配的那些信息及文件。因此，在行政诉讼中，考虑到原被告之间在实体法中地位的不平等，私人在提出证据方面具有明显的困难，这些证据通常掌握在公共行政机关手中，为实现在行政诉讼中的平衡，行政诉讼中并非实行绝对的"谁主张、谁举证"的原则，理论界与司法界都认为，原告没有完全的举证责任，只是具有"原则上的举证责任"（Onore del principio di prova）。〔29〕

然而，因为传统上行政法院认为公共利益更为重要〔30〕，即使到了现在，《行政诉讼法典》的某些规定仍然反映出当事人地位的不平等，为此遭到了学者们的批评。例如，《行政诉讼法典》并没有规定被告出席诉讼的期限是固定期限，超过这个期间被告出席诉讼不会导致任何失权，然而原告必须在诉讼之初就要给被告送达起诉状。因此，作为行政机关及

〔27〕 意大利司法官最高委员会是根据《宪法》第 104 条最后一款以及关于建立司法官最高委员会的 1958 年第 195 号法律第 32 条建立，是一个具有独立宪法地位的机构，目的是保障司法阶层及司法官不受外部力量干预，保障司法官独立性，主要职能是对司法官进行管理，惩戒司法官的不端行为。具体内容详见［意］弗兰切斯科·达尔康多：《意大利司法体制中的"司法官最高委员会"》，载［意］罗伯特·隆波里·阿尔多·贝特鲁奇等：《意大利法概要》，薛军译，中国法制出版社 2007 年版，第 41~63 页。

〔28〕 《行政诉讼法典》第 63 条第 1 款规定："确定当事人的举证责任，法官也可以依职权要求当事人解释或者提交文件。"《行政诉讼法典》第 65 条第 1 款规定，"当事人有义务提供作为其诉讼请求及答辩基础事实的处于其支配下的证据。"

〔29〕 F. G. scoca（a cura di），Giustizia Amministrativa, Giappichelli Editore, 2014, p. 377.

〔30〕 意大利著名行政法学家恩里克·归查尔帝（Enrico Guicciardi）在其著作《行政司法》一书中描写行政司法的体系时提出"从严格法律观点来看，一直是公民服务于行政司法，没有他的起诉就不可能建立与继续行政司法关系，然而行政司法并不服务与公民……法律制度承认行政行为无效的告发者是为了公共利益，允许他提起上诉，并从决定中获得赔偿，但是不会以此最低程度地破坏原则，行政法官仅审查被诉行为是否与公共利益相抵触，而不考虑起诉者的个人利益"。E. Guicciardi, La giustizia amministrativa, 3.ª ed. Padova, CEDAM, 1954.

对立利害关系人可以在庭审辩论期间才提交他们的答辩书[31]，这会使得原告要突然对他们不知道的那些文件进行辩论。[32]还有学者指出，《行政诉讼法典》中规定的向一个公法机构请求鉴定以及在诉讼费用方面，几乎很少判决由败诉的行政机关支付。[33]

保证当事人之间的辩论是确保当事人地位平等的有效办法，辩论原则在正当程序原则中具有中心的地位。辩论原则是意大利民事、刑事及行政诉讼中的一项基本原则，指所有诉讼当事人都应该有平等机会接近诉讼材料，法官应该提供同样的保护方式。没有实际参与司法过程，任何人不受判决效力的约束。在法律规定的特殊情况下，该项原则可以暂时地被违背。[34]理论界认为，辩论在行政诉讼中应该具有完整性与持续性，所谓完整性，就是与争议有关的所有利害关系人都应该具有辩论的权利，所谓持续性是指辩论应该涉及行政诉讼的每一个阶段。[35]

《行政诉讼法典》中一系列规定都是辩论原则的体现。在涉及争议主体方面，《行政诉讼法典》第41条规定，原告向行政法官提起诉讼应该提前将诉状送达给被诉行政机关（如果行为是由多个行政机关作出的，要通知所有行政机关）以及至少一个对立利害关系人，否则将不被受理。如果已经送达被诉行政机关且只有一个对立利害关系人，行政法官在作出诉讼决定之前，应该命令原告送达其他对立利害关系人以补充辩论（第27条第2款及第49条），只有所有对立利害关系人有了出庭机会之后，法官才能作出判决，如果被诉当事人未被依法传唤且未出席诉讼的，法官不能对当事人的请求作出决定。

在涉及诉讼程序方面，如调查阶段，法官有权依职权提出一些问题，但是也必须听取当事人意见（《行政诉讼法典》第73条第3款），这表明辩论原则具有一般性意义，"在每一个与最终判决有重要意义的问题上，

---

〔31〕 意大利行政诉讼中，对立利害关系人就是与原告利益相对，从被诉行政行为获得好处的主体。《行政诉讼法典》第27条第1款规定："当起诉送达被告行政机关及存在的对立利害关系人时，辩论全部成立。"

〔32〕 E. Picozza, Il "giusto" processo amministrativo, in Cons. Stato, 2000, p. 1074.

〔33〕 E. Casetta, Compendio di diritto amministrativo, a cura di Fabrizio Fracchia, Giuffrè Editore, 2016, p. 828.

〔34〕 Cerulli Irelli Vincenzo, Lineamenti del diritto amministrativo, Giappichelli Editore, 2006, pp. 532-533.

〔35〕 F. G. scoca (a cura di), Giustizia Amministrativa, Giappichelli Editore, 2014, p. 169.

所有当事人都能够处于对话的地位，以这种方式表明辩论原则对每一个受到司法权影响的人都是实质性保证，与原被告的诉讼地位无关。"〔36〕辩论原则甚至扩大到执行判决的审理程序中，宪法法院在涉及执行程序中明确表示，在审理中保证辩论是不够的，还应体现在执行阶段〔37〕，现在这个规定体现在《行政诉讼法典》第114条第1款。

除此之外，在预防性保护程序中，同样应该遵守辩论原则。在预防性保护程序中，法律明确规定了申请人通过一般方式申请预防性保护措施时，经过所有当事人的辩论之后，行政法官才能够作出裁定。如果申请人因情况紧急通过特殊方式向行政法院院长申请预防性保护，行政法院院长也可以不经过辩论而直接作出命令，但是"在颁发命令之前，一旦院长认为需要，可以听取能够出席的当事人意见，包括分别听取意见，无需听审及形式要求"。

当然，为了保证快速审理，《行政诉讼法典》第49条第2款规定，在一审中，若起诉"很明显没有被接受、被受理或者无根据"，那么无须补充辩论。同样在上诉中，如果最高行政法官认为上诉明显地不可接受、不可受理、不能进行或无根据，当其他当事人的复审被阻挡或排除时，可以不命令补充辩论。在这种情况下，判决对非原告的其他当事人不产生实体效力，因此，不适用一般原则。

3. 诉讼期间合理原则（Il rpincipio della ragionevole durata del processo）

所谓迟到的正义非，任何一个诉讼中，尽早结束诉讼从而使当事人的权利能够早日得到确定非常重要，因此诉讼应该在合理期间内完成。这项原则首先规定在《欧洲人权与基本自由公约》中，该公约第6条第1款规定："在决定某人的公民权利与义务或在决定对某人的任何刑事罪名时，任何人有权在合理的时间内受到依法设立的独立与公正的法庭之公平与公开的审讯……"〔38〕同时意大利《宪法》第111条也明确规定，法律确保诉讼在合理期间内完成。如何确定合理期间，欧洲法院认为应该

---

〔36〕 A. Travi, Lezioni di giustizia amministrativa, Giappichelli Editore, 2012, p. 102.

〔37〕 Cort. Cost. , n. 441/2005; Cort. Cost. , n. 100/2006.

〔38〕《欧洲保障人权与基本自由公约》，载北京大学法学院人权与人道法研究中心：http://www.hrol.org/Documents/RegionalDocs/2012-11/67.html，最后访问时间：2018年1月9日。

考虑程序的特殊性、所涉争议的复杂性、当事人的行为及司法机关的态度。[39]意大利学者认为，在合理期间结束诉讼不仅取决于有关诉讼的法律规定，还取决于司法机构及资源的组织方式，后者甚至更为重要。[40]然而，意大利的诉讼程序极其拖延，司法效率低下，2013年由于审判过度超期问题，意大利已经多次遭到欧洲人权法院的谴责，被认为"没有效率""程序缓慢"。[41]

为了实现此原则，对非常重要的经济的、社会的行政行为的案件，《行政诉讼法典》第119条规定了一系列诉讼快速审理程序，将所有诉讼期间缩短为一半。还有一些争议规定了一种更为快速的程序，在实践中被称为"评议会程序"（第87条），对于不执行判决、沉默的审理，在获取行政文件方面等，所有的诉讼期间也都减少到一半。

为了提高司法效率，意大利在2001年第123号共和国主席令第13条就已经规定使用电子化工具，《贯彻行政诉讼法典实施细则》第13条明确了规定了逐渐使用电子程序，其依据是2015年12月30日第210号法令，规定2016年6月30日前大区行政法院与最高行政法院试用新的电子程序的规定，到2016年7月1日全部使用。2016年6月30日第117号法令（随后规定于2016年8月12日第161号法律）将《行政诉讼程序电子化法典》延迟到2017年1月1日生效。行政诉讼程序电子化要求所有的诉讼行为都必须通过网上进行，除非特殊情况，不再提供书面的诉讼文书，这样的规定会进一步提高司法效率。

三、说明理由及文书简洁的原则（Dovere di motivazione e Il principio della sinteticità degli atti）

《行政诉讼法典》第3条规定行政法官说明理由的义务及所有诉讼当事人遵守撰写文书简洁的义务。这项原则与前两项原则是有联系的，说明理由是正当程序原则应有之意，最终目的都是为了实现司法保护的有效性。

---

〔39〕 F. G. scoca（a cura di），Giustizia Amministrativa, Giappichelli Editore, 2014, p. 172.

〔40〕 F. G. scoca（a cura di），Giustizia Amministrativa, Giappichelli Editore, 2014, p. 172.

〔41〕 Carlo Modica, Giustizia amministrativa comunitaria e modelli di processo amministrativo, in www. diritto. it，最后访问时间：2018年1月9日。

（一）法官说明理由的义务

《行政诉讼法典》第 3 条第 1 款明确规定："所有法官的决定措施都应说明理由"。行政法官的判决需要说明理由并非是一个新的规定，以前尽管法律没有明确规定，但是《宪法》第 111 条第 6 款规定了一切司法措施均应说明理由，通过对这一条的解释，行政法官所有决定性的措施，无论是判决、决定还是裁定都应该说明理由。[42]意大利理论界对于《宪法》第 111 条第 6 款的意义从不同角度进行了评价，主要观点有：说明理由具有程序外的意义，因为公民有权知道法官决定的理由；说明理由是监督法官是否公正裁判、遵守宪法规定、贯彻司法行为合法原则的唯一工具；说明理由能使当事人确定判决的瑕疵，以决定是否上诉等。[43]

说明理由一方面是形式上的要求，如果没有说明理由，司法决定是有瑕疵的；另一方面是实质性要求，说明理由应该是充分、清晰、连贯的。说明理由直接与当事人请求原则相关联，行政法官应该在诉讼请求的范围内作出决定，因此判决的理由也不能超出当事人的请求范围。

需要强调的是，《行政诉讼法典》规定的预防性保护程序方面，也特别强调了行政法官的说明理由的义务。在过去该义务经常不被遵守，也因为预防性保护申请的提起太普遍了，所以法官一般作出裁定并不说明理由。[44]强调法官说明理由，当事人可以从裁定的理由得知行政法官接受或拒绝预防性保护申请的原因，从而能够得知法官是否对法律规定的标准进行了充分的审查，因此《行政诉讼法典》不仅肯定了预防性保护裁定必须要说明理由，而且明确规定理由应该包括"考虑申请人相关的损害"以及"通过即时审查指出对诉讼结果的合理预测"。

（二）文书清晰简洁的原则（Il principio della sinteticità degli atti）

《行政诉讼法典》第 3 条第 2 款规定"法官及当事人以清晰及简洁的方式撰写文件"，这个规定可以追溯到 2009 年 6 月 18 日第 69 号授权政府制定《行政诉讼法典》的授权法，该法第 44 条第 2 款第 1 项指出授权的目的是"保证司法保护简洁、集中、有效，保证诉讼的合理期间"。《行

---

〔42〕 R. Chieppa, Il codice del processo amministrativo, Milano, 2010, p. 53.

〔43〕 S. Evangelista, Motivazione della sentenza civile, in Enc. Dir., XXVII, Milano, 1977, p. 154; E. Amodio, L'obbligo costituzionale di motivazione e l'istituto della giuria, in Riv. dir. proc., 1970, p. 444.

〔44〕 S. Cassarino, Manuale di diritto processuale amministrativo, Giuffrè Editore, 1990, p. 380.

政诉讼法典》本身也规定了一些涉及简洁文书的条款，如第74条规定，当事人应该简明地辩论，第55条第7款规定预防性保护的评议会以简明方式审理。

理论界认为，文书"清晰"指的是阐述问题的方式及使用的语言，"简洁"并不仅是简短，而是与逻辑有关的一种分析方式，将一系列不同的概念归纳为一个实质问题，得出一个统一的结论。[45]

文书的清晰与简洁既是对法官的要求也是对诉讼当事人的要求。对于当事人而言，文书清晰简洁的义务就是要避免诉讼文书页数厚重，因为有些律师的诉讼文书甚至达到上百页。[46]实践中，那些详细阐释众所周知的原则或者司法判例确定的观点、反复重复相同问题等都被认为违反清晰简洁的义务。文书过于厚重、不清晰会成为正当程序的阻碍，甚至会阻碍诉讼的正常进行。最高法院曾经多次表明违反清晰原则的起诉是不可受理的。文书清晰简洁的义务尤其针对律师提供的文书，律师文书清晰简洁，才有利于法官作出清晰简洁的判决，这也是立法者的意图。[47]此外，文书清晰简洁也是有助于实现当事人之间的合作，这规定在《行政诉讼法典》第2条，法官和当事人合作完成诉讼的合理期间。

2014年6月24日第90号法令修改了《行政诉讼法典》第120条第6款，指出当事人应该控制诉讼文书的厚度，与《行政诉讼法典》第3条规定的清晰简洁原则相适应。随后2015年5月25日颁发了最高行政法院院长令，规定不同种类的诉讼文书的最大限度的厚度。实际上在司法实践中早已经有一些对诉讼文书厚度提出的建议。例如最高行政法院曾经建议将起诉及诉讼意见书控制在20~25页。最高法院也多次指出当事人及法官的文书应该以简洁的方式撰写。根据《行政诉讼法典》第120条第6款之规定，最高行政法院院长于2016年12月22日发布第161号院长令，规范行政诉讼程序中的起诉状及其他辩护文书的厚度，针对不同

---

〔45〕　G. Paolo Cirillo, Dovere di motivazione e sinteticità degli atti, 此文是2012年最高行政法院院院长在对通过最高行政法院及大区行政法院考试者组织的培训课程上的开幕式演讲，载 http://www. giustizia-amministrativa.it，最后访问时间：2018年1月9日。

〔46〕　最高行政法院第四庭2014年7月1日第3296号判决中就指出，上诉状有190页之多，违反了文书清晰简洁的义务。Cons. Stato, Sez. IV, n.3296/2014.

〔47〕　G. Paolo Cirillo, Dovere di motivazione e sinteticità degli atti, 此文是2012年最高行政法院院院长在对通过最高行政法院及大区行政法院考试者组织的培训课程上的开幕式演讲，载 http://www. giustizia-amministrativa.it，最后访问时间：2018年1月9日。

诉讼类型及审理类型的文书进行了详细的规定，如第 3 条规定，在获取行政文书的审理、关于沉默的审理、强制令、关于选举的诉讼、关于执行判决的审理中，诉讼文书最多字数不能超过 30 000 个，相当 15 页；一般的诉讼程序等不能超过 70 000 字，相当于 35 页，在第 8 条还规定了书写的形式要求，例如应该使用 A4 纸张，应该使用的字体，行间距等；还规定了一些例外的情况及批准程序。《行政诉讼法典实施细则》增加的 13-3 条，明确规定当事人应该遵守文书清晰简洁的标准，遵守 2016 年 12 月 22 日发布第 161 号院长令的规定。

如果当事人没有遵守这个义务，以前并没有任何惩戒手段。2012 年 9 月 14 日第 160 号法令对《行政诉讼法典》进行第二次修订，修改了第 26 条第 1 款，规定法官在清算诉讼费用时应该考虑当事人对于第 3 条第 2 款规定的清晰简洁义务的遵守情况，如果没有遵守可能会由法官决定承担诉讼费用，而不仅仅只是败诉方承担费用。除此之外，还修改了第 120 条第 6 款，规定法官审查文书包括审查厚度的义务，没有审查会成为判决被上诉的理由。

对于法官而言，在诉讼中所撰写的一切文书都应该清晰简洁。[48]根据《行政诉讼法典》第 74 条的规定，在一些情况下，行政法官可以通过简化判决作出决定。简化形式的判决特征是理由简洁，只集中于争议的决定性方面或者争议原因相似的先例判决。当诉讼明显地表现出有根据或者无根据、不可接受或不可受理时，可以使用简化判决，因为决定的"明显"性，不需要进行深入的说明。需要强调的是，判决的简洁性不能牺牲一些具有实质性意义的保证诉权原则，不能违背《行政诉讼法典》规定的基本准则，比如对于"每一个决定措施"说明理由（第 3 条第 1 款）。

对于法院而言，如何确定法官撰写判决的技术，是否应该像要求当事人那样要求法官撰写司法决定的页数及字数，至今还没有明文规定。

---

〔48〕 意大利学界对行政法官撰写判决的简洁义务的讨论，参见 A. Andreani, Dispositivo e contenuto decisorio della sentenza amministrativa, in Il giudizio di ottemperanza, Milano, 1983, p. 439；G. Ferrari, Art. 3-Dovere di motivazione e sinteticità degli atti, in Il nuovo codice del processo amministrativo-commento analitico al d. lgs. 2 luglio 2010 n. 104, II ed., Roma, 2012, p. 39；R. De Nictolis, La tecnica di redazione delle sentenze del giudice amministrativo, in http://www. giustizia-amministrativa. it, 最后访问时间：2018 年 1 月 9 日。

2016 年 12 月 23 日颁布的第 167 号最高行政法院院长令约束的是当事人，在院长令生效的前一天即 12 月 22 日，最高行政法院院长致所有行政法官的报告中指出，所有法官的文书应该是清晰及简洁的，随着行政诉讼电子化程序时代的到来，新的工作方式要求文书必须清晰与简洁，在 2017 年研究室将会针对行政法官编纂一个如何撰写清晰而简洁的司法文书手册。在此报告中，最高行政法院院长建议行政法官也遵守约束当事人的那些规则，司法文书撰写不要超过 20 页，即使情况极其复杂，也不要超过 40 页。[49]

四、对我国行政诉讼基本原则的启示

我国理论界对于我国行政诉讼的基本原则关注度不高，在行政诉讼法修改过程中，无论是理论界还是实务界，除了行政行为合法性审查原则之外，对于行政诉讼的基本原则几乎没有争议，也没有作为关注点。[50]行政诉讼法对总则部分几乎没有修改，除了第 1 条规定的"行政诉讼立法宗旨"与第 2 条规定的"行政诉权与行政行为的范围"有所修改之外，就增加了一条，即第 3 条"保障起诉权原则"，其他的条文保持不变。一般认为《行政诉讼法》总则部分的内容为行政诉讼的基本原则，分为一般原则与特有原则。[51]

关于基本原则是否应该在行政诉讼法中明确规定，存在两种观点。一种观点认为，行政诉讼基本原则不需要直接立法规定，也可能存在于判例或学理解释之中。[52]在这种观点下，有的学者将行政诉讼基本原则

---

〔49〕 G. Paolo Cirillo, *Dovere di motivazione e sinteticità degli atti*, 2012 年最高行政法院院长在研究室针对通过最高行政法院及大区行政法院考试者组织的培训课程上的开幕式演讲，载 http://www.giustizia-amministrativa.it，最后访问时间：2018 年 1 月 9 日。

〔50〕 全国人大常委会法制工作委员会行政法室编：《行政诉讼法立法背景与观点全集》，法律出版社 2015 年版，第 149、191、205 页。

〔51〕 一般原则是指三大诉讼法共同使用的原则，包括人民法院独立行使审判权原则，以事实为根据、以法律为准绳原则，当事人法律地位平等原则，民族语言文字原则，人民检察院实行法律监督原则，当事人有权辩论原则；特有原则指仅适用在行政诉讼中的原则，包括行政行为合法性审查原则与保障起诉权利原则。参见张树义主编：《行政诉讼法学》（第 2 版），中国政法大学出版社 2015 年版，第 12～16 页。

〔52〕 参见姜明安主编：《行政法与行政诉讼法》（第 2 版），北京大学出版社、高等教育出版社 2005 年版，第 455 页。何海波教授认为，在中国立法实践中，总则部分写上几条原则性规定已经成为通行模式，但是法律原则也可能没有宪法和制定法依据，只存在于一些著述、判决乃至社会公众的意识之中，由法学家予以阐发，并获得法律共同体的广泛认可。参见何海波：

总结为司法最终解决原则、司法审查有限原则、有限职权主义原则。[53]
另外一种观点认为法定性是行政诉讼基本原则的特征之一[54]，在这种
观点下，有学者提出行政诉讼法应该明确特有原则，以指导行政诉讼实
践，并提出诉讼主体身份恒定，合法性审查为主、合理性审查为辅，反
诉禁止，调解适度和行政行为停止执行确立为行诉讼特有原则。[55]

　　行政诉讼基本原则是否具有法定性，诉讼法的通用原则是否在行政
诉讼法中再次规定，如何确定行政诉讼的一般原则？从意大利对行政诉
讼一般原则的法典化中或许可以得出一些启示。

　　如前所述，在法典化之前，意大利行政诉讼法典所确定的一般原则
在理论学说及司法实践中已经确定，之所以在法典中明确加以规定，主
要有两个原因，第一个原因是具有宣示性的意义。宣示性又表现在两个
方面：一是为了肯定与欧盟法之间的关系。[56]如前所述，这些原则在欧
盟法以及欧洲法院尤其是欧盟人权与自由公约中有所规定，《行政诉讼法
典》明确宣布了其与欧盟法之间的关系，意大利的行政诉讼已并非仅由
意大利本国法所规范，同时应该遵守欧盟法的原则，具有国家烙印的传
统行政诉讼已经一去不复返，意大利已经处于一个超越国家的多层次法
律体系之中。二是肯定行政法官与其他法官一样具有同样的地位。[57]第
二个原因是为了确定适用行政诉讼法律条文的解释标准，尤其是行政法
官在适用不同法律规范时对条文进行解释的标准。[58]

　　至于诉讼法通用的原则是否在行政诉讼法典中明确规定，尤其是民事

《行政诉讼法》（第 2 版），法律出版社 2016 年版，第 66 页。孔繁华："行政诉讼基本原则新
辨"，载《政治与法律》2011 年第 4 期。杨海坤、章志远主编：《行政诉讼法专题研究述评》，
中国民主法制出版社 2006 年版，第 52 页。

　　〔53〕　孔繁华："行政诉讼基本原则新辨"，载《政治与法律》2011 年第 4 期。

　　〔54〕　江必新、梁凤云："行政诉讼核心原则论要——以行政诉讼的核心原则为视界"，载
浙江大学公法与比较法研究所编：《公法研究》（第 5 辑），浙江大学出版社 2007 年版，第 108～
134 页。

　　〔55〕　张淑芳："行政诉讼特有原则再认识"，载《社会科学辑刊》2016 年第 2 期。

　　〔56〕　Alessandro Pajno, Il codice del processo amministrativo tra "cambio di paradigma" e paura
della tutela, in Giorn. dir. amm. , 2010, 9, p. 885.

　　〔57〕　P. De Lise, Verso il Codice del Processo amministrativo, in www. giustizia-amminbistrati-
va. it, 最后访问时间：2018 年 1 月 9 日。

　　〔58〕　L. Torchia, Introduzione. I principi generali nel Codice del rocesso ammnistratvio, in http://
www. irpa. eu/wp-content/uploads/2011/07/codice-gda-principi1. pdf, 最后访问时间：2018 年 1
月 9 日。

诉讼所适用的基本原则,涉及行政诉讼法典与民事诉讼法典之间的关系。与我国类似,意大利的行政诉讼法典既具有独立性,也与民事诉讼法典有一定联系。《行政诉讼法典》第 39 条规定,"对于本法典没有规定的内容,只要不冲突或者属于基本原则的内容,适用民事诉讼法典的规定。"因此,民事诉讼中的请求原则、当事人程序推动原则、法官自由心证原则、公开原则等也适用于行政诉讼程序,并没有在《行政诉讼法典》的一般原则中再次确认。

为什么意大利《行政诉讼法典》确定此三项原则为行政诉讼的一般原则,这是否为行政诉讼的特有原则?从前面分析来看,这三项原则都有宪法依据,并非仅仅适用于行政诉讼程序。实际上,最高行政法院成立的行政诉讼法典编纂专门委员会出台的建议稿在政府审批时被修改〔59〕,政府取消了一些创新性的规定,包括一般原则也被修改。在最终的法典文本中之所以确定这三项原则,是与意大利行政诉讼的特征与发展分不开的。长期以来,意大利行政法院对公民的保护被认为没有实效性,行政法院的判决无法回应原告的实质请求。〔60〕这三项原则都是围绕行政诉讼的目的而确定的,这三项原则是相互联系的,无论是正当程序原则还是说明理由及文书简洁原则,最终目的都是为了实现全面有效的司法保护。传统上相对于民事法官,行政法官在行政诉讼中的权力较为狭窄,行政诉讼保护的范围也有限,不能像民事诉讼那样满足当事人的实质请求。肯定这三项原则,表明意大利行政诉讼已经从撤销模式为中心发展为审理法律关系为中心,行政法官不仅能撤销诉讼,而且能够满足当事人的实质请求,甚至能够命令行政机关某种行为,从而使行政法官与民事法官处于实质上相同的地位。〔61〕

由此可见,意大利行政诉讼法一般原则的确定反映了其行政诉讼发展的特殊历程,与行政诉讼的立法目的直接相连。我们可以从目前《行

---

〔59〕 意大利议会通过 2009 年 6 月 18 日第 69 号法律第 44 条授权政府重新调整行政诉讼规范,根据法律的授权,政府委托最高行政法院重新编纂法律,最高行政法院成立了一个专门委员会,由最高行政法院法官、大区行政法院的法官以及由国家律师署(Avvocatura dello Stato)和自由律师组成。

〔60〕 A. Travi, Considerazioni sul recente codice del processo amministrativo, in Dir. pubbl., 2010, p. 585 ss.

〔61〕 A Travi, Presentazione, in E. García de Enterría, Le trasformazioni della giustizia amministrativa, trad. it. Milano, 2010, p. 70.

政诉讼法典》第 1 条确定的宗旨思考如何确定行政诉讼法的基本原则，使基本原则不仅体现行政诉讼的基本精神与价值取向，对法官及所有诉讼当事人具有指引作用，而且在法律条文含义不明时，人民法院可以将基本原则作为依据使用。

完善主观行政诉讼的借镜与思考

赵　宏 *

如果回溯历史，我国现有的行政诉讼制度最初主要是为回应相对人权利救济的基本诉求而产生。在论及行政诉讼的宪法依据和产生背景时，大部分学者也都会援引《中华人民共和国宪法》（以下简称《宪法》）第 41 条。1982 年《宪法》第 41 条重新恢复了 1954 年《宪法》中有关"中华人民共和国公民对于任何国家机关和国家工作人员，有提出批评和建议的权利；对于任何国家机关和国家工作人员的违法失职行为，有向有关国家机关提出申诉、控告或者检举的权利"，作为对这项基本权利的制度性保障和落实，我国在 1989 年颁布施行《行政诉讼法》。行政诉讼与宪法基本权利实现之间的上述关联，成为判定诉讼制度着眼于"个人权利保障"这一功能定位的直接依据。而在《中华人民共和国行政诉讼法》（以下简称《行政诉讼法》）第 1 条中，"保护公民、法人和其他组织的合法权益"同样被作为行政诉讼的重要目的。这一目标之后亦辐射至行政诉讼的诸多环节，并在受案范围、原告资格、诉讼的特殊制度和原则、判决类型等诸多条文规定中获得具体呈现。鉴于此，权利保障可以说是我国行政诉讼的重要目标，相应的，以保障公民个体权利为主旨的主观诉讼以及配套制度也成为我国行政诉讼的重要构成。但在已逾二十年的司法实践中，我国的主观诉讼并未像《行政诉讼法》制定之初所预想的那样，充分实现保障个体权利的积极功能。

一、主观诉讼发展的掣肘因素

造成主观诉讼发展较滞缓，行政诉讼权利保障功能无法有效实现的

---

* 赵宏，中国政法大学法学院教授，北京大学法学博士。

原因，包含行政机关抵制、司法机关权威性不足、行政法治发展较迟缓等诸多外部因素，但更重要的，则是行政诉讼制度在最初设计时的粗放乖戾、缺乏全面统筹和整体布局所导致的制度间的相互龃龉、抵牾。这一内在局限使我国现有的行政诉讼制度并无法成为各个环节有效衔接、有效配合的体系化整体，在回应相对人权利救济的现实诉求上也存在不足。

（一）诉讼整体定位不够明确

行政诉讼的整体定位一般而言可区分为主观诉讼与客观诉讼两种方式。前者的目标是为个人提供司法保护，而个人也只有在自身权利受损时，才具备启动行政诉讼的适法性；而后者的目标则是"依法行政的控制"，相应地，这种诉讼在理论上允许"任何人"对违法或无效的行为起诉，法律并没有严格的诉讼权能的限定。但值得注意的是，因为功能定位的不同，这两类诉讼在受案范围、原告资格、审查对象、审查密度、法院权限、举证责任、判决理由等诸多方面均存在差异，而为保障诉讼制度的协调一致和有序配合，各国在进行行政诉讼的整体定位时，大多都选择以其中一类诉讼为主，而以另一类诉讼为补充，由此避免各种制度杂糅在一起可能导致的矛盾冲突以及效力相抵。而选择以主观诉讼为主还是以客观诉讼为主，又在很大程度上依赖于这个国家的历史传统以及对于行政诉讼的基本认识。例如，德国行政诉讼的整体定位一直以来都落脚于主观的权利救济，尽管在诉讼的具体类别中同样包含客观适法性审查（objektive Rechtsmaessigkeitskontrolle），但这种类型仅居于辅助者（subsidiaelitaet）甚至是"异己者"（Fremdkoerper）的位置[1]；而法国的行政诉讼则是客观诉讼的典范，诉讼目标以监督行政公权力为主，法院的审查也主要针对行政权力的合法性，而并非仅回应原告的权利保障诉求。但与德法行政诉讼所呈现出的鲜明倾向不同，我国的行政诉讼一直以来都面临功能定位较为模糊、各项目标混杂交织的问题。尽管如上文所言，主观权利保障从行政诉讼制度确立之初就被确定为我国行政诉讼的重要功能，主观诉讼也成为我国行政诉讼的重要构成，但我国的行政诉讼在功能定位上却是权利保障与合法控制并存，两者并无分伯仲，

---

[1] Kopp/Schenke, Kommentar zur Verwaltungsgerichtsordnung, C. H. Beck, 2005, 14. Aufl. § 42. Rn. 27.

这就导致在整体制度设置上，主观和客观同样混杂交糅、斑驳难辨。

我国《行政诉讼法》第 1 条规定行政诉讼的立法目的为：保证人民法院公正、及时审理行政案件，解决行政争议，保护公民、法人和其他组织的合法权益，监督行政机关依法行使职权。如果说"保护公民、法人和其他组织的合法权益"是行政诉讼的主观目标，那么"监督行政机关依法行使职权"就是行政诉讼的客观功能。主观目标与客观目标并列，两者并无偏颇，就使得我们较难区分，我国行政诉讼的定位到底是属于以法国法为代表的客观法秩序的维护，还是以德国法为代表的主观权利的保障。定位的模糊使学界在讨论具体诉讼制度问题时，有意或是无意地放弃了将它们放置在统一的诉讼制度框架下的思考方法，而更多地选择参酌各种现实影响要素。例如，在放宽原告资格、降低起诉门槛的整体趋向下，学界对于不断涌现的公益诉讼往往持肯定和鼓励态度，即便也会基于理性考虑，而担忧因此引发的司法资源浪费等问题，但对民意的回应和公益的关注似乎更居上风，但很少有研究将公益诉讼的纳入放置在诉讼的整体定位之下进行考察，而它与其他诉讼机制之间的兼容性更未成为衡量其制度容许性的基准。

（二）制度关联性与配套机制的缺乏

因为功能定位的模糊不清，我国行政诉讼在整体上也缺乏制度间的契合与相互协调。以德国为例，如上文所述，德国的行政诉讼以主观诉讼为主，因此诉讼的提出有严格的"诉讼权能"（Klagebefugnis）的要求。当事人唯有自身的权利受损，始具有提起诉讼的适法性（Zulaessigkeit）。[2]为在具体个案中判定原告是否有"主观权利"受损，德国法教义学也相应地发展出"保护规范"理论作为衡量基准。[3]但德国主观诉讼的基本定位除了为避免法院陷入公益诉讼的漩涡外，更重要的则是基于给个体权利提供更全面、更有效保护的良善考虑。而从整体看，各项制度也都共同受制于行政诉讼的整体定位，服务于行政诉讼的整体目标。它们互相关联、互相补充，共同形成了一整套"无漏洞的"、有效的主观权利保障体系。以诉讼权能、审查密度和判决理由为例，在这些单项制度中，我们能够明显地观察到相互之间的牵扯关联。"维护主观权利，而非客观

---

〔2〕 Bachof, Refelxwirkungen und subjektiven oeffentlichen Recht, Jellinek-FS 1995, S. 287.

〔3〕 Hartmut Maurer, Allgemeinese Verwaltungsrecht, Verlag C. H. Beck, 2003, S. 153.

法秩序"的总体定位，使德国审慎地将诉讼权能限定为原告需"主观权利受损"。这一限定使德国行政诉讼的诉讼权能趋向严格化，也使原告的进入呈现为窄口径，但这种缺陷却通过德国高密度的司法审查得以填补。德国行政诉讼一直以来奉行其他国家难以企及的高审查密度，行政的裁量权几乎被挤压殆尽。而司法对于行政的全面和严格审查，也使行政诉讼有效地实现了其保障个体权利的定位；反过来，正因为严格全面的审查，司法成本过高的问题就会凸显，在维护公益和防止滥诉的价值冲突间，德国法理智地选择坚持以维护个人权利为原则、仅有限度地开放团体诉讼和公益诉讼，由此保障了行政诉讼的整体均衡。在诉讼理由部分，我们同样能够发现诉讼功能定位对于单项诉讼的制约以及制度与制度间的相互配合。德国大部分行政诉讼类型在"诉的理由具备性"层面，都要求除"行政违法"（Rechtswidrigkeit）外，还要求原告的个体权利必须实质受损（Rechtsverletzung）。换言之，判决的首先目的是对当事人诉讼请求的回应，其次才是对行政决定是否适法的确认。[4]除诉讼理由外，全面的暂时性法律保护、法院审查受原告诉讼请求限制、诉讼中的当事人主义等制度均鲜明地指向"个体权利保障"这个基本目标。

　　但在我国，这种制度间的配合与协调却无法如德国法一样清晰可辨。同样以原告资格、审查密度和判决理由为例。原告资格与审查密度在我国行政诉讼中，似乎从未被作为相互关联的问题予以对待。学者们惯于对二者分别讨论，有关这两个领域的制度也是各自进行，难有交集。在这种思维定式下，原告资格的扩张更多的是源于对不断高涨的民意的回应，它既与行政诉讼的整体定位无关，也无需与其他制度保持一致的说理。而对于审查密度，司法倒是保持了一以贯之的谨慎态度，这也导致制度实践在这一环节上始终难以保持和原告资格、受案范围等方面同样的递进。审查密度在制度发展上的相对滞缓，甚至无法让我们得出二者呈现齐头并进之势的结论。即使回溯到行政诉讼的制定历史，我们也无法找到思考这一问题的有益资料。在 1989 年关于《行政诉讼法（草案）》的立法说明中[5]，虽有关于"具体行政行为合法性审查"原则

---

〔4〕［德］弗里德赫尔穆·胡芬:《行政诉讼法》（第 5 版），莫光华译，刘飞校，法律出版社 2003 年版，第 443 页。

〔5〕王汉斌: "关于《中华人民共和国行政诉讼法（草案）的说明》"，载 http://www. wanyuan. gov. cn/wywz/zwgk/xxgkInfo. jsp? ID=15978，最后访问时间: 2011 年 5 月 9 日。

的解释，却未见有原告资格的说明。对于将行政诉讼限定为"合法性审查"的原因，该说明提供的理由是，"人民法院审理行政案件，是对具体行政行为是否合法进行审查。至于行政机关在法律、法规规定范围内作出的具体行政行为是否适当，原则上应由行政复议处理，人民法院不能代替行政机关作出决定"，据此，合法性审查原则主要用来界分复议与诉讼，避免司法越俎代庖，但其他制度是否要与这一原则相协调，说明中并未涉及。实践中，有些法院为保证案源，只要当事人起诉，便"先收进来再说"。这些广辟案源的措施终使行政案件数量在几年内激增。这种并不考虑制度关联和结构均衡的做法，很快导致很多法院面临"收进来容易、判出去难"的僵局。为消化那些无法下判的案件，动员原告撤诉便成为很多法院的权宜之计，这种方式的大量使用虽使法院一直以来都成功保持了较高的案件审结率（至 1995 年左右，我国行政案件中以撤诉方式结案的甚至占到了审结案件总量的 50%[6]），但这种行政诉讼结案方式却较难反映司法对于行政的真实监督效果，更无法为个体权利提供有效保障。在审查过程和判决理由部分，我们同样能够清晰观察到这种单项制度间的相互龃龉和缺乏呼应。行政诉讼对原告资格的要求，仅使原告起诉承担了行政合法性审查的"触发功能"，之后在审查对象和判决理由上，我国的行政诉讼则完全偏向"客观化"，再难见"主观化"色彩。在审查对象上，法院以"具体行政行为的合法性"为审查对象，审查范围并不受原告诉讼请求的限定，相应地，最终的判决也基本上是对行政决定合法或违法的宣告，而并不对原告的诉讼请求予以回应。这种整体定位的模糊不清和主客观交错的斑驳混杂，使行政诉讼在较多环节都呈现失衡之势。即使人们在长期的制度实践中，一直尝试通过单项制度的分别改良来实现行政诉讼的整体推进，但分而治之的做法却越来越使行政诉讼成为断裂分隔的碎片集合。

二、完善主观诉讼的基本思考

既然我们仍旧肯定权利保障是行政诉讼的重要目标，主观诉讼是行政诉讼的关键构成，并尝试在提升外部法治环境的同时，通过制度性调

---

〔6〕 最高人民法院行政审判庭编：《中国行政审判研讨——99'全国法院行政审判工作会议材料汇编》，人民法院出版社 2000 年版。

整来完善主观诉讼，那么着眼于制度内部的构造安排，提升制度在整体一致、逻辑严密和体系完整方面的"形式理性"品质，就成为进化行政诉讼制度，唤醒其制度生命力，进而有效实现行政诉讼权利保障功能的重要途径。

（一）明确行政诉讼的基本定位以及实现制度功能的纯化

通过改良制度的内部构造来提升制度的形式理性，首先有赖于我们在整体上界明廓清行政诉讼的基本定位，在我国行政诉讼这种主客观制度斑驳混杂的现状下，这种界定又意味着制度功能的纯化，即我们必须明确择定，现行的行政诉讼究竟应以主观诉讼为主，辅以客观诉讼；抑或以客观适法性控制为目标，而将个体权利保障作为其辅助性作用。这一选择需要我们审慎思考，但目标的纯化和主要功能的择定本身却对行政诉讼的未来发展，尤其是主观与客观诉讼各自的有效提升都至关重要。

1. 作为整体的行政诉讼制度与诉讼制度的整体均衡

事实上，无论是在学理讨论、制度设计和司法实务中，行政诉讼都应首先被作为一个整体来对待。为使这一整体保持全面均衡和有效作用，首先，系统整体应保有对各个组成部分的有效控制与整合，如果整体丧失了对组成部分的控制力，组成部分也就无法回溯到整体寻求方向导引，并在系统整体的整合下，与系统整体保持方向一致；其次，各个组成部分间不仅应与系统整体保持方向一致，还需相互协调、彼此配合，如果人们对每个部分都只是分隔观察，个别对待，系统的整体均衡和逻辑闭合同样难以达成。换言之，理想的行政诉讼制度应当首先是"作为整体的行政制度"。它应建立在行政法学理的长期积累，立法机关的不懈努力，以及司法审判支援的基础上，并表现为横跨经验与逻辑，传统与现实的"均衡发展"的完整体系。一方面，在体系化思维下，行政诉讼中任何一项制度都必须在一个大的体系背景下加以理解和评价；另一方面，也只有一个体系化平衡发展的行政诉讼制度才可以完成实践拓展和法律改进等诸项任务。

运用这种整体观和系统论来考察我国的行政诉讼：对比当初制度初建时的简单，历经二十余年的发展，我们的确取得了相当丰硕的成果。但这些成果的取得，多半是源自典型案件的促进、公众的呼吁、舆论的鼓动以及司法在"顺应民意"之下所进行的积极作为。正因如此，这些制度改良并不是在周密细致的整体设计之下，而更多是从现实经验出发，具体地、个别地、"试错"地进行的。这种路径的选择当然有其重要的现实原因。我们既无法依赖已经成就的完美宏图和整体框架，省心省力地解决所有问题；也不能全面复制国外既定规则，而免去独自踯躅和亲身探索。本土资源的匮乏和外国经验的有限，都只能让我们先将目光积聚于个别问题、单项制度，通过零敲碎打、逐个突破而渐次地推进制度整体。因此，它虽然使我国行政诉讼制度发展迄今有了相当积累，但与体系化、系统化的行政诉讼制度仍旧有一定距离。基于不同的价值取向以及研究重点，学者对行政诉讼问题常常进行条块分、自说自话；而在制度实践中，我们也已习惯通过分别改良，来渐次稳妥地实现整体推进，这些都直接导致行政诉讼的制度建构往往缺乏整体视野和通盘考虑，制度的体系完整和逻辑严密也因此较难达成。受其影响，单项制度安排同样因无法兼顾全面统筹和相互协调，在很多环节呈现失衡之势。

基于上述原因，在累积了20年的经验后，现在已是时候要对这些逐项进行、分别展开的制度进行整体检视和系统反思。对于在相当程度上是由外国经验移植、本土资源利用以及实践修补推进所"拼凑"成的中国行政诉讼制度，这种检视和反思绝对是必要的。它可以从宏观向度上考察制度的运行状况是否良好，相互间的衔接配合是否紧密，整体逻辑是否闭合，而单项的制度改革也只有被放置在整体系统下，接受这种多维检验，才能得到更公允的评价和更稳妥的改进。从这个意义上说，所谓"试错"（trial and error）[7]除了不断尝试的阶段，更需定期纠错的步骤，而纠错既应包含制度内部的革新，也需囊括制度整体的调试，由此，行政诉讼制度才会取得值得肯定的整体发展和均衡递进。

综上，既然理想的行政诉讼制度应当首先是"作为整体的行政制度"，那么体系化均衡与制度的体系化建构就应当持续地纳入行政诉讼制度建构的思考范畴。基于这一考虑，构筑出统合一致、逻辑闭合的诉讼制度整体，并实现制度间的整体均衡，就成为我们重新完善行政诉讼制度，进而提升其功能目标的首要思考。

---

〔7〕"试错"概念由批判理性主义大师波普尔（Popper）所提出，他认为人类社会永远没有最优选择，只能通过永不停歇的试错而得出次优选择。参见［英］卡·波普尔：《历史主义的贫困》，何林、赵平译，社会科学文献出版社1987年版，第47页。

2. 整体定位的明确与功能目标的纯化

要构筑出统合一致、协调均衡的诉讼制度整体，首要任务便是清晰界明诉讼制度的根本定位，并以此为依据建立起制度间的周密逻辑关联。一个完整的制度体系首先必须具备明确的功能导向，借用系统论的观点，就是必须具备鲜明的"价值"。价值所提供的是这个体系的"实质理性"，借助于价值，体系的各项要素才能被合功能、合目的地统合起来，体系才能具备和表现出独特的意义内涵。价值导向或是功能定位作为一种稳定的、完整的、明确的法秩序理念（Ordnungsidee）[8]的起点，能够将诸多概念、形式和结构有效地统合为一个有机整体，它的存在和确立既确保了系统构成要素的"首尾一贯（Folgerichtigkeit）和相对稳定（Konstanz）"，同样协助各种构成要素"与法体系整体的相称定位"[9]。

如上文所述，要明确我国行政诉讼的功能定位，首要的任务就是要在主观诉讼和客观诉讼两种趋向之间进行明确择定，而这种界定又意味着对制度功能的纯化，即我们必须选择，现行的行政诉讼究竟应以主观诉讼为主，辅以客观诉讼；抑或以客观适法性控制为目标，而将个体权利保障作为其辅助性作用。尽管世界诸多国家的行政诉讼都兼具"权利保障"和"适法性控制"的主客观功能，但运行良好的行政诉讼制度无不是在主客观之间有明确的倾向选择，并在这种明确的功能定位下，将各项制度进行有机统合，使之在服务于"主观权利保障"或"客观适法性控制"的目标下相互配合，彼此补充。因此，对我国的行政诉讼而言，也只有在择定基本的功能目标的基础上，才能对其内部构造和单行制度进行有序调整，进而摆脱现有的交错繁杂、没有条理的困境。从这个意义上说，如果维续现有的目标设定，保持主观与客观不分伯仲的格局，结果只能是对单行制度进行零星的改良，而行政诉讼从整体上就很难有实质的提升和迈进。

3. 制度逻辑的整体周延和法教义学的支援

在确定好行政诉讼的功能定位，换言之，在择定好"体系化"的行

---

〔8〕 施密特·阿瑟曼将作为完整体系的行政法总论描述为一种"秩序理念（Ordnungsidee）。"参见［德］施密特·阿斯曼：《行政法总论作为秩序理念：行政法体系建构的基础与任务》，林明锵等译，元照出版有限公司 2009 年版，第 1 页。

〔9〕 Eberhard Schmidt-Assmann, Das Allgemeine Verwaltungsrecht als Ordnungsidee, Grundlagen und Aufgaben der verwaltungsrechtlichen Systembildung Heiderberg, 2004, S. 1ff.

政诉讼的"基本价值后"，接下来的工作则是要确保构成行政诉讼整体的各个单项制度在逻辑上的周延和统一。事实上，如果我们确认法秩序体系的本质是一种系统（System）〔10〕，并借助系统论的观点去重新认识法制度的体系建构时，就会发现，所谓的"逻辑"和"价值"要素，事实上都已经包含在系统论对于一个有机系统的要求中。按照系统理论，一个有效的社会系统或体系必须具备两项要素：逻辑性与同一性。所谓逻辑性，是说系统整体必须协调统一；所谓同一性，则意味着系统组成要素必须目标一致。〔11〕具体到法系统而言，首先，作为体现某种上位法价值的统一体，系统要素须在价值取向上表现出同一性和一贯性，所有系统要素的有效性都应从它与系统整体目标的一致性中获得，所有系统要素都借由它与这种总体价值之间的关联而被定位；其次，作为一个在规范和操作上封闭、自治的系统，所有系统元素的存立、组合与搭建都必须符合形式逻辑法则，所有系统要素的妥当性也都来自于它与系统整体，以及其他部分之间的逻辑契合。据此，对于法秩序的系统建构而言，有两项任务至关重要：一是寻找和确定作为上位价值的秩序观念，因为它决定了系统的整体走向与系统要素的存废定位；二是对系统内部逻辑一致的反复锤炼。在法制度的建构环节中，形式逻辑的演绎或者对于各项制度逻辑周延性的检视同样至关重要。而法制度整体也唯有经过逻辑化的统合，才会拥有如康德所言的，"可随时在教条中，即从确定的原则中，充分地予以证实"的"普遍理性"〔12〕。如果说法制度体系的功能定位确保了体系整体的价值一贯性，那么形式逻辑的演绎则使法制度体系获得了"逻辑自洽、和谐一致以及基本上无漏洞"〔13〕的权威性，这种权威性同时又是法制度体系具有可预见性、可计算性、可接受性和可理解性的基础。换言之，尽管法体系会通过是否符合整体的目的性追求，而

---

〔10〕 事实上，无论是在德文还是在英文中，"体系"和"系统"都分享同一个概念（System）。这也说明法体系和学科体系的本质就是一种系统。

〔11〕 参见〔德〕齐佩利乌斯：《德国国家学》，赵宏译，法律出版社 2011 年版，第 23～33 页。

〔12〕 Vgl. Josef Esser, Art. Rechtswissenschaft in Handwoerterbuch d. Soz. Wissenschaften, Bd. Ⅷ 1964, S. 775. 转引自程明修：《行政法之行为与法律关系理论》，新学林出版股份有限公司 2005 年版，第 9 页。

〔13〕 〔德〕马克斯·韦伯：《经济与社会》（下卷），〔德〕约翰内斯·温克尔曼整理，林荣远译，商务印书馆 1997 年版，第 16 页。

对各项体系要素进行筛选与定位，但体系要素之间能够融洽相连，能否在逻辑上都归属于体系的统领之下，却仍需要相应的技术处理。

以德国为例，如上文所述，德国行政诉讼发展至今可以说是"体系化均衡发展"的范本，而在其体系建构中，上述逻辑处理又主要是由德国长期的法教义学所完成。在逾期百年的发展历程中，德国行政法教义学构建了由概念、形式、结构等诸多要素组成的完整系统，其内容既包含对实定法的解释描述、对实定法的概念性和体系化的演绎，又包含解决实际问题的框架性建议，在整体上亦呈现出经验与描述，逻辑与分析，以及规范与实践的多重向度（mehr Dimensionen）。[14]而这些行政法教义学成果在嗣后都成为德国行政立法的巨大仓储（Speicher）[15]，无论是德国《联邦行政法院法》，还是《联邦行政程序法》都将其中的重要内容编纂入内。对于现存的法教义学，立法者在立法时也会选择自我融入，因为相比那些凭空臆造出的法律，这些源自法教义学的立法会更加稳定、更加科学、也更富有持久的生命力。此外，法教义学还具有使法律秩序保持稳定，法秩序内部保持逻辑统一，减轻对具体问题不断重复讨论的负累，以及对法律未来的发展提供启发等诸项功能。而上文的分析也已显示，无论是作为判断诉讼权能基础的保护规范理论，又或是支撑司法高密度审查的裁量与不确定法律概念的二分，德国法的制度设计与实践都在相当程度上依赖于法教义学的支持。

作为能够获得普遍确信的认识框架，体系的一致和逻辑的严密对于法教义学而言至关重要。因此，在法教义学的建构过程中，为追求体系一致而进行的体系检验几乎时时都在进行，微观面的检验主要针对制度内部是否逻辑一致，而宏观面的检验则涉及不同的制度是否具有普遍的逻辑一致性。对于新出现的理论和制度创新，法教义学更会自动将其放置在整体框架下，进行更高程度的逻辑析分。由此，一项具体制度即便分隔来看是恰当的，也会因无法纳入整体系统而被修正，甚至是彻底放弃。这些系统检验不仅为德国法带来获得普遍确信的行政法理论，同样成为法规范秩序能够统合一致的重要根基。而德国法之所以在制度整体上表现出如此高的成熟度，也正因为它在法教义学的建构过程中，通过

---

〔14〕 Robert Alexy, *Theorie der juristishcen Argumentation*, 1989, S. 307 ff.

〔15〕 Robert Alexy, *Theorie der juristishcen Argumentation*, 1989, S. 330 ff.

对内部逻辑的不断锤炼，所达到的法教义学本身的体系一致性，以及因此而带来的法规范秩序的体系一致性。

相比德国法教义学成果和行政立法之间的紧密依存，以及经由法教义学的体系一致而带来的法秩序的逻辑周延，我国的行政诉讼在学理研究和制度建构上显然都欠缺对逻辑一致的周密考虑和整体完整的反复锤炼。如上文所述，在已逾20年的行政诉讼制度实践中，我国一直积极吸收作为范本的域外行政诉讼的目标设定和价值意涵，并尝试将其最大限度地纳入我国的制度构建中，但却很少关注到，在被注入了各种价值和目标后，各个单项制度之间是否能在逻辑上保持周延和闭合，是否能够达成协调一致的整体。尤其是在遭遇现实问题时，学界惯常从外国经验中寻求帮助，但对外国制度的截取又往往是片断式的，而不是将其作为整体逻辑中的一环。这也导致很多原本在本国法律体系中运转良好的制度，在植入我国后，都变得如南橘北移一样水土不服。大部分人将其归因为"不符合中国国情"，却未考虑是因多头移植和断章取义所导致的体系不一致与逻辑不周延。事实上，如果我们把法制度看作是一套有内在运行逻辑的规则体系，这一规则体系自身逻辑的完整周密，当然决定了这部法律可能蕴含的生命力，以及它对现实的导引作用。德国法的经验已经证明，唯有引入对体系一致和逻辑周延的考量，一个运行良好、逻辑严密的行政诉讼整体架构才有可能达成。

综上，在对主观诉讼进行具体完善之前，首要的是引入系统观和整体观重新反思和检视行政诉讼制度，并将其首先作为"体系化的整体"，而在目标设定上进行纯化，在制度逻辑上予以锤炼，由此才能从整体上提升行政诉讼制度的理性。而这也是未来改良行政诉讼制度时应首先考虑的问题。

（二）完善主观诉讼的配套机制

无论未来我国行政诉讼的功能目标是定位于"对个人权利的保障"，还是着眼于"客观适法性的控制"，主观诉讼都不可避免地是行政诉讼的必要构成。而如上文所述，要使主观诉讼运行良好，同样须借由各项配套机制的设置，使其成为协调一致的有机整体。

1. 放弃受案范围的列举原则和以具体行政行为为对象的一元审查模式

很多学者在论及主观诉讼与客观诉讼时，总是将我国行政诉讼受案范围过窄归咎于行政诉讼是为个人提供司法救济的主观定位，认为只要将行政诉讼的功能定位由"主观"转为"客观"，放宽行政诉讼受案范围的问题就会迎刃而解，[16]而造成这一认识的一项重要原因就在于，很多时候人们都将主观诉讼与受案范围问题相捆绑，认为主观诉讼的定位必定对行政诉讼的受案范围予以限制。[17]事实上，尽管主观诉讼的定位对应的是对民众诉讼、团体诉讼等客观类型的排除，但绝对地认为主观诉讼一定会导致行政诉讼受案范围狭窄却毫无实据。在诸多以主观诉讼为行政诉讼基本定位的国家，德国最具典范意义，其行政诉讼制度自《联邦行政程序法》颁行起，就明确地将目标锁定为"个人权利的保护"，而对违法行政的监督和对公法秩序的维护也相应地成为"个人权利保护"的附带性效果。但如果我们对比一下德国和其他国家在受案范围上的宽窄广狭就会发现，主观定位并未影响德国通过受案范围规定为个人权利提供较之其他国家更广泛的保护。而其背后原因则在于，德国法认为行政诉讼的首要功能虽然是个体权利保护，但这种保护就范围而言，必须是"完整的""毫无漏洞的"（umfassender Rechtsschutz）。[18]"无漏洞的权利保护"从原则上排除了"免于司法审查的公权力（高权）行为"（justizfreie Hoheitsakte）的可能，明示出司法救济所提供的法律保护并不依赖于国家行为的具体形式，所有具有国家权力性质的活动，都应被纳入周密的司法保护之下。[19]这一条对于行政诉讼的直接影响，体现在《联邦行政法院法》在规范行政诉讼的受案范围时，对列举原则的明确拒绝（Absagen an das Enumerationsprinzip）。[20]《联邦行政法院法》第40条采取概括式方法，规定"非宪法性质的公法争议，只要联邦法律未做特别规定，均可

---

[16] 欧鸥父："借鉴与建构：行政诉讼客观化对中国的启示"，载《求索》2004年第8期。

[17] 伍旸："从行政诉讼功能定位看类型化发展——以主观诉讼、客观诉讼为分析视角"，载《湖北警官学院学报》2013年第12期。

[18] BVerfGE 103, 142.

[19] Walter Krebs, Kontrolle in staatlichen Entscheidungsprozessen, 1984, S. 172.

[20] ［德］弗里德赫尔穆·胡芬：《行政诉讼法》（第5版），莫光华译，刘飞校，法律出版社2003年版，第142页。

向行政法院诉请救济"。

德国法的实例证明了上述错误结论的偏颇，也同样对主观诉讼予以了正名。从这个意义上说，导致我国行政诉讼受案范围过窄的原因并非是主观诉讼的定位，而是受案范围的列举原则以及以具体行政行为为审查对象的一元模式。我国在最初制定《行政诉讼法》时，囿于对大范围开放行政诉讼可能造成的司法负荷的担忧，对可诉的案件进行了"正面列举"和不可诉案件进行了"反面排除"的规定。尽管第12条在正面列举了11类典型的可诉行政案件后，第1款第12项和第2款均采取了"兜底条款"的规定样式，但这样的概括却相当受限，不仅要受"侵犯公民人身权、财产权等权益"的条件限制，还要有"其他法律、法规规定"的法律依据。上述列举规定使我国自行政诉讼制度自建立之初，就是有限制地予以开放。

尽管学者为扩张我国行政诉讼的受案范围，尝试将上述规定解释为"只要不属于《行政诉讼法》明确予以排除的事项，就属于行政诉讼的受案范围"；最高人民法院在2018年发布的《关于适用〈中华人民共和国行政诉讼法〉若干问题的解释》也在增加了10类无可诉行为之前，尝试对行政诉讼的受案范围进行概括式规定，即"公民、法人或者其他组织对行政机关及其工作人员的行政行为不服，可依法提起诉讼"，但上述努力或者成为学者的一厢情愿，对司法实践并无约束力，或者被认为"逾越了立法原意"的"司法篡权"[21]。我国的行政诉讼发展至今，在受案范围上仍旧受到"列举原则"和"以具体行政行为为审查对象的一元模式"的窠臼限制而难有突破。

既然主观诉讼对公民个体权利的保障同样伴有"完整保护"的需求，那么我国未来行政诉讼的变革就应突破上述制度窠臼。如德国法向我们示范的"完整保护"理念对行政诉讼受案范围最直接的影响就是对列举原则的拒绝，对受案范围的规定并不能诉诸看似简单明确的法条列举，因为在列举背后无疑是更大范围的排除。而概括原则也并不只是在立法技术上优越于列举原则，除可容纳更多行政案件，且能够向未来的行政实践保持开放外，更重要的是，这种立法方式所表达的是一种"完整保护"和"无漏洞保护"的行政救济理念，而这种理念的引入对我国未来

---

〔21〕 何海波：《实质法治：寻求行政判决的合法性》，法律出版社2009年版，第106页。

的行政诉讼变革无疑具有导向性意义。

在放弃"以具体行政行为为审查对象的一元模式"方面，德国法同样对我国具有相当的示范意义。德国在最初建立行政救济制度时，因受奥托·迈耶"无行政行为就无司法救济"[22]的影响，而将行政诉讼的受案范围与"行政行为"（Verwaltungsakt）相捆绑。但德国的行政行为因具有"个体化和明确化"特征，因此范畴大致相当于我国学理中的"具体行政行为"。[23]但伴随行政类型的多样化和复杂化，德国很快抛弃了上述限定，1960年颁行的《联邦行政法院法》第40条明确规定，"非宪法性质的公法争议，只要联邦法律未做特别规定，均可向行政法院诉请救济"，据此，行政决定是否属于行政行为，不再成为当事人打开行政救济大门的钥匙，而成为当事人选择诉讼类型的重要依据。从行政实践来看，我国行政样态同样经历了如德国一样从侵害行政扩张至给付行政的变迁，行政决定也前所未有的多样化和复杂化，此时再将行政诉讼的审查对象局限为"具体行政行为"，自然与行政现实相背离。从学理而言，"具体行政行为/抽象行政行为"也只是学者为认识和归纳复杂的行政现实所进行的学理析分，换言之，只是学者为学术研究的便利所构建的"理想类型"，它和复杂的行政现实并非完全契合，将这种"学术概念"上升为"法律概念"，并贯彻于鲜活的制度实践，无疑会对司法实务造成困难。如果说将行政决定是否属于具体行政行为作为划分行政诉讼类型化的标准，有助于司法实务的精细化和审查的专门化；那么将其作为衡量行政诉讼受案范围的基准，相反就会构成对公民救济的"门槛性障碍"。与对列举原则的拒绝一样，为对公民的权利提供完整的、无漏洞的司法保障，这样的"门槛性障碍"当然应该被排除。

2. 廓清原告资格的范围

在逐项制度中，诉讼权能与主观诉讼之间的关联最为密切。在我国的行政诉讼中，有关诉讼权能的问题又经常被置于"原告资格"的概念下予以讨论，通过解决"何人有资格提起诉讼"，以及"就提出的具体诉讼而言，原告是否适格"的问题，"原告资格"规则发挥着检验起

---

〔22〕 Hartmut Maurer, *Allgemeinese Verwaltungsrecht*, Verlag C. H. Beck, 2003, S. 129.

〔23〕 参见赵宏：《法治国下的目的性创设——德国行政行为理论与制度》，法律出版社2012年版，第137页。

诉人资格要件的重要功能。

（1）逐步放宽的原告资格：从相对人到法律上利害关系人。相较典范国家悠久的行政诉讼传统，我国的行政诉讼制度直至 1989 年《行政诉讼法》颁布时开始建立。仅有 75 条的立法只是使行政诉讼制度初具雏形。单薄简陋的法条、过度原则化的规定，使这部法律在之后凸现规范力的不足。在累积了 10 年的实践经验后，最高人民法院于 1999 年出台《关于执行〈中华人民共和国行政诉讼法〉若干问题的解释》。这部解释包含了很多可称作是制度迈进的内容，其中一项就是原告资格，最初的《行政诉讼法》并不包含细致的原告资格要件，只有第 2 条概括地规定，"公民、法人或者其他组织认为行政机关和行政机关工作人员的具体行政行为侵犯其合法权益，有权依照本法向人民法院提起诉讼"。由于规定笼统，学理上又没有形成获得普遍确信的、何为"合法权益"的诠释与分析框架，司法便对此拥有了广泛的裁量空间。出于法律适用便宜的考虑，将原告资格限定为行政决定所直接针对的对象，便成为很多法院用以判断诉讼资格有无的首选基准。[24]但这种狭隘的"相对人资格论"，无疑使行政诉讼的功能发挥受到限制。

为纠正实务中出现的上述偏狭，并迎合日渐蓬勃的行政诉讼，最高人民法院遂在司法解释中规定，"与具体行政行为有法律上利害关系的公民、法人或者其他组织对该行为不服的"[25]，可以依法提起诉讼。此规定一出即受到学界的赞誉。有学者称，这一拓展使行政诉讼的原告资格从"相对人资格论"转变为"法律上利害关系人资格论"，有权提起行政诉讼的不再只是行政决定的相对人，那些与决定有法律上利害关系的相关人的诉权资格同样获得承认。[26]上述观点之后在 2014 年《行政诉讼法》修改时被彻底吸收，新《行政诉讼法》不仅将原告的类型明确地界定为"相对人"和"利害关系人"，而且将司法解释中的"法律上的利害关系"都修改为"利害关系"，借此进一步表达了扩张原告资格的志

---

〔24〕　参见沈岿："行政诉讼原告资格：司法裁量的空间与限度"，载《中外法学》2004 年第 2 期。

〔25〕　最高人民法院《关于执行〈中华人民共和国行政诉讼法〉若干问题的解释》（1999年 11 月 24 日由最高人民法院审判委员会第 1088 次会议通过，现已废止）第 12 条。

〔26〕　沈福俊："论对我国行政诉讼原告资格制度的认识及其发展"，载《华东政法学院学报》2000 年第 5 期。

向。但上述趋向值得肯定，但从法律操作上，何谓"利害关系"仍旧语焉不详。最高人民法院曾对"法律上的利害关系"做出释义。"'法律上利害关系'是被诉行为对自然人和组织的权利义务已经或将会产生实际影响，这种利害关系，包括不利的关系和有利的关系，但必须是一种已经或者必将形成的关系。"[27] 从"利害关系"到"实际影响"，最高人民法院似乎借鉴了美国关于司法审查"条件成熟"的规定[28]，以及民事法律中有关权益影响应具有"实际和相当可能性"的标准[29]，司法也因此在介入行政的时间点上有了一定的可把握性。但对于何种权益受到影响始能起诉，司法解释并无多大助益，这一问题仍旧只能留待司法在具体个案中判断斟酌。

（2）无法探知的"合法权益"与界限不明的原告资格。最高人民法院的持续努力同样引发学界对于这一问题的广泛讨论。这种热度完全可从 2000 年之后聚焦这一专题的论文数量窥见一斑。[30] 许多学者都期望在既有的制度框架下，通过对相关条文开放能动地解释演绎，来降低法律适用难度，同时巩固和强化行政诉讼原告资格扩大的趋势。在众多关于原告资格要件的归纳总结中，沈岿教授的"四要件说"似乎最为完整，也享有较高的引证率。他将涉及行政诉讼原告资格的整体规则概括为四个方面：①原告是自然人和组织；②存在合法权益；③合法权益属于原告；④合法权益已经受到或是将会受到被诉行为的影响。[31] 这一概括在法律解释的基础上，提供出类似德国法教义学的分析框架。但如果说第 1

---

〔27〕 最高人民法院行政审判庭编：《关于执行〈中华人民共和国行政诉讼法〉若干问题的解释》释义，中国城市出版社 2000 年版，第 26~27 页。

〔28〕 王名扬：《美国行政法》（下），中国法制出版社 1995 年版，第 642 页。

〔29〕 沈岿："行政诉讼原告资格：司法裁量的空间与限度"，载《中外法学》2004 年第 2 期。

〔30〕 相关论文可参见沈福俊："论对我国行政诉讼原告资格制度的认识及其发展"，载《华东政法学院学报》2000 年第 5 期；胡锦光、王丛虎："论行政诉讼原告资格"，载陈光中、江伟主编：《诉讼法论丛》（第 4 卷），法律出版社 2000 年版，第 596~597 页；夏锦文、高清华："我国行政诉讼原告资格的演进"，载《法商研究》2001 年第 1 期；杨寅："行政诉讼原告资格新说"，载《法学》2002 年第 5 期；李杰、王颖："行政诉讼原告的主体资格"，载《人民司法》2002 年第 9 期；沈岿："行政诉讼原告资格：司法裁量的空间与限度"，载《中外法学》2004 年第 2 期；李晨清："行政诉讼原告资格的利害关系要件分析"，载《行政法学研究》2004 年第 1 期。

〔31〕 参见沈岿："行政诉讼原告资格：司法裁量的空间与限度"，载《中外法学》2004 年第 2 期。

项、第 3 项不会引发过多分歧，而第 4 项又已由最高人民法院在部分程度上厘清外，那么存有争议的仍旧是第 2 项——何为"合法权益"。既然实定法用"权益"取代"权利"，相当部分的学者因此认为，权益的范畴当然远远超过了权利，其既包含权利又包含利益。[32] 在这种由来已久的认识之下，学界又存在关于权益是否必须由法律明确规定[33]，还是无须以法律规定为前提的观点[34]之争。尽管为法律明确性与稳定性之故，很多学者还是坚持"合法权益"要以法律规定为依托，但由于缺乏更进一步的推导模式，在法律规定中又如何再发现"权益"，仍旧成为划定诉讼保护范围时的难解之题。沈岿教授主张对"合法权益"的探究要从整个法律文本进行，具体方法则可借鉴诸多国外司法经验，例如，法律直接规定了权利形式；从法律的义务性规定中对应推演出相关权利；从法律规定行政机关必须考虑的因素中推演出相关权利；从立法所欲保护或调整的利益范围中推演出相关权利。[35] 但这些方法之间是并列还是包含关系，相互之间如何契合，如运用不同方法会导出不同结论又如何处理，这些显然都不是仅提供一些大致的思考方向就能够解决的。沈岿教授也承认，这种"试图超越立法的字面表述，借助对法律内在意图、精神的钻探，并以法律解释的方式去划定合法权益边界"的办法，必然会"形成一个灰色的、令人踌躇的地带"。[36] 因此，对于攸关原告资格的"合法权益"问题，我国行政法学界仍未形成获得普遍确信的分析框架和相对一致的推导步骤。

综上，原告资格涉及主观诉讼的口径问题，而我国的行政诉讼学理和制度实践发展至今，仍旧未能形成获得普遍确信的、相对一致的有关"原告资格"以及"合法权益"的分析框架和推导步骤。而对这一问题的解决，域外制度已经为我们提供了有益启迪。例如在德国，有关行政

---

〔32〕 罗豪才主编：《行政审判问题研究》，北京大学出版社 1990 年版，第 70 页；应松年主编：《行政诉讼法学》，中国政法大学出版社 1994 年版，第 115 页。

〔33〕 例如丁丽红："关于扩大行政诉讼对合法权益保护范围的思考"，载《行政法学研究》1999 年第 1 期。

〔34〕 例如夏锦文、高清华："我国行政诉讼原告资格的演进"，载《法商研究》2001 年第 1 期。

〔35〕 参见沈岿："行政诉讼原告资格：司法裁量的空间与限度"，载《中外法学》2004 年第 2 期。

〔36〕 沈岿："行政诉讼原告资格：司法裁量的空间与限度"，载《中外法学》2004 年第 2 期。

诉讼的原告资格, 学理和司法实务均将其交由 "主观公权利" 和 "保护规范" 理论予以处理, 这些理论因为经历了长期的法教义学锤炼和制度实践检验, 表现出很高的成熟度和稳定性。因此, 有选择地吸纳这些有益理论, 并尝试将其逐步发展为普遍确信的一般步骤, 对于我国原告资格的廓清无疑具有相当价值。

3. 提升司法审查密度

域外的经验证明, 尽管主观诉讼将行政诉讼的目标限缩为 "个人权利的保护", 但它所要提供的应是一种 "有效的保护"。而这种有效的保护又首先依赖于高密度的司法审查。但与其他国家相比, 我国的行政诉讼在审查密度问题上不仅表现出相当的不确定性, 而且还在很大程度上受限。审查受限一方面源自学界对于裁量的笼统概括和不加析分; 另一方面也基于我国行政诉讼对行政行为合法性与合理性的截然区隔, 以及较为武断地将所有的裁量瑕疵都划归合理性问题。

(1) 笼统概括的裁量授权。我国学界对于裁量的笼统概括只要对比一下德国就清晰可辨。不同于大多数国家概括地认为, 只要立法规范模糊, 需要行政在执法中进一步明晰时, 行政机关就拥有了裁量权, 德国法存在裁量与不确定法律概念的严格界分。德国法首先将法律规范区分为事实构成要件与法律后果两部分, 进而将裁量局限于法律后果部分。也就是说, 只有在法律规定的构成要件成立时, 行政机关才可以选择不同的处理方式, 才可确认其拥有了裁量权[37]。但事实上, 行政机关对法律的适用并不仅仅是对法律后果的选择, 尚包括对事实构成要件的确定, 以及对所发生的案件事实是否与法律规定的事实要件相符的涵摄, 但这些在德国法中都不属于裁量范畴。若法律规定的事实构成要件模糊不清、难以把握, 需要具体明确与判断时, 德国法称之为 "不确定法律概念" (unbestimmte Rechtsbegriff)[38]。据此, 所谓 "行政裁量" 在德国被压缩至法律后果选择的狭小空间内, 而相应地, 高密度的司法审查也只有在面对这部分的行政决定时, 才会受到限制。但在我国, 规范的构成要件和法律后果的区分并未影响到行政机关整体的选择空间与判断余地, 学

[37] Kopp/Ramsauerm, Verwaltungsverfahrensgesetz Kommentar, 8. Auflage, Verlag C. H. Beck 2003, S. 622.

[38] Hartmut Maurer, Allgemeinese Verwaltungsrecht, Verlag C. H. Beck, 2003, S. 132.

界惯于将所有立法规定不详，有待行政在执法时具体甄别的部分，都笼统地划归为行政的裁量范畴。因此，相比德国的裁量与不确定法律概念的二元，我国的裁量理论显然是未加区分、无所不包的"一元论"〔39〕。既然行政裁量覆盖包括事实构成要件和法律后果的所有方面，那么与之保持"非进即退"关系的司法审查的界域，也就自然回退到这一范畴之外。因此，无论是行政机关对法律后果的选择，还是规范事实构成要件的解释，只要立法规定模糊，司法都必须保持相当的克制，而不能进行无限度的审查。事实上，德国裁量制度的发展已经向我们展示，行政在法律适用过程中的判断是多步骤的，其中至少包括对规范构成要件的解释、对所发生的案件事实是否与法律规定的事实要件相符的涵摄以及对法律后果的选择三个阶段。将立法的规定不详一律视作对行政裁量的概括授权，无疑使司法丧失了对行政适用法律的整体过程的严格控制。

（2）合法性与合理性的截然二分以及"自由裁量"的错误导向。除裁量范围过于宽泛外，我国司法审查密度受限的原因还在于学界对裁量本质的认识。在我国学理中，裁量一般只涉及合理性问题，并不涉及合法性问题，行政机关所为的裁量，只要并未逾越法律的授权范围，即便存在瑕疵纰漏，也仅属于不合理，而非不合法。又根据《行政诉讼法》的核心基准——具体行政行为合法性审查原则，司法原则上只能对具体行政行为是否合法进行审查，只有行政处罚显失公正的，司法才能例外地对决定予以变更。立法排除司法对于行政合理性问题审查的理由主要是法院只是法律的专家，对于行政决定是否合理的判断，司法并不具备技术和经验优势，其对行政的指手画脚并不具有制度正当性。既然裁量一般只涉及是否合理，而这又并非司法审查的固有权限，那么司法对于裁量的态度基本上就只能是"作壁上观，放任自流"。

将合法性与合理性截然二分，认为裁量原则上仅涉及合理性问题，并以此为由排除司法严格审查的做法，无疑使司法对行政的控制大打折扣。首先，合法性与合理性的截然区分，会使所有的行政行为都被"僵化"地划为两类：羁束的和裁量的。前者必须接受法律的严格规制，而后者则完全从法律规制中豁免，也正因如此，我国很多学者在提到裁量时都惯于在其之前加上"自由"作为定语，以显示行政机关在裁量范畴

---

〔39〕 王天华："从裁量二元论到裁量一元论"，载《行政法学研究》2006年第1期。

内享有相当程度的自由，已经逸出司法的控制之外。事实上，绝对的羁束行为和绝对的裁量行为都只存在于学者的想象当中，两者都更近于一种认识上的"理想类型"，而现实中，几乎所有的行政决定都同时交织着这两种因素，并不能被简单地归类为羁束或是裁量。将这些学理认识上的理想类型不加思索地植入司法实务，其结果只能是司法覆盖面的萎缩与回退。其次，认为裁量仅涉及合理性问题，并以此为由阻却司法控制的介入的做法，同样偏狭恣意。正如现实中并不存在绝对的羁束行为和绝对的裁量行为，所谓合法与合理也并非永远泾渭分明，而且，伴随现代法治由"形式法治"向"实质法治"的迈进，对行政合法的要求也已不再限于符合法律的形式规定、不逾越法律的界限，还包含了保障信赖利益、符合比例原则、维护公民基本权利等实质内容，此时再过度地强调合法与合理的区分，无疑会使依法行政原则原本丰富的内涵被"行政合理性"所侵蚀和掏空[40]，司法也会时时因为合理性审查限制的阻挡，而难以在行政裁量领域获得有效推进。

综上，无论是笼统地将所有立法不详都视作行政裁量的范畴，还是概括地将所有裁量瑕疵都归类为"合理性"问题，并一律排除司法审查在此范围内的作用，都使我国司法审查的密度和强度在一定程度上被减弱和降低。而要提高我国主观诉讼对于公民个人权利保护的有效性，又必须强化我国司法审查的密度，使之同样覆盖或辐射至行政机关的裁量领域，因此，吸纳其他国家有关"裁量"和"不确定法律概念"的区分，确立"合义务裁量"而非"自由裁量"的观念，对于行政诉讼的提升和改良同样至关重要。

4. 引入诉讼暂时保护制度

德国的经验证明，尽管主观诉讼为公民提供的是一种"个别保护"，但这种保护必须同时是全面完整和切实有效的[41]，否则主观诉讼的功能设定同样存在根本缺陷。而切实有效的权利保护不仅有赖于法院高密度的司法审查，还需以普遍且高效的权利暂时保护制度为补充。权利暂时

---

〔40〕 李琦："论行政裁量的性质及其构成"，中国政法大学 2002 年硕士学位论文，第 3~4 页。

〔41〕 Kopp/Schenke，Kommentar zur Verwaltungsgerichtsordnung，C. H. Beck，2005，14. Aufl. § 42. Rn. 117.

保护制度是在判决结果并未做出之前，就为原告提供保护的相应机制。它能够有效避免法院在完成对行政决定的审查前，行政机关擅自造成"完结事实"的可能，并将行政诉讼对于权利保障的"有效性"发挥至最大。

在德国，这种暂时保护机制主要通过诉讼的"延缓效果"（aufschiebende Wirkung）以及法院的临时性命令来实现。根据《联邦行政法院法》第 80 条第 1 款的规定，"撤销之诉有暂缓执行的效力（aufschiebende Wirkung）。这一点同样适用于权利形成性的、确认性的以及具有双重效力的行政行为"。据此，就撤销之诉而言，原则上只要当事人诉请救济，起诉就会发生使行政行为停止执行的效力。即使行政机关可以在有特别需要时，对行政行为予以即时强制执行，从而排除上述暂缓执行的效力（aufschiebende Wirkung），也必须提出一项特殊理由。除《联邦行政法院法》第 80 条外，《联邦行政程序法》第 123 条中的"暂时命令"（Einstweilige Anordnung）同样是暂时法律保护的另一种形式。[42]根据第 123 条第 1 款，"当申请人权利的实现因既存状态的改变而受到阻碍，或遭遇严重困难时，行政法院可基于当事人申请，针对诉讼争议对象发布临时命令，这种临时命令同样可在诉讼提起之前做出"。此外，"为避免因争议法律关系的存在造成的严重困难或紧急危险，或基于其它必要理由，临时命令同样可以针对争议法律关系做出，从而使其效力延缓"。联邦行政法院认为，凡不属于《联邦行政法院法》第 80 条调整范围内的其他所有情况下的暂时法律保护，均可采取这种形式。[43]据此，第 123 条和第 80 条彼此配合，共同提供了一种完成的、"无漏洞"的"暂时法律保护"。

暂时法律保护所要实现的是对个体权利保护的有效性（Effektivitaet）和及时性（Rechtzeitigkeit），但在我国行政诉讼法中却找不到这样的对应制度设置。我国《行政诉讼法》第 56 条明确规定，"诉讼期间，不停止具体行政行为的执行"，除非有以下例外，"①被告认为需要停止执行的；②原告申请停止执行，人民法院认为该具体行政行为的执行会造成难以弥补的损失，并且停止执行不损害社会公共利益，裁定停止执行的；③人民法院认为该行政行为的执行会给国家利益、社会公共利益造成重

---

〔42〕 Erichsen, Die einstweilige Anordnung nach §123 VwGO, Jura 1998, S. 161.

〔43〕 BVerwGE 68, 191 (101).

大损害的；④法律、法规规定停止执行的"。相应地，"起诉不停止执行"也被认为是我国行政诉讼的一项重要原则。但这一原则同样带有强烈的客观色彩，它不仅与行政诉讼的主观保护不相符合，还隐含着"行政执行所维护的公益"原则上要大于"停止执行所维护的原告私人利益"的概观认定。司法实践中，这一原则的僵化苛刻，因我国在行政行为执行制度上所奉行的，"以申请人民法院执行为原则，以行政机关自己执行为例外"的另一原则而得到缓解。又根据 2018 年最高人民法院《关于适用〈中华人民共和国行政诉讼〉的解释》第 77 条的规定，"利害关系人因情况紧急，不立即申请保全将会使其合法权益受到难以弥补的损害的，可以在提起诉讼前向被保全财产所在地、被申请人住所地或者对案件有管辖权的人民法院申请采取保全措施。"上述规定也已初露暂时性权利保护机制的端倪。但其与"起诉不停止执行原则"之间的矛盾冲突，却再次表现出我国行政诉讼在制度设计上的逻辑不周延和体系化失衡，而且，相比德国"完整且无漏洞"的暂时保护，我国的相关制度不仅未获确定的正名肯定，覆盖面上也存在缺陷。对于行政机关自己有强制执行权的行政决定，"起诉不停止执行"仍旧是阻却原告获得有效和及时保护的制度障碍。

有效的法律保护应当首先是及时的法律保护，如果这种法律保护来得过迟，例如被诉决定已经被不可逆转的执行，或是当事人申请的行政许可在诉讼经过后已经丧失意义，那么即便法院通过司法审查最终确认行政违法，并宣称原告的起诉具备理由，这种保障也会显得毫无实际意义。从这个意义上说，提升和完善我国的主观诉讼，同样需在相应环节配置"暂时法律保护"机制。

5. 反思撤诉的制度安排

如果说主观诉讼是为回应当事人的权利救济诉求，那么在整个诉讼过程中也自然应从当事人的诉讼请求出发，不仅法院的审查范围应受当事人请求的约束，当事人对诉权的处分同样应受到法院尊重。换言之，主观诉讼一定是与诉讼中的当事人处分原则（Verfuegungsgrundsatz）[44]紧密相连。但如上文所述，我国行政诉讼虽然在启动方面呈现出强烈的

---

[44] ［德］弗里德赫尔穆·胡芬：《行政诉讼法》（第 5 版），莫光华译，刘飞校，法律出版社 2003 年版，第 547 页。

"主观色彩"，但之后的制度设置则完全偏向客观，这种主客观的交错繁杂和毫无章据尤其体现于对原告撤诉的处理。

（1）撤诉中的法院介入。与起诉一样，撤诉同样是当事人对其诉权的处分，我国《行政诉讼法》虽然允许原告在"人民法院对行政案件宣告判决或裁定前"可以申请撤诉，原告也可因为"被告改变其所作的具体行政行为"而申请撤诉，但"是否准许，由人民法院裁定"。即使是"经人民法院两次合法传唤，原告无正当理由拒不到庭的"，也是"视为申请撤诉"，而非"按撤诉处理"，申言之，人民法院同样可以根据情况裁定准许或不准许。上述规定与当事人对诉权的处分原则大异其趣，借由对原告撤诉申请的实质审查，法院一改审判中立者的角色，而成为行政违法的监督者和公法秩序的维护者，上述规定也因此呈现较浓厚的"客观色彩"。

对于上述规定，学界既往普遍持肯认态度，认为这一制度的设置主要是基于如下考虑：其一，原告申请撤诉，可能并非基于自愿，而是受到被告胁迫，此时限制原告撤诉反而可以保障其权利不受行政机关违法行为的损害；其二，原告与被告可能达成不当交易，被告通过改变具体行政行为换取原告申请撤诉，此时限制原告撤诉是基于对公共利益的保护，以及敦促行政机关依法履行职权。[45]也正因为对原告的关怀和对法院监督职能的期待，"行政诉讼对撤诉申请的审查应比民事诉讼更严格"，在学理上被合理化。

（2）撤诉法律规定的"虚置"和制度风向的改变。但如果我们将视线投入司法实务就会发现，上述规定在实践中被"虚置"。[46]自《行政诉讼法》颁行以来，一审行政案件的撤诉率就从未低于1/3，最高年份时这一比率甚至达到57.3%。撤诉也因此成为我国较典型的行政诉讼的结案方式。[47]即使《行政诉讼法》和司法解释赋予了法院对撤诉申请的实质审查权，但实践中法院在审查过原告的撤诉申请后作出不准许裁定的却少之又少，更有甚者，为降低案件处理难度，避免与行政机关产生正面冲

---

〔45〕 罗豪才、应松年主编：《行政诉讼法学》，中国政法大学出版社1990年版，第219~220页；姜明安：《行政诉讼法学》，北京大学出版社1993年版，第153~154页。

〔46〕 何海波：《实质法治：寻求行政判决的合法性》，法律出版社2009年版，第63页。

〔47〕 孙林生、邢淑艳："行政诉讼以撤诉方式结案为什么居高不下？对365件撤诉行政案件的调查分析"，载《行政法学研究》1996年第3期。

突，很多地方的法院甚至主动劝说和动员原告撤诉。

制度规定与实践操作之间的龃龉、背离引发学界的高度关注，大部分学者均认为法院对原告撤诉的"绿灯放行"，使《行政诉讼法》限制撤诉的立法意图落空，为纠正这种趋向，法院应严把撤诉审查的关卡，对"不符合法定标准的，一律不准许撤诉"。[48]但由于现行体制下法院和行政之间不可避免的密切关系，以及法院自身独立性和权威性的相对不足，"容忍"甚至是劝说原告撤诉，仍旧是法院避免自身陷入审判僵局的权宜选择，相应的，尽管《行政诉讼法》明确规定，"行政诉讼不适用调解"，但通过"协调"或"调解"来结案仍旧在我国行政诉讼中广泛适用。现实与制度之间的龃龉最终只能通过制度的风向变革得到弥合。2008 年最高人民法院发布《关于行政诉讼撤诉若干问题的规定》，对之前明令禁止的"调解、和解结案"予以全面、正式肯定。值得关注的是，尽管该司法解释同样对被告改变具体行政行为，法院允许原告撤诉的条件予以了明晰，"①申请撤诉是当事人真实的意思表示；②被告改变被诉具体行政行为，不违反法律、法规的禁止性规定，不超越或者放弃职权，不损害公共利益和他人合法权益；③被告已经改变或者决定改变被诉具体行政行为，并书面告知人民法院；④第三人无异议"，但根据条文的语词表述，只要符合上述条件，人民法院就"应当裁定准许"。换言之，法院不能再基于对行政适法性的监督或对公益的维护而阻却原告撤诉，在符合上述条件时尊重原告意愿成为法院的义务。制度风向的转变由此清晰可辨。制度风向的转变同样带来学者倾向的转变。如果说在此之前，大部分学者还对法院在原告撤诉问题上的放任态度持批评和反对意见，在 2008 年司法解释出台前后，"法院积极斡旋，促成被告改变具体行政行为、原告自愿申请撤诉"，已经成为诸多学者口中"妥善化解矛盾纠纷、完善行政案件协调处理的新机制"[49]；之前学者对我国行政诉讼撤诉率偏高的忧虑，也完全被对法院协调处理行政案件的一致激赏所彻底替代。

---

〔48〕 何海波：《实质法治：寻求行政判决的合法性》，法律出版社 2009 年版，第 66 页。

〔49〕 李广宇："《关于行政诉讼撤诉若干问题得规定》的理解与适用"，载《人民法院报》2008 年 2 月 1 日，第 6 版；周公法："论行政诉讼和解制度的构建——非正式制度安排向正式制度安排的变迁"，载《山东审判》2009 年第 1 期。

（3）从主观诉讼角度反思撤诉的制度安排。事实上，无论是之前极力反对法院"容忍"或"劝说"原告申请撤诉，或是之后一致激赏"法院和解、调解结案是完善行政案件协调处理的新机制"，学者给出的理由大多从对法院应承担的维护公法秩序的功能期待，以及对我国审判现实的因应考虑出发。人们期待行政诉讼能够承载法治的理想，能够带来社会结构的根本性变革，但实践证明，这种期待超出了行政诉讼制度本身所能承载的负重，行政诉讼所能达到的客观功能被毫无实据的夸大，以至于这一制度的内在资源在追寻"远大理想"的过程中被白白空耗，其根本的主观权利保障机能也因此受到大大挤压。以撤诉的制度安排为例，从保障诉权角度而言，无论是起诉或撤诉均是原告对其权利的处置，法院都应予以尊重。但我国的撤诉制度在最初设置时所确立的"司法职权主义"，无疑是想借由司法的强制介入，来达至客观公法秩序的维续和构建任务，但初始制度的失效挫败和之后的制度转变却证明，司法机关靠一己之力并无法达成如此宏大的目标。尤其是在我国这样一个司法还不够独立的国家，上述目标设定最终只能成为对司法的过度要求。从这个角度而言，我国司法实务对于撤诉问题的态度转变，与其说因为真的发掘出撤诉的合理性，毋宁为是对自身作用局限的现实肯认。

通过在撤诉中的强势干预来监督行政，不仅存在"现实不能"，还会对原告的权利保障造成伤害，并最终造成行政诉讼主观权利保障的目标同样落空。如上文所述，《行政诉讼法》的立法者担忧原被告地位的悬殊，导致原告撤诉并非基于自愿，因此要求法院通过积极作为而予以拦阻。但实践中，即便原告是因为迫于被告的影响力而申请撤诉，也都是基于对自身利益和现实利害关系的最理性考虑，相反，没有任何理由可以认为，法院对原告现实利益和未来境遇的考虑会比其自身更周全妥当。而在原告已经感到胜诉无望，法院仍旧横加干预，强制原告继续诉讼，无疑是弃原告的权利保护不顾，去追求"大而不当"的客观目标，原告在此彻底沦为纯粹的"行政诉讼"启动器。这样的做法不仅破坏行政诉讼首先作为"权利救济"机制的属性，同样严重伤害相对人对于行政诉讼制度的信赖和寻求行政救济的积极性。即使立法者同样担忧撤诉，可能是因为原被告双方达成不当交易，被告通过撤销或改变原来的行为换得原告撤诉，这种担忧也不能成为在撤诉问题上奉行"司法职权主义"

的合理理由。且实践数据证明，在一审撤诉的行政案件中，基本很少有案件是因为上述原因的撤诉〔50〕。因此，这种情形只能作为例外。从学理而言，即便此时法院未经实质审查而允许原告撤诉，行政机关撤销或改变原来行为已经构成了一项新的行政行为，利益因此受损的"第三人"完全可对这一新的行为提起诉讼；即使无利益因此受损的第三人，法院也不能借由对于撤诉的阻挠而将自身塑造为"公共利益"的界定者和捍卫者。总之，在撤诉问题上，首要应考虑的是对原告的权利保护，以及这一制度与行政诉讼作为主观诉讼的匹配协调。正因如此，我们大可不必感叹新近司法实务对撤诉问题的态度转变是"行政诉讼的彻底沦落"，也无须从"和谐司法"的角度为这一转变寻求正当理由，行政诉讼的主观保护目标以及因此导出的对原告诉权的尊重和保护，已经为这一转变提供了最恰当的制度说明。从这个意义上说，尽管司法实务的转变多少有着因为原定目标的失效挫败而为之，但从制度匹配角度而言却不失为正确的趋向。

6. 强化判决对诉讼请求的回应

与之前的其他环节一样，我国行政诉讼在判决部分同样呈现出与主观诉讼定位的逻辑冲突与一定的制度矛盾。在诉讼的启动上，"原告的个体权利受损"成为触发行政诉讼的关键要素，但之后无论是在审查对象还是在作为诉讼过程最终产生的判决类型及其理由方面，我国的行政诉讼都转而去强调对行政适法性予以监督的"客观方向"。"审查和救济的不对应，以及诉和判的不对接"〔51〕，再次使行政诉讼的主观保护功能受到挤压。

从判决类型而言，我国目前的行政诉讼判决主要有六种：维持判决、撤销判决、履行判决、变更判决、确认判决（确认违法和确认无效）以及驳回原告诉讼请求判决。在这些判决中，除驳回原告诉讼请求判决具有鲜明的"主观色彩"外，其他的判决无一例外都是针对客观法秩序的客观判决，这些判决的主旨都是对行政行为的合法/违法予以权威性的宣告，而原告的个体权利保护则成为这种"权威性宣告"的附带效果。因

---

〔50〕 何海波：《实质法治：寻求行政判决的合法性》，法律出版社2009年版，第83页。

〔51〕 伍劲：" 从行政诉讼功能定位看类型化发展——以主观诉讼、客观诉讼为分析视角"，载《湖北警官学院学报》2013年第12期。

为适法/违法宣告与原告的权利保护需求并不能直接对接，这就不可避免地会造成在某些情形下，原告即使胜诉，其权利保障的诉求仍可能会落空。例如，法院在判决中确认被告行政违法，却没有同时对原告诉讼请求的"理由具备性"予以正面承认，此时，即使原告获得的是宣告被告败诉而自己胜诉的判决书但不具有太大的实效性。

客观诉讼与主观诉讼的压倒性比例差别已经表明我国在诉判问题上的相互脱节。如果我们再深入分析各种判决的适用理由，我国行政诉讼在判决部分对原告诉讼请求的不够重视就表现得较为突出。以撤销判决为例，《行政诉讼法》第 70 条规定，法院可以基于以下原因撤销行政行为："①主要证据不足的；②适用法律、法规错误的；③违反法定程序的；④超越职权的；⑤滥用职权的；⑥明显不当的"。据此，撤销判决的适用理由仅需行政行为违法或明显不当这一个要件，只要行政行为被确认为违法，法院就可予以撤销，而无论行政行为是否真正侵犯了原告的合法权益。与之相反，在严格奉行主观诉讼的德国，撤销之诉的"理由具备性"必须同时具备行政违法（Rechtswidrigkeit）和权利侵害（Rechtsverletzung）两项前提，[52]仅有行政决定违法，但原告自身的权利并未因此受到侵害，并不能成为法院在撤销之诉中确认原告的诉讼具备理由的充分条件。经由这样的对比，我国行政诉讼判决的客观化构造就会格外凸显。

如果说撤销判决是对行政行为适法性的否定性评价，因此属于否定判决，那么变更判决、履行判决和确认（违法/无效）判决也同属于此类判决的序列。但与撤销判决相同，这些判决的适用理由同样只需符合行政决定被确认为违法的前提，而原告的权利是否真的因行政决定而受到侵害则在所不问。很多学者认为，客观判决可使法院在判断案件的是非曲直时，突破对原告诉讼请求的限制，对被诉公权力行为的适法性进行广泛而深入的审查，从而有效地实现对行政的监督。[53]但值得关注的是，我国行政诉讼在判决理由部分对行政适法性审查的强调，同样可能引发

---

〔52〕［德］弗里德赫尔穆·胡芬：《行政诉讼法》（第 5 版），莫光华译，刘飞校，法律出版社 2003 年版，第 434 页。

〔53〕梁凤云："行政诉讼修改的若干理论前提——从客观诉讼和主观诉讼的角度"，载《法律适用》2006 年第 5 期。

忽视主观权利的危险，并使行政判决和诉讼请求之间的两相背离更趋严重。

除对原告的诉求不予回应，使原告仅成为诉讼的"启动器"之外，判决理由的客观化趋向同样存在浪费司法资源之虞。如上文所述，只要具体行政行为违法，法院就可予以撤销，即使行政行为仅罹患程序瑕疵。《行政诉讼法》的立法者期望借此警示行政机关提高程序意识，严守法定程序，但这一规定却忽视了对程序经济和行政效能的考虑。试想，如果行政行为的程序瑕疵并未使原告的实体法律地位受到影响，法院却仅因程序瑕疵将其撤销，而我国行政学理上又不存在"程序补正"等其他手段，行政机关就只能再将同样的决定重新再做一遍。这样的做法无疑是对行政资源和司法资源的双重浪费。

据此，要使主观诉讼的目标得以一以贯之的落实，保障诉讼各个环节的逻辑一致和协调配合，那么在判决部分强化判决对于诉讼请求的回应性，在诉判之间建立起相互关联，同样是完善主观诉讼的必要举措。

意大利行政诉讼中的预防性保护

[意] 安德烈·法理* 著

罗智敏** 译

前 言

在分析行政诉讼一般特征时，关注对公民与行政机关之间关系所涉及的利益进行保护的最有效的措施是非常重要的。在这些措施中，行政法官进行的预防性保护具有首要重要的地位。我将简短地介绍一下预防性保护的性质、前提、局限性、无名性措施及具体的诉讼规则。

一、工具性

在包括行政诉讼在内的任何诉讼中，预防性保护总是具有工具性：就像卡拉门得瑞（Calamandrei）说的那样，预防性保护"直接目的是保证最终的措施得以实施"。也就是说避免因诉讼期间的原因导致实际上有利于原告的最终判决无法实现。

事实上，行政处理的执行可能会给行政处理的相对人带来严重的损害或者无法恢复的损害。例如一个征收行为，可能会导致某个土地的根本性的变化，以至于私人无法恢复原状；或者关于一个企业的命名，会导致企业主出现困难甚至破产。在这些情况中，尽管行政处理是违法的，为此后来会被行政法官撤销，撤销判决却已经不能实际保障公民的利益，因此必须需要预防性保护，在可能的损害之前进行，这样就会避免在审理中执行行政处理。

---

* 安德烈·法理（Andrea Farì），罗马第三大学教授，罗马圣玛利亚自由大学教授。

** 罗智敏，中国政法大学法学院教授，意大利罗马第二大学法学博士。

诉讼要有一个正常的不可消灭的期间，以保证正当程序，这就需要在行政诉讼中规定预防性保护的措施。诉讼中的辩论规则或者调查程序等，都使得立即审理甚至诉讼在一个很短的期间完成是不可能的。

诉讼中的预防性保护的目的就是全面保护行政处理中涉及的利益并且同时完全遵守诉讼规则。预防性保护措施的工具性表现在以下两个方面：一是形式方面，必须有一个判决，因为紧急的司法措施对于实质性裁决而言具有暂时性的效力；二是实质方面，预防性保护措施不能比判决具有不一样的或者更高的效果。

意大利的法律规定了工具性的性质，"根据具体情况，做出更能够暂时性确保诉讼判决效力的包括临时支付一定数额命令的预防性保护措施。"

实际上，立法者使用的术语"暂时地"及"临时支付一定数额"都强调了预防性保护的暂时性的效力。随着判决的作出效力中止（形式上的工具性），立法提到"判决效力"，很明显预防性保护的效力内容与实质判决是联系在一起的（实质工具性）。

这样，一方面，法律规定了行政法官可以采取的预防性保护措施额不同类型；另一方面，通过指出最为适合的方式，将预防性保护措施的采取与诉讼的判决效力联系起来。

因此，工具性同时构成预防性保护措施的丰富内容及限制。

二、前提条件

尽管是暂时性的，但是预防性保护措施的效力对公共利益与私人利益而言是非常重要的。为此，法律要求行政法官审查预防性保护请求的两个条件。

这两个条件是行政法官给予预防性保护的必要条件："表面上有良好权利"（fumus boni iuris），且存在"诉讼拖延的危险"（periculum in mora）。

"表面上有良好权利"是对公民起诉提出的请求进行实质性审查。在过去，理论界与司法界存在不同的解释：有人认为应该对起诉受理进行一个可能性的审理程序，赋予起诉理由及事实较为重要的地位，审理是法官对实质根据进行的初次评价；有人认为只是一个纯粹的表明起诉本身并非无根据的审理，因此相对于起诉理由而言其重要性是有限的。

目前的法律似乎毫无疑问地选择了第一种解释：法官应该对"诉讼结果进行合理预测"。当然即使是倾向于第二种解释，预防性保护措施也不能与一个明显无根据或不可接受的起诉联系起来。

当然，第二个条件"诉讼拖延的危险"对于行政诉讼而言也是非常重要的。法官应该审查起诉人"在作出判决的必要期间"因被诉行为造成"严重的难以弥补的损害"的可能性，起诉人在预防性保护申请中应该预先指出。法官不能在诉讼中理论上确定存在损害并依职权指出。

"严重的难以弥补的损害"是行政法官受理预防性保护的原因，不能存在于损害合法利益的且决定被诉行政处理的普通损害，而是应该具有特别性的一种损害。司法界认为，这种损害可以从"绝对"意义上审查或者从"相对"意义上审查。前者涉及行政处理损害的利益的类型，独立于起诉者的主观地位，例如行政处理的执行或导致损害一个财产，停止一个活动，丧失一个工作职位等；后者指涉及与起诉者的主观地位有关的行政处理的影响：一个行政处罚的数额相对于起诉人的收入而言过高。尽管如此，在确定"诉讼拖延的危险"时，行政法官应该对所涉全部利益进行审查，根据自己谨慎的判断，审查预防性保护措施可能影响的行政机关以及可能的利害相反关系人，例如执行一个行政处理对原告造成一定的损害，但是停止执行对于行政机关及利害相反关系人会造成更为严重的损害。

如果接受或者拒绝预防性保护的申请，《行政诉讼法典》并没有要求具有效力的不可恢复性。实际上人们明确指出在这些情况下适用押金制度：针对法官判决附有义务的一方当事人，法官应该规定交纳罚金，这是授予或者拒绝预防性保护的条件。但是当涉及"个人的基本权利或者其他具有宪法意义的财产"时，不需要交罚金，以避免审查发生针对个人而言基本性利益服从于财产性的要素，这是不可接受的，不仅是道德层面，也是因为宪法规定而必须关注。

三、限制

在这方面，还需要考虑行政法官预防性保护权力的一些限制。

首先，预防性保护措施不能决定审理的判决，即使是事实层面。否则，预防性保护就改变了形象，与工具性原则背道而驰。

其次，人们怀疑行政法官在预防性保护阶段，具有决定法律授予行政机关裁量权的处理的利益，这方面是保留公共行政机关权衡的。

四、无名性

意大利行政诉讼中预防性保护的核心问题就是其无名性。

关于预防性保护措施的种类与内容，行政法官被授予做出全部预防性保护措施的权力。换言之，法官根据具体情形，可以做出一切更能够暂时性地确保诉讼判决结果的措施。

尽管如此，行政诉讼中的预防性保护很长时间就只有一个典型的一般性的预防性保护措施，即停止行政处理的执行。事实上直到2000年，其他类型的预防性保护措施都是例外的（例如在公务员方面的财产争议）。意大利制度唯一承认的就是一种针对行政处理的"夺权"措施，也就是一种旨在于阻止行政处理产生效果的措施，或者禁止行政机关执行行政处理的措施。

当然这种保护的局限性很明显，尤其是涉及消极性的行政处理或者行政机关的沉默时，对于这些行为，申请方不需要停止执行行政处理，而是要求一个程序的不同结果。例如起诉一个拒绝许可的行为，如果起诉者从法官那获得的是停止拒绝，他实际上没有得到任何好处。

将预防性保护措施与判决联系起来的结果就是，为了确定行政法官能够采取的紧急措施，需要将行政法官做出判决的权力作为权衡标准。因此，现在在预防性保护阶段，可以采取下列措施：停止执行被诉行政处理，针对撤销判决而言是工具性的；命令支付一定数额的金钱，与损害赔偿判决相连；以特别形式的归还为预防性措施尤其是无名性的措施，与下列两方面相关：①全部及有效满足原告的功能性判决（比如确认判决）；②能够确保实现已决案，包括通过组成一个委员会，相对于具有此内容的判决而言总是工具性的。

新的预防性保护制度无名性的特征要求原告必须特别指出向法官请求的措施，法官不能超越请求而给予一个更为宽泛的措施或者依职权作出，这是现行行政诉讼法的规定。

与以前的预防性保护程序不同的是，以前原告只能申请停止执行被诉行为，那是唯一的典型的预防性保护措施。

五、诉讼规则

目前《行政诉讼法典》确定了四种预防性保护的类型：合议裁定（第55条），诉中独任令（第56条），诉前独任令（第61条），等待补充抗辩的合议裁定或暂时令（第27条第2款）。前面三种法律都特别做出了程序规定，第四种没有自己的程序。当涉及第四种时，我们可以看到，补充抗辩延迟时，法官可以根据合议庭或者院长的合议裁定或者独任令的形式做出裁定。

合议裁定与独任令根本不同就在于前者结束预防性保护程序且产生效力一直到判决作出（除非有上诉的情形）；后者只具有临时性的效力，最长到预防性保护做出的合议裁定为此。

关于"普通"的程序，预防性保护申请可以与起诉一并提起或者在起诉后提起，在于向法官确定争议处于审理之中。

对于预防性保护的申请，法官最后一个通知完成之后的20日内在第一议事室做出裁定，否则在起诉备案之日起的10日内作出裁定。

在议事室，辩护人可以要求听审，无论如何，他们可以在议事室之前的2日内递交诉讼意见书或者文件。法官直接宣布执行的说明理由的裁定。

最近的立法倾向就是将预防性保护与判决联系起来，在行政诉讼法典中有两个偶然性。

一方面，在很短的时间内在一个判决中满足预防性保护的需要，这是可能的。在这种可能中，预防性保护的申请是有根据的，法官一起确定听审的日期。这种情况是，所起诉的行政处理不是紧迫执行的或者产生的效果在原告可忍受范围之内，条件是不会拖延期间。另一方面，在议事室做出简化判决结束审理是可能的。立法者限于对抗辩和调查确定的必要期间，因此，应该至少从起诉最后的通知之日起20日内，此外合议庭应该听取当事人对此的意见。

立法者还对合议庭的普通程序职权做出了一个不可违背的规定，即针对紧急情况的特别程序，紧急情况也要保证抗辩，对当事人来说，这与其在短期内获得预防性保护措施保证对其利益的立即保护的诉求是相抵触的。

法典规定，在严重且紧急"以至于不能等到议事室程序"时，预防性保护措施可以向大区行政法院院长提出或者向递交主诉申请的部门提出，要提前将相关申请通知其他当事人。院长做出说明理由的院长令，不可上诉但可撤销。院长令对预防性保护申请做出的规定效力到合议庭的裁定为止，院长令服从第一议事室的裁定，因此这仅仅是一个暂时的预防性措施。因此在这种情况下，为了回应严重且紧急需要，抗辩的形式是有限的（必须通知被告行政机关及至少一个相反利害关系人），尽管裁定在时间上的效力非常有限，因为"最终"的预防性保护裁定由随后的合议庭在补充抗辩后做出。

最近针对欧洲法院的不同判决（欧洲法院2004年4月29日第四部门，C-202/03判决），要求必须在行政诉讼法典中规定一种诉前保护，针对那些"特别严重及紧急，以至于不能进行起诉的事先通知"的情形。

在这种情形下，具有起诉资格的主体可以向大区行政法院院长递交申请要求采取暂时性保护措施，直到可以提起诉讼以及通过正常形式递交预防性保护申请为止。院长（或者其委托的法官）在核实大区行政法院的管辖权后做出院长令，"如果可能，听取当事人意见，并且忽略任何其他形式"。

最后，还有一种涉及公共合同的预防性保护的特殊诉讼规则。

意大利行政诉讼法典规定了在审理涉及委托公共工程、服务及供应程序的行政处理时特别的预防性保护制度。

事实上，涉及公开表明程序的诉讼有特别的诉讼规则，尤其是缩短所有的诉讼期间以对争议迅速做出判决，确保最快维护稳定利益，使行政机关与私人签订合同，不会随后受到损害。

自从引入了特别程序，立法者对预防性保护规定的特别严格，一方面考虑到所涉公共利益的重要性；另一方面考虑到做出实质判决的迅速性。

在此视角下，除了"存在起诉的根据"外，特别预防性保护措施还要求具有"极其严重且紧急"的情形。

为了阻止在司法机关受理前严重违法，规定了实质"停顿期"及形式"停顿期"。为了贯彻2007年的欧盟法，新的意大利合同法典规定，如果招标行为被诉并申请了预防性保护措施，起诉状送达后就自动停止招标的效力，禁止招标处在收到起诉状及随后的 20 日内签订合同，如果在此期间内大区行政法院做出了预防性保护措施或者议事室根据预防性保护申请作出了判决，也就是直到宣布上述措施后，才能签订合同。

针对预防性保护措施的裁定，可以向最高行政法院提起上诉，如果当事人抱怨"一审法官做出的预防性保护裁定不公平：可以对抗法官做出的预防性保护申请的决定提出上诉，要求二审法官重新审查，比如一审法官错误地权衡是否存在'表明上良好权利'及'诉讼拖延的危险'"。

六、结论

这里对预防性保护的介绍非常短。尽管如此，还是可以归纳为两点：

第一，行政诉讼中预防性保护具有中心地位。没有否认其工具性性质，但是它对平衡所涉利益具有重要意义。

第二，很明显在意大利制度中预防性保护重要性的增加伴随着其复杂性的增加，既表现在种类方面也表现在程序规则方面。

中国行政诉讼停止执行程序的立法及司法探析[*]

赵康斌[**]

一、中国停止执行程序的立法例剖析

现行《中华人民共和国行政诉讼法》（以下简称《行政诉讼法》）第 56 条规定了我国行政诉讼的停止执行程序，其概括规定了诉讼期间不停止行政行为的执行，同时列举部分可以停止执行的情况。现行立法的规定，总体上沿袭了 1989 年《行政诉讼法》的相关规定，但对例外情况作出了部分修改。具体而言，修改的内容为：①明确了停止执行的例外情况均以"裁定"的形式作出；②将申请停止执行的当事人由原来的原告延伸为原告或者利害关系人；③在利益衡量部分加入国家利益，与社会公共利益一起，作为拒绝停止执行申请的考量因素；④对于停止或不停止执行的裁定不服的，可以复议一次，以避免一次性终局的形成。

可以说，与 1989 年《行政诉讼法》中的原条文相比，在仍旧坚持"起诉不停止执行原则"的前提下，现行《行政诉讼法》对停止执行内容已经做了一定程度的修改。而对于该条文中停止执行的四个例外情况，笔者有如下理解：

第一，被告认为需要停止执行。

通常认为，由于行政行为是行政机关依据职权作出的，诉讼开始后，行政机关为实现行政目的，是否执行行政行为属于行政机关的权限范围

---

　*　本文为 2014 年国家社会科学基金项目"行政诉讼预防性保护研究"（14BFX148）的阶段性成果。

　**　赵康斌，北京知识产权法院法官助理。

和职责范围。[1]我国最初确立"起诉不停止执行原则"的原因，也是行政机关的公益代表性和行政管理的效率优先使然。[2]因此，如果被告认为在诉讼过程中，其做出的行政行为可以停止执行而停止，似乎也是情理之中的事。然而问题在于，"认为"停止就停止是否使得该规定略显任性。甚至有学者认为"除非涉及第三人利益，行政机关在任何时候都可以决定停止执行"。[3]但是，作为一个行政法学者，我们不得不关心的问题是，如果行政机关的原先行政行为是负担性的，对于行政机关自己作出的停止执行决定，当事人尚可能觉得如释重负而并不计较行政机关作出如是决定的原因。但是在行政机关决定停止执行其授益行政行为的情况下，其停止执行的决定是否需要充分的理由来支撑呢？同时，在行政手段多元化的今天，各种公、私合作兴起，行政机关是否一定是公共利益的代表者仍然值得商榷。因此，以行政机关为公共利益的代表为由，而认为其可以停止就停止的做法值得推敲。另外，如果在诉讼过程中，行政机关认为可以停止执行而作出停止执行决定，然而法院却认为不应当停止执行时应该如何处理？法院是必须尊重行政机关停止执行的决定还是可以有自己的认定，也是值得思考的一个问题。又或者，在被告认为可以停止执行的案件中，与被诉行政行为相关的第三人是否可以基于自己的利益要求继续执行呢？

第二，原告或者利害关系人申请停止执行，人民法院认为该行政行为的执行会造成难以弥补的损失，并且停止执行不损害国家利益、社会公共利益。

这一条款授予了原告或利害关系人申请停止执行的权利。在提起申请的主体上增加利害关系人，大概是考虑到具有第三人效力的行政行为，可能涉及案外人的利益，因此赋予利害关系人申请停止执行的权利是必要的。但是需要注意的是，此处的利害关系人的范围及其弹性应该如何确定。也就是说，除了大家基本上已经没有争议的具有第三人效力的行政行为以外，排除利害关系人的边界应当如何设置也是需要立法解决的

---

〔1〕 胡康生主编：《〈中华人民共和国行政诉讼法〉讲话》，中国民主法制出版社1989年版，第154页。

〔2〕 顾昂然：《新中国的诉讼、仲裁和国家赔偿制度》，法律出版社1996年版，第101页。

〔3〕 何海波：《行政诉讼法》，法律出版社2011年版，第405页。

问题。另外，在对停止执行的要件进行审查时，法院主要考虑两个方面：执行带来的损失和不执行带来的利益。然而，在法院的具体裁量基准上，该条款的这两项要求似乎略显单薄无力，即在"面对具体个案中所分布的公共利益、原告方利益和其他关系人利益，法院究竟应当怎样在'执行利益'与'延缓利益'之间进行衡量和取舍"〔4〕，仍然是一个未解的问题。

第三，人民法院认为该行政行为的执行会给国家利益、社会公共利益造成重大损害。

现行《行政诉讼法》明确了法院可以依职权停止行政行为执行。与1989年《行政诉讼法》相比，赋予了法院在停止执行程序中的主动权。这一条款主要是考虑到"原告不符合申请停止执行的条件而被告又坚持己见的情况"或者"法院在审查行政行为的过程中发现进入执行可能损害国家利益、社会公共利益或他人合法权益"时〔5〕，法院若毫无作为，则既损害行政机关的整体形象，也会削弱司法权威。而且，"域外制度中大量存在法院依职权裁定停止执行的规定"〔6〕。对于已经进入诉讼程序中的行政行为，法院通过司法职权的合理运用，根据具体情事停止行政行为的执行也是行使监督行政权职能的应有之意。同被告依职权停止执行一样，法院依职权停止执行也涉及行政机关与法院之间关系应如何合理界定的问题。

第四，法律、法规规定停止执行。

现行《行政诉讼法》做此规定的目的似乎在于各部法律之间的连贯，为其他法律作出的停止执行的例外规定留下"窗口"和机会，交由立法机关在立法时根据具体情况予以裁量。据法律法规检索的结论可知，目前《中华人民共和国治安管理处罚法》第107条规定了附条件的停止执行。另有学者曾统计得出结论，认为1992年的《中华人民共和国税收征收管理法》（以下简称《税收征收管理法》）第56条第3款〔7〕的规定，

〔4〕 章志远："从原则与例外之争到司法裁量基准之建构——行政诉讼暂时性权利保护机制的新构想"，载《浙江学刊》2008年第6期。

〔5〕 梁凤云：《新行政诉讼法讲义》，人民法院出版社2015年版，第305页。

〔6〕 梁凤云：《新行政诉讼法讲义》，人民法院出版社2015年版，第305页。

〔7〕 《税收征收管理法》（1992）第56条规定：纳税人、扣缴义务人、纳税担保人同税务机关在纳税上发生争议时，必须先依照法律、行政法规的规定缴纳或者解缴税款及滞纳金，然后可以在收到税务机关填发的缴款凭证之日起60日内向上一级税务机关申请复议。上一级税务机关应当自收到复议申请之日起60日内作出复议决定。对复议决定不服的，可以在接到复议决定书之日起15日内向人民法院起诉。

暗示了在复议和诉讼期间，税务机关的处罚决定停止执行。[8]而确实让人值得思考的是，该法第56条第2款明确规定："复议和诉讼期间，强制执行措施和税收保全措施不停止执行"。而并没有申明处罚决定在复议和诉讼期间不停止执行。既然立法者已经将强制执行措施和税收保全措施明确规定为不停止执行而与《行政诉讼法》保持了一致，为何就不能直接规定税务机关的行政处罚决定在复议、诉讼期间不停止执行，而以那么含蓄的规定让人猜测其意图呢？1995年修订的《税收征收管理法》中，强制执行措施和税收保全措施不停止执行的表述仍然存在。在随后2001年、2013年和2015年的修订中，该法的该条文经过修改，已经没有上述不停止执行的字眼。根据前述1992年《税收征收管理法》第56条第3款的推理模式，该学者总结了规定有在诉讼期间停止执行的法律法规有《中华人民共和国环境保护法》（1989年）第40条、《中华人民共和国广告法》（1994年）第48条、《中华人民共和国矿产资源法》（1996年）第46条、《中华人民共和国城市规划法》（1989年）第42条等。但是，笔者注意到，这些法律在随后都进行了修改，而除了《中华人民共和国矿产资源法》经2009年修改之后仍保留类似规定之外，其余的法律、法规都再也没有出现过类似的规定。因此，笔者看来，现行《行政诉讼法》的这一规定，目前尚没有实际效用，仅起到为其他法律规定停止执行预留空间的作用。

现行《行政诉讼法》的现有规定，基本涵盖了停止执行程序的全部内容，包括申请停止执行、依职权停止执行、法院审查时的裁量要件和对于裁定不服的救济等，该规定和制度的架构虽然说不上尽善尽美，却也可以为制度的运行提供概略之指导。但是，现行的停止执行程序规定仍存在的一个不可忽略的问题，就是对于修法期间学者们呼声颇高的"起

当事人对税务机关的处罚决定、强制执行措施或者税收保全措施不服的，可以在接到处罚通知之日起或者税务机关采取强制执行措施、税收保全措施之日起15日内向作出处罚决定或者采取强制执行措施、税收保全措施的机关的上一级机关申请复议；对复议决定不服的，可以在接到复议决定之日起15日内向人民法院起诉。当事人也可以在接到处罚通知之日起或者税务机关采取强制执行措施、税收保全措施之日起15日内直接向人民法院起诉。复议和诉讼期间，强制执行措施和税收保全措施不停止执行。

当事人对税务机关的处罚决定逾期不申请复议也不向人民法院起诉、又不履行的，作出处罚决定的税务机关可以申请人民法院强制执行。

〔8〕 何海波：《行政诉讼法》，法律出版社2011年版，第402页。

诉停止执行原则"的引入，似乎有意予以回避。而对停止执行程序的相当数量的理论研究，其实都着眼于停止执行程序原则的争论。对此，笔者认为"不论采用不停止执行为原则、停止执行为例外，还是反之，都并非问题的核心。核心问题是停止执行事件和不停止执行事件在全部案件中的比例关系，应当达到一种合理的平衡，确保合法权益受到应有的及时的保护"〔9〕。我们与其关心"起诉不停止执行原则"的存与废或"矛盾论"，不如更着眼于停止执行程序的运作与设计，因为在立法论的层次上，想要判断究竟何种原则更为妥当是较困难的。有学者认为，不管以何种原则或例外的规范模式，均是立法者在进行制度设计时对各种利弊得失进行宏观、复杂衡量之后的产物，属于交由立法合理裁量的范围。〔10〕甚至"在起诉是否停止执行的问题上，本身就不存在一个绝对不变的原则。与其说停止执行是一个立法裁量问题，倒不如说是一个司法判断问题"〔11〕。其实，鉴于在行政法律关系中，行政机关与相对人及利害关系人之间呈现越来越复杂的或利益或冲突之关系，仅依靠具有有限理性的立法者，不可能事先即对行政诉讼过程中可能出现的各种利益冲突的消弭作出详细规定。相反，受案法院在具体案情中综合各方利益进行衡量，灵活的作出停止或不停止执行的最终判断确实是一种合理的选择。

二、中国停止执行程序的司法实践分析

在立法乃至理论意义上对停止执行程序的研究，仅仅只是停留在纸面的文字的静态研究，而欲对我国的停止执行程序进行透彻的了解，仍应关注法官在行政诉讼个案中对相关法律的适用和解释，进而通过研究个案，分析现成的法律规范是否可以适用及其适用的局限性，也可以使得停止执行程序的研究更具有针对性和实用性。

笔者出于此种考虑，对我国《行政诉讼法》自施行以来的案例进行了检索、分析和总结。但是，由于现行《行政诉讼法》刚刚修订施行不

〔9〕 于鹏、解志勇："不停止执行原则及其适用"，载《人民法院报》2002 年 7 月 1 日。

〔10〕 庄汉：《正义与效率的契合：以行政诉讼中暂时权利保护制度为视角》，清华大学出版社 2010 年版，第 214 页。

〔11〕 章志远："从原则与例外之争到司法裁量基准之建构——行政诉讼暂时性权利保护机制的新构想"，载《浙江学刊》2008 年第 6 期。

久，相关司法裁判案例较少进入笔者视野，因此大部分的案例来源于《行政诉讼法》自1990年实施至2017年修改前的这几十年中，我国司法实践对1989年《行政诉讼法》第44条的把握和运用情况。不过也有部分案例时效比较新，属于对现行《行政诉讼法》第56条的理解运用。检索所得案例的主要数据来源为"北大法宝"和"威科先行"，同时以"无讼案例"和"中国裁判文书网"为补充案例来源，经过排查复筛共得到与停止执行程序直接相关的司法案例113个。宏观来看，笔者总结归纳出来的案例可以分为民事案件和行政案件两大类。其中，民事案由的案件共有26个，其余全部为行政案由。而出现民事案由的原因一方面在于，以"法条联想"功能进行检索时，会将所有在判决书中引用被检索法条的案例检索出来，因为一些民事案件不可避免地会与行政机关有千丝万缕的联系，典型的如知识产权类纠纷案件、工伤和劳动关系仲裁案以及其他需要行政确认的案件等。另一方面，也不排除实践中某些案件的案由确定还存在一定程度的混乱。针对前述的所有案例进行分析后，笔者针对停止执行程序的司法适用情况梳理出以下问题并进行了深刻的思考：

（一）当事人申请停止执行的案件裁判情况

根据对案件裁判书的梳理，发现在诉讼过程中，当事人一方曾明确提出过停止执行的案件有38个。在全部的案件中，由行政机关申请停止执行或行政机关曾主动停止执行的案件有7个，并全部获得法院的准许或者肯定。其余的31个案件为原告/复议申请人申请停止执行的案件，而在这31个案件中，法院的态度则不像其对待行政机关的申请那样呈现出一致性。其中，可以查明原告/复议申请人申请停止执行被驳回的案件有16个，原告申请停止执行被准许的有8个，未知法院对停止执行申请处理结果的有7个，也就是说，与行政机关申请停止执行时的100%通过率相比，原告申请停止执行获得法院准许的概率仅为25.81%。当然，单从"量"的角度，很难就此评价法院实务操作的是非，但是，我们仍不免思考法院如此审查的做法，是否有悖于停止执行程序的设置初衷，使得该程序项下的例外情况对于原告一方而言几乎无法实现。

（二）法院拒绝或准许当事人停止执行申请时的裁量基准

不管以何种原则对待争议行政行为的效力，都不可否认停止执行程序的设定目的有为相对人提供有效救济的考量，这也是停止执行相关规定中出现例外情况的原因。而法院在裁判中，以何种标准判断当事人是否有理由申请停止执行，以何种依据裁驳当事人的停止执行申请，是关乎这一程序运作的关键。笔者搜集到的该部分案例中，涉案的行政行为大部分属于行政处罚，然而由于处罚的内容的多样性，当事人受影响的权益也呈现多样性。其中有涉及人身权的，如收容审查和强制隔离；有涉及财产权的，如限期拆除决定和罚款；有涉及经营权行使的如撤销法人变更登记和一年内禁止参与采购等。然而面对这林林总总的权利样态，法院拒绝或准予停止执行的理由却显得十分单薄。对于准予停止执行的申请而言，几乎都是简单的一句"符合法律规定，且停止执行不会损害公共利益"〔12〕，即使是法院多阐述了几句，也不过是将停止执行程序的例外规定从法律中搬到了判决书上，并没有呈现实质性的法院见解。而驳回申请的法院裁判，寥寥几字的"原告申请不属于停止执行的情形，因此予以驳回"也是大多数法院给出的理由〔13〕，其余的裁判，也未能有充分的说理的体现。

因此，我国关于停止执行程序的司法运用，完全可以说尚未形成裁量的基准，法院或准许或驳回的理由都存在一定的任意性，停止执行程序应有的关于"延缓利益"和"执行利益"之间进行的衡量标准不一，更不用提看到两种利益衡量的过程了。对于申请停止执行的当事人而言，一来由于法律的规定大多涉及需要专业判断的不确定性法律概念〔14〕，二来法院对这些不确定的法律概念的运用缺乏足够的阐释，其提出的停止执行的申请结果往往充满了不确定性。至于法院依职权停止执行，由于属于修法新加的内容，目前尚未见到法院的裁判案例，然而通过观察依申请停止执行的案例〔15〕，可以想见法院在这部分较难有积极作为，对形成统一裁量基准的意义也不大。

---

〔12〕 见（2011）株天法行初字第3号行政裁定.。

〔13〕 见（2015）云高行终字第11-1号行政裁定和（2014）崂行初字第9号行政判决。

〔14〕 如现行《行政诉讼法》第56条第1款第2项是关于当事人申请停止执行的规定，"难以弥补的损失"和"国家利益""社会公共利益"等词。

〔15〕 一方面，法院对待原告申请停止执行的态度上，似乎更倾向于驳回，甚至有当事人提出申请法院都未予置评的情况，可见法院对其态度之消极；另一方面，法院本身承受案件繁重之苦，对于自己可有可无的职权，想必也不见得多么积极主动。

（三）被告在停止执行程序中的角色定位

笔者在搜集到的案例中发现两例被告即行政机关作为申请人申请停止执行并被法院裁定准予的情况。现行《行政诉讼法》将属于 1989 年《行政诉讼法》第 44 条第 2 项的"裁定"二字，挪动到其第 56 条第 1 款例外情况的前面。这一变动虽小，在笔者看来却有不容忽视的问题需要探讨。

"裁定"二字挪动到所有例外情况之前，是不是要解读为所有的例外情况都需要法院以裁定形式作出呢？于是，一个不得不让人思考的问题是，在法院根据行政机关的申请作出的停止执行裁定中，法院与行政机关的关系究竟是怎样的？法院裁决的性质究竟是批准行政机关主动停止执行的决定，还是只是为行政机关的停止执行决定所作的背书或确认？事实上，对于大部分的行政行为而言，若当事人不主动履行，行政机关又不着急采取手段实现行政行为的内容，那么该行政行为的执行力事实上已经处于搁置状态。即使不是这样，行政机关还可以基于自己的判断依职权停止行政行为，为什么需要向法院申请裁定来实现自己本来就可以决定的事呢？如果是为了防止行政机关在停止执行程序中滥用自己的裁量权，需要借助司法的审查以防止"认为停止就停止"的随意性，然而现行《行政诉讼法》第 56 条第 1 款第 1 项或相关司法解释也并没有为法院设置任何司法审查的要件或标准。那么，如果法院与行政机关在停止执行与否的问题上意见不合，法院是否可以拒绝停止执行的申请又成了问题。因此，"裁定"二字位置的变化看似不起眼，但却使得行政机关似乎必须以申请者的姿态，请求法院作出停止执行的裁定，而这又与行政机关可以依职权作出停止执行决定的立法本意之间构成矛盾。

（四）依申请停止执行的提起节点

在笔者收集到的一个案例中，原告诉称被告对其房屋所在的小区实施征收的行政行为违法，因此要求判令被告停止征收行为，恢复被破坏的设施。法院认为，申请停止执行是当事人在行政诉讼中的一项重要程序权利，但单独提起要求停止执行的主张不属于行政诉讼的受案范围，最终裁定驳回起诉。虽然笔者更倾向理解为原告在该案的诉讼请求其实是撤销征收行为，只是在表述时选择了"停止"字样。不过，顺着法院的思路，我们倒是可以思考一下停止执行的申请是否必须有本案诉讼为前提，即当事人是否不得在没有本案的实体诉讼的情况下提起停止执行，而必须依附于本案之诉讼提出申请。

对于原告申请停止执行的时间，我国的法律并没有明文规定，但从现行《行政诉讼法》第56条的规定来看，似乎是不允许当事人在起诉前申请停止执行的，也即必须在已经有实体诉讼的情况下附带申请停止执行。虽然有学者建议停止执行的申请可以在提起诉讼前为之，认为这更符合停止执行程序的设立宗旨或目的。[16]笔者以为，规定停止执行的申请可以在起诉前提起固然体现对相对人的倾斜，有利于相对人权利的保护。但是，既然最终仍然需要对争议的行政行为提起诉讼，即使确实情况紧急，其实与在起诉的时候一并提起停止执行申请相比，也几乎不会有太多时间上的悬殊。而且，这也可以防止暂时权利保护制度对本案诉讼程序可能产生的事实上的排挤效应。[17]

三、中国停止执行程序的完善路径

通过对我国停止执行程序立法例的分析，尤其是对司法实践动态的观察，笔者发现一些问题，如原告申请停止执行的低通过率，法院或准或驳的意见中裁量基准的缺失，以及被告依职权停止执行时与法院的关系界定、停止执行程序的开始与终止等。对此，笔者有针对性地提出我国停止执行程序的完善路径。

（一）厘清停止执行程序的功能定位

停止执行程序具有权利确保、暂时满足、分配与降低瑕疵裁判的风险之功能。而这些功能的实现，关键则在于程序的设计可以为当事人提供及时、有效的救济，以防止诉讼的旷日持久或情势之变更使行政相对人的权利受到难以回复的损害。具体到我国而言，由于现行立法已经规定了行政诉讼中实行的是"起诉不停止执行原则"，那么，权利确保功能就必须一定程度上仰赖原则之下的例外情况的实现。但是，根据笔者梳

---

〔16〕 王小红："论我国行政诉讼暂时法律保护制度的完善"，载《河南社会科学》2005年第1期。庄汉：《正义与效率的契合：以行政诉讼中暂时权利保护制度为视角》，清华大学出版社2010年版，第80页。

〔17〕 当事人若发现仅启用停止执行程序等暂时权利保护手段，就能实际上更为便捷地达到防御效力，就会倾向于舍弃一般诉讼程序而选择暂时权利保护手段。因此，停止执行程序在设计上，也必须考虑其对于本案诉讼程序的潜在影响。

理的我国司法实践反映的现象来看，我国停止执行程序在事实上主要发挥了"原则"的功能，到了例外情况的运用时，法院则似乎要消极得多。然而，只注重所谓的原则的做法，就像仍将强势行政观念奉为圭臬一样已经不合时宜，在保护公民、法人和其他组织的合法权益作为行政诉讼的立法目的越来越受到人们重视的当下，尤其解决行政争议这一立法目的被正式确立，理论界也应当重新认识停止执行程序的功能，让该程序的运作切实发挥其设计之本意而做到"该停止时就停止"，既不过分注重公益而牺牲私益，也不矫枉过正而无条件地倾向私益。这就需要人们正确地看待停止执行程序中的原则及其例外的关系，毕竟"任何'原则'与'例外'的抽象规定最终都有赖于法院结合个案作出是否停止执行的裁定"[18]。

（二）构建停止执行程序的裁量基准

作为可能对当事人胜诉后的实体权利有着重要影响的停止执行程序，法院在对待当事人申请时的审查，理应有一套严密的逻辑和要件。裁量基准的构建，不一定非要局限于对法律规定的各个要件具体内涵的分析，如某个要件中某个词语的具体含义及所指代内容，尤其是如停止执行程序要件中，公共利益概念的明确界定尤其困难。基于此，笔者设想出适用于停止执行程序司法实践的"阶段化审查"模式：

法官在收到原告或利害关系人停止执行行政行为的申请或者法院依职权裁定停止执行行政行为时，其作出停止与否裁定的判断标准按以下阶段进行：

1. "略式审查"模式阶段

这一模式又可称为"胜诉可能性"模式，这一模式可以过滤大量申请停止执行案件，并且在司法裁量过程中应处于优先适用的地位。这一模式要求法官在裁定过程中，首先应判断该案件实体胜诉可能性的比率分布，这又可以分为两种情况。第一，胜诉可能性的分布呈现极端分布情况，即现有证据表明，本案原告明显有胜诉希望或被诉行政行为存在重大且明显的违法情形时，可径行裁定停止执行被诉行政行为；而若原告提起的本案诉讼明显无实质理由支撑时，则可径行裁定准予被诉行政

行为的执行。第二，本案的胜诉可能性分布比较均衡，则根据现有的证据进行"低密度的实体审查"，判断案件胜诉的盖然性，而做"低密度的实体审查"的原因，盖由于暂时权利保护程序中间性和程序性的特点所决定。具体而言，该种判断要求，若案件胜诉的可能性偏向原告一方，则法官可以适当倾向于裁定停止执行；若胜诉可能性偏向于行政机关一方，则可以倾向于作出裁定准予执行。

2. "利益衡量"模式阶段

在本案的胜诉可能性完全无从判断时，则必须转向"利益衡量"标准进行判断。笔者认为，对于利益衡量的判定标准，可以考虑案件中个人利益的类型分为两个方面：

（1）若所涉个人利益纯粹是经济利益且易于恢复原状或者完全可以事后金钱赔偿，如单纯的罚款，则为了保证行政行为的效力和连续性，可以裁定准予行政行为的执行。因为这一裁定结果倾向于对行政行为的间接维护，笔者认为这一情况可以忽略公共利益这一不确定概念的判断，最大程度地减少裁量的滥用。

（2）若所涉个人利益为具有一定人身依附性的利益，如案例中涉及的股东资格、知识产权的归属、行政拘留、就学就业权等难以以金钱衡量损失的，或者事后难以回复原状以及赔偿金额过巨，如拆迁房屋、征收土地、规划或许可的实施等，则法官应当倾向于作出停止执行的裁定。但是，对这一部分的裁定，就必须考虑公共利益与个人利益之间的衡量，因为这一部分个人利益的判定很难以金钱量化，若为了体现保护相对人权益的目的选择倾向于停止执行行政行为，则必须考虑是否存在侵害公共利益的可能性以及公共利益与个人利益之间的衡量。对于公共利益的判断，笔者认为首先应当寻求现行法的根据，"立法者为了减少和消除公共利益认定的歧义，应将公共利益法定化。"[19]在这方面，《中华人民共和国土地管理法》第54条[20]虽然并未直接言明，但实际上针对土地使用中

〔19〕 庄汉：《正义与效率的契合：以行政诉讼中暂时权利保护制度为视角》，清华大学出版社2010年版，第26页。

〔20〕 《中华人民共和国土地管理法》第54条规定，在下列情况下，国有土地的使用可以以划拨的形式取得：①国家机关用地和军事用地；②城市基础设施用地和公益事业用地；③国家重点扶持的能源、交通、水利等基础设施用地；④法律、行政法规规定的其他用地。笔者认为，若这些情况下涉及土地的征收，则可以认为是处于公共利益的考量。

的公共利益界定进行了尝试，其他可能经常涉及公共利益的部门行政法或其他部门法，如《中华人民共和国城乡规划法》《中华人民共和国商标法》等，若能针对各自领域中公共利益的特点由立法予以界定，则可大大增加判断公共利益时的可操作性。即使公共利益可以得到准确的界定，但是公共利益与个人利益之间的衡量，从来就没有完美的协调方法，充其量只能在这两者之间达成一个大体的妥协，且这样的一种利益衡量不可避免地带有法官的主观性，只能将公共利益的出现尽可能置于裁量基准之后，以此减少裁量的恣意。

（三）完善停止执行程序的配套机制

依申请停止执行的提起节点与证明责任，被告依职权停止的程序规范，停止执行程序适用的行政行为类型，停止执行裁定的撤销等与停止执行的实体审查无关，但又关系到该程序的运作，笔者暂且称为配套机制。一个完整的程序的运作，配套机制的完善至关重要。

1. 原告提起停止执行申请的时间问题

根据前文，笔者认为申请时间为诉讼期间，即原告可以在起诉时申请，也可以在诉讼开始后法院裁判前的任何时候提起。同时，对于申请是否符合停止执行要件的证明责任的承担上，笔者认为应当由申请者承担。因为，既然主张行政行为的执行会对自己造成损害而申请停止，自己又是自身利益的最佳代言人，理应有支撑自己主张的切实理由。不过，停止执行程序本身是一个需要快速决断的程序，其审查密度自然无法同本案救济程序一样缜密细致。因此，在证明度上，只需达到"释明"的程度即可。

2. 关于停止执行程序适用的行政行为类型

笔者收集的案例中有法院曾以"撤销法人变更登记不具有执行内容"而驳回当事人的停止执行申请。[21]对此，笔者认为应当澄清的是，停止执行程序不仅适用于命令性行政行为，也应当适用于确认性或形成性的行政行为，只要当事人的申请目的旨在恢复到处分作出前的状态。[22]

---

〔21〕 见（2016）内 2201 行初 3 号行政裁定。

〔22〕 刘健："论《行政诉讼法》第 44 条与第 66 条的关系——起诉不停止执行的中国实在法意义"，中国政法大学 2010 年硕士学位论文。

3. 被告依职权停止执行的程序规范

首先，需要肯定被告主动停止执行的职权。鉴于前文分析，我国现行《行政诉讼法》事实上将行政机关置于一个较尴尬的境地，即在诉讼期间，需要以申请者的姿态"请求"法院停止执行的裁定。笔者认为这既不符合立法者的本意，也违背了司法权与行政权分工的要求。[23] 于是，行政机关可以在起诉之前主动停止执行，也可以在诉讼过程中主动停止执行但必须以书面决定的形式为之，并将决定分别送给当事人和法院起以到通知的作用。同时，笔者认为这种停止执行决定不必以法律明确授权行政机关为前提[24]，否则即与"法律法规规定停止执行"的这一情况竞合。

其次，行政机关主动停止执行也应当受到行政行为既决力的约束，在停止执行的决定中应当参照前述司法审查的裁量基准，阐述作出该决定的合理原因，但也可灵活考虑行政行为自身错误或情势变更不宜执行等情况，以防止行政机关滥用职权。

最后，笔者在前文曾提出两个问题：一是被告作出停止执行决定而法院认为不应当停止执行，法院应该如何决断；二是被告依职权作出停止执行决定而行政行为涉及的第三人是否可以申请继续执行（此时相当于行为保全）。对于第一个问题，笔者以为即使法院有不同意见，还是应当尊重行政机关的决定，这不仅是因为权力的分工问题，也是出于保护相对人权益的目的，毕竟停止执行决定反映了行政机关在"执行利益"与"延缓利益"的衡量中，选择了倾向于"延缓利益"，即私益，如果没有十分明显的滥用职权牺牲公益，这是值得肯定的。而第二个问题的解答则牵涉颇多，十分复杂。因为根据现行《行政诉讼法》第 56 条第 1 款第 2 项的规定，受行政行为影响的第三人可以作为利害关系人申请停止执行，这可以解读为在行政行为实际上影响多人的权益时，在原告一方虽然起诉但并没有申请停止执行的情况下，其他被该行政行为影响权益的人可以有权申请停止该行政行为的执行。不过，问题是，这种受行

---

〔23〕 见本文第二部分第三点关于被告在停止执行程序中的角色定位的分析。

〔24〕 不过，笔者对于这样是否有违"法无授权即禁止"这一普遍适用于公权力的法理准则持保留态度。笔者此处的思路为，既然行政机关被授权可以为某一行为，那么关于该行为决断、作出、停止乃至撤销等都应属于这一职权的应有之意。

政机关行为影响的第三人，其与原告并非一致作为受害者或受益者而指向行政行为，也有可能分别作为行政行为的受害者和受益者而出现。在这种情况下，行政行为不管执行与否，都会存在一个利益受损的相对人。那么，对于行政机关依职权作出的停止执行决定，该利益受损的相对人可以再申请不停止执行吗？遗憾的是，笔者认为，根据我国现在的暂时权利保护制度中保全程序的设计，在这种情况下，第三人的权利保护仍然属于真空状态，因而该第三人不能申请继续执行已经被行政机关决定停止执行的行政行为。[25]

4. 停止执行程序的完整性

停止执行裁定的撤销是停止执行程序具有独立性的体现，虽然其必须附属于本案程序存在，然而其系争标的与本案不同，是所争议行政行为的暂时状态。[26]因此，法院可以独立于本案程序作出停止执行的裁定，也可以在特定事由出现时裁定撤销。笔者认为，停止执行裁定的撤销是案情发展的自然要求，然而遗憾的是，我国并无关于撤销停止执行裁定的规定。关于停止执行的撤销事由，可以有停止执行程序的完整性。

---

[25] 我国行政诉讼中保全程序设定的保全类型只有特定情形下的金钱给付义务，并没有行为给付。而这种情况下要求行政机关继续行政行为，实际上与要求行政机关给付行为十分类似。

[26] 庄汉：《正义与效率的契合：以行政诉讼中暂时权利保护制度为视角》，清华大学出版社2010年版，第73页。

环境行政法

体系和问题视角下的环境公法

[意] 詹保罗·罗西* 著

贾婉婷** 译

一、环境法法律规制的多元性

环境问题涉及很多不同的法律门类。[1]首先，国际法的地位很突出，因为环境法最初的渊源就是国际条约，并且它们始终是环境法的主要渊源。此外较为明显的就是私法，因为环境损害表现为对人的主观权利的损害，因而可以要求赔偿。在环境保护的形式中，那些来自于被合理管理的市场并产生了虚拟市场的手段（例如绿色认证）也具有非常独特的重要性。除此以外，还有许多其他法律门类也牵涉其中，例如财税法、商法以及诉讼法，其中诉讼法把以保护环境为宗旨的团体新增加为合法的原告。[2]

在许多国家，公法也起到了很特别的作用。首先是宪法，环境保护并未被写入过去的宪法中。因此，《意大利宪法》在近来修改有关国家和大区的分权规定时就发现了一些缺漏。这并不是说法律对这类问题缺乏敏感性，实际上，一些类似的问题已经体现在 1948 年的《意大利宪法》之中，例如其中第 9 条就规定了对自然景观的保护。有关环境保护规定的缺乏只是因为于环境保护问题仅在近几十年才出现这一事实。实际上一些较为年轻的宪法（例如《法国宪法》和所有拉美国家的宪法）都包

---

* 詹保罗·罗西（Giampaolo Rossi），罗马第三大学荣誉教授。

** 贾婉婷，北京师范大学法学院讲师，意大利罗马第二大学法学博士。

〔1〕 G. Rossi, Diritti dell'ambiente（a cura di A. Farì），3rd ed. , Torino, 2015, p. 25.

〔2〕 L. Krämer, Manuale di diritto comunitario dell'ambiente, Milano, 2002；P. Dell'Anno, E. Picozza, Trattato di diritto dell'ambiente, I , Padova, 2012.

含了不同的环境保护规定。宪法学者仅将研究视角限制在宪法文本规定的做法是错误的，正确的做法是还要关注宪法通过的时间。[3]

在刑法中最近几年也规定了一些新型犯罪，例如环境犯罪，其目的是为环境提供比前述法律规定的保护手段更为强硬的保护方法。

但在大多数国家，环境法最为显著的发展都体现在行政法领域。国际条约的规定主要涉及国家和公共管理机关的义务；新兴的市场手段则主要包含了规制行为、对标准的确定以及对补贴的控制和发放。而赔偿保护仅能解决部分环境损害问题，因为按照一般观点，这里优先采用使受到破坏的环境得以恢复的措施，例如一些改良措施。

预防原则是环境法中一项极为重要的原则，根据该原则，保护手段应当尽可能在损害尚未发生时就发挥作用，尽量避免损害的实际发生。但在贯彻该原则方面，民事保护的效果很有限。因为取得该保护要经过一系列的程序和行政授权与控制。

因此，每个国家都开始设立专门的行政机构（部、大区办公室、社团等）并向其分配特定的职权和职责。这些问题在下文中会进一步深入阐述。

二、体系和问题的视角

如同任何一个法律门类一样，环境法也体现为一种体系，其中包括渊源、专门机构的组织、行动（即可运用的法律手段）、受保护的主观权利状态。

每一法律门类都有其独有的特征，而环境法的特征相比其他法律门类而言则更为显著。其原因首先在于环境法具有桥梁作用。[4]国家公权力的作用范围始终在不断扩张，国家的传统功能只包括保障公共秩序、公共安全、保卫国防、处理与其他国家的关系，而现在还包括满足民众需要以及发展经济。这些新的功能要求设立新的行政机构以及从属于这些机构的公共团体。

---

[3] G. Cordini, P. Fois, S. Marchisio, Diritto dell'ambiente. Profili internazionali europei e comparati, Torino, 2005; S. Grassi, Costituzioni e tutela dell'ambiente, Milano, 1994.

[4] M. Cafagno, Principi e strumenti di tutela dell'ambiente come sistema complesso, adattativo, comune, Torino, 2007, p. 30.

在环境保护上并不表现为一个新的部门附加到原有部门之上。环境保护涉及生产和消费方式和对国土的规划，所有活动都对应着专门机构的管理、规制和控制。

由环境急剧恶化所导致的危机决定了一些行政组织的设立，这些组织中集中了一些已经由其他组织行使的职责（其中包括对污染的控制和对垃圾的清理），它们还被赋予了在其他机构的程序中发挥作用的职责，其目的在于使对环境的监督能体现在所有涉及生产活动、消费过程、国土治理的决策过程中。

对环境问题关注的提升导致的后果之一就是涉及显著环境利益的行政行为（例如与水资源相关的领域）被从一般的行政机构中剥离出来（一般只是部分剥离），并被赋予新设立的专门以环境保护为职能的机构。

不同国家的情况不尽相同并且变化很快。环境利益相对于其他利益被授予的法律层级的变化也很大。

环境利益的突出地位导致了以下后果：其他机关在采取措施时必须要考虑环境机关的意见，并且在作出决定时即使是多数人的意见也不能压倒环境机关的意见。同样，在其他机关采取措施时适用的"沉默表示同意"的做法在环境措施上不能适用。

然而，最近几年，由于经济危机的影响，不对经济活动造成过分限制的必要性已经在政府决策中产生了对环境问题无可争议的突出地位的限制。

环境利益与其他利益关系的同样的必要性也得到了意大利宪法法院的肯定（2013年第85号判决），该案涉及对一家重要的钢铁企业的关闭决定，判决指出在评价包括环境利益在内的所有利益时都应当考虑这一利益与其他利益（本案中特指劳动利益）的关系。

环境机关新的功能与职责来源于对环境保护理解方式的最新发展。

在经历了忽视环境保护的时代和环境保护与经济发展相对立并且环境保护被认为可以限制经济发展的时代之后，人们达成了新的共识，这一共识产生了不仅与环境友好而且把保护环境作为自身基础的新的经济价值。这样，被认为是污染废物的垃圾逐渐成了原材料，可再生能源创立了新的市场，自然的生物价值取得了更高的经济价值，在判定公共机构时治理环境的能力被认为是具有显著影响的要素，"环境成本的可计算

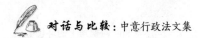

性"成了企业预算中的核心内容，国土规划包括了将环境要求置于首位的新的模式。

每个以环境保护为职责的机构的变化都涉及经济发展的新方式。[5]

环境法的新特征不仅具有量的意义，而且还是一种质上的创新，这些创新应当被法学所容纳。

环境法的桥梁性、新型权利和新型财产的产生（这些财产不专属于单个个人或团体，个人或团体都可作为这些财产的使用者）、环境法门类以及该门类对其他法律门类的后果的持续变化，这些都要求法学不断接受新现象中的活跃要素。这样才能有助于在快速变化中确保一个社会法律制度的一般法学理论得到不断丰富和完善。

---

〔5〕 F. Fracchia, Lo sviluppo sostenibile, Napoli, 2010.

环境法中的行政机构

[意] 焦万尼·玛莉亚·卡鲁索* 著

罗智敏** 译

　　哪里存在权力就一定会有一个行使权力的机构。[1]环境部设立于1986年，但是行使环境职能的组织机构问题在这之前就已经提出来了。

　　简而言之，环境法的组织机构问题不仅涉及不同行政机关的职权分配，还涉及每一个行政机关的组织模式。[2]

　　显然这是一个关于公共组织的传统问题。为此，组织机构的问题使人理解为什么环境法一定会涉及行政法，更广泛而言，涉及公法。

　　尽管如此，环境职能的组织机构制度具有一些特殊性，与被保护利益的特征有关，似乎存在较多问题。[3]

　　一些问题表现在环境利益的分散性：确定一个主体独自享有环境利益是不可能的，一般由公权力主体保护环境利益。在组织机构方面，表现在不可能规定一个享有全部环境职能的唯一机构。所有享有某种形式的政治自治的行政机关都有义务承担保护责任，主要是地方团体。但是，具有同样目的的不同形式的非政府组织也参加行政机关的活动。[4]

　　从另一角度看，因为环境利益具有一种对抗性，与其他利益会发生

---

　　* 焦万尼·玛莉亚·卡鲁索（Giovanni Maria Caruso），意大利卡拉布里亚大学行政法教授。

　　** 罗智敏，中国政法大学法学院教授，意大利罗马第二大学法学博士。

　　[1]　M. S. Giannini, Le relazione tra gli elementi degli ordinamenti giuridici, in Riv. trim. dir. pubblico, 1995, 1015.

　　[2]　V. M. Nigro, Studi sulla funzione organizzatrice della pubblica amministrazione, Milano, 1966, passim.

　　[3]　V. G. Rossi, Diritto dell'ambiente, 2015, 52 ss.

　　[4]　G. Rossi, Enti pubblici associativi. Aspetti del rapporto fra gruppi sociali e pubblico potere, Napoli, Jovene, 1979, 265 ss.

一些冲突性的关系，因此要求行政机关对其进行保护。这就需要调解与其他领域较为重要的利益产生的冲突。

另外的特殊性是环境职能的高技术性，这是进行复杂的技术性审查的前提。为此，应该确定行政机关的专业化。

这些特征在意大利表现得非常明显，尽管我们国家地域有限，但仍然意义重大。无论在职权分配还是在每一个行政机关的职能规则方面，意大利的解决方案非常多。

抽象而言，关于职权分配的选择可以倾向于集中配置或者分散配置。不可能确定一种方式更有效于另外一种方式。

二者交替是根据意大利发展的特征而来的。关于环境职能的分配问题，无论是从同一级的行政机关之间的横向关系来看，还是从不同地方团体之间的纵向关系上来看，都具有重要性。

第一个方面涉及的首先是国家层面的职能。当环境利益还没有被明确确定时，它与健康利益或已经确定了一段时间的景观利益相混淆。[5]环境领域的组织机构是碎片化的。一部分的环境职能放在了卫生部，环境被保护是因为直接对人造成损害，环境本身不具有独立价值。其他的一些职能又被放到了文化财产部，环境要素主要体现在外观上。[6]鉴于意大利的地域特征，1948年《宪法》就承认了保护景观并产生了特殊职权。还有一些环境职能被分配给其他的行政机关，可能与其他的部委相关（例如与实现公共工程有关的职能），或者与一些公共团体相关（例如这些公共团体负责保护国家公园或者进行研究活动）。

当在多元化背景下环境利益被强化并明确被承认时，就需要将相关的职权统一起来。环境能够区别于其他利益并独立存在，这就是一个必要的过程。

以上就是环境部设立的原因，设立它的唯一目的就是保护环境。[7]环境

[5] M. S. Giannini, Ambiente: saggio sui diversi suoi aspetti giuridici, in Riv. trim. dir. pubbl. , 1973, 1, 15 e ss.

[6] E. Capaccioli-F. Dal Piaz, Ambiente (tutela dell'). Parte generale e diritto amministrativo, voce Appendice Noviss. Dig. It. , Torino 1980, I, 257 e ss; P. Carpentieri, La nozione giuridica di paesaggio, in Rivista trimestrale di diritto pubblico, 2004, 363.

[7] F. Fonderico, La tutela dell'ambiente, in S. Cassese (a cura di), Trattato di diritto amministrativo, Milano, 2003, 2031 ss.

部拥有了已经存在的大部分环境职能以及新的一般性职能，例如与环境损害责任有关的职能。这个过程在 1986 年完成，尽管如此，它并没有确定将环境方面的职权全部集中，因为环境部没有地方机构，此外还需要一些特殊警察的机构，如国家森林警察。还有一些职能留给了公共团体，例如 ENEA（新技术、能源与环境团体）就是对可持续发展事项进行技术研究的机构，它属于经济发展部。还有一些更为重要的比如保护景观的职能留在了文化财产部，这就产生一些较为荒谬的情形：环境与景观被分配在不同的行政机关，在风化装置的审批程序中就可能产生严重的冲突。[8]

这就使人觉得横向的职权分配并非没有效果，因为会产生对立或者在不同利益之间进行调解。能源与环境之间的冲突通常是最多的，这可以在组织层面得到解决。就像葡萄牙或者拉美国家一样，如果负责能源的行政机关本身也负责环境保护，能源与环境之间的冲突就不会在行政机关外部显示出来。因为行政机关的意志是统一的，不会出现相关程序的冲突。但是这种解决方案会导致其中的一个利益因为制度上屈从另外一个利益而不复存在。

组织制度的碎片化并不完全因为职权集中程序不完整而造成的。矛盾的是，随后设立的行政机关与环境利益独立性的进程相关。当环境利益由一个的行政机关负责时，进一步的发展就是履行相关职能的专业化，因此就设立了一些技术性机构。尽管这些机构与环境部有关，但是区别于环境部。例如环境研究与保护的高等研究所（ISPRA），它为环境部提供咨询，也进行一些监督活动。

从纵向看，组织机构方面涉及不同级别政府的关系，问题更多。

在环境领域存在一个高度集中的制度是不可想象的，因为所保护的利益在不同级别的地域其重要性是不同的。[9]为此，与其他部门相比，环境领域的职权更趋向于一个减弱国家集权的过程，这既体现在与高层的欧盟的关系上，也体现在与低层的地方的关系上。

---

〔8〕 G. M. Caruso, La complessità organizzativa nel settore delle fonti energetiche rinnovabili, in A. Macchiati-G. Rossi, La sfida dell'energia pulita. Ambiente, clima e energia pulita, Bologna, 2009, 237 ss.

〔9〕 V. M. Cafagno, Principi e strumenti di tutela dell'ambiente come sistema complesso, adattativo, comune, Giappichelli, Torino, 2007.

就环境问题的范围而言，如果没有多个国家的集体行动就不能有效地解决问题。[10]除了国际组织关注之外，环境也逐渐吸纳到欧盟的职权之中。根据 1986 年的一个欧洲文件，形式上环境问题已经属于欧盟的范围，但一些权力在此之前就已经行使了。大部分环境规范来源于欧盟，在欧盟层面也有一些行使技术职能的行政机关，例如欧盟环境局。[11]

设立环境部之后，国家与较小的地方团体之间的关系立即就显示出来了，呈现出相关职能集中在国家层面的倾向。尽管如此，职能集中的进程也是不完整的，因为一些环境利益是与地方紧密联系在一起的，所以一定职权留给了大区与地方团体。[12]

意大利经验的特殊性更多是体现在一个普遍分权的进程中，除了行政职能之外还包括立法职能，大约从 20 世纪 90 年代末期开始的。

2001 年修改宪法，将立法权根据事项的标准分配给了国家与大区。有一些事项属于国家专属立法权；有一些事项属于国家和大区共有的立法权，国家进行原则性的规定，大区进行细化。还有一些事项，宪法没有明确地作出规定，属于大区的专属立法权。

一方面，宪法规定了"环境保护"属于国家的专属立法权；但另一方面，又规定"环境与景观资源的利用"属于国家与大区共有的立法权。区分"保护"与"利用"是极其困难的。此外，因为环境事项具有横向性特征，这就意味着它可能涉及其他事项。涉及环境的法律可能也会与一些"共同立法权"事项有关，属于国家的专属立法权，或者可能影响与地方政府、城市规划、农业或者能源有关的方面，也属于大区的立法权。因此环境法涉及立法权的分配，不断产生冲突，宪法法院经常解决国家与大区之间产生的冲突。[13]

这种不确定性也反映在行政职权方面。行政职能可以由国家或者大

---

〔10〕 V. F. Battini, Amministrazioni senza Stato, Roma, 2002, 27 ss.

〔11〕 L. Krämer, EU Environmental Law, 2012.

〔12〕 P. Dell'Anno, Funzioni e competenze nella vicenda energetico-ambientale e loro coordinamento, in 《Rassegna giuridica dell'energia elettrica》, 1987, 599; G. Pericu, Emersione e composizione dei vari interessi concorrenti nelle vicende energetico-ambientali, in Studi in memoria di Enzo Capaccioli, Milano, Giuffrè, 1988, 396; A. Romano Tassone, Stato, Regioni ed enti locali nella tutela dell'ambiente, in Dir. amm., 1993, 108 ss.

〔13〕 M. Renna, L'allocazione delle funzioni normative e amministrative, in G. Rossi (a cura di), Diritto dell'ambiente, cit., 155.

区法律进行规定，除了国家与大区之外，根据辅助性原则也可以分配给省、特大城市以及市镇。2006 年制定的环境法典，采用了 20 世纪 90 年代末使用的解决办法，承认了大区在环境保护与垃圾方面的一般性行政职能，国家享有确定环境目标或者技术标准的一般性职权。然而，应该指导各级地方职能设置的辅助性原则实际上是一种模糊的标准。法典一方面表现出优先选择级别更低的地方团体履行职能，但是在一些情况中，又赋予了国家或者大区对较小地方团体的替代权。因此，它的适用会产生进一步的冲突。[14]

每一个地方团体都拥有一部分与自己地域有关的职权。环境治理扩大了中央与中央驻地方机构的冲突。因此，确定一个实质上对相关选择负责的主体是极其困难的。[15] 当必须修建一个基础设施或者一个工程时，尽管能够从整体上确定对环境有利，但地方行政机关也会努力反对，因为工程的消极后果发生在自己的地域，这就是一种与邻避症相似的现象，在制度上的表述是"宁拖主义"（*Nimto-Not in my term of office*）[16]。

但是涉及环境职能组织的问题是非常复杂的，还有其他原因。

即使在大区及地方层面，也出现设立一些部门职权机构的倾向。已经设立了大区环境局、行使水利相关职能的机构、根据地域设置的管理垃圾或水等某些服务的其他机构。还规定一些其他情形，如有些职能必须由不同地方团体以合作的形式行使。

因此，环境治理的前提是不同行政机关之间的合作行为。寻找新的解决方案是正常的，这些尝试正努力保证在拥有行政职能的所有主体之间建立一个稳定的关系。有的建立了网络制度，就是简单地确保信息共享。有的为了解决严重的碎片化问题，不得不直接对组织机构采取行动。一些决定由集体性的组织机构共同做出，这些组织能够在横向及纵向层面将不同的利益联系起来。经济计划部际委员会（CIPE）就很重要，不

---

〔14〕 V. Cerulli Irelli, Sussidiarieta' (dir. amm.), in Enc. giur. , agg. XII, 2004；G. Sciacca, Sussidiarieta' istituzionale e poteri statali di unificazione normativa, Napoli, 2009, 75 ss；O. Chessa, Sussidiarieta' ed esigenze unitarie：modelli giurisprudenziali e modelli teorici a confronto, in Le Regioni, 4, 2004, 948.

〔15〕 P. Dell'Anno, Modelli organizzativi per la tutela dell'ambiente, in Riv. giur. Ambiente, 2005, 957.

〔16〕 G. M. Caruso, Pubblico e privato nella vicenda delle infrastrutture energetiche：una singolare interazione fra sussidiarieta' verticale e sussidiarieta' orizzontale, in Le Regioni, 2011, 967 ss.

同的部包括环境部都参加这个委员会。国家利益与地方利益的协调通过国家与其他地方团体的会议来完成。

因此，行使环境职能机构的主体明显臃肿[17]，这是环境行政组织的特征。尽管如此，环境的特殊性不仅与相关行政机关数量有关，在质量层面，还涉及对每个环境组织规定的运行模式。

一些职能属于直接政治表达机构，例如属于较小的地方团体及环境部的职能，环境部由政府成员领导。其他一些职能属于公共团体或者公共局，这些机构职权范围更为狭窄，因其行使的职能具有技术性，享有更大的自治。还有一些情况，职能由独立于政治的行政局行使，他们对涉及能源、煤气及水的某些领域进行规制。

但是也可以看到在环境方面可以进行干预的还有一些低级的行政机关，或者像经济计划部际委员会（CIPE）一样的由其他行政机关组成的机构。

还有一些更特别的解决办法，由于一些职能主要是鼓励生产可更新的能源，这些职能就留给了国家参与的公司。[18]

每一种组织模式都曾经在环境领域存在。

每一个团体所拥有的职能特征也限制着环境利益的存在方式。同样的环境问题会根据每一个组织的特征进行管理，突出其政治性、技术性或者经济性。

通常，职能与行使职能的组织的特征应该相互对应，例如，技术性职能不会赋予政治性的行政机关。但这种对应也不是必需的，考虑到利益组织模式的选择从来不是中立的。

这个简短的论述结论就是至少在其组织层面，环境法是不能缺少公法学科的贡献的。

针对职权分配或者单个团体的运行模式所采取的每一种方案都会确定特别的法律后果：可能会增加或减少冲突；可能确定在超国家、国家或地方的利益哪一种占优势；强调政治组成或技术组成；或者决定经济方面重要性程度。可能只有借助于行政法才可以评估组织机构的影响，因为传统上行政法就研究这些内容。

---

[17] M. Renna, *Semplificazione e ambiente*, in Riv. giur. Edilizia, 2008.

[18] G. M. Caruso, "The Legal Framework of the Energy Sector in Italy", in J. M. Diaz Lema (a cura di), *Energy Grids in Europe*, Thomson Reuters, Madrid, 2012, 137 ss.

风景名胜和文化遗产保护的行政机构

[意] 费德里科·帝耐力 * 著

李 媚 ** 译

众所周知，意大利是一个拥有丰富的历史、艺术、文化和自然遗产的国家。意大利的立法者们也知道这一点，事实上，他们已经在《意大利宪法》的基本原则中对此进行了规定，其第9条规定："共和国致力于促进文化、科学与技术研究的发展。共和国保护国家的风景名胜、历史遗产和艺术遗产。"[1]

《意大利宪法》第117条是对国家和地方的立法权进行分配的规定，其中第2款规定了有关"环境保护、生态保护和文化遗产的保护"的内容都是专属于国家的立法权，但在其第3款规定有关"开发利用文化资源和环境资源"的权力则同属于国家和地方。[2]

然而，如何在保护和开发利用之间进行区分是困难的，这使得国家和地方立法权的分配变得非常不确定，由此导致在意大利宪法法院涉诉的风险。基于此原因，学界主流观点已经对宪法层面的这一规定进行了猛烈的批判。

---

* 费德里科·帝耐力（Federico Dinelli），意大利罗马第三大学法学院讲师。

** 李媚，中国政法大学比较法学研究院讲师，意大利罗马第二大学法学博士。

〔1〕 Sull'interpretazione di questa disposizione v. A. Predieri, Significato della norma costituzionale sulla tutela del paesaggio, in Id., Urbanistica, tutela del paesaggio, espropriazione. Saggi, Milano, 1969.

〔2〕 Sul tema v. tra gli altri, P. Mantini, ne I beni e le attività culturali, a cura di A. Catelani e S. Cattaneo, Trattato di diritto amministrativo, diretto da G. Santaniello, vol. XXXIII, Padova, 2002, 429 ss; S. Civitarese Matteucci, Ambiente e paesaggio nel nuovo titolo V della Costituzione, in Aedon, Rivista di arti e diritto on line, n. 1/2002.

就相关争议而言，意大利宪法法院已经确定了风景名胜所代表的价值具有优先性，其在判决中确定："首先，这构成对大区权力的限制，大区在其本地区的管理中和在开发利用文化资源和环境资源中也应保护其他的公共利益。实际上，在此存在两种不同类型的公共利益：一类是国家承担的对风景名胜进行保护的公共利益；另一类是委托给大区承担的利用本地区资源的公共利益。"〔3〕

宪法法院这一判决理由的前提是，对文化遗产和风景名胜进行保护的职能是横向交叉的，以行使各类不同的权力为条件，其中最主要的有城市建设、城市规划、能源、环境、农业、基础设施、港口等各方面的权力。

涉及文化遗产和风景名胜领域的次宪法性立法是 2004 年所颁布的第 42 号法令，这一法令正好被命名为"文化遗产和风景名胜法典"。在这一法典中规定：总文化财产是由历史文化遗产〔4〕和风景名胜遗产〔5〕共同构成的，并在该法令随后的条款中对这两者进行了区分。

有关行政职权的问题非常复杂，其可以分为两个方面：一方面，涉及国家领土层面的组织结构问题；另一方面，也涉及国家和地方之间的关系问题。就前一方面而言，我们可以提出问题：国家是否必须通过其自身的行政机构来承担保护风景名胜和文化遗产的职能，还是国家通过行政法规的方式，可以将这一行政职能有限制地转移给各个地方政府来履行，这在理论上也是可行的。

对这一问题的回答：国家不仅局限于对风景名胜的保护进行立法，也应规定通过国家自身的行政机构和行政机关来施行相关的法律。其在 1974 年设立了专门的部委——最开始的时候，被称为"环境和文化遗产部"，随后在 1998 年被更名为"文化遗产和文化活动部"——其主要职责是管理国家的文化遗产，并对文化遗产进行保护。

---

〔3〕 参见 2007 年意大利宪法法院第 367 号判决。

〔4〕 首次对"文化遗产"这一概念进行定义，可参见 M. S. Giannini, I beni culturali, in Riv. Trim. dir. pubbl. , 1976, 31. 也可以参见最近的文献，T. Alibrandi e P. G. Ferri, I beni culturali e ambientali, Milano, 2001, 47.

〔5〕 G. F. Cartei, Il paesaggio, in Trattato di diritto amministrativo, a cura di S. Cassese, Diritto amministrativo speciale, II, Milano, 2003, 2123；P. Carpentieri, La nozione giuridica di paesaggio, in Riv. trim. dir. pubbl. , 2003, 363 ss.

这一"文化遗产和文化活动部"的组织机构非常复杂，包括中央机构和各地外设机构，总共有大约 2 万职员。除了负责部门直接协作的部长之外，这一"文化遗产和文化活动部"还设有 1 位总秘书长和 8 位中央总长（其中一个是管理职能的，其余的是技术职能的）。此外，在中央层面，这一"文化遗产和文化活动部"还设有咨询机构，其中有 1 个文化遗产和风景名胜高级委员会，7 个科技委员会。在这一"文化遗产和文化活动部"中还设有各类中央机构，7 个中央性机构，3 个全国性机构，还有 11 个特殊自治性机构（说到自治性机构，比如，意大利国家中央档案馆和罗马中央国家图书馆）。

就"文化遗产和文化活动部"的外设机构来说，其是以各个大区的风景名胜和文化遗产部门为基础的（每个大区都设有一个相关部门），全国一共 17 个外设性机构（除了在享有特殊自治权的 3 个大区设有地区性部门外），并且外设性机构跟中央机构是平等的。该机构对大区的各个部门进行监督（区分为对风景名胜和建筑遗产的监督和对考古遗产的监督），以及建立国家档案。

其结果是产生了非常清晰的框架结构，这正是《意大利宪法》第 5 条第 2 款中所规定的，共和国"在国家各项公职方面实行最广泛的行政分权"。最广泛的行政分权是以该"文化遗产和文化活动部"的组织结构为特征的，因为，在意大利境内这类国家机构是广泛存在的，由此人们认为：对风景名胜和文化遗产的行政管理只属于国家层面，因此，不能由地方其他机构参与其中。但恰恰相反，这些地方机构实际在文化遗产和风景名胜的管理中都行使着各类职权。

因此，这涉及我们讨论的第二方面，即国家和地方的职权分配问题。就这一问题而言，对确保风景名胜受保护的行政程序和行政手段进行分析是非常有趣的。对风景名胜的保护是以一个"有限制"的体系为基础的，这一体系仅涉及那些在景观层面表现出特殊显著性的遗产。法律通过"不确定的法律概念"表明，能成为风景名胜的这类遗产，通常由于其非比寻常的美丽而更容易被认定为是具有显著公共利益的遗产。

在对风景名胜遗产进行认定的初始阶段和预备阶段，该程序是由一个"地方委员会"来组织进行的，这一委员会的组成是混合的：由 2 位监事、2 位地区代表和其他 4 位专家组成。这一技术委员会的职责是确定某一特定区域或是某一特定建筑物是否具有显著的公共利益，以便证明其能否成为风景名胜区。

如果这一委员会认为存在这一公共利益，其将会就该地区具有显著的公共利益而拟定一个声明性的提案。这一提案可以接受相关意见和建议，但并不受该所涉遗产或所涉区域所在的地方（市和区）机构提出的意见和建议的拘束，这一提案也需要公布，以便于感兴趣的各方主体可以提出任何意见和建议。

就某个遗产或是某个区域具有显著公共利益做出声明依照的是地方性规则，但是法律规定基于监管的目的，将是否采纳这一提案的权力赋予了"文化遗产和文化活动部"，针对这一声明，其并不必然受到地方性意见和建议的约束。

此外，确定某一区域或是遗产是否构成风景名胜的审查程序，也可以通过"风景名胜规划"[6]来实行，这一规划是由大区联合"文化遗产和文化活动部"共同制定通过的。

"风景名胜规划"将大区再细分为各个区域，确定不同的保护级别。这一规划，除了可以实施已经存在的所有的保护性限制外，还可设立新的保护性限制。"风景名胜规划"的有关规定，相对于任何其他规划和其他部门（比如，公园管理者采用的计划）所采用的措施而言都具有优先性：由此证明了现行立法对于风景名胜管理的高度重视。最后，其他相关区域实际受法律的直接约束，比如，火山、沿海区域和环湖区域、超过1600米海拔的山峰、冰川、自然公园和其他受保护的自然区。

但现在必须弄清的是，有关风景名胜的限制所带来的效果是什么？对这一问题的回答实际非常简单：一旦说到此处的限制，即意味着在所涉建筑或所涉区域内的任何干预和介入行为都必须获得所谓的"风景名胜性授权"，或者是依照特殊的规定，该规定中已经确认对风景名胜的干预和介入是允许的。

风景名胜性授权由大区来做出，然而，其可以将这一职权委托给省或市来行使，只要这些省和市具备必要的技术能力。但是，在进行风景名胜性授权的过程中，仍然要受到国家对建筑遗产和景观性遗产的监管，

---

〔6〕 有关"风景名胜规划"，可以参见 M. Pallottino, La pianificazione paesaggistica secondo il codice dei beni culturali e del paesaggio, in Riv. giur. urb. , 2004, 525 ss.

这一监管要求国家机构应做出有约束力的意见和建议。事实上，通常都是由国家机构来做出决定，而由大区所进行的授权已经逐渐被缩减为仅仅只是一种形式。基于这一原因，我认为最好是去除这一双重制度，将所有的专业职能交给监管机制。

如果风景名胜性授权被拒绝了，那么，这一干预和介入就是不允许的。这一规则也适用于以可再生能源发电而建立发电厂的情况，事实证明在许多情况下，只要在有关公共服务的会议上明确表达了对风景名胜进行行政管理的反对意见，那么，其就不能获得相关的授权。

总之，通过简短的考察，可以明确：风景名胜领域的管理职权主要归属于国家，由其通过专门的外设机构来管理。此外，国家也委托大区行使相关职权，在此大区并非是次要角色，其承担进行协调的任务，特别是在规划层面，其将对风景名胜的保护和其他对该领土的利用进行协调。相反，地方政府起到的倒是边缘化的作用，其承担的更多的只是咨询职能，其建议和意见并不能产生相关拘束力。正是由于担心地方政府可能更为重视满足其利用该领土建造建筑物的需求，而将保护风景名胜的需求放到了次要位置，在这一领域中，通过对其他行政职能的合理分配，辅助性原则〔7〕正发挥着越来越重要的作用〔8〕。

---

〔7〕 有关辅助性原则，可以参见 M. Cammelli, Principio di sussidiarietà e sistema amministrativo nel nuovo quadro costituzionale, in G. Berti e G. C. De Martin (a cura di), Il sistema amministrativo dopo la riforma del titolo V della Costituzione, Atti del Convegno, Roma, 21 gennaio, 2002.

〔8〕 辅助性原则的价值越来越重要已经得到 G. 罗西教授的充分论证，参见 G. Rossi, Principi di diritto amministrativo, Torino, 2010, 101, che qualifica tale principio come "a double face". 其认为这一原则具有双面性。

生产者间康采恩以及环境协会的公共职能

[意] 安德烈·法理[*]　著

李　媚[**]　译

导论：焦点应从手段转移到主体

笔者所做的这一简短报告的主题似乎很难定义和界定。依照这一议题的关键点，涉及最为先进的环境法概念中的核心问题，我想谈一谈力求实现对环境利益进行一定程度切实有效地保护的公主体和私主体的定位问题。[1]

现在，众所周知且讨论的最为热烈的是对行政手段的分析（"命令与控制"），以及通过所谓的"市场手段"对行政手段进行补充。

对于上述问题的研究已经很成熟了，并且也很有价值，其中最新的观点认为，管理像环境这般复杂多变的事物，最有效的方式是采用混合手段，而不能预先确定说某一种方式相对于另一种而言是更可取的，这跟经济学理论中对所谓的公共财产的管理是一致的。

到目前为止，毫无疑问的是，在历史上最为先进的体制中，行政手段和市场手段仍然是相结合的，行政手段对应的是环境保护的初始阶段，在这一阶段中通过公法手段来达到减少污染的要求，在随后的阶段中依靠的就是更成熟先进的经济体制和更复杂的产业格局，即通过市场手段来取得环境保护的良好效果。

---

　*　安德烈·法理（Andrea Farì），罗马第三大学教授，罗马圣玛利亚自由大学教授。

　**　李媚，中国政法大学比较法学研究院讲师，意大利罗马第二大学法学博士。

　〔1〕　在这一意义上，可以参见 G. Rossi, Prinicipi di diritto amministrativo, Torino, 2017, 15，依照其观点，环境保护虽然可以通过（私主体）自由协商的形式实现，但同时公权力机构有责任提供必要的手段以确保实现环保目标。

然而，至今为止，学者们对于主体问题还没有引起足够的重视。事实足以证明，在对环境利益进行法律保障的初期阶段[2]，由于环境利益本身来自于社会，公主体尤其是国家必须采取相应手段来保障这一利益。然而，除了公主体外，对环境保护而言最重要还应该包括私主体。

一个重要的方面是，一般情况下，环境可持续发展目标的达成需要社会文化中个体行为的改变，例如，个体消费选择偏好的改变。但对法学家而言，更有意思的是分析另一个重要的方面，即私主体在力求实现公共利益的环境保护中扮演什么样的角色。试图弄清楚对于私主体而言，在法律规范或是国家的监督和引导之下，其是否可以为了保护环境的目的而承担起"公共的"角色。从最后这一角度看，我们所感兴趣的这两类主体都是非常典型的，虽然它们产生于社会的两端。

一、环境协会：认可和特性

首先，环境协会作为广泛利益的代表主体[3]，诞生于环境法发展的第一阶段。

在欧洲法律体系中，这类环境协会总能获得很多机会参与到环境领域的行政诉讼中，提起诉讼和参与案件审判。环境协会自诞生之初就履行着对公共管理进行控诉监督和推动的功能。

考虑到环境协会所具有的干预特性，立法者做出规定对其进行公共控制。在意大利的法律体系中，对环境协会进行公共控制采取的是"认可"模式，即由意大利环保部来核查其是否符合所要求的条件。1986 年颁布的第 349 号法律第 13 条第 1 款规定了对环境保护组织进行一系列必要条件的审查而使其获得认可的程序。

这些条件是，该组织应该具有全国性的特点或是有一定的地域覆盖性（至少 5 个大区），应该具有民主制度，并且章程中规定的目的是环境

---

　　[2]　众所周知，环境利益只是在近几十年才得以确认，正如马西莫·塞维鲁·札尼尼（Massimo Severo Giannini）所注意到的，人们意识到，如果说在开始阶段，在人类的创造性和破坏性之间还存在着平衡……但今天这一平衡已经被打破，更多呈现的是否定性要素：破坏性力量已经大于创造性力量。参见 M. S. Giannini, Diritto dell'ambiente e del patrimonio naturale e culturale, in Riv. trim. dir. pubb., 1971, 1125.

　　[3]　In tal senso si veda P. Duret, Riflessioni sulla legittimatio ad causam in materia ambientale tra partecipazione e sussidiarietà, in Dir. Proc. Amm., 2008, 688 ss.

保护；此外，也要对该组织所开展的活动进行行政审查，具体审查其所开展活动的连续性和外部关联性的情况。

需要特别指出的是，以上只有第一个条件是客观性条件，而对是否满足其他条件的判断基本上取决于行政机关的自由裁量性评估。

如果政府的"认可"仍然作为对这些民间组织进行公共控制手段的话，那么更应该由法律来确认这些组织的特性和功能。

当说到已获得认可的环境协会的程序性和诉讼性权力时，这涉及其享有针对已造成损害或极有可能造成损害的情况进行投诉的权力，也有参与环境损害案件审理的权力，有在行政诉讼中提出上诉以便撤销违法行为的权力，包括在环境损害事件中针对环保部的消极不作为提起诉讼的权力。

除了对可能的环境损害直接进行保护的行为外，更常见的是程序性和诉讼性的行为。在意大利法律体系中，这是已获得认可的环境协会在环境资源保护领域中所展现的不同功能〔4〕。

事实上，法律规定了环境协会行使其提案权的情形（1991年第394号法律，依照这一法律规定，已获认可的环境协会可以提议建立新的海洋保护区或是将原有的海洋保护区扩大）。在自然保护领域中，已获认可的环境协会基于其与环保部和其他主管部门的协议也可以成为海洋保护区的管理者。

关于自然保护区，也规定了环境协会的代表可以被任命进入到保护区的管理组织内部，享有提案权和咨询权。最后，实际上，这些规定了环境协会对是否采取相关行动具有咨询作用的规范，也具有部门规章的性质。

迄今为止，获法律认可的环境协会已经具有了各种功能〔5〕，即使有很多原本是其特性的功能最近被立法者赋予了环境领域的"任何人"，这是由于确定环境利益的实际代表主体是没有意义的，因为这一利益本身

---

〔4〕 Cfr. R. Leonardi, La legitimazione processuale delle associazioni ambientaliste: alcune acquisizioni ancora giurisprudenziali, in Riv. giur. ed. , 2011, II, 3 ss.

〔5〕 有关环保协会角色的研究成果已经很丰富了，可以参见 A. Angiuli, La tutela dell'ambiente tra Stato, regioni ed associazioni naturalistiche. Profili processuali, in Dir. proc. amm. , 1988, 55 ss. , E. Fasoli, Associazioni ambientalistiche e procedimento amministrativo in Itaalia alla luce degli obblighi della Convenzione Unece di Aarhus del 1998, in Riv. giur. Ambiente, 2012, 331 ss.

就是毫无差别地属于任何人。例如，可以考虑以立法形式赋予任何人都可以合法地获得环境信息，或参与到环境影响评估或环境许可授权的过程中。毫无疑问的是，如今法律已经认可这些主体具有"公共的"角色，以便于积极地支持他们去履行相关行政机构的职能。

二、新的复杂类型：生产者间的康采恩

第二个主体类型是由生产者间的康采恩构成的。这一主体类型来源于义务性的法律规定，在欧洲法中是通过产品生产者的"延伸责任"[6]原则来规定的。

简而言之，某类产品的生产者的义务包括要承担采取必要措施对产品消耗所产生的废物进行回收的费用，并且要确保达到高回收率的定量和定性标准。

这一责任之所以是"延伸"的责任，因为其不停留在产品的生产环节，而是延伸到对产品消耗的管理。私主体并不能通过其个体制度来确保对这一责任原则的遵守，而都应该遵守统一的制度。

这是欧盟成员国正在适用的原则，尽管适用的方式非常不同，但都取得了很好的效果。以至在最近正在讨论通过的一个有关废物回收的法令中，这一原则被进一步的细化和扩大其适用范围。

从这一原则在确保废物回收方面获得的极大成功开始，其在更高层次的所谓循环经济中也非常重要，而循环经济是未来 20 年欧洲制定有关自然资源节约政策的目标。

意大利法中这一延伸责任原则的具体适用是全欧洲做得最好的，特别是规定了集体性主体承担这一责任，即在国家监管之下的私营企业的康采恩。

并且其所涉及的工业领域的生产商的类别非常多。首先是包装类的生产商[7]（塑料、纸、玻璃、木材、铝），其次是各类工业油和植物油[8]、

---

〔6〕 对比参照欧盟委员会 2008 年第 98 号指令第 8 条第 8、27 项。

〔7〕 Si veda in tal senso G. Rossi, Diritto dell'ambiente, op. cit., 321.

〔8〕 废油的问题最初是由 1982 年 8 月 21 日通过的第 691 号法令进行规范，这一法令是为了贯彻执行欧盟经济委员会的第 75/139 号指令，此外，该法令规定必须设立废油强制性康采恩，以便于深化落实欧盟指令。参见 G. Amendola, Smaltimento degli oli usati：obbligo di autorizzazione, in Riv. pen. proc., 4, 1996, 518.

电子设备、电池、轮胎、报废汽车等的生产商。

事实上，法律对于私营生产商规定了一系列义务，以便于其对自身产品所产生废物的回收能符合环境标准。这些标准既是定性的（即要求采用先进技术以便于获得高质量的回收材料）也是定量的（例如，规定对全国范围内所产生的废物都要进行回收）。

鉴于单独面对这些目标的困难性，几乎所有的生产商都选择加入到一个集体组织中，在意大利依照法律这一组织必须是一个非营利的康采恩。这一集体组织的财政资金来自于各方环境利益相关主体的交纳。[9]

对法学家，以及对整个法学界而言，非常有趣的是关于这些康采恩的性质及其所进行活动的性质的争论。尤其，也涉及确定哪一方式才是对它们最有效的公共控制手段的争论。

虽然还存在一些相互矛盾的理解，但法学界主流观点还是明确认为这些康采恩具有完全的私属性，因为他们是由私主体所组成的。但对这些康采恩所开展的活动的特征进行分析，可以发现其具有法律的强制性，并且是在全国范围内开展的，目的是力求实现公共利益，其活动资金一部分是通过法律规定的环境税的方式获得的。所以，对这些康采恩所进行的活动的纯私法性质产生怀疑是可以理解的。

为此，意大利现在正在讨论国家可以对这些康采恩进行控制的程度，以确保虽然它们在市场上是私主体，并且它们之间还存在相互的竞争，但它们能为了实现法律规定的目的而联合开展活动。

意大利总理府在最近的一个判决中提出建议，认为应该"倾向于对私权利主体的组织机构及其活动确定一般的规则……以限制它们只能在实现法律所规定的整体利益必要时，才能对公法性的模式进行矫正。当然，在此追求的目的仍然是扩展相关康采恩主体的活动，这些康采恩相互自治，并且也遵守相互辅助的原则"[10]。

事实上，基于此，环保部对这些组织进行监管，一方面是对其组织成立进行监管（例如，批准其章程）；另一方面是对其管理运行进行监管（审核其预算，并对环境目标的实现进行审查）。

---

〔9〕 Per fini meramente chiarificatori cfr. M. Medugno, Il contributo ambientale sugli imballaggi, in Ambiente, 1998, 11, 889.

〔10〕 意大利总理府 2015 年 9 月 24 日第 4477 号法令第五部分。

三、结论：发展动态和法学家的任务

鉴于篇幅原因，在此不能展开论述，最后我仅将关注点放在正在发展中的动态上。这不仅涉及环境保护的手段，也涉及力争实现保护环境目标的主体的情况，可以综合采取各种解决方式。

在这之中，传统的公主体继续代表着最重要的因素，但是其必须面对需要处理的环境事件显著增加的现实情况，因此，其总是需要以更为复杂的方式使出各种手段和尽最大的能力来解决这些问题。

如此，正如市场手段[11]的出现就是为了填补行政控制机制所留下来的空白一样，如今也可以对公主体在这一领域中的地位进行改革。但两种私主体类型的特点似乎也有所不同。一个是环境协会，它们在社会中诞生，并且在制度中获得承认。另一个是康采恩，它们是基于法律规定的义务而成立的，它们在意大利和欧洲的经济结构中迅速获得承认。虽然两者本质上都是私人性质的，但两者都是以保障公共利益为目的，可以说，如今的环境保护已经变成了这样的格局。

针对这两类主体类型，公权力主体一方面为它们分配任务，设立应达标的目标和义务；另一方面也为所述目标的达成设定相应的限制和进行监管。这可能是最有效的方式。学者们，尤其是公法学者们的任务是要针对不同环境、地域、经济和社会领域的特性，来找到最适合的解决方式。

---

[11] Si veda in tal senso G. Corso, *Manuale di diritto amministrativo*, Torino, 2013, 387 ss.

环境领域中的"行政局"组织模式

——环境保护中的一种新型国家体系

[意] 达尼罗·帕帕诺* 著

贾婉婷** 译

一、前言：环境利益和组织形式

由公共行政机关实施的对公共利益的保护取决于这些机关如何组织。[1]这涉及一种来自于法学的认识并且已经超越了"行政组织是公共行政的内部事务，与法律无关"的观点。因此法学研究也把关注点不仅放在行政活动上，而且也放在行政组织上。其中最主要的问题包括实现公共利益公共行政的组织方式、不同公共机构之间职责的划分以及不同机构之间的关系。

随着公共领域的扩张以及需要行政机关保护的公共利益的增加，以前统一的公权力组织现在被分解为许多不同的组织形式和主体形象。[2]除了以有权机关和法律的许可为特征的"授权性"活动之外（例如征收的法律以及行政制裁等），行政机关还要进行一些具有活动特征的"给付"性行为，这些行为与私人之间实施的行为相类似（例如医院里的医

---

* 达尼罗·帕帕诺（Danilo Pappano），意大利卡拉布里亚大学教授，罗马圣玛利亚自由大学教授。

** 贾婉婷，北京师范大学法学院讲师，意大利罗马第二大学法学博士。

〔1〕 G. Berti, La pubblica amministrazione come organizzazione, Padova, 1968；M. Nigro, Studi sulla funzione organizzatrice della pubblica amministrazione, Milano, 1966；G. Rossi, Principi di diritto amministrativo, 3 rd ed. Torino, 2017, p.111.

〔2〕 M. S. Giannini, Diritto Amministrativo, vol I., Milano, 1993.

疗门诊、学校里的老师上课等)。然而这种区别的界限并不是很清晰,因为同一行政主体既可能实施授权行为,又可能实施实际给付行为。[3]此外,行政机关的有些行为不具有经济意义,甚至会带来损失;另一些行为则具有显著的经济特征,其目的决定涵盖全部或大部分成本;还有一些行为则直接产生经济效用并在竞争领域中进行。[4]

在任何一种法律制度中,行政机关实施的不同活动都与不同的组织形式相对应,这些形式的目的在于缓和确保行政行为遵守法律规定的要求与行政机关实际活动的开展要以一定的弹性为必要这二者之间的矛盾。[5]

在这一问题之上还存在另一问题,即由国家的领土组织以及中心与周边之间的关系所导致的问题。任何法律通常都力图包含相互对立但都必要的两种要求,即与国家利益相关的法律秩序统一的要求和尊重地方自治的区分化要求。在这二者的对立之中不存在任何先决的解决方案,这种对立在每个法律制度中都有独特表现并且随时代的发展而变化。然而,对于中心和周边的职权的非统一的定义可以成为职权混同、双重结构和无效率的根源。

相比于其他领域,环境领域更多地体现了与前述两种要求相对应的不同组织形式的试验。[6]

一方面,环境领域的职责主要以具有"技术-运行"特征的任务为前提,因此要求在实行中具有一定的自主性。人们试图通过在中央和地方层面的"行政局"这一组织形式来满足该要求。另一方面,环境问题涉及国家和大区的共同利益以及自治地方的利益,因此就要求组织形式必

---

〔3〕 例如大学要保证教学和考试的顺利进行,同时在教学结束后还会颁发具有法律效力的毕业证。

〔4〕 例如,《意大利宪法》规定义务教育至少要实施8年(第33条第1款),该规定并不意味着国家教育系统范围内的学校要以企业形式实施其活动。相反,有些公共服务(例如邮政、铁路等)由于能够产生经济效益,一直以来都以企业的方式运作,并且近年来还引入了竞争机制(在上世纪末自由化与私有化过程之后)。

〔5〕 G. Rossi, Principi di diritto amministrativo, 1st ed., Torino, 2011, pp. 210-212.

〔6〕 关于这一问题参见 M. Renna, L'allocazione delle funzioni normative e amministrative, in G. Rossi (a cura di), Diritto dell'ambiente, Torino, 2015, p. 139; F. Fonderico, La tutela dell'ambiente, in S. Cassese (a cura di) in Trattato di Diritto Amministrativo, Milano, vol. II, 2003, p. 2035.

须同时包含制度上的统一性需要和区分化需要。[7]

这一问题在意大利非常敏感，因为宪法并未明确规定在环境领域国家和大区的角色和职权划分。[8]

为了实现确保在不同地方实现法律制度的统一和均等发展，人们还是创立了一种"环境保护网络国家制度"，该制度融合了大部分的中央行政和大区行政局。

二、意大利的"行政局"组织模式

首先我们需要确定准确的术语。在意大利，"行政局"是一种特殊的组织模式，它与英美法中的代理人不同，也和"部"不是同义语。

意大利的行政局是一种独立机构，不是部或大区的办公机构。从1980年开始，这种组织形式开始用于环境领域以外的其他领域。随后从1999年起人们引入了一般性规定。

1999年第300号法律规定行政局的职能是实施"由各部或其他公共主体施行的与国家利益相关的具有技术-运行特征的活动"，以及"服务于包括大区和地方层面在内的公共管理"（第8条第1款）。[9]

这些机构表现为部的组织机构，受到部的指导和控制并且在组织、管理、财务上具有一定程度的独立性。在有些情况下它们还有独立于部或大区的法人资格。

有关行政局的规定来自于由政府规定所采纳的一项法规以及由部通过的内部规定。行政局有自己的领导机关（包括一个总负责人和一个辅助他的执行负责人）和内部控制（监察会议）。该机构的运行以一项协议

---

〔7〕 A. Romano Tassone，Stato，Regioni ed enti locali nella tutela dell'ambiente，in Dir. amm.，1993，p. 108；F. Fonderico，La tutela dell'ambiente，p. 2035；P. Dell'Anno，Modelli organizzativi per la tutela dell'ambiente，in Riv. giur. ambiente，2005，p. 957.

〔8〕 2001年的宪法改革在没有明确规定国家和大区的权力范围的前提下加强了地方自治，这一改革导致了国家和大区在界定各自权力范围时的困难和冲突，这一现象也发生在环境领域。目前议会已经通过了新的宪法改革，但这一改革要想生效还要经过2016年12月4日的全民公决。这一改革在包括本文所述问题的很多地方都修改了宪法规定，其宗旨在于减小大区自治的空间。

〔9〕 关于行政局的文献非常丰富，参见 F. Merloni，Le Agenzie nel sistema amministrativo italiano，in Dir. Pubbl.，1999，III；C. Corsi，Agenzia e agenzie：una nuova categoria amministrativa？Torino，2005；L. Casini，La agenzie amministrative，in Riv. Trim. dir. Pubbl.，2003，p. 393.

为基础（该协议由部和机构总负责人订立），协议规定了该机构应当实现的目标、所能运用的资源以及对已实施的行为的确认方式。

除了 1999 年第 300 号法律做出的有关行政局一般模式的规定之外，还存在一些与一般模式不同的特殊规定，例如赋予其独立于部的法人资格或规定一些其他职能。

根据一般模式，行政局是具有独立性的部的组织，属于"独立行政主体"，即在组织（有自己的机构和预算）和职能（开展特定活动、具有自己的合法程序）上具有独立性，但没有独立法人资格。

相反，根据特别规定设立的行政局则具有独立法人资格，属于意大利法上的"非经济性公共实体"。[10]

除了在中央部的层面之外，这种模式也在地方层面适用。各大区在履行自己职责时为了实施一些手段性活动也设立了各自的行政局。

在履行职能过程中，全国性的部的行政局在地方层面表现出了自己的运行结构，正如经济部的行政局的情况（例如税收行政局、公产行政局等）。而在其他情形中这些机构则没有偏好的运行结构，而是利用了大区或地方实体的结构。

三、环境领域中"行政局制度"的产生

在环境领域，根据 1994 年第 61 号法律，在国家环境部的层面为了保护环境和国土而设立了专门的行政局，在经历了组织机构的重组之后，该机构已具有一个不同的名称——环境保护和研究最高机构，简称"IS-PRA"。[11]

1994 年第 61 号法律授权各大区为保护其境内的环境而建立行政局。在之后的 10 年内产生了大区内的行政局，与此同时各大区也设立了专门保护环境的行政局。[12]

---

〔10〕 但也存在一些特殊情形，例如负责国有不动产管理的公产机构则被规定为经济性公主体（2003 年第 173 号法律），这种独立的法律主体在公共管理领域内运行，并且为了实现其目标也会借鉴私主体的组织和结构方式。

〔11〕 根据现行规定该机构是公法人，并在科技、研究、组织、财务、管理、财产方面具有独立性，受到环境与国土海洋保护部的监督（2016 年第 132 号法律第 4 条第 1 款）。

〔12〕 B. Caravita, L'agenzia nazionale per la protezione dell'ambiente: linee di una riforma, in Riv. giur. ambiente, 1994, p. 771; Id., Diritto dell'ambiente, p. 87.

在像环境保护这样牵涉到国家和大区利益的领域，不同层级政府之间的合作与融合的需要是非常明显的。

环境的流动性决定了它涉及的利益保护职能不仅仅在国家层面，也不仅仅在大区层面，而是两者都要涉及。环境利益的重要性不能不牵涉到大区的各种职能，既包括保护环境利益的直接职能，也包括保护其他可对环境产生消极影响的利益的间接职能（例如利用土地、发展经济等）。

为了避免在全国范围内履行环境保护职能的非组织化和非均质化以及多重活动导致的成本的增加，有必要采取一些协调方式，这些方式不仅包括技术性协调，而且还应当形成一种逻辑体系。

这样在机构层面就建立了连接国家和大区职能履行的机构——信用理事会，其主席由 ISPRA 的主席担任，成员包括各大区代理机构的代表。

在行动层面，人们制定了"环境保护全国三年行动计划"并建立了全国环境信息系统，目的是使行动合理化并在更加广泛的欧洲范围内实现环境信息的管理。

但行政局制度"网络"也存在一种局限，因为该制度首先关注的是环境信息以及采集数据在支撑环境政策方面的作用，而缺乏对大区行政局和其他重要的环保部门在行动（例如具体的控制和授权行为）上的真正协调。

这样在大区职权的行使方式上就产生了混乱和发展的不均衡，经常导致相互冲突的结果，例如各大区对环境污染活动的控制模式即不相同。

四、新的"环境保护国家体系"

面对上述问题，立法者最近通过 2016 年 6 月 28 日第 132 号法律重新规划了"环境保护国家体系"。该法律规定了实质性的组织和运行创新，其目的在于更好地整合和协调国家和大区在环境方面的职责的履行。

该法的目标是"确保有认识的行动的实施和对环境质量的公共控制的均衡化和有效化，以支持有关环境可持续和保护公共健康的卫生防疫的政策"（第 1 条）。

新的环境保护国家体系被赋予了一系列特定职能，其中包括引导、技术协调、控制、研究、提供技术和信息意见等，它不再像过去一样局限于与信息、采集数据和为环境政策提供支持相关的活动。

对与这些新职能相关的活动的规划体现在"国家体系三年行动计划",该计划确定了环境保护行为的主要路线并建立了记录,以便明确各大区代理机构的行动计划。

为了保证各大区行政局行动的统一化和均衡化,该法还确立了"提供环境技术的实质层次",这些层次代表着为了确保以同一方式保护全国领土而进行的环境保护活动的数量和质量标准。它在实质上涉及由国家确认的大区行政局的运作和执行标准。各大区根据这些层次,同时结合"国家体系三年行动计划"的规定,规定了行政局的环境保护活动。最终这些机构开展具体的技术活动和必要的控制以保证上述技术层次在其各自的职责领域得以实现。国家的统一界定应当允许超越当前的现状,这些现状包括在环保领域中的不同控制机制或授权行为各大区彼此不同。

该法还授予了作为国家体系支柱的 ISPRA 一项协调职能,并将由各大区机构代表组成的体系会议作为联系机构。

该会议由 ISPRA 主席担任主席,由各大区行政局的法定代表人组成,其职责包括颁布意见(根据"国家体系三年行动计划"这些意见具有约束力)和促进国家体系的协调发展。

新法规定一整套制度的目的就是给在统一性要求和区分化要求之间寻求平衡这一问题提供一个具体回答,这一问题在环境领域非常微妙,因为环境利益同时具有全球性和地方性。

新法规定的垂直整合体系并非一种"金字塔"式的体系,而是在大部分的环境职责上将国家和地方联合起来。

它涉及缓和对统一秩序的要求和尊重地方自治要求二者之间的对立的一种特别选择,其他选择也是可能的。不存在最优的组织方案,每一种方案都不能不反映某一特定秩序的独特性。

然而,不论是使体系统一要求最大化的方案,还是使区分化要求最大化的方案,都存在错误的可能。

这一整套新的系统都将自 2017 年起在意大利确定生效。只有在其生效以后才能做出具体评价。

环境领域行政职能的类型

［意］詹保罗·罗西* **著**

罗智敏** **译**

环境是法的一个新问题。

对人类来说自然具有实质意义，它限制着人类的生活，一直是哲学家、科学家及艺术家思考研究的内容。但是对于法学家而言它并没有显著意义，因为并非所有价值都可以成为法的内容，例如爱情。

当环境的恶化对人类健康、地球的景观及可生存性造成危机的时候，环境才具有法律意义：这一切发生在最后几个世纪，经济发展及能源的转变都带来了新的问题：就像是我的老师马西莫·塞维鲁·札尼尼（Massimo Severo Giannini）所言，人类的创造力与破坏力关系的平衡被打破了，破坏力已经大于创造力。这就在法中出现了环境的问题，也就是一些个人及集体组织能够并应该阻止环境的贫瘠与破坏的方式。于是就产生了新的法、新的犯罪形式及新的公共职能。

这种现象在人类历史上多次发生，伴随的是公共领域的扩张：例如卫生法，当它得到肯定后随之而来的是对其不同形式的保护，首先就成立了新的公共及私人组织。

出现一个新的问题相应地就会成立一个解决这个问题的组织。

然而环境问题与其他问题不同，它极其特殊且更为复杂。原因很多，主要如下：

---

* 詹保罗·罗西（Giampaolo Rossi），罗马第三大学荣誉教授。

** 罗智敏，中国政法大学法学院教授，意大利罗马第二大学法学博士。

一、在地域方面，环境问题的产生与结果经常不限定在同一个地区乃至同一个国家

这就解释为什么环境法首先在超国家层面产生。一些流经很多国家、海域或大湖泊的、有很多候鸟的河流出现的问题产生了环境法及大量的国际渊源，也出现了国际仲裁决定，在众多著名的决定中，一个例子是1941年3月11日的特雷尔冶炼厂的案件，对美国与加拿大的争议作出决定，原因就是一条源于加拿大的河流对美国农业造成了污染。

污染的原因产生于一个地方，但是结果却出现在另一个地方。因此不存在哪一级别出现问题就在哪一级别解决的对应。

二、环境法的第二种特殊性在于主体方面

法学家习惯于认为每一种权利都属于一个人或者多数确定的主体。在这种情况下，环境的权利属于谁呢？它同时属于所有人并且任何人都不可以独享。这就体现了问题的复杂性，在所有的法律制度中，都规定了司法保护的原告资格、损害赔偿以及非政府组织的地位问题。

三、环境法律问题第三个特殊性在于环境并非是"物"而是他物存在的方式

它是一种构成其他财产存在状态的财产。环境质量是空气、水、卫生、地方制度及风景等的一种存在状态。为此，在几十年前札尼尼认为环境不是一门法律的学科而是一些问题的总和，其中的每一个问题都属于特殊职权范畴（农业、工业生产、地方制度、卫生等）。

但是这种观点已经被抛弃了，因为环境危机赋予了该利益一种特殊的意义：在很多国家的判决中，与健康权或财产权相同，环境权都具有了独立的地位。在所有国家都设立了具有这种特殊职权的公共机构、部、分散性机构以及技术机构。

因此环境法被"具体化"，成为一门法律学科。

这是一种关于"种类"的学科，因为它以各种方式涉及所有法的领域：私法、刑法、国际法与行政法。在很多国家，主要是行政法学者从事环境法研究，因为国家及其他地方团体的职能在这个学科中具有中心

地位。

这一学科的特殊性还表现在它对其他职权的"横向影响"，因为它影响其他职权的运行（公共部门的产生、构成与管理方式）。由于它作出限制与禁止的规定，这种横向影响首先以一种对抗的方式表现出来；环境因此曾被认为是对发展的一种限制，这就解释了为什么那些曾经处于发展中的国家在最初都没有能够尊重环境的需要。我本人曾经参加1992年巴西里约热内卢联合国环境与发展大会，我记得菲德尔·卡斯特罗（Fidel Castro）指出，"世界上80%的环境污染来自于20%的工业化更强的国家"。

然而现在环境问题已经真正成为世界性问题，这使我们意识到应该改变近几十年来的发展模式。

出现了从环境限制发展到确信环境有助于新的发展模式的观念转变，新的发展模式包括可更新的能源、利用垃圾或生物物质作为生产能源的首要原料。可以说新经济与环境之间的对立越来越少，甚至已经可以利用环境促进发展新的经济类型。

这种新命题的提出使人们对政府在环境治理中行使行政职能的类型进行反思。

行政职能多数是具有高权性特征那些职能，美国称为"命令控制"模式。相对于行使权力的目的是确保集体生活的运转、保障公共利益至上而言，在环境领域的高权性行为中更多的是为了对其他主体（一般是私人主体）行为的审查与鼓励，具体体现为许可与监督。

理由很简单，环境不是公共行政机关活动的结果，而是公、私主体共同的"道德性"行为的总和，行政机关的职能是保障这种结果。这就解释了市场工具被赋予的重要意义（鼓励、免税等）。

此外，环境保护要求的预防性特征促使应该行使那些最为重要的职能，应该预防环境危机，广泛使用计划职能、确定标准与技术评估职能以及许可与证明权的职能。

因此保护环境的那些行政职能既不属于传统的如"内务""防卫"及"裁决"等高权性职能，也不属于"教育"或"卫生"等提供服务的职能，还不属于行政机关应该直接或间接提供一种产品的那些职能（例如交通运输），它列于部门规制职能之中（例如"文化财产与活动""农业""生产活动")。其中，最具有影响的工具就是计划、审查与鼓励，前者目的在于确定人们可以自由活动的空间，后者是为了促使私人一起保护环境或进行适应生态的活动。此外，因为环境利益具有横向性，保护职能的履行经常影响对其他利益的保护（生产、基础设施等）。

这就解释了为何环境治理中的大部分程序又存在很多子程序；人们因此认为环境保护最为重要，同时对其他财产与利益的保护程序产生影响。

从以上所讲的这些理由可以看出，在环境领域公共职能的行使中组织与程序具有复杂性。

对于法学家而言这种复杂性具有挑战性，会促使他们进行更深入的全新的思考。意大利另外一名著名的法学家菲力齐阿诺·拜文努帝（Feliciano Benvenuti）曾说过，"如果想动态而非静态研究法的话，环境问题是极有吸引力的"。环境法的研究还能够改善个人与集体的生活。

环境损害赔偿中的行政职能

［意］达尼罗·帕帕诺* 著

罗智敏** 译

罗西教授指出,"环境"法律概念的出现带来了对新的法律问题的解释,对此人们努力寻求解决办法,尽管并非总是不变的。[1]

环境损害赔偿的范围也在演变,环境损害赔偿是一个敏感的话题,因为存在相反的需求,在这些需求之间并不容易找到平衡。

环境损害的概念最初并不是一个独立的法律范畴,因为人们不认为环境是一种与其他因污染行为受到损害而被保护的利益相区别的利益。很长一段时间以来,对环境损害的保护是间接的,因为只有当损害与其他法律利益相关联时才可以要求赔偿,例如涉及健康权及财产权。

"环境"本身成为一个受到保护的法律利益,必然带来了环境损害概念的发展,与过去相比逐渐具有了一些不同的特征,以前它曾是一种特别规范的对象。[2]

环境损害规范出现在 1986 年（第 349 号法令第 18 条,在 2006 年制定了第 152 号法令《环境法典》之后失效）。

法律的目的是创设一种保护环境的法律工具,它接受了传统上著名的"谁污染谁赔偿"的国际法基本原则,引进了一种环境损害补救制度,使那些可能会对环境产生危害的生产者知道要对其可能造成的环境损害

---

* 达尼罗·帕帕诺（Danilo Pappano）,意大利卡拉布里亚大学教授,罗马圣玛利亚自由大学教授。

** 罗智敏,中国政法大学法学院教授,意大利罗马第二大学法学博士。

〔1〕 See G. Rossi, Diritto dell'ambiente, Torino 2015, pp. 3~10.

〔2〕 F. Fracchia, Sulla configurazione giuridica unitaria dell'ambiente: art. 2 Cost. e doveri di solidarietà ambientale, in Dir. Econ. , 2002, p. 215 ss; T. Martines, L'ambiente come oggetto di diritti e doveri, in V. Pepe (a cura di), Politica e legislazione ambientale, Napoli, 1996.

进行赔偿。[3]

如果行为人违反了特殊的行为规范，无论是法律还是行政规范，且损害是行为人故意或者过失行为的直接后果（也就是直接想造成损害或者因为不专业、疏忽、冒失等），就会确定损害责任。环境损害赔偿可以一种特殊的形式产生，违法者自己支付费用恢复原状，或者采用相当的方式。法院认为与相当的方式相比恢复原状是首选的方式。在判决采用相当的方式时，如果不可能准确进行确定，法律授权法官根据个人的过错程度、恢复原状的必要费用以及违法者造成的后果等来确定。环境损害赔偿的原告资格属于国家以及受到损害行为结果影响的其他地方团体（大区、省及市镇）。法律并没有赋予环境保护协会损害赔偿的原告资格，他们可以进行举报，并且只有当具有原告资格的公共主体提起了损害赔偿之诉后他们才可以参加审理程序。

上述规范体现了典型的阿奎利亚责任，因为环境法律利益的特征在实践中适用极其困难，以及 2004 年欧盟在这方面的规定，此规范成了修改的对象。目前损害赔偿规定在所谓的《环境法典》中（2006 年第 152 号法令第 305 条及以下），该法贯彻了欧盟指令（2004 年第 35 号《预防和补救环境损害的环境责任指令》）。[4]

环境利益及损害的特殊性影响了环境责任规定的发展。

环境损害被定义为："任何对于自然资源或者由自然资源确保的利益进行的直接或者间接的可测量的损坏（2006 年第 152 号法令第 300

---

〔3〕 环境损害赔偿方面的理论非常多，特别是 P. Maddalena, Il danno pubblico ambientale, Rimini, 1990; M. Granieri-R. Pardolesi, Oltre la funzione riparatoria della responsabilità civile nella tutela ambientale, in AA. VV., Ambiente e diritto, cit., p. 527 ss; G. Morbidelli, Il danno ambientale nell'art. 18 L. 349/86. Considerazioni introduttive, in Riv. crit. dir. priv., 1987; F. Giampietro（a cura di）; La responsabilità per danno all'ambiente. L'attuazione della direttiva 2004/35/CE, Milano, 2006; G. Greco, Danno ambientale e tutela giurisdizionale, in Riv. giur. ambiente, 1987; U. Salanitro, Il danno all'ambiente nel sistema della responsabilità civile, Milano, 2005; M. Libertini, La nuova disciplina del danno ambientale e i problemi generali del diritto dell'ambiente, in Riv. crit. dir. priv, 1987, C. Castronovo, Il danno all'ambiente nel sistema di responsabilità civile, in Riv. crit. dir. privato, 1987.

〔4〕 See U. SALANITRO, La direttiva comunitaria sulla responsabilità per danno ambientale, in Rass. dir. pubbl. europeo, 2003, p.137 ss; F. GIAMPIETRO（a cura di）, La responsabilità per danno all'ambiente. L'attuazione della direttiva 2004/35/CE, Milano 2006; B. POZZO, La nuova direttiva 2004/35/CE del Parlamento europeo e del Consiglio sulla responsabilità ambientale in materia di prevenzione e riparazione del danno, in Riv. giur. amb., 2006, p.1 ss; ID.: La direttiva 2004/35/CE e il suo recepimento in Italia, in Riv. giur. ambiente, 2010, 1, p.1.

条）"，这表现为一种分散性的损害，并不损害一个特别的主体，因此并不总是能够归入到传统上的两个主体之间的关系中，即损害者与被损害者之间的关系。

这也影响到归责原则的确定，尤其是选择过错原则还是客观归责原则。

在损害者与受损害者关系中，过错标准使得二者在损害确定中的地位是不一样的，损害结果在损害者与受损害者之间分配。损害方只承担因故意或过失造成的损害的责任；由受损害一方自己承受不归咎于损害方责任的不利后果或者自己如果尽到勤勉义务就会避免发生的那些后果。[5]

在环境损害中，因为损害的分散性特征，损害方与受害方的关系不容易被觉察。损害事件尤其自于损害方的行为及其注意程度，通常源于工业活动；此外，因为环境恶化的分散性，受害者预防的可能性是不存在的或者容易忽视。

因此，在很多特殊领域引入与过错标准无关的客观责任形式。[6]例如受污染地进行土地改造的无过错所有权人的责任（1997年第22号法令第17条C2）；或者转基因组织产生的损害（2003年第224号法令）。

直到最近的一个法律对高危行业活动与非高危行业活动进行了区分，前者明确进行列举，承担客观责任，后者承担因为故意或过失承担责任。

环境损害的另外一个特征就是损害的环境财产并非是一个特别物，而是一种他物存在方式，是不同环境资源平衡的结果。[7]

财产的维护即最大可能恢复到损害前的状态应该是最重要的。因此环境损害不能只是通过损害赔偿进行救济。它的规定就不能只是"谁损害谁赔偿"的原则，当然它也是必要的，还应该是根据预防性原则进行

〔5〕 See L. Prati, il danno ambientale nella prospettiva della colpa, in Riv. Giuri. Ambiente, 1997, p. 35 ss; V. P. Trimarchi, Responsabilità civile per danno all'ambiente: prime riflessioni, in Amministrare, 1987, p. 189 ss.

〔6〕 See G. Rossi, Diritto dell'ambiente, Torino 2015, spec. Cap. VI; inoltre, E. Briganti, Considerazioni in tema di danno ambientale e responsabilità oggettiva, in Riv. Dir. Civ. , p. 289.

〔7〕 See A. Farì, Beni e funzioni ambientali. Contributo allo studio della dimensione giuridica dell'ecosistema, Napoli 2013. M. Cafagno, Principi e strumenti per la protezione dell'ambiente. Come sistema complesso, adattativo, comune, Torino, 2007, F. Fracchia, Introduzione allo studio del diritto dell'ambiente: principi, concetti e istituti, Napoli, 2013.

规定。

"谁损害谁赔偿"的原则实际上带来根本上的模糊性，因为它的极端结果可以被解读为"谁赔偿就可以污染"，因此除了会导致环境资源受到破坏之外，还会造成环境整体共存体系平衡的恶化。

因此，在环境损害方面，法律制度规定首先要预防与避免，然后才是补救或者赔偿。行政机关（尤其是环境部）被赋予了威权性的职能与权力（所谓的命令与监督），一方面是为了预防与避免损害，另一方面如果损害被确定，要恢复损害确定以前的状态。

这就首先出现了规定旨在于避免损害的预防机制的规范。

采取预防性措施的职权属于环境部（依申请或依职权），可以要求经营者提供任何对环境有威胁的信息，可以命令或直接采取其认为必要的预防性措施。这些措施可以由公权力主体或者可能受到环境损害影响的私人主体提出。意识到环境损害危险的经营者有义务及时向所有公权力主体进行告知，包括能够预见环境损害结果地（大区、省及市镇等）的公共主体以及省督，省督是中央机关的派出机构。允许针对预防性措施向环境部申诉或者行政法官起诉。

尽管已经采取了预防性措施，还是产生了环境损害时，现今的法律优先采用恢复环境资源的状态这种保护形式。只是规定相当的财产赔偿作为特别形式的损害赔偿。

恢复环境的形式由一种特殊的听证决定，也可以是经营者与环境部之间的协议内容。

还规定根据对受损害的环境资源（水、受保护的自然栖息地或者土地）可恢复原状的可能性采取不同程度的"补救措施"。贯彻"谁污染谁赔偿"原则，预防及补救的最初费用是由经营者承担的，即使是行政机关采取的措施也是如此。法律规定：①首要补救措施，也就是能够使资源及其利用恢复原状的任何措施；②补充补救措施，如果不能恢复原状时一切补偿受害资源恢复原状的措施，也可以在另外的地方实施；③赔偿性补救措施，不是对公共团体进行金钱赔偿，而是包括旨在于赔偿自然资源及其相关利用丧失期间损失的任何行为，从损害确定之日直到首要或者补充的措施发挥作用。

金钱损害赔偿只能是一种最后的补救手段，只有当再也不可能恢复到以前的状态或者采取补救性措施才能使用。

环境法典也规定了损害量化的特别标准。这应该包括对环境状态造成的损害，特别涉及为恢复原状而产生的必要费用。

当损害不能以一种特别形式进行赔偿，也不可能有相当的量化确认，法官不能根据公正原则进行决定，因为法律规定，直到出现相反证据，损害预测为不低于做出的行政罚款或者刑事罚金3倍的数额。

通过行政方式对环境损害进行保护也包括"污染地改造"，它是公共行政机关行使特殊威权行为的对象。[8]

土地改良是指在一个确定的污染地消除污染源以及减少在地表、地下、地下水中的污染物的全部手段。这种情况适用客观责任标准，不考虑故意或者过失。此外加强了特别形式的损害赔偿保护。

一个污染的容忍极限通常是有法律标准确定的（所谓的危险极限），污染的责任人有义务恢复环境，使该地处于安全之中。如果他没有采取措施，行政机关有权要求经营者补偿。

法律规定土地改良程序开始不适用环境损害的规范，但是如果土地改良之后出现了恶化则适用。最近在2013年8月，因为在具体情况中没有发挥作用，法律对此进行了改变，土地改良程序的开始对于排除适用环境责任的规范不再是足够的条件。

环境利益的不可分性及不可归属性以及环境损害的分散性也影响了可以提起环境损害赔偿的原告资格。

目前法律只将环境起诉赔偿的原告资格赋予了环境部。但是又明确规定每一个自己健康或者财产受到直接损害的主体都有权提起损害赔偿之诉。

要避免受到损害的不同公共主体提起损害赔偿之诉，因为那样就会使得损害赔偿变得更为复杂。与过去不同，大区、省、市镇与环境保护协会不能再提起保护环境的诉讼，但是它们有检举权，可以催促环境部

---

〔8〕 关于土地改良的问题，See F. Giampietro, La bonifica dei siti contaminati, Milano, 2001; P. Ficco（a cura di）, Rifiuti e bonifiche nel nuovo codice dell'ambiente, Milano, 2007; L. Prati, Responsabilità per danno all'ambiente e bonifica dei siti contaminati, Milano, 2011; F. Grassi, Bonifica ambientale di siti contaminati, in G. Rossi（a cura di）, Diritto dell'ambiente, cit, p. 424 ss; S. Grassi, La bonifica di siti contaminati, in Ferrara, M. A. Sandulli（a cura di）, trattato di diritto dell'ambiente, Milano 2014, p. 687 ss.

进行干预。

具体而言，环境损害赔偿可以通过两种可选择的途径进行保护：①环境部可以决定向普通法官提起诉讼（或者在刑事诉讼中提起附带民事诉讼）；②环境部举行利害关系人参加的听证，查清损害的原因及程度，也可以使用技术专家，随后可以直接发布命令。环境部命令针对的是环境损害事实的责任者。环境部通过命令责令损害责任者恢复环境，进行特别方式的损害赔偿或者相当的损害赔偿。利害关系人针对命令可以向行政法官起诉。

从上述分析来看，很明显，因为环境利益的特殊性，私人之间的损害赔偿方式只能部分地适用。

从环境损害角度来看，环境法也是行政法研究的对象，因为公共行政机关必须行使职能与权力。特别是确定预防损害的预防性措施方面。在损害被证实的初期，采取恢复性或者补偿性的措施，在最后阶段，只有不可能恢复以前状态时才使用损害相当的金钱补偿。

试论城市生态环境保护中政府的法律职责
——以城市生活垃圾分类管理为例

王建芹 *

一、目前中国垃圾处理现状与主要问题

根据住建部发布的城市垃圾统计数据，每年，我国城市垃圾产生量已经大于 2 亿吨；还有 1500 多个县城产生了接近 0.7 亿吨的垃圾；至于村镇垃圾方面，由于村镇数量太分散，暂无准确统计数据。总体来看，我国生活垃圾产生量在 4 亿吨以上。同时，中国城市生活垃圾堆存量已经超过 80 亿吨。[1]

目前中国内地垃圾主要是通过填埋、堆肥和焚烧法进行处理，其中填埋法仍是主要的处理方式，目前仍占垃圾处理总量的 80% 左右。[2]由于卫生填埋会占用大量的土地和空间资源，同时填埋前没有经过垃圾分类，一方面会造成大量可回收垃圾资源的浪费，另一方面混合垃圾中水分及有机物含量都很高，产生了大量渗滤液，增加了处理成本。因此从世界垃圾处理的先进经验看，我国垃圾处理方式必然逐步向垃圾堆肥和焚烧处理方式转变。

垃圾堆肥是利用垃圾或土壤中存在的细菌、酵母菌、真菌和放线菌等微生物，使垃圾中的有机物发生生物化学反应而降解（消化），形成一种类似腐殖质土壤的物质，用作肥料并用来改良土壤，同时杀灭垃圾中的病菌和虫卵，具有无害化和资源化处理的效果。但垃圾堆肥对于混合

---

* 王建芹，中国政法大学法学院教授。

〔1〕 参见《中国生活垃圾年产量超四亿吨 垃圾分类势在必行》，载 http://huan-bao. bjx. com. cn/news/20170919/850938. shtml.

〔2〕 范凯："垃圾焚烧发电将快速发展"，载《中国证券报》2011 年第 12 月 6 日。

· 262 ·

垃圾的分类技术要求很高，如果在垃圾收集的源头阶段不能做好有效的分类处理，依靠垃圾处理场的机械化分选效果不佳，只能使用人工分选，会增加大量的经营成本。

垃圾焚烧技术可有效减少 75% 以上垃圾容量，占地面积少，不易造成污水渗透等污染。此外焚烧垃圾产生的热量可进行供热和发电等二次利用。因此垃圾焚烧技术近些年来得到了迅猛的发展。但垃圾焚烧的一个重要前提依然是严格的垃圾分类，只有分类到位，才能有效避免焚烧过程中对大气的污染等焚烧技术上的弊端。

目前我国垃圾分类现状与难点，以北京市为例：

事实上，作为中华人民共和国的首都，北京市很早就有了初步的垃圾分类。最初是以国营废品收购站作为垃圾分类的单位。20 世纪 60 年代，北京二环路以内的国营废品收购站有 2000 多个。但到了 20 世纪 80 年代规模严重萎缩，目前基本上都已经关停或转变成民营的专业回收公司。取而代之的是以农村进城的拾荒大军为主的专业拾荒者，靠捡拾废品换取收入维持生计。据统计，目前仅北京市就有约 17 万人的专业拾荒者，每年捡拾的垃圾多达 400 余吨。[3]北京市众多垃圾拾荒者捡拾可再生资源进行回收利用，有助于实现北京市垃圾的减量化、资源的再循环和再利用，这既缓解了北京市资源短缺的矛盾，提高资源的利用效率，又减轻了垃圾对城市环境的污染，同时也为北京市节约了大量用以堆置或填埋垃圾的土地资源，实现了生态环境之间物质与能量的良性循环和可持续发展，为推动北京循环型城市社会的构建做出贡献。[4]但是，这些民间自发的拾荒者，均是无照经营、缺乏规范、检验和约束，致使垃圾在捡拾、收集、运输、加工过程中造成严重的二次污染，他们自身的传染病发病率也较高。

同时，北京市近年来虽然广泛推广分类垃圾桶，但由于在宣传上以及在居民的自觉意识上都不够到位，并没有严格依照要求进行垃圾投放，特别是环卫部门的垃圾清运车在装运时经常会把分类好的垃圾再次混装，也挫伤了居民的分类积极性。可见，如果没有从源头上的一整套完整的

---

〔3〕 参见央广网，http://finance.cnr.cn/gundong/201409/t20140913_516430236.shtml.

〔4〕 周燕芳等："北京市垃圾拾荒者的贡献及其管理对策研究"，载《内蒙古环境科学》2008 年第 4 期。

收购、运输、销售、加工、成品市场等有组织的再利用产业体系的支持，很难以政府为主导强化垃圾分类管理，并充分利用市场机制实现垃圾的无害化处理，改善生态环境的良好效益。

总体上看，我国垃圾分类存在的主要问题有：市民对垃圾分类的意识不强、积极性不高；管理部门重视程度不够；城市拾荒者问题突出；法律体系不够健全，并缺少配套的执行措施等。

二、垃圾分类：传统垃圾收集处置方式的变革——以日本经验为例

垃圾分类就是将垃圾分门别类地投放，并通过分类清运和回收使之重新变成资源。国内外各城市对生活垃圾分类的方法大致都是根据垃圾的成分构成、产生量，结合本地垃圾的资源回收利用和处理方式进行分类。如德国一般分为纸、玻璃、金属、塑料等；澳大利亚一般分为可堆肥垃圾、可回收垃圾、不可回收垃圾；日本一般分为可燃类、不可燃类、资源类、粗大类等。当然在上述大类项目下，还会细化为多项子项目甚至孙项目。我国则分为可回收垃圾和不可回收垃圾。

垃圾分类是对垃圾收集处置传统方式的变革，是对垃圾进行有效处置的一种科学管理方法。人们面对日益增长的垃圾产量和环境状况恶化的局面，如何通过垃圾分类管理，最大限度地实现垃圾资源利用，减少垃圾处置量，改善生存环境质量，是当前世界各国共同关注的迫切问题之一。垃圾分类就是在源头将垃圾分类投放，并通过分类的清运和回收使之重新变成资源，其好处是显而易见的：垃圾分类后被送到工厂而不是填埋场，既节省了土地资源，又避免了填埋或焚烧所产生的污染，还可以变废为宝。

因此，进行垃圾分类收集可以有效减少垃圾处理量并简化处理设备，降低处理成本，减少土地资源的消耗和环境污染，具有相当明显的社会、经济、生态三方面效益：一是减少占地。生活垃圾中有些物质不易降解，使土地受到严重侵蚀。垃圾分类，去掉可以回收的、不易降解的物质，减少垃圾数量达60%以上。二是减少环境污染。废弃的电池含有金属汞、镉等有毒的物质，会对人类产生严重的危害；土壤中的废塑料会导致农作物减产；抛弃的废塑料被动物误食，动物死亡的事故时有发生。因此

回收利用可以减少危害。三是变废为宝。中国每年使用塑料快餐盒达 40 亿个，方便面碗 5~7 亿个，一次性筷子数 10 亿双，这些占生活垃圾的 8%~15%。1 吨废塑料可回炼 600 公斤的柴油。回收 1500 吨废纸，可免于砍伐用于生产 1200 吨纸的林木。1 吨易拉罐熔化后能结成 1 吨很好的铝块，可少采 20 吨铝矿。生活垃圾中有 30%~40% 可以回收利用[5]。

日本是垃圾分类管理方面比较出色的国家，其经验值得借鉴，概括起来有以下几个特点：

第一，分类精细，回收及时。其大类分为可燃类、不可燃类、资源类、粗大类等，这几类再细分为若干子项目，每个子项目又可分为孙项目，以此类推。日本各地执行的标准不完全一样，但大致可粗分为这样几大类：

可燃类：简单讲就是可以燃烧的，但不包括塑料、橡胶制片、一般剩菜剩饭和一些可燃的生活垃圾都属于可燃垃圾。

不可燃类：如废旧小家电（电水壶、收录音机），衣物，玩具，陶瓷制品，铁质容器等。

资源类：如报纸、书籍、塑料饮料瓶、玻璃饮料瓶等；

粗大类：如大的家具，大型电器（电视机、空调），自行车等。

一些地方执行的则更为细致，例如横滨市将垃圾类别更细分为 10 类，并给每个市民发了长达 27 页的手册，其条款有 518 项之多。试看几例：口红属可燃物，但用完的口红管属小金属物；水壶属金属物，但 12 英寸以下属小金属物，12 英寸以上则属大废弃物；袜子，若为一只属可燃物，若为两只并且"没被穿破、左右脚搭配"则属旧衣料；领带也属旧衣料，但前提是"洗过、晾干"。而德岛县上胜町已把垃圾细分到 44 类，并计划到 2020 年实现"零垃圾"的目标。

在回收方面，有的社区摆放着一排分类垃圾箱，有的没有垃圾箱而是规定在每周特定时间把特定垃圾袋放在特定地点，由专人及时拉走。如在东京都港区，每周三、六上午收可燃垃圾，周一上午收不可燃垃圾，周二上午收资源垃圾。很多社区规定早 8 点之前扔垃圾，有的则放宽到中午，但都是当天就拉走，不致污染环境。

第二，管理到位，措施得当。外国人到日本后，要到居住地政府进

---

〔5〕 周新颖："垃圾分类，你做到了吗"，载《钱江晚报》2014 年 5 月 16 日。

行登记，这时往往就会领到当地有关扔垃圾的规定。当你入住出租房时，房东也许在交付钥匙的同时就一并交予扔垃圾规定。有的行政区年底会给居民送上来年的日历，上面一些日期上标有黄、绿、蓝等颜色，下方说明每一颜色代表哪天可以扔何种垃圾。在一些公共场所，也往往会看到一排垃圾箱，分别写着：纸杯、可燃物、塑料类，每个垃圾箱上还写有日文、英文、中文和韩文。[6]

第三，人人自觉，认真细致。养成良好习惯，非一日之功。日本的儿童从小就从家长和学校那里受到正确处理垃圾的教育。如果不按规定扔垃圾，就可能受到政府人员的说服和周围舆论的压力。日本居民扔垃圾真可谓一丝不苟，非常严格：废旧报纸和书本要捆得非常整齐，有水分的垃圾要控干水分，锋利的物品要用纸包好，用过的喷雾罐要扎一个孔以防出现爆炸。

第四，废物利用，节能环保。分类垃圾被专人回收后，报纸被送到造纸厂，用以生产再生纸，很多日本人以名片上印有"使用再生纸"为荣；饮料容器被分别送到相关工厂，成为再生资源；废弃电器被送到专门公司分解处理；可燃垃圾燃烧后可作为肥料；不可燃垃圾经过压缩无毒化处理后可作为填海造田的原料。日本商品的包装盒上就已注明了其属于哪类垃圾，牛奶盒上甚至还有这样的提示：要洗净、拆开、晾干、折叠以后再扔。

如此细致甚至有些烦琐的垃圾分类程序得以顺利实施与日本相关的法律规范的规定、持之以恒的宣传教育以及民众的自觉意识是分不开的。日本制定并实施相关法律对垃圾分类处理进行规范，如《废弃物处理法》《关于包装容器分类回收与促进再商品化的法律》《家电回收法》《食品回收法》等与垃圾减量相关的法律。其中，《废弃物处理法》第 25 条第 14 款规定：胡乱丢弃废弃物者将被处以 5 年以下有期徒刑，并处罚金 1000 万日元（约合人民币 53 万元）；如胡乱丢弃废弃物者为企业或社团法人，将重罚 3 亿日元（约合人民币 1600 万元）。法律还要求公民如发现胡乱丢弃废弃物者需立即举报。[7]

---

〔6〕 窦林娟、孙巧慧、常娜："日本垃圾分类处理制度对我国的启示"，载《宿州教育学院学报》2012 年第 4 期。

〔7〕 李凌："细致到'严苛'的日本垃圾分类"，载《海西晨报》2015 年 9 月 16 日，第 S4 版。

日本垃圾分类管理的先进经验给我们很多启示，既包括政府对于垃圾分类的相关制度建设特别是法律规范上，也包括通过持续的宣传教育使民众对垃圾分类的认知与认同上，更在于广大民众通过垃圾分类这类身边小事从而树立起强烈的环保意识上。

三、中国政府在垃圾分类管理中的法律职责

环境保护是政府重要的经济社会管理职责之一，修订后并于 2015 年 1 月 1 日起正式实施的《中华人民共和国环境保护法》第 1 章第 6 条第 2 款明确规定，"地方各级人民政府应当对本行政区域的环境质量负责"，这就从法律层面界定了政府在环境保护工作中的角色和职责。第 3 章第 37 条则规定："地方各级人民政府应当采取措施，组织对生活废弃物的分类处置、回收利用"，也从法律上规定了政府应当对垃圾分类需要担负的管理职责。

中国现行的行政管理体制与立法机制决定了从环境保护的宏观政策指导到具体的微观施政行为，没有自上而下强有力的政府积极作为，很难得到真正的贯彻执行。虽然说全民环保意识的提高来自于社会环保志愿者的积极行动，也在很大程度上对改善中国环境保护现状有积极的作用，但在目前中国环境保护形势严峻的局面下，政府的积极作为、主动作为十分关键，且是其法律职责所在。仅就城市生活垃圾处理过程中的基础性工作——垃圾分类而言，政府能够发挥的作用空间十分巨大。主要体现在三个方面：

首先，通过广泛的、有效的宣传，强化公民垃圾分类观念。

要利用各类媒体及其政府主导的宣传媒介的影响力，大力开展垃圾分类的宣传、教育和倡导工作，使公民树立垃圾分类的环保意识，阐明生活垃圾对公民社会生活所造成的各类直接或间接危害，使公民意识到从垃圾分这类力所能及的身边小事做起，不仅仅是国家和整个社会大的生活环境改善的需要，更能切实改善身边的小环境。切实提高公民积极参与垃圾分类的自觉意识。同时，在倡导的过程中大力普及垃圾分类的知识，使公民的垃圾分类逐渐成为自觉和习惯性行为。

其次，通过强化行政管理，加大政府性投入，切实改善垃圾分类过程中硬件设施的不足及管理缺失。

近年来，中国各级政府在垃圾处理的设备设施投入上花了很大气力，无论是垃圾处理场地建设的直接财政投入，还是鼓励民营资本投资的政策支持上都做了很多工作，垃圾处理技术也得到了有效地提高，但是由于垃圾分类的基础性工作不到位，垃圾无害化处理的最终效果不够理想。有鉴于此，从垃圾管理的源头到垃圾处理的所有环节，都需要强化环境保护部门、环境卫生部门、社区管理部门的主体责任，才能有效改善目前垃圾处理。

第一，要尽快规范城市拾荒者的经营行为，加强引导和管理，鼓励探索以企业经营行为代替城市拾荒者松散的个体或家族式经营行为。只有将大量无序的城市拾荒者纳入有序的企业管理序列，将拾荒者的身份从松散的个体转变为产业工人，才能从源头上规范城市生活垃圾管理的基础性工作。

第二，改造或增设垃圾分类回收的设施。可将一个垃圾桶分割成几个隔段或建立几个独立的分类垃圾桶。垃圾分类应逐步细化。垃圾分类搞得越细越精，越有利于回收利用。可以用不同颜色的垃圾桶分别回收玻璃、纸、塑料和金属类包装垃圾、植物垃圾、生活垃圾、电池灯泡等特殊的垃圾。垃圾桶上必须注明回收的类别和简要使用说明，指导公民使用。垃圾桶也可以成为企业广告的载体，由企业承担制作费用。

社区回收站可由社区物业或居委会负责管理，建立现代社区的垃圾经营和回收服务功能，使垃圾回收成为其创收的途径，贴补居民卫生保洁费用的不足。政府可实行减免经营税的倾斜政策，来调动社区的管理积极性。新建小区更是要合理规划垃圾回收站，逐渐成为审批和验收的必备条件，强化新型社区的综合功能。

第三，规范垃圾储运形式。对一些体积大的垃圾，应该压缩后进行储运。尤应注意的是，要对环卫部门的垃圾回收车进行分隔式改造，分类装载垃圾。充分发挥原有垃圾回收渠道的作用，将可再生利用的垃圾转卖到企业。另外，建立垃圾下游产业的专门回收队伍，由厂家直接回收，实现多渠道回收，引入价格和服务的竞争机制，以此提高他们的服务质量和垃圾的回收率。

第四，加快垃圾分类法规体系建设。目前中国涉及垃圾分类的法规主要有《中华人民共和国环境保护法》《中华人民共和国固体废物污染环境防治法》《城市市容和环境卫生管理条例》《城市生活垃圾管理办法》等。但这些法律法规原则性规定较多，实施细则偏少。考虑到各地经济发展水平的差异，更多是依靠地方政府出台地方性法规或管理办法等予以规范。例如《深圳市城市垃圾分类收集运输处理实施方案》（2002）、《上海市市容环卫局关于进一步开展本市居住区生活垃圾分类新方式试点工作的通知》（2007）、《广州市城市生活垃圾分类管理暂行规定》（2011）、《北京市生活垃圾管理条例》（2019）等。而这些地方性法规的具体实施细则，则多是以政府行政规范的方式进行落实。

总体上看，相关法律原则性规定较多，所配套的各地地方性法规和行政规范虽然有针对性的进行了细化，但依然不够系统。在执行过程中不同的管理部门职责交叉，责任机制不明，特别是奖罚手段不足。在这方面，广州市根据其城市管理的特点和近年来城市垃圾管理过程中出现的问题进行了有针对性的改进和探索。

2015年5月，由广州市人民政府授权广州市城市管理委员会印发了《关于完善我市生活垃圾分类处理制度体系的工作方案》，方案中从六个方面完善该市的生活垃圾分类管理制度体系：一是推动生活垃圾源头减量，如《广州市鼓励减少使用一次性用品的意见》《广州市落实限制生产销售使用塑料购物袋工作方案》《广州市再生资源社区回收网点建设标准（试行）》。二是明确分类投放收运的行为准则和设施标准，如《广州市生活垃圾分类设施配置及作业规范》《广州市生活垃圾运输车辆技术规范》。三是确定生活垃圾收费计价标准，如《广州市城市生活垃圾分类计量收费管理办法》《广州市生活垃圾处理行业计价规范》。四是规范生活垃圾终处理设施建设运营的规定，如《广州市循环经济建设产业园区建设管理办法（征求意见稿）》《广州市生活垃圾终端处理设施运营监管暂行办法》。五是加强对特殊垃圾处理的专门规定，如《广州市餐饮垃圾和废弃食用油脂管理办法（试行）》《广州市居民住宅装饰装修废弃物管理办法》《广州市粪便清运管理规定》和《广州市死禽畜及其废弃产品处置管理规定》。六是修改相关管理规定的适用范围，由市区范围向农村范围延伸。

可以说，如果上述规范能够得以真正的贯彻执行，城市垃圾分类基本上从源头上做到了有法可依，2015年7月，广州市人民政府将2011年

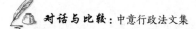

起实施的《广州市城市生活垃圾分类管理暂行规定》正式升格为《广州市生活垃圾分类管理条例》，并于 2018 年 7 月 1 日起实施。该规定特别突出了对不执行该规定的个人和单位的处罚办法，如对不分类不定时定点投放垃圾的居民或单位最高处以个人 200 元，单位 5 万元的处罚，并明确了执行处罚的责任单位和责任人员的相关职责。

随着中国城市化进程的加速，城市生活垃圾处理已经成为城市环境保护的最大难题。虽然说各级政府近年来在城市垃圾处理的宣传和设施投入上都采取了相当多措施，但由于在城市垃圾处理的源头管理——垃圾分类上，始终得不到很好的解决，垃圾处理效果不够理想。要解决这一难题，从广州市的经验来看，一是必须立法为先，真正细化垃圾分类管理的一系列具体制度规范，使垃圾处理从源头的分类到各个处置环节都做到有据可依；二是突出罚则并强化了责任机制；三是强调执行环节，即检查和督察体制，使相关法律和规范不再是"没牙的老虎"。四是逐步推进以市场化方式解决城市垃圾处理难题。可以说，广州市的相关经验值得其他地方政府管理部门学习和借鉴。城市生活垃圾处理完全依靠政府行政手段具有很大的局限，也不符合市场经济发展的要求。因此要探讨向综合化的公司管理模式转型，由市场组建专业化的经营公司进行城市生活垃圾收集和综合处理，形成收购、运输、销售、加工、成品市场一条龙的市场化运作模式。将政府的职责定位于标准的制定，行业准入的审批，监管责任的落实等，同时，政府财政继续加大在垃圾处理上的科研经费投入，引导建立垃圾处理的多元化社会投资机制并完善相关财政补贴制度，有条件的地方可探索垃圾处理的有偿服务，即垃圾处理收费制度，对企业垃圾资源化利用充分给予政策上的鼓励和管理上的扶持。

论生态环境质量信息统一发布制度的构建 *

蔡乐渭 **

2015 年 1 月 1 日开始实施的《中华人民共和国环境保护法》（以下简称《环境保护法》），专设第五章对信息公开和公众参与相关事项进行了规定。按照该法，公民、法人和其他组织依法享有获取环境信息、参与和监督环境保护的权利；生态环境主管部门及其他负有环境保护监督管理职责的部门，则负有依法公开环境信息、促进公民参与环境保护的责任。2018 年 8 月 1 日起施行的《生态环境部职能配置、内设机构和人员编制规定》则明确规定，生态环境部的职责包括"建立和实行生态环境质量公告制度，统一发布国家生态环境综合性报告和重大生态环境信息"。然而，针对生态环境质量信息，生态环境主管部门到底应该如何发布、发布的内容与范围为何、各级生态生态环境行政机关之间的责任与权限分别是什么等问题，法律却未能进行具体规定。针对上述问题，本文拟就生态环境主管部门的生态环境质量信息统一发布制度构建问题进行初步的分析。

一、生态环境质量信息发布相关概念的界定

按照《环境保护法》等相关法律法规和"三定"方案确定的生态环境主管部门，所谓生态环境质量信息是指生态环境主管部门在履行生态环境保护职责中制作或者获取的，以一定形式记录、保存的环境质量数

---

　　* 本文系在作者承担的中国环境监测总站课题"制定《生态环境质量信息发布办法》研究"成果基础上完成。研究过程中，委托方提供了包括研究资料和调研方便在内的诸多帮助，鉴于体例原因，所提供资料和数据未能一一注明，谨此对委托方和资料作者表示诚挚谢意。

　　** 蔡乐渭，中国政法大学法学院副教授，中国政法大学法学博士，北京大学法学博士生，中央编译局政治学博士后。

据报告、图表、图片等信息。从内容看，生态环境质量信息主要包括：①空气质量信息；②水体质量信息；③城市声、光生态环境质量信息；④因突发事件导致的对人民生产生活造成影响的环境事件；⑤其他生态环境质量信息。

2019 年修订的《中华人民共和国政府信息公开条例》（以下简称《政府信息公开条例》）第 11 条规定："行政机关应当建立健全政府信息公开协调机制。行政机关公开政府信息涉及其他机关的，应当与有关机关协商、确认，保证行政机关公开的政府信息准确一致。行政机关公开政府信息依照法律、行政法规和国家有关规定需要批准的，经批准予以公开。"《政府信息公开条例》是有关政府信息公开的行政法规，绝大部分地方皆使用"信息公开"这一表述，但其第 23 条专门对信息发布进行了规定，可见《政府信息公开条例》是将信息发布视为信息公开的一种专门方式进行规定的。与其他信息公开方式相比，政府信息发布的最大特点是有关行政机关主动地公开自己所掌握的信息，并且政府信息发布通常具有及时性、合法性与准确性的特点。

结合《政府信息公开条例》有关信息发布的规定，所谓生态环境质量信息统一发布制度，指的是在生态环境主管部门内部，规范各级生态环境行政机关有关生态环境质量信息发布的主体、权限、原则、范围、内容、方式、程序和法律责任等内容的制度。生态环境质量信息是政府信息的一种，生态环境质量信息发布同样也是政府信息公开的组成部分，系生态环境行政机关主动公开自己所掌握的生态环境质量信息。与其他政府信息的发布一样，生态环境质量信息发布也同样要遵循政府信息公开的一般原则，即公正、公平、便民；同时，生态环境质量信息发布作为主动的政府信息公开，还要求做到及时公开、准确公开与合法公开。

需要明确的是，生态环境质量信息统一发布制度的核心内容是各级生态环境行政机关应该按照规定承担起发布生态环境质量信息的责任。这种统一是环境行政系统内部的统一，是明确生态环境行政机关的权限与责任。但统一发布并不意味着只有生态环境行政机关可发布生态环境质量信息，其他任何主体都不得发布生态环境质量信息。对于生态环境行政机关之外的其他主体而言，特别是对民间组织和公民而言，公开传播所获知的生态环境质量信息是他们的权利所在，只要不违反法律的限制性规定，他们有权发布所获知的任何生态环境质量信息。

二、构建生态环境质量信息统一发布制度的意义

信息的发布是信息掌握者主动发布其所掌握的信息，让不特定的公众知晓的过程。就此而言，任何掌握生态环境质量信息的人都可成为环境信息发布的主体。但在环境保护领域，生态环境行政机关不同于一般社会公众，其掌握更全面、及时、准确的生态环境质量信息，生态环境行政机关是否发布以及如何发布其所掌握的信息，对公众将权利将产生重大的影响。正因如此，构建生态环境质量信息统一发布制度有着特殊的重要意义。

（一）构建生态环境质量信息统一发布制度，是维护公众环境知情权的要求

人们总是生活在一定的环境之中，环境质量事关公众生活，改善环境质量是一个重大民生问题，生态环境质量信息对社会公众有着重要的影响，法律也明确赋予了公众对环境质量的知情权。随着我国经济的发展，一些长期积累的环境质量问题开始显现出来，已经成为当前社会各方关注的热点难点问题。在这种情形下，公众更需要了解生态环境质量信息，并据以采取相应的措施，维护自己的环境权益。构建生态环境质量信息统一发布制度，正是生态环境行政机关依法履行生态环境保护职责的要求，是维护公众环境知情权的需要。

（二）构建生态环境质量信息统一发布制度，有助于进一步丰富环境质量管理的手段

当前，公众对环境问题的反映十分强烈，有关环境质量问题的投诉是环境投诉的主要内容。2014 年，生态环境部 12369 环保举报热线受理群众举报 1463 件，其中涉及大气的举报 1194 件、涉及水的 452 件、涉及噪声的 362 件、涉及固体废弃物的 65 件、涉及项目审批的 8 件。[1]作为生态环境保护的主管部门，生态环境行政机关对加强环境管理，改善环境质量，承担着不可推卸的责任。构建生态环境质量信息统一发布制度，规范开展环境质量公开工作，是生态环境主管部门进行环境质量管理的

---

〔1〕 王昆婷："环境保护部公布 2014 年 12369 环保热线举报案件处理情况"，载《中国环境报》2015 年 5 月 20 日，第 1 版。

重要途径，可进一步丰富环境质量管理的手段，有效促进生态环境保护工作的开展。

（三）构建生态环境质量信息统一发布制度，有助于环境质量监督机制的完善

当前，我国生态环境质量信息发布机制尚不健全，发布主体及其责任不明确，发布程序不规范，环境质量报告、环境监测数据、环境预警信息、污染物超标排放单位名单等生态环境质量信息的公开发布等制度亟须完善。在此现状之下，构建生态环境质量信息统一发布制度，可以明确生态环境行政机关的生态环境质量信息公开责任，有效促进环境质量工作的公众参与和社会监督，促进环境质量监督机制的完善。

（四）构建生态环境质量信息统一发布制度，有助于推动环境质量的改善

当前，我国环境保护形势严峻，环境质量状况堪忧。2017年，全国338个地级及以上城市中，有99个城市环境空气质量达标，占全部城市数的29.3%；239个城市环境空气质量超标，占70.7%。长江、黄河、珠江、松花江、淮河、海河、辽河七大流域和浙闽片河流、西北诸河、西南诸河Ⅰ~Ⅲ类水质断面比例71.8%，劣Ⅴ类水质比例8.4%。112个重要湖泊（水库）中，Ⅰ~Ⅲ类水质的湖泊（水库）70个，占62.5%；劣Ⅴ类12个，占10.7%。5100个地下水水质监测点位中，优良级、良好级、较好级、较差级和极差级点位分别占8.8%、23.1%、1.5%、51.8%和14.8%。[2]构建生态环境质量信息统一发布制度，规范生态环境质量信息发布工作，有助于提高进一步提高各界对生态环境保护工作的重视程度，推动环境质量改善，维护环境安全。

（五）构建生态环境质量信息统一发布制度，是生态环境主管部门依法行政的需要

我国已经正式确立了政府信息公开制度，生态环境质量信息的公开是政府信息公开的重要内容，公开生态环境质量信息是生态环境主管部门的重要职能之一。在依法治国的要求之下，行政机关必须依法行政、

---

〔2〕 参见生态环境部发布的《2017中国生态环境状况公报》，载 http://www. mee. gov. cn/hjzl/zghjzkgb/lnzghjzkgb/201805/P020180531534645032372. pdf，最后访问时间：2018 年 12 月 5 日。

依法履行其法定职能。当前，国家对依法行政工作非常重视，国务院多次召开专门会议部署依法行政工作。生态环境主管部门作为政府组成部门，必须根据法律的规定，按照国务院的要求，严格依法行政。构建生态环境质量信息统一发布制度，可为生态环境质量信息发布工作提供规范依据，促进生态环境主管部门生态环境质量信息发布工作的规范化，也是生态环境主管部门依法行政的要求。

三、生态环境质量信息统一发布制度的基本内容

(一) 生态环境质量信息发布的原则

法律原则是指"可以作为规则的基础或本源的综合性、稳定性原理和准则"[3]。生态环境质量信息发布原则是用来指导生态环境质量信息发布的基本准则，对生态环境质量信息发布实施的整个过程都具有重要意义，应体现立法的基本精神，贯穿于生态环境质量信息发布办法制定、执行和运行整个过程。生态环境质量信息发布原则包括保障公众知情权原则、准确原则、高效便民原则与维护社会秩序原则。

1. 保障公众知情权原则

知情权是法治社会中公民享有的重要权利。除非为了公共利益的需要，行政机关应将其所掌握的信息向公众发布。在生态环境保护领域，生态环境主管部门也应根据这一要求发布生态环境质量信息，保障公众的环境知情权。特别是，由生态环境主管部门发布的生态环境质量信息，并不意味着其他组织和公民就不能发布生态环境质量信息，只要是通过合法、公开的渠道获取的并且无碍于公共利益的生态环境质量信息，其他组织和公民都可予以发布。

2. 准确原则

准确原则指生态环境行政机关所发布的生态环境质量信息应该是准确的和符合事实的信息，是经过科学的手段和方法获取的，而不是通过不科学的途径获取的，或想当然地臆想的甚至是为了特定目的而刻意发布的信息。

3. 高效便民原则

高效便民原则指生态环境质量信息发布应该尽可能地提高效率，便

―――――――――

〔3〕 刘金国、舒国滢主编：《法理学教科书》，中国政法大学出版社 1999 年版，第 54 页。

利公众，让公众可得到更好的生态环境质量信息服务。便民、高效原则特别体现于生态环境质量信息发布程序之中，如发布的审查期限不得过长、发布的信息应该是最近的信息而不是过期的无用信息，应尽可能地包括预测性信息等。同时，生态环境质量信息的发布渠道应该是尽可能方便公众获取的渠道。

4. 维护社会秩序原则

维护社会秩序原则指生态环境行政机关发布生态环境质量信息之时，要充分地考虑所发布的信息及发布的范围与时机将会对社会生产、生活带来什么样的影响，并在充分考虑这些有利或不利影响因素的前提下发布生态环境质量信息。环境质量与社会生产、生活具有密切的关系，不适当的生态环境质量信息发布可能会对社会生产生活带来不必要的干扰，因此必须在发布生态环境质量信息时对此予以充分的考虑。维护社会秩序原则主要对发布机关确定生态环境质量信息的发布范围与审批程序产生具体的影响。

（二）生态环境质量信息发布主体与范围

生态环境质量信息发布主体指由谁来发布生态环境质量信息。在我国，各级生态环境行政机关是生态环境保护工作的主管机关，对生态环境质量信息的发布承担职责，是生态环境质量信息发布的主体。其中，生态环境部统一领导全国生态环境质量信息发布工作，省级生态环境行政机关指导、监督下级生态环境行政机关的生态环境质量信息发布工作。但生态环境行政机关并不是一个完整的统一的主体，而是由各级具有独立法人地位的生态环境行政机关共同组成的，因此，在不同层级的生态环境行政机关，对生态环境质量信息的发布是有不同的分工的，不同层级的生态环境行政机关负责不同的生态环境质量信息发布范围。

生态环境部作为全国范围内的生态环境保护事务主管机关，负责发布以下生态环境质量信息：①国家年度生态环境质量信息（如年度《中国生态环境状况公报》）；②生态环境部认为须由其发布的区域生态环境质量信息；③跨省域重大环境突发事件生态环境质量信息；④特定省份内特别重大环境突发事件生态环境质量信息；⑤生态环境部认定的其他生态环境质量信息。上述生态环境质量信息要么是全国范围内的或是超过个别省份范围的生态环境质量信息，必须由中央生态环境行政机关负责发布，地方生态环境行政机关无法承担此职责；要么尽管在特定省份之内，但因其突发性与重要性，在全国范围内都具有影响，因此须由中央生态环境行政机关来负责发布；此外，生态环境部作为中央生态环境行政机关，还应有权确定其他哪些生态环境质量信息应由其发布。

省级人民政府生态环境主管部门负责发布以下生态环境质量信息：①本辖区季度、年度生态环境质量信息；②本辖区重大环境突发事件中有关的生态环境质量信息；③其他对人民生产、生活可能形成较大影响的生态环境质量信息。上述由省级人民政府生态环境主管部门负责发布的生态环境质量信息是本省级行政区域内的生态环境质量信息，或者是辖区内发生的、在全辖区都具有影响的环境突发事件相关的生态环境质量信息，以及其他可能影响本辖区社会稳定、人民生产、生活的生态环境质量信息。这些生态环境质量信息影响限于本省级行政区域范围之内，不必由中央生态环境行政机关发布，同时这些生态环境质量信息的影响又超越本辖区内某一个别地方而具有全辖区的影响，因此也不宜由辖区内某一下级生态环境行政机关发布。

县级以上人民政府生态环境主管部门负责发布以下生态环境质量信息：①本辖区内年度、季度或更短时间范围内的生态环境质量信息；②上级生态环境主管部门发布权限范围之外的生态环境质量信息。省级以下、县级以上人民政府生态环境主管部门包括地区生态环境保护主管机关、地级市生态环境保护主管机关、县生态环境保护主管机关、县级市生态环境保护主管机关、市辖区生态环境保护主管机关。这些生态环境保护主管机关负责本辖区内的生态环境保护工作，一方面要负责常规的生态环境质量信息发布工作，如月度、季度、年度生态环境质量信息；另一方面负责上级生态环境主管部门发布权限范围之外的生态环境质量信息。之所以如此，是因为我国的生态环境行政机关的层级到县级为止，乡镇人民政府并无专门的生态环境主管部门，而更为重大的生态环境质量信息按规定已由上级生态环境行政机关负责发布，因此，省级以下、县级以上生态环境行政机关的生态环境质量信息发布职责具有一定的"兜底性"。至于地级与县级环境行政主管机关之间的生态环境质量信息发布职责分工，一则可按行政区划来确定，二则可按照他们之间的上下级关系来确定。

（三）生态环境质量信息发布方式与发布程序

1. 生态环境质量信息发布方式

生态环境质量信息发布方式指通过什么方式与途径向社会公众发布生态环境质量信息。《政府信息公开条例》对政府信息公开的方式进行了规定〔4〕，作为政府信息的一种，生态环境质量信息的发布方式与其他政府信息的发布方式一样，和社会与科技的发展密切相关。早期的政府信息发布方式主要是新闻发布会、报纸等平面媒体，后来逐渐发展到广播、电视，随着信息技术的发展，政府信息发布已经逐渐采纳了手机短信、电子邮件、网站、微博等方式。这些政府信息公开方式，都是生态环境质量信息发布的过程中可予以运用的，因此，生态环境质量信息发布的媒介包括广播、电视、政府门户网站、生态环境主管部门官方微博、生态环境质量信息发布会、新闻发布会、书面材料、手机短信、电子邮件等。

2. 生态环境质量信息发布程序

作为法律程序的一种，行政程序是行政权力运行的程序，指行政机关行使行政权力、作出行政决定所遵循的方式、步骤、时间和顺序等方面因素及其相互关系的总和。行政程序由行政行为空间表现形式和时间表现形式有机结合而成，其中，行为方式、步骤是行政行为的空间表现形式；行为的时限、顺序是行政行为的时间表现形式。行政程序作为规范行政权力、体现形式合理性的行为过程，是实现法治的重要前提，行政程序发达与否是衡量一国法治发展程度的重要标志。

生态环境质量信息发布工作作为生态环境行政机关的法定职责，也需要遵循一定的行政程序，按一定的方式、步骤、时限和顺序开展发布工作。这些程序的设置不仅应符合行政程序的一般规律，还应当符合前述保护公众知情权、准确、高效、便民原则和维护社会秩序等原则。要达到这一目标，各级生态环境行政机关应当确定专门机构具体负责对外发布本区域的生态环境质量信息，并且应建立生态环境质量信息发布平台，根据生态环境质量信息发布对象的不同，实施生态环境质量信息分类发布。

由于生态环境质量信息的发布主要是生态环境行政机关主动作出的单方行为，这一行为在程序上主要体现为生态环境行政机关内部的控制

---

〔4〕 参见《政府信息公开条例》第23~25条。

程序，即发布生态环境质量信息，应当经发布单位负责人审核同意，预防和避免发生生态环境质量信息未经批准便轻率发布的现象，特别是对一些涉及国家秘密的事项被违法发布，导致社会公共利益的损害。此外，国家对突发环境污染事件的发生已有专门规定，确定了应对突发事件的预案，因此，对突发性环境事件中有关生态环境质量信息的发布，应依照应急预案实施，保证法律规范之间的协调。

（四）生态环境质量信息发布的监督管理与法律责任

生态环境质量信息发布是一项对公民权利保护和社会经济发展具有重要意义的工作，为保证这项工作的顺利推进，有必要建立相应的监督管理与责任追究制度。这种监督首先是来自生态环境主管部门内部的监督，即上级生态环境行政机关对下级生态环境行政机关的监督。根据我国上下级生态环境行政机关的指导与被指导关系，上级生态环境行政机关对下级生态环境行政机关具有监督检查的职责，生态环境部对全国的生态环境质量信息工作都可进行监督检查，但为保证层级关系的明晰，生态环境部主要对省级生态环境行政机关的生态环境质量信息发布工作进行监督检查。同样，省级生态环境行政机关可对辖区范围内的生态环境质量信息发布工作进行监督检查，并且，由于一省之内的生态环境行政机关之间联系相对密切，可由省级生态环境行政机关对全省生态环境质量信息发布工作进行监督检查。当然，省级以下生态环境行政机关也可根据其上下级间的指导与被指导关系对此项工作进行监督检查。

除生态环境行政机关内部的监督之外，社会公众也可从外部对生态环境质量信息发布工作进行监督。任何组织和个人对生态环境行政机关发布的生态环境质量信息有异议的，都有权要求其给予答复说明，生态环境行政机关应当对公众所提意见予以核实处理。

在法律责任方面，生态环境质量信息发布中的法律责任，指在生态环境质量信息的发展过程中，对有违法行为的主体，迫使其所承担法律上的不利后果。法律责任的设定对于促进相关的义务主体履行职责具有积极的促进作用，若无法律责任的设定，则难以保证法律义务或行政职责的履行。为此，在生态环境质量信息发布工作中，也须设定相应的法律责任，让违反规定者承担相应不利后果，促进具有生态环境质量信息发布职责的主体及其工作人员依法履行其职责。

污染者付费原则
——如何使环境损害内部化

［意］ 米丽阿姆·阿来娜* 著

贾婉婷** 译

一、污染者付费原则：一般污染

污染者付费原则有非常清楚的经济理由，那就是对环境造成特定损害的成本应当由引起该损害的人承担。

在国际层面上，该原则最早的表现之一是意大利欧洲经济合作与发展组织（OCSE）1972年5月26日颁布的第128号决议，该决议明确规定有必要使"以维护环境的可承受状态为目的针对已被公共机构确定的污染而采取的预防和行动所花费的成本"由污染者承担。在1973年，该原则就已经与预防原则、预防行动原则以及对环境损害的纠正原则一起被写入环境领域行动的第一草案，后来该草案被并入《欧共体条约》，即今天的《关于欧盟运作的条约》（第191~193条）。[1]

该原则首先表现在那些损害已经实际造成的情况中，在这些情形中预防和防止措施没有阻止损害的最终发生。

然而，如果与环境行动中的其他原则以及环境政治的绝对性（即尽可能避免或减少对环境的改变）相联系，这一原则看上去首先旨在吸引人们对以下问题的关注，即对自然资源的消费和污染现象暗含着应当被实

---

* 米丽阿姆·阿来娜（Miriam Allena），米兰博科尼大学副教授。

** 贾婉婷，北京师范大学法学院讲师，意大利罗马第二大学法学博士。

〔1〕 M. Renna, Ambiente e territorio nell'ordinamento europeo, in Riv. It. Dir. pubbl. comunit. , 2009, p. 649.

施对环境产生影响的行为的行为人所内部化的成本。这样,这一原则的最终目标是降低对可能损害环境的行为和活动的激励。

下文主要论述的是该原则实施中的一些具体措施。

二、污染者付费原则与非法行为

污染者付费原则适用的最典型情况就是要求责任人承担为了修复已经实际产生的损害所花费的成本[2]。按照这一理解,该原则似乎就是简单地以使环境损害行为的成本由污染责任人承担为目的。然而,经过仔细分析可以看出,责任是一种引导行为人内部化其成本的工具,也就是说知道其行为伴随着环境损害赔偿责任风险(即消极外部性)的行为人被引导采取最有效的手段来使其行为所具有的损害风险降低到最小。换句话说,如果环境违法行为的预期成本超过了行为人通过该行为所能获得的利益,那么行为人就会被引导采取措施降低该活动对环境的影响。因此,从这个意义上讲,对于对环境资源具有潜在损害的行为,赔偿机制发挥了一种制约作用。

就环境问题而言,典型的赔偿模式表现出一些内在限制,首先,这些限制源于环境损害诉讼要在法官面前进行这一事实(唯一的例外是,根据意大利环境部的规定,由环境主管机关采取措施或由该机关命令行为人采取措施来恢复环境状态的原貌的情况)。这些限制的表现为,除了费时过长和成本高昂之外,司法措施要由受害人启动,如果这些人不积极或者不能积极启动诉讼(比如他们无力承担通常很巨大的诉讼启动成本),则环境问题就根本不可能得到解决。其次,法官并不总是掌握解决环境争议所必要的全部信息,这些争议可能涉及在技术层面很复杂的问题,并且争议问题在有些情况下一应由受害人掌握的信息证明或者这些问题无论如何并不被做出决定的人所了解。最后,一国领域内法官的多数性使得对责任规则的统一适用变得很复杂,也就是说不同的法官可能会提出完全不同的解释方案(这一问题通过最高法院的上诉机制只能得到部分解决)。

---

〔2〕 F. Goisis and L. Stefani, "The Polluter-Pays Principle and Site Ownership: The European Jurisprudential Developments and the Italian Experience", in *Journal for European Environemntal & Planning Law* 13, 2016, p. 218.

另外，即使不考虑司法干预的必要性，环境问题自身的特征也决定了损害赔偿并不总是解决这些问题的适当方式：

首先，考虑一下行为与损害结果之间的因果关系确定问题，这是环境责任构成中的一项不可或缺的要素，在环境案件中，甚至可能难以确定某一情况是一项特定行为的结果，因为这一方面科学还没有发展到能给出绝对确定性结论的地步。其次，环境问题通常是多种原因共同作用的结果，如果单独进行分析，似乎是不能归责于一项行为的，例如全球气候变暖问题，毫无疑问人们日常生活中的很多行为，比如开车、乘坐飞机等都是导致这一问题的因素，且每个人从事这些行为都是完全合法的。另外，某些环境损害也可能部分由不可控现象所导致，例如地震。

此外，即使不考虑因果关系问题，在环境损害中也很难对责任进行划分，一是由于在很多案件中环境损害具有广泛性的特征；二是因为我们所承受的行为后果与他人在时间上不同，在地点上也可能相距甚远（同样，我们的行为也可能在将来对后代造成损害），全球变暖问题就是这一方面的一个新的例证。

接下来，在对损害的量化上，可能难以确定一座冰山的融化和一片海滩的污染在经济上究竟“值”多少。〔3〕

正是基于上述原因，欧洲和意大利的一些规定采取了一些应对措施〔4〕：

（1）意大利环境部规定了环境损害诉讼的原告资格问题（2006年第152号规定第311条）。

（2）关于职业行为人承担的客观责任（2004年第35号欧盟指令第3条，2006年第152号规定第311条第2款）。

（3）在判决内容上采取恢复性手段优先原则。

（4）司法部最终承认可用推定的方式证明因果关系，并且明确了无过错的责任人只在限定的赔偿范围内进行赔偿（2010年3月9日，C-378/08）。

三、污染者付费原则与合法行为

污染者付费原则也可通过其他手段进行适用，这些手段并非在事后

---

〔3〕 关于这些问题，参见 F. Fracchia, Introduzione allo studio del diritto dell'ambiente. Principi, concetti e istituti, Napoli: Editoriale Scientifica, 2013, p. 8.

〔4〕 G. Rossi (a cura di), Diritto dell'ambiente, 2015, p. 110.

对已造成的损害寻求救济，而是根据法律规定，通过事先确定总体标准来允许对环境施加一定损害。

例如，环境税的目的在于使环境损害成本内部化，通过这一途径可促使行为人尽量减少损害（例如，对进入城市中心区域的汽车征收碳排放税可以引导人们降低对私人机动车的使用，因为这样一来他们除了要承担燃料和车辆管理费用，还要承担对环境的负面外部成本）。

另一种情形是设立以保护环境为目的的经济机制，即人为设立一种新的市场，就像《京都议定书》规定的排放指标交易系统那样。该议定书签订于 1997 年，旨在实现 1992 年联合国关于气候变化的公约，其目标是在 2012 年之前实现温室气体排放量比 1990 年的水平降低 5.2%。排放交易是该协议的重要手段（它只在工业化国家中实施并且实际只在特定的生产领域运行），其前提是每一家企业都被免费授予一定数量的许可排放量或者"许可污染量"，这些企业可以自己使用它们，也可以在自己排放较小的情况下将剩余的排放量拿到市场上进行交易。根据这一机制，环境的负面外部化价值形成了一种具体且活跃的市场；除此以外，企业将污染最小化的能力产生了双重好处，它不仅可以避免承担环境外部化的负担，而且可以通过出售自己剩余的排放指标来获得收益。环境效用可以成为创造企业效益的一种手段。

在有些国家，例如荷兰，近年来对于环境保护的担忧促使其政府指定比欧盟执行《京都议定书》协议规定的标准更高的污染排放标准。例如，根据有关国家对公民的"照顾义务"原则产生了一项判决——Aja, Urgenda Foundation v. Government of the Netherlands（2015 年 6 月 24 日）。这一司法裁决激起了对于公权力决策原则和对做出环境政治决定机关的民主合法性的批评，但它无疑反映出对气候变化问题更加重视的一般问题。具有重要意义的是，在该判决作出之后，许多欧洲国家的环境组织都宣称要针对各自国家的政府启动类似的司法进程（此即所谓"通过司法遏制气候变化"）。[5]

在此问题上还有 2015 年《巴黎气候协定》，该协定由 195 个国家签署，它将遏制气候变暖规定为一项各国的政治义务，其目标是全球气温

---

〔5〕 J. Van Zeben, "Establishing a Governmental Duty of Care for Climate Change Mitigation: Will Urgenda Turn the Tide?", in *Transnational Environmental Law* 4, 2015, p. 339.

上升程度不得超过前工业水平 2 度以上，同时力争努力使这一目标能够限制在 1.5 度以内。对于那些主要关心这一问题的人而言，该文件进一步拓展了市场手段。具体而言，它引入了可持续发展机制（SDM），该机制取代了《京都议定书》规定的其他两种机制，即清洁发展机制和联合履约机制。前者允许工业化国家在资助并实施减少对发展中国家的排放计划的前提下继续排放，而后者则允许工业化国家在其他工业化国家实现同一目标，但在这些国家该目标可以在经济上更为有利的实施。根据巴黎会议的精神，工业化国家与非工业化国家之间区别的消灭导致了对新的可持续发展机制的制定，该机制可在任何国家被政府、公共主体和企业所利用，以实现合作和减少排放总量或通过政治手段提高能源利用效率以及资助引进和发展可再生能源的计划。

当人们希望规划更为一般的发展路线时，他们就会发现相比个人一旦被认定负有责任就必须对已造成的损害进行填补的赔偿机制，这些新型手段（例如环境税、排放交易或其他排放额度交易机制等）可以使私人在其行为没有超越违法界限的前提下更加自由地决定污染还是不污染、减少还是不减少对大气的排放。

例如，在环境税案件中，法律在认为某些行为可被环境容忍的同时承认其在特定限度内是不被鼓励的。同样，《京都议定书》规定的排放额度交易机制通过"往下"这一表述改变了行为人的选择空间，即行为人必须服从法律确立的规则（也就是说他们不能选择同意与否），但他们可以通过不同的方式实现这些规定（例如污染行为不能超过分配给他们的额度）。例如，根据对成本和收益的分析，某一行为人可能决定通过技术革新来减少排放，但他也可以决定通过购买他人的排放额度来继续进行超过法律允许的排放行为。而如果行为人的气体排放量低于法律规定的限额，他可以决定将多余的额度转让或将其留到以后使用。

另外，赔偿机制只有在环境污染被有关行政机关确认之后才能发挥作用，因此它只能通过威慑对将来发生影响，而在行为人能够从经济上判断其污染损害范围的前提下，新型机制能够更容易和更有效地引导行为人的行为与环境友好相处，因为这些措施都是建立在行为人自主和承包的基础之上。此外，这一将决定环境损害的机制予以简化的做法可以降低公共执法部门实施污染者付费原则的执行成本。

　　实际上，在存在对合法行为的支出义务的情况下，没有必要设计一套司法或行政程序来确保对有关保护相关行为人的法律的遵守。

自然景观资源权利化及其产权实现问题研究

马　允* 　刘淑璇**

引　言

随着物质生活水平的改善，人们对精神生活和审美利益的需求不断提高，与此相应，法律亦须不断革新，通过新的权利观念来应对新兴社会领域的发展，景观权便是其中之一。我国目前尚无立法明文确认景观权的存在，学界对景观权这一概念是否有存在的必要性尚存争议，司法实践也未有对景观权受损予以直接司法救济的先例，尽管景观利益附随相邻权或地役权等既有权利类型在一定程度上得到了间接司法保护。[1]在景观资源的制度规范上，我国尚未制定统一的立法，仅存在规制个别类型自然景观资源的政策性规定，对景观资源之上的权属问题也未有统一规定——可以说，大部分的景观资源均处于"无主"状态。问题在于一旦景观资源受到侵害，在制度规范缺位的情况下，在现行的法律框架内是否能找到相关的景观资源权利主体从而主张权利、寻求救济。

在我国的实践中，对于景观资源的规制大多采取公法色彩较为浓厚的法律规范，侧重对景观资源破坏者的惩罚而非景观资源的自身修复与增益。近年来频发人为破坏景观的事件，如丹霞地貌被刻字、贵州石钟乳被踢断、九寨沟神仙池钙化堤被践踏等新闻屡见不鲜，而破坏者均受到由《中华人民共和国治安管理处罚法》《风景名胜区条例》及《中华人民共和国刑法》中规定的相应制裁。然而除了对违法行为人进行制裁之

---

　* 马允，中国政法大学法学院行政法研究所讲师，荷兰伊拉斯姆斯鹿特丹大学法学博士。
　** 刘淑璇，中国政法大学行政法专业硕士研究生。
　〔1〕 详见第二章相关分析。

外，国家能否对其提出索赔和追偿的请求，如果可以，其理论基础是什么？进一步说来，景观利益是否能够生成独立的权利分析路径？如果存在景观物权，国家是否属于自然景观资源的所有权人？其所有权的具体实现方式又是什么？厘清自然景观资源的所有权关系，可以为讨论如何发挥所有权人的权能对自然景观资源进行开发、监管和保护解决前置问题。

本文结合国内现有实践和理论发展，以自然景观资源的所有权归属及所有权的实现作为讨论焦点。首先，下文中将对与"景观利益"相关的概念进行辨析，厘清本文的讨论范围；其次，研究景观利益物权化的路径，再进一步分析自然景观资源国家所有权的合宪性问题；最后，以所有权的实现方式为落脚点，指出以构建自然景观资源有偿使用制度作为产权实现方式，同时通过引入公物理论，指出自然景观资源的产权实现要受到公物理论的制约。

一、相关概念辨析

（一）景观利益与眺望利益

学界在对景观利益进行讨论时，通常将其与眺望利益放在一起进行比较与研究，两者相同之处在于都属于某种景象带给人的精神利益，但某种程度上两种概念还是存在差别的。从利益主体和利益性质上看，景观利益是指"由地域性、历史性、文化性要素形成的特定地区的客观状态的（景观）的权利或利益，以往一般认为其很难归属于特定的个人，是具有公共属性的权利或利益"；而眺望利益强调的是明确的私主体"从特定的地点（如私人住宅等）眺望美好景色而视线不被阻挡的"利益，具有比较明确的私权性质。[2]因此，眺望利益纠纷一般发生在房屋所有权人和房地产开发商或规划部门之间，司法实践中通常在物权框架内、借由物权法中对相邻关系和地役权的有关规定进行比照处理，而景观利益则一般纳入行政规制的范畴，本文的研究对象特指后者。

（二）景观利益与自然景观利益

由于"景观"这个词并不是通常意义上的法律概念，各个领域对其也可以有不同的理解和用法。在法学领域，资源环境法词典对景观的定

---

〔2〕 赵晓舒："解析'眺望权'与'景观权'的有关法律问题"，载《法制日报》2013年5月29日，第12版。

义是，景观是指由相互作用的生态系统组成的、并以相似形式重复出现的、具有高度空间异质性的区域。从这个角度来看，景观利益是指人类对于某个区域内的整体环境经由审美而产生的享受以及由此产生的利益〔3〕，而本文所讨论的对象限定为自然景观利益，指依附土地、森林、草原等自然资源所形成的、能够反映一定区域内自然风光特色的景观之上的利益。除自然景观利益之外，景观利益还包含对与历史事件、风土等有密切关联的以城市环境为依托的景观类型产生的都市景观利益。

二、自然景观资源物权化分析

（一）景观利益的权利化问题

景观利益权利化有助于彰显法律对公民精神权益的重视和贯彻落实生态环保的理念。首先，从精神利益的角度来看，"审美价值即审美客体引发的审美感受对于人的生存与发展具有能动意义"〔4〕，对景观的欣赏能给人们带来精神层面的满足感与享受感；其次，从物质利益的角度来看，将景观利益权利化，并制定实体法将权利加以确定，有利于加强对生态环境和资源的保护。具体而言，下文将分别阐述司法实践对景观利益保护的态度以及学界对景观利益性质的讨论。

1. 司法实践对于景观利益保护的态度

虽然本文讨论的对象为自然景观之上的利益，但在景观利益的法律保护和景观利益权利化的问题上，实践中出现的有关都市景观利益的纠纷及其司法解决路径可为此提供裨益。景观利益的纠纷既可能发生在民事诉讼领域，也可能发生在行政诉讼领域。近年来，与景观权或景观利益相关的案件屡见不鲜，被媒体和学者频繁提及的〔5〕包括：①青岛市民诉青岛市规划局住宅建设破坏音乐广场景观案（以下简称"青岛市音乐广场案"）；〔6〕②东南大学两教师诉南京市规划局观景台规划许可破坏

---

〔3〕 刘勇："论景观利益的侵权法保护"，载《南京大学法律评论》2016年第1期。

〔4〕 王朝闻：《美学概论》，人民出版社1981年版，第66页。

〔5〕 参见徐祥民、辛帅："环境权在环境相关事务处理中的消解——以景观权为例"，载《郑州大学学报（哲学社会科学版）》2015年第1期。

〔6〕 2000年，青岛三位居住在音乐广场附近的市民，因一房地产项目离音乐广场海岸线太近破坏了音乐广场的景观而状告青岛市规划局，法院认可了原告的起诉资格，但最终以项目没有违反法律法规而驳回了原告的诉讼请求。参见裴敬伟："略论景观纠纷的私法解决及其路径选择"，载《法学评论》2014年第1期。

紫金山景观案（以下简称"紫金山观景台案"）；〔7〕③律师诉杭州市规划局老年大学建设许可破坏西湖景区案（以下简称"西湖风景区老年大学案"）；〔8〕④石家庄市万信城市花园小区业主诉石家庄市规划局住宅规划许可影响景观案（以下简称"万信城市花园案"）；〔9〕⑤扬州市念泗三村居民诉扬州市规划局行政许可行为侵权案（以下简称"念泗三村案"）；〔10〕⑥武汉鹦鹉家园业主诉武汉市规划局建筑许可破坏景观案（以下简称"武汉鹦鹉家园案"）等。〔11〕

在上述案件中，万信城市花园案、念泗三村案、武汉鹦鹉家园案和青岛市音乐广场案中的原告主要基于相邻权或地役权被侵害，同时主张保护景观利益而提起行政诉讼，法院均认可了起诉人的原告资格，借助相邻权或地役权的路径对原告权益进行了司法救济，并在万信城市花园案中基于对原告民事权利的保护判决撤销规划部门作出的行政许可。但

---

〔7〕 2001 年，东南大学两名教师以南京市规划局作出的规划许可违反法律规定，损害紫金山的自然风景为由将南京市规划局告上法庭。南京市中院最终以该案在本辖区内未造成重大影响，不属于中院受理的在本辖区内重大复杂的行政案件范围为由裁定驳回起诉。参见路国连："论行政公益诉讼——由南京紫金山观景台一案引发的法律思考"，载《当代法学》2002 年第 11 期。

〔8〕 2003 年，杭州律师金某以杭州市规划局许可浙江老年大学迁址至西湖景区而破坏西湖景观为由，以杭州市规划局为被告提起行政诉讼，要求法院撤销该许可。最终法院认为金某不具有原告资格，裁定不予立案。参见"金奎喜诉杭州市规划局案"，载中国法院网，https：//www. chinacourt. org/app/appcontent/2003/11/id/93681. shtml，最后访问时间：2019 年 2 月 13 日。

〔9〕 万信城市花园小区的开发商在原规划中将小区分为 A、B、C、D 四个区域，其中 A 区是楼层较低的别墅区，对 C 区楼层的居民不产生观景影响。但众多业主入住 C 区后，开发商向石家庄市规划局申请将 A 区别墅区改为高层住宅区，石家庄市规划局许可了该申请。于是，权益受影响的 205 户小区业主将石家庄市规划局告上法庭，认为被告的行政行为损害了其欣赏景观及眺望的合法权益，请求法院撤销该许可。法院受理案件后认可了小区户主的原告资格并撤销了被告的行政许可行为。详见梁静、马晓峰："别墅摇身变高层，规划部门成被告"，载《中国房地产报》2004 年 12 月 20 日，第 8 版。

〔10〕 扬州市念泗三村 28 幢楼居民认为扬州市规划局许可第三人建造住宅楼的行为阻碍了其楼宇通风及破坏了居民欣赏瘦西湖景区的景观权益，请求法院撤销扬州市规划局的行政许可。法院判决被告并未对原告的相邻权造成侵害，且规划局的行政行为也未违反景区的规划，由此驳回原告的诉讼请求。详见《最高人民法院公报》2004 年第 11 期。

〔11〕 2003 年武汉鹦鹉花园 154 户业主认为市规划局屡次批准开发商修改整体规划的行政行为，导致开发商在小区公共绿地上建房，在小区 11 万伏高压供电走廊下扩建游泳池，使业主权益受到侵犯。于是将该市城市规划管理局告上法院，要求撤销规划局的批准文件。参见肖华："当小区被毁绿建房时，武汉鹦鹉花园业主选择了维权新路——开发商难告？就告规划局！"，载《南方周末》2003 年 11 月 27 日，第 7 版。

在紫金山观景台案和西湖风景区老年大学案中，原告都以行政机关的许可行为对公共的景观利益产生侵害为由提起诉讼，法院的处理方式则分别是以案件未在辖区内造成重大影响为由驳回起诉和以起诉人不具原告资格为由裁定不予受理。

王树良将上述景观利益相关的行政诉讼划分为"基于公共利益"（紫金山观景台案和西湖风景区老年大学案）、"基于个人利益"（万信城市花园案、念泗三村案和武汉鹦鹉家园案）和"公共利益和个人利益混合"（青岛市音乐广场案）的景观行政诉讼三种类型。他的结论是"法院对原告资格的认定比较宽松，除了否认完全出于公共利益目的的诉讼的原告资格外，只要有可能涉及原告的个人利益，即承认其原告资格"。[12]当然，这一结论的得出与比较法尤其是日本法上长久以来对景观行政诉讼中原告资格问题所持的保守态度不无关联。故此，作者进一步指出，在我国，原告资格问题并不是我国景观利益受损获得司法救济的主要障碍，相反，我国景观行政诉讼的最大障碍在于实体审查阶段司法对行政裁量权控制所持的谦抑和谨慎的态度，应当引入判断过程审查方式对行政裁量进行审查，从而更好地为景观利益提供司法救济渠道。[13]值得注意的是，虽然相对而言，相邻权或地役权的司法路径可以帮助降低景观利益司法救济的门槛，但在涉及公共利益的景观纠纷中，囿于我国目前行政诉讼以主观诉讼为主的结构，原告的诉讼门槛仍然较高，通过司法渠道对景观利益进行保护并对景观纠纷进行解决仍然面临很大的障碍。

景观利益司法保护的现状也引申学者对"景观权"概念是否具有存在价值的反思。有学者对景观权根据公私属性进行区分后，指出在私人景观利益纠纷的处理中，其权利依据并不是景观权，"虽然争议涉及景观，但其中的景观遮挡或者绿地面积减少等都可以通过债权和物权法律制度加以保护。给它们贴一个景观权的标签并不会增加相关利益的分量，对纠纷的处理也无实质性帮助。"[14]而在公共景观的纠纷中，作为参政

〔12〕 王树良："我国景观行政诉讼的现状与探讨——以日本景观行政诉讼为参考"，载《暨南学报（哲学社会科学版）》2018年第3期。

〔13〕 王树良："我国景观行政诉讼的现状与探讨——以日本景观行政诉讼为参考"，载《暨南学报（哲学社会科学版）》2018年第3期。

〔14〕 徐祥民、辛帅："环境权在环境相关事务处理中的消解——以景观权为例"，载《郑州大学学报（哲学社会科学版）》2015年第1期。

权之一的监督权足够为公民参与此类公共事务提供足够的理论依据和参与途径，而不必诉诸景观权。因此，景观权本身是没有意义的，只是多余的权利概念，其背后反映的是一种权利修辞学。[15] 当然也有学者对此提出反驳意见，认为景观利益并不只是相邻权或地役权等财产利益的副产品，应当将景观利益作为人身权性质的利益进行单独保护。[16]

那么景观利益的性质究竟为何，它与既有的权利种类例如财产权、环境权等之间是何关系，下一节中将就学界的不同观点展开讨论。

2. 学界对于景观利益性质的讨论

对于景观利益的性质，学界一般来说有如下几种观点：①土地所有权派生利益说，即景观上所存利益是基于土地所有权所派生出来的利益和附加价值，该种派生利益属于所有权收益权能的范畴。②人格利益说，即基于景观能够给人带来美的享受和精神上的愉悦，将景观利益解释成具有人格权的内容。也有学者主张将其内如"扩张性人格权"范畴，其地位处于"受绝对保护的权利"和"法律保护的利益"之间。③景观利益说，即由于缺乏明确法律规定，景观权不会被认为是民事权利，只能属于"法律上保护的利益"，可以对其提供私法救济。[17] ④环境权说，即环境权是指"享受良好的环境且支配环境的权利，也是维持人们健康的生活，追求舒适的生活的权利"，"如果在具有环境价值的风景中形成了景观，那么享受这种景观的权利就是景观权，景观权可以理解为是环境权的一种"[18]。⑤地域性规则说，即"景观利益具有公共性质，但是这种公共性质与景观利益的私人属性是可以相互并存。景观利益的背后并不是土地所有权或者其反射利益，而是以景观保护为内容的有关土地利用的地域性规则"[19]。

与对"权利"的保护相比，对"利益"的保护和救济更加模糊以及

〔15〕 徐祥民、辛帅："环境权在环境相关事务处理中的消解——以景观权为例"，载《郑州大学学报（哲学社会科学版）》2015 年第 1 期。

〔16〕 王树良："我国景观行政诉讼的现状与探讨——以日本景观行政诉讼为参考"，载《暨南学报（哲学社会科学版）》2018 年第 3 期。

〔17〕 裴敬伟："略论景观纠纷的私法解决及其路径选择"，载《法学评论》2014 年第 1 期。

〔18〕 大阪律师协会环境研究会：《环境权》，日本评论社 1974 年版，第 85 页。转引自裴敬伟："略论景观纠纷的私法解决及其路径选择"，载《法学评论》2014 年第 1 期。

〔19〕 张挺、解永照："论景观利益之私法保护"，载《南都学刊》2012 年第 4 期。

具有不确定性，究其根本，在于"权利"受到了实体法律的认可。上述分析表明，景观权作为一种新兴的权利类型，我国司法实践以及学界探讨中对其性质的认定不够明确，尚未形成统一意见。立法上，对于景观资源的法律规定也处于缺位状态，遑论景观权的法定化和受侵害景观的救济。

（二）景观利益物权化及其障碍分析

为更好地利用和保护景观资源，可以考虑景观利益物权化的进路，但实现过程中可能会面临一些障碍：第一，从物权属性上分析，把自然景观资源纳入《中华人民共和国物权法》（以下简称《物权法》）意义上的"物"会引发一些解释上的混乱。作为法律上物权客体的"物"应当具备独立性和可直接支配性，即物能依法律、交易或社会观念上的标准区别为可以识别的独立单元，且可为人力所直接支配。因为物权系主体直接支配客体的权利，只有客体特定才能实现支配。从这一标准来检视景观资源的"物权属性"的有无，我们发现自然景观资源不能满足物的独立性和可直接支配性的特点。尽管有些景区可能分割为不同的子景区，具有独立的观赏价值。但是一般而言，自然景观资源（例如黄山的云海）很难能够从法律上分割为可以识别的独立单元，而且也不可为人力所直接支配，跟气象因素、地理因素等外部因素密切相关，该种景观的产生具有很强的偶然性、易变性和不可预测性。因此，有观点认为自然景观资源并不具备完整的物权属性，不能成为所有权的客体。第二，从法律适用上来说，实践中对于自然景观资源的保护大多采取刑法规范或者行政法规范等公法色彩较为浓厚的法律规范保护方式，"自然景观资源的国家所有权不具备私权的一般形式特征"[20]。

因此，按照上文所述的物的标准以及法律适用对自然景观资源的物权属性进行衡量，得出的结果是自然景观资源不是《物权法》意义上的物。但这种结论并非特指自然景观资源，如果按照上述标准来衡量其他自然资源，例如野生动物、水流、矿藏等，也不满足严格意义上"物"所要求的独立性、可直接支配性的特点。[21]这种悖论源自于"自然资源的国家所有权"这一概念本身内在的张力。在《物权法》制定之初，就

---

[20] 税兵："自然资源国家所有权双阶构造说"，载《法学研究》2013年第4期。
[21] 税兵："自然资源国家所有权双阶构造说"，载《法学研究》2013年第4期。

存在着应不应当将自然资源纳入《物权法》调整范围的大争论，因为自然资源作为一个整体不是纯粹的私法意义上的物。当然，最后立法的结果表明自然资源最终被放入了《物权法》以及国家所有权的范畴，只是这种放入仍然没有解决自然资源与既有的物权制度的对接问题而留下了很大的解释空间。

笔者认为，自然景观资源虽然不是《物权法》传统意义上的"物"，但其与传统意义上的有体物具有价值共同性：有使用价值和经济价值。自然景观作为一种资源，可以满足人类生活或者生产的需要，能够量化成为一定的金钱价值，以及还具有满足人类某种精神利益的美学价值和体现民族或地域特色的文化价值。其价值来源于景观自身而非原组成物使用权能之发挥，需要受到与自然资源不同的保护和利用，所以自然景观资源之上应存在着单独的权利。另外，由于自然景观资源具有稀缺性、无形性和不特定性的特征，其利用比一般财产更加依赖于制度的明确规范，否则容易陷入混乱，导致资源使用的低效、不公正以及破坏生态环境的现象发生。基于既往的政策表达和法律实践，自然景观资源具有权属不确定的特征，在法律上处于"无主"状态，不以所有权的方式将这种利益固定下来，可能会加剧景观资源的无序开发，破坏景观资源的生态价值和其所蕴含的公共利益。因此，笔者将在下文中对自然景观资源的权属问题进一步讨论分析。

三、景观资源国家所有权合宪性分析

上文已经对景观利益权利化的必要性进行了分析，也进一步指出只有确定自然景观资源的权属，才能更好地对其进行保护和利用。我国尚未有现行法律明确规定自然景观资源的所有权问题，但因为自然景观资源对自然资源具有依附性，从这个意义上来说，调整自然资源权属关系的法律对自然景观资源也起到了调整作用。《中华人民共和国宪法》（以下简称《宪法》）和《物权法》中均对自然资源的所有权问题有所规定，但自然景观资源是否可以纳入《宪法》第9条中"国家所有"的范畴，学界尚有争议。针对这一问题，笔者将从政策和法教义学两个层面展开分析。

（一）政策层面

我国目前的法律法规中没有明确自然景观资源为国家所有，但相关的政策在表述上对这一问题多持肯定答案。多个政策性文件均已明确肯定了风景名胜资源的国家所有权，例如 1995 年国务院办公厅发布的《关于加强风景名胜区保护管理工作的通知》第 2 条规定 "风景名胜资源属国家所有，必须依法加以保护。各地区、各部门不得以任何名义和方式出让或变相出让风景名胜资源及其景区土地"。2002 年国务院《关于加强城乡规划监督管理的通知》（国发〔2002〕13 号）指出 "风景名胜资源是不可再生的国家资源，严禁以任何名义和方式出让或变相出让风景名胜区资源及其景区土地，也不得在风景名胜区内设立各类开发区、度假区等"。

（二）法教义学层面

在法教义学层面对自然景观资源所有权的分析，可以从宪法和物权法的具体条文中展开。我国现行有关自然资源国家所有权的法律表述包括：

《宪法》	第 9 条规定，矿藏、水流、森林、山岭、草原、荒地、滩涂等自然资源，都属于国家所有，即全民所有；由法律规定属于集体所有的森林和山岭、草原、荒地、滩涂除外。
《物权法》	第 46 条规定，矿藏、水流、海域属于国家所有。
	第 48 条规定，森林、山岭、草原、荒地、滩涂等自然资源，属于国家所有，但法律规定属于集体所有的除外。
	第 49 条规定，法律规定属于国家所有的野生动植物资源，属于国家所有。
单行法	《土地管理法》《海域使用管理法》《草原法》《森林法》等有关具体类型自然资源国家所有权的规定。

基于上述规定，虽然我国《宪法》《物权法》和各单行法均未明确列举自然景观资源作为自然资源的种类之一，但通过对《宪法》第 9 条 "等"字和《物权法》第 48 条 "等"字的扩张解释，均可以将自然景观资源纳入法条文字含义的射程范围之内，从而将自然景观资源归入国家所有权的范畴。有学者认为由于风景名胜资源必须依附于其所在的自然资源，所以调整自然资源产权关系的法律必然同样也调整自然景观资源

的产权问题。[22]在这个意义上，《宪法》和《物权法》必然也调整自然景观资源的所有权问题，即把自然景观资源解释为国家所有的自然资源在理论上是可行的。

然而，这种扩张解释并不必然成立。举例而言，气候资源与自然景观同属于无形资源，气候资源是否能够纳入《宪法》第9条国家所有权的规范范畴就曾引发过争议。2012年6月14日颁布的《黑龙江省气候资源探测与保护条例》（以下简称《条例》）第2条第2款规定，"本条例所称的气候资源，是指能为人类活动所利用的风力风能、太阳能、降水和大气成分等构成的气候环境的自然资源"。第7条第1款明确规定"气候资源为国家所有"。此《条例》出台后便引发了法学学者对《条例》涉嫌"违宪"的质疑。[23]侯宇认为，我国的宪法解释权属于全国人大常委会。在全国人大常委会未对《宪法》第9条规定的"自然资源"范围做出进一步界定的情形下，其他任何机关、学者的解释都不具有法律效力，更不能擅自透过下位法立法这种违宪方式对"自然资源"作扩张解释。[24]对比气候资源和自然景观资源，它们都具有稀缺性、有用性和客体的不特定性，唯一不同的是自然景观资源对自然资源有很强的依附性，而气候资源不具有这一特征，但是，对气候资源国家所有合宪性的质疑同样也可能延伸到景观资源上，毕竟二者在能否被"所有"、被实际"占有"这一问题上都存在争议。

对于《宪法》条文的解读，学界有一种观点认为，《宪法》第9条中的"等"属于绝对列举未尽。对《宪法》第9条进行分析之后发现，其只明确规定集体所有的自然资源范围需要依照法律规定，而难以推导出将国有自然资源的范围委托给立法机关再界定的意思，表明国家的根本大法已将除集体所有以外的自然资源都纳入国家所有的范围，如果由法律对国有自然资源的范围予以限制或界定，则是对宪法权威的挑战。[25]自然景观资源必然依附自然资源而存在，从物质层面和价值层面分析，

---

〔22〕 胡敏："风景名胜资源产权辨析及使用权分割"，载《旅游学刊》2003年第4期。

〔23〕 马玉忠："谁有权解释《宪法》?"，载《中国经济周刊》第26期。

〔24〕 侯宇："'风光'所有权归属之宪法学辨析——以《黑龙江省气候资源探测与保护条例》为例"，载《中共浙江省委党校学报》2013年第4期。

〔25〕 欧阳君君："论国有自然资源的范围——以宪法第9条为中心的分析"，载《中国地质大学学报（社会科学版）》2014年第3期。

自然景观资源就是具有景观价值的自然资源。从这个角度考虑可推导出，作为自然资源的一种，自然景观资源被纳入国家所有的范畴是合宪的。另外，还有学者从区分宪法所有权和民法所有权的角度对黑龙江省"气候资源国家所有"的问题进行了论证，指出"在气候资源上设立国家所有权，将其纳入公共财产范畴，为国家确定利用规则、建立利用秩序提供合法性，至少在理论上是行得通的。当然，这种所有权只能是宪法所有权，而不是民法所有权"[26]。依此观点，虽然自然景观资源也不具备设置所有权所必须具备的稀缺性、特定化和低外部性等特征[27]，但在其之上设立国家所有权，从理论上来说也是完全可行的。

此外，由于自然景观资源对自然资源具有依附性，对其权属的讨论必然不能离开对自然资源的所有权讨论。自然景观是一个复合的概念，可以依附于不同权属的自然资源，既然《宪法》中明确规定自然资源分属国家所有和集体所有，若将所有自然景观资源都归入国家所有的范畴也有失偏颇。因此，除国家所有的自然景观资源外，还有集体所有及混合所有的自然景观资源。不同所有制形态下的自然景观资源所有权应通过何种方式来实现，需要下文进一步分析。

四、自然景观资源产权实现问题研究

所谓自然资源的产权，就是关于自然资源归谁所有和使用，以及自然资源的所有权人、使用权人对自然资源所享有的所有、使用等权利的法律规范的总称。尽管经济学对于产权概念和法学对于所有权的概念在适用情形、概念外延上不完全等同，出于研究问题的需要，下文中如不做特别说明，对于产权的讨论与所有权等同。对于自然景观资源而言，讨论其产权实现方式的前提就是承认自然景观资源之上存在单独的产权，否则只讨论自然景观所依托的自然资源的产权即可，没有必要单独讨论自然景观资源的产权及其实现方式，这一点已在上一章作出说明。

所谓自然景观资源产权的实现方式，从法律的角度而言，主要指自然景观资源的占有、使用、收益和处分等权能的实现。自然景观资源国家所有权的权能是不充分的。首先，自然景观资源由于自身的特性使然，

---

〔26〕 巩固："自然资源国家所有权公权说"，载《法学研究》2013 年第 4 期。
〔27〕 张璐："气候资源国家所有之辩"，载《法学》2012 年第 7 期。

决定了它很难或不能被占有。尽管可以通过栏杆、围墙这种物理方式把保护区的风景圈出来，但是风景具有很强的外溢性，正所谓"满园春色关不住"，很难说所有权人实际占有了一定的景观。其次，对于景观资源的处分，笔者认为要受到公物理论的制约，处分权能受到极大的限制。

（一）自然景观资源的产权实现受公物理论的制约

即便我们承认自然景观资源可以纳入产权范畴，成为国家所有权的客体，需要注意的是它并非一般意义上的自然资源，而是承载了更多的公共使用的特性和公共利益的目的。学界一般用公物指代这类特殊的物，很多学者已尝试将公物理论运用到解决环境问题上来。

所谓公物，是指为了公共目的而直接提供给公众使用、受到公法规范的物。正是基于公物"直接提供给公众使用"这一特性，公物区别于《物权法》意义上普通的物，公物的所有权人也不像普通物的所有权人那样享有对物的完整权利。公物并不仅仅局限于国家所有的物，如有提供给公众使用的功能，私人的财产也可以成为公物。对于那些尚未确立公共用途的自然资源以及财政财产不属于公物，它们属于国家私产。〔28〕有关公物利用的理论基础主要存在以法国和德国为代表的大陆法系的所有权说和以美国为代表的英美法系的公共信托理论这两种不同的学说。〔29〕

回归我国的公物设定和利用现状，多数学者的意见是，公物是全民所有的公共财产，国家仅仅作为信托人出于增进全民福祉的目的对公物进行管理，并且需要接受民众的监督。这也意味着公物上的"国家所有权"必须接受公共目的的检验和公众的监督。在所有权诸项权能分离存在的现实中，全民对公物享有的是名义所有权和收益权能，国家享有的是透过信托而赋予的管理权，即现实的支配权。国家所拥有的现实的支配权不等同于国家的所有权，必须接受目的性制约，用于提升人民福祉而非营利。

概括而言，对自然景观资源的国家所有权要受到公物理论的制约，基于景观资源的收益应用于提升人民福祉和促进公共利益的实现，不能

---

〔28〕 侯宇："我国公物利用理论基础的定位"，载《公民与法（法学版）》2009 年第 5 期。

〔29〕 侯宇："我国公物利用理论基础的定位"，载《公民与法（法学版）》2009 年第 5 期。

以营利为目的。

(二) 构建国有自然景观资源有偿使用制度

国家所有权可以通过构建自然景观资源有偿使用制度的路径来实现。目前为止，我国尚未有法律或行政法规统一对自然景观资源的有偿使用制度进行规范，明确体现了景观有偿使用制度的仅有《风景名胜区条例》第 37 条的规定，即风景名胜区内的交通、服务等项目，应当由风景名胜区管理机构依照有关法律、法规和风景名胜区规划，采用招标等公平竞争的方式确定经营者；风景名胜区管理机构应当与经营者签订合同，依法确定各自的权利义务；经营者应当缴纳风景名胜资源有偿使用费。此处所指向的合同本质上是行政协议，发生争议时需要通过行政诉讼进行救济。

值得注意的是，这是目前有效的风景名胜资源管理规范中唯一明确规定的可以征收"风景名胜资源有偿使用费"的情况。同样规定可以收取费用的自然景观资源类型还有森林景观资源：1985 年原林业部制定的《森林和野生动物类型自然保护区管理办法》第 12 条规定"有关部门投资或与自然保护区联合兴办的旅游建筑和设施，产权归自然保护区，所得收益在一定时期内按比例分成，但不得改变自然保护区隶属关系"，1994 年《森林公园管理办法》第 14 条规定"森林公园经营管理机构经有关部门批准可以收取门票及有关费用。在森林公园设立商业网点，必须经森林公园经营管理机构同意，并按国家和有关部门规定向森林公园经营管理机构交纳有关费用"，2011 年《国家级森林公园管理办法》第 20 条规定"经有关部门批准，国家级森林公园可以出售门票和收取相关费用"。1985 年的规章所指向的对象是"旅游建筑和设施"，并不是抽象意义上的森林景观的有偿使用。1994 年和 2011 年规章中所指的"相关费用"过于概括、指向不明，并不特指森林景观资源的有偿使用费。那么在自然景观的利用过程中，景区管理机构是否还能就其他事项收费并获益，现行法律制度没有明确规定。那么这种有偿使用费的征收能不能扩展到所有利用自然景观资源而受益的单位或个人呢？

笔者认为不能简单做这种扩张解释。自然景观资源有偿使用费，是自然景观资源管理机构向依托自然景观资源从事经营活动的单位或个人征收的费用，是一种行政事业性收费。根据"法无授权不可为"的行政法基本原理，行政事业性收费必须在获得法律法规明确授权的情况下方可征收。除上述两种自然景观资源外，其余类型的自然景观资源都没有出台相关的法规对有偿使用制度进行规定，国家无相应的权力体系作为保障。因此，其他类型的自然景观资源的管理机构如果要收取有偿使用费，应当按照相关法律的规定提请全国人大及其常委会以及国务院制定法律或行政法规级别的文件，对该种收费的主体、对象、范围以及资金管理方式进行规定，在法律上明确自然景观资源有偿使用的各种权能，为自然景观资源有偿使用提供法律依据。在下文中，就自然景观资源有偿使用的方式以及收费范围中出现的两点问题将展开讨论研究。

1. 自然景观资源的特许经营问题

构建自然景观资源有偿使用制度，国家可以对公民收取门票费用以及对具体项目或服务的特许经营者收取特许经营费用。需要指出的是，上文所述的风景名胜资源有偿使用费的收费对象仅限于交通、服务等项目的经营者，尽管《风景名胜区条例》本身并没有采纳"特许经营"（concession）这样的立法表述，但是学界一般将上述经营范围称作"特许经营"。在风景名胜资源经营的问题上，一直有景区经营权转让正当性的争论。目前无论从政策还是学界理论来看，对这一问题的结论还是基本一致的，即景区经营权转让与特许经营这一对概念并不等同。关于这两个概念的政策演化简述如下：

早在 1995 年，国务院办公厅发布的《关于加强风景名胜区保护管理工作的通知》（国办发〔1995〕23 号）即表明"各地区、各部门不得以任何名义和方式出让或变相出让风景名胜资源及其景区土地"。2000 年国务院办公厅《关于加强和改进城乡规划工作的通知》（国办发〔2000〕25 号）重复了这样的表述。类似的表达在 2002 年国务院《关于加强城乡规划监督管理的通知》（国发〔2002〕13 号）中再次出现。2001 年，建设部在《关于对四川省风景名胜区出让、转让经营权问题的复函》（建城函〔2001〕80 号）中指出，任何地区、部门都没有"将风景名胜区的经营权向社会公开整体或部分出让、转让给企业经营管理"的权利。2005年，建设部办公厅针对福建省建设厅关于能否将冠豸山风暴名胜区总面积 46 平方公里的核心景区旅游资源经营权出让给厦门华荣泰实业有限公司的请示作出了《关于对国家重点风景名胜区经营权出让问题的复函》（建办城函〔2005〕225 号），其中明确拒绝了"风景名胜区资源及其景区土地"的出让，并指出"风景名胜区管理机构可在风景区门票收入中支付企业对风景名胜区开发投入的回报，但不得将风景名胜区资源和门票专营权出让或转让给企业垄断经营"。

与国家主管部门对于景区经营权转让的否定态度不同的是，特许经营是国家鼓励和提倡的一种公私合作方式。早在 2003 年，建设部批准将贵州作为全国首个风景名胜区内项目特许经营管理试点单位。2005 年出台的《贵州省风景名胜区内项目特许经营管理暂行办法》并对"特许经营"进行了定义，即本办法所称风景名胜区内项目特许经营，是指公民、法人或者其他组织按照特定程序、法定标准和条件，在一定期限和范围内，有偿取得从事风景名胜区内整体或者单个项目投资、经营权利的活动。特许经营的项目包括风景名胜区内基础设施建设以及维护，交通（车队、船队、游路、索道等），漂流及必要的餐饮，住宿，商品销售，娱乐，摄影，摄像和游客服务等。早在贵州省出台该办法之前，建设部办公厅作出的《关于对〈贵州省风景名胜区特许经营管理暂行办法〉（征求意见稿）意见的复函》（建办城函〔2003〕411 号）中便较为清晰地表达了其对"特许经营"与"景区经营权转让"这两个概念之间关系的看法：特许经营的对象应该明确界定为风景名胜区内某个或某些特定项目，而不是对整个风景名胜区委托给企业进行特许经营。门票专营权不能出让给企业，但对景区内基础设施维护保养、绿化、环境卫生、保安等具有物业管理性质的服务项目，可以委托企业负责经营管理，这些费用可从门票收入中支出。对于符合规划的基础设施建设项目、新开发景点建设也可由企业进行，企业前期建设的投入可以从未来的门票收入中按一定的比例划拨。尽管基于各种现实考虑，2006 年版的《风景名胜区条例》和 2016 年的修正案并没有明确将"特许经营"一词写入法条，但基于以往的政策和学理探讨，特许经营一词的范围还是相对确定的，即它仅仅针对景区内某个或某些具有服务性质的项目，并不是把整个景区的经营权交给某个企业来特许经营。贵州省地方性法规中的定义或可提供借鉴。

对于"特许经营"性质和范围的讨论，回到上文所述有关自然景观资源有偿使用的问题上来，笔者认为《风景名胜区条例》第37条规定的"风景名胜资源有偿使用费"的征取对象仅限于与景区管理机构签订了经营合同、具有服务性质的某些具体项目的经营者。对于实践中管理机构将景区经营权以50年甚至超过50年的方式打包转让给某些企业的具有营利性质的活动，应当通过加强执法的方式予以规范和改正。这一结论不仅仅适用于风景名胜区的管理，同样也适用于存在经营权转让行为的其他自然保护地的管理活动。

2. 自然景观资源的有偿使用收费范围问题

关于风景名胜资源有偿使用费征收范围拓展可能引发的法律争议，试举一例，即引发了社会广泛关注和争议的"公园拍摄婚纱照取景费"问题。实践中有景区将所谓"取景权"出让给一家商业摄影机构，其他与之相竞争的商业摄影机构入园拍摄婚纱照，则需缴纳所谓"取景费"。也有部分景区直接向入园拍摄婚纱照的个人收取所谓"取景费"。那么该"取景费"的法律性质是什么？是否可纳入"风景名胜资源有偿使用费"的范畴？是否是自然景观资源的产权实现方式之一呢？

针对景观资源有偿使用收费的问题，笔者考察了美国国家公园管理的立法与实践，初步结论如下。在美国国家公园内从事商业性的电影拍摄和需要获得许可的静态拍摄，国家公园管理局需要收取一定的"外景拍摄费用"（location fee）。那么哪些行为是"需要获得许可的静态拍摄"呢？对于游客来说，在常规的游览区域和游览时间内，其个人的、非商业性的动态影片和静态图像拍摄行为均不需要获得许可。对于国家公园内的静态拍摄（still photography）行为，不论是商业性的还是非商业性的，一般都不需要申请许可，只有在特殊情形下才需要申请许可：

（1）在一般不允许静态拍摄的场所。

（2）需使用不属于该场所原本的自然资源或管理设施的模型和道具。

（3）公园需要特别监管以防止产生不可接受的影响。[30]

在我国，取景费的实质是对资源进行有偿使用的行政事业性收费，所以它的收费项目和收费标准应当依法审批，并严格按照法律法规的规定收取。所谓行政事业性收费是指国家行政机关、事业单位、法律法规授权的组织等根据法律的相关规定，按照法律规定的程序，在向公民、

---

〔30〕　Public Law 106-206（16 USC 460l-6d）.

法人和其他组织提供特定公共服务以及实施公共管理的过程中，向特定对象收取的费用。需要首先明确的一点是风景名胜区管理机构不能从事以营利为目的的经营活动（《风景名胜区条例》第39条）。婚纱照收费的行为不属于上文所界定的特许经营的范畴，而是属于行政事业性收费，因此必须接受行政法基本原理和规则的检验。这意味着行政事业性收费的项目设立、收费标准和资金管理等都必须严格遵循包括《行政事业性收费标准管理办法》在内的有关法律法规的规定。实践中各地景区收取"婚纱取景费"这一行为普遍存在程序缺位的违法现象。如果"取景费"的收取不具有正当性基础，那么是否意味着景区管理机构对于游客拍摄婚纱照毁损草坪、花木等的行为就无能为力了呢？由于这些行为对国家的自然景观利益造成了损害，管理机构完全可以通过民事侵权赔偿的手段将国家所有权恢复圆满状态。

对于我国现行法律的规定及结合域外经验分析取景费的问题，笔者认为，应对取景费的收取和管理严格把控，如果未经法定程序审批，景区管理机构则无权将"取景权"出让给特定的摄影机构并由此向其他入园拍摄的摄影机构收取取景费。对于游客个人入园取景拍照，由于该种行为不属于经营性行为，所以向个人收取取景费是违法的。而如果游客或者摄影机构的取景拍摄行为损坏了景区内的景观资源或者设施，应遵循民事赔偿中的填平原则进行赔偿，景区管理机构或特许经营者也不得因赔偿而获利。

（三）非完全国有的自然景观资源产权实现方式

除国家所有的自然景观资源外，还存在集体所有或国家与集体混合所有的自然景观资源，原因在于其内部组成物存在国家所有权之外的权属形态。非完全国有的自然景观资源应如何利用和保护？其产权又应如何实现？笔者认为，对于混合所有的自然景观资源，应遵循《生态文明体制改革总体方案》的规定，首先对自然生态空间统一进行确权登记，划清自然资源全民所有和集体所有之间的边界。而后贯彻上述《方案》中生态保护优先的方针，可通过征收的方式，将归属于不同主体所有的，但生态价值较高，更需动用国家公权力进行保护和开发利用的自然景观资源整合为国家所有。[31]对于集体所有的自然景区，集体内部则可通过签订合同确认经营方式及具体分成的路径实现意思自治。当然，上节中有关于国家所有自然景观资源在产权实现中的限制也同样适用于非完全国有的自然景观资源，囿于篇幅，在此不再展开论述。

结　语

作为一种稀缺的且能带来物质价值和精神价值的资源类型，自然景观之上存在着显著的利益，亟须法律保护。反观我国的立法和司法实践，相关的保护措施和救济渠道均处于较缺失状态，学界对景观权的存在价值和必要性也莫衷一是。本文主张应考虑将景观利益物权化的进路，在立法中明确景观的财产价值，从而为保护人们的景观权益奠定价值基础。[32]自然景观资源虽然不是物权法传统意义上的物，但其具有高度的使用价值、经济价值和审美价值等，应以所有权的形式将利益固定，避免公地悲剧。从政策和法律的解读上看，自然景观资源可以被纳入国家所有权的范畴，是宪法意义上的国家所有，即全民所有。国家所有权可以通过建立有偿使用制度来实现，为保护和利用自然景观资源提供制度保障。由于受到公物理论的制约，国家所有权的实现不能以营利为目的，政府部门应严格按照法律法规的规定，采取与景区内具体服务或设施的经营者签订特许经营合同的方法明确有偿使用的范围，并以维护景观资源的支出为限收取有偿使用费，以公私合作的路径对自然资源的使用和管理模式进行优化。对于混合所有的自然景观资源，如果生态价值较高，国家可通过征收非国有部分将景观资源整合为国家所有进行统一开发利用和保护。而集体所有的自然景观资源，集体内部可通过签订合同的方式达成合意，以确定经营方式和具体的分成比例。

---

〔31〕　郑太福、唐双娥、邓双霜："美丽中国视角下风景名胜资源国家所有权反思与定位"，载《广西社会科学》2017 年第 12 期。

〔32〕　刘惠明："景观利益私人化的可贵尝试——日本最高法院第一小法庭 2006 年 3 月 30 日判决评析"，载《河海大学学报（哲学社会科学版）》2012 年第 1 期。

环境许可

[意] 安德烈·法理 * 著

罗智敏 ** 译

环境许可是环境法中的一项基本行政职能，原因有很多。

尽管在市场的动力之下有很多保护环境的工具，但是在公权力主体对私主体实施的监督与规制中，威权行为仍然具有中心地位，尤其是许可这种方式。

本文会涉及欧盟的许可制度[1]，但是分析的问题具有普遍性，也希望能够与中国的现实相对照。

环境利益是一种横向利益[2]，与其他跟经济活动有关，在大多数情况下，环境许可是整体许可行为程序中的最终行为。

发放许可应该考虑到监督的复杂性[3]，在环境领域一定会涉及与法不同的学科规范（化学、生物学、工程学等），以及各种自然资源，这些不同的资源能够影响人类的活动（土地、空气、水及栖息地）及所阐述的环境许可的类型。

许可类型的不同可能涉及自然资源的种类（在地上水排污许可、空

---

　*　安德烈·法理（Andrea Farì），罗马第三大学教授，罗马圣玛利亚自由大学教授。

　**　罗智敏，中国政法大学法学院教授，意大利罗马第二大学法学博士。

　〔1〕　对此方面的研究，参见 P. Dell'Anno, Principi del diritto ambientale europeo e nazionale, Giuffrè, Milano, 2004, p. 72 e ss.

　〔2〕　需要特别指出的是，M. S. Giannini 认为，环境的概念是具有非常重要的法律要素的多元概念的总和。对环境与其他法律上重要利益之间的发展进行深入研究的文献，参见i：G. Rossi, Diritto dell'ambiente, Giappichelli Editore, 2015, p. 20 e ss.

　〔3〕　行政许可内在复杂性，因为有权当局应该审查申请进行行为是否与部门行政规范一致，这些规范可能直接规定在法律中，或者规定在条例、规划中，甚至技术与实践规范中，个别行政处理中，从这个意义上，参见 S. Amorosino, Introduzione al diritto del paesaggio, Roma-Bari, 2010, p. 116.

气排污许可、垃圾管理等）或者进行审查的类型，如有的审查遵守最低限制或标准，有的是对排水进行监督，还有一些是对某一地区的污染物集中排放进行监督。

应该知道，环境是一种自然资源的体系，自然资源之间相互联系，经常要求从整体上进行有效的评价。同时，因为经济活动特别复杂，一些同时必要的许可可能不止一个，对于经营者而言是严重的负担。于是出现了一些综合许可，它们集中在一个统一程序与一个统一的最终行为之中，对涉及更多环境问题活动的环境可容忍性进行评估。

这就产生了双重需求，既要考虑更多的要素，又要简化程序。

工程的环境影响评估〔4〕、方案与计划战略性评估、环境整体许可〔5〕，都是这种类型。

从上述简单描述来看，似乎环境许可是非常复杂的，然而所有类型的许可都有一些共同特征，还有一些其他特征，能够确定在经济活动中这种公权力的行使形式在未来具有何种地位。

哪些是共同的特征呢？

许可规定了一个调查程序，它是科学知识与技术知识的混合体，一方面是这个领域的成果，另一方面也是一个巨大的困难，因为需要以一种有效的方式将这些不同方面的评估统一起来。

许可实际上是在科学与政治的可接受层面遵守一些确定的限制与标准。不能完全阻止环境的恶化，法律的规定确定可接受的限制，许可确定遵守标准。

可接受的污染程度并不总是一个客观的标准，更多时候是在环境保护与经济增长的需求之间确定一种可忍受的平衡点。

此外，需要评估的环境标准因被评估行为出现在不同地方而有所不

---

〔4〕 关于简化需要与环境评估，参见 M. Giuseppe, Il nuovo procedimento di VIA tra semplificazione amministrativa e specialità del regime dell'ambiente, in Urbanistica e appalti, 2009, fasc. 2, pp. 156-163. 理论与司法实践的著作，参见 F. Fonderico, Valutazione d'impatto ambientale, in Codice dell'Ambiente, a cura di S. Nespor-A. L. De Cesaris, II ed., Milano, 2003, p. 1797 ss.

〔5〕 参见 F. Figorilli, L'autorizzazione integrata ambientale quale ulteriore strumento di semplificazione, in Nuove Autonomie, 2008, 3-4, p. 685 e ss; M. Calabrò, Semplificazione procedimentale ed esigenze di tutela dell'ambiente: l'autorizzazione integrata ambientale, in Riv. Giur. Urb., 2012, 1-2, p. 205, 关于环境补充许可，参见 l'unificazione dei diversi procedimenti rappresenta una scelta obbligata, non surrogabile con differenti tecniche di semplificazione.

同，因此，很多情况下，发放许可的合法性标准规定在具有地方特征的方案或者计划中。

评估程序中科学数据很重要，随着科学认知的变化需要变更许可的评估标准，这就是对环境许可进行时间限制的原因，被许可的行为并不总是具有合法性的。实际上，必须进行适当变化以及期间审查，评估技术规则及技术可能性的发展（所谓的更好的可支配性技术），并修改地方发放许可的条件（例如在某地 10 年之内空气中的物质增加，可能要更改一些排污许可，要求减少污染源的重量，希望同时也存在一种过滤排污的新的技术工具）。

经常会发生这种情况，许可主体并不在污染行为地，因为污染后果不能限制在一个确定的地域范围之内。

一方面，环境利益被认为是一种分散性利益，所有人的利益，另一方面，不可能确定污染行为的对象，因为环境要素之间的联系网络将因果链条延长了，到一个主体的行政界限之外了。

其结果是，与一般程序相比，参与环境许可程序的主体更多，因为所有能向行政机关提供信息的人都能够参与这是有益处的，他们提供的环境状况信息与数据会影响行政机关做出决定。

但这也会带来消极的后果，即参与程序的主体过多。很难设计一个没有职权重叠或过多主体的有效的程序，也很难在一个快速期间内做出决定。

为了解决这个问题，几乎在所有综合环境许可程序中都会有听取全部参与者意见的形式（所谓的部门会议）以及不同阶段的期间规定（例如 VIA 环境影响评估机构应该在 150 日内作出决定）。

环境许可包含很多已经获得许可行为失效的规定。

许可的内容不是同意或拒绝一个行为，而是行政当局影响工程或者行为的特征，为了保护环境，行政当局可能提出一些改变计划的要求。因此这是一个公权力批准某个行为的过程，例如，以完成对计划的修改为条件，或者在环境补充许可的情形下，给予相对人一段时间使其适应更好的可支配性技术。

许可这种工具在现在或将来具有的地位是什么呢？

我们已经指出，许可的目的是实现经济活动与保护自然资源需求之间的平衡。[6]

这种平衡具有科学性但同时也有特殊地域性。最好的解决方案应该由法律制度来规定。

从与其他利益的关系来看，如企业之间的自由竞争，许可的作用是一个重要因素。

人们认为许可影响企业之间的竞争。

总之，在最初阶段，没有许可或只有一个较低要求的许可时，可能认为是可以容忍的，并且有助于市场的快速发展。随着历史的发展，人们觉察到，从很多角度来看，因为没有对生产活动的规制而产生了经济上的消极后果。

无论是社会成本（因为土地改良活动带来的装卸或必要负担）还是对经营者或生产者而言的资源成本，都产生了消极后果，资源越来越稀少（木材成本或者所谓的稀有土地）。

经济活动许可制度的选择是随着经济活动发展的不同历史时期而变化的，以一种策略性的方式促使经济沿着可持续性的轨道发展。

发放许可的综合程序对于向行政机关申请许可的经营者而言是一种负担。

据此特征，许可也可以发挥工具性作用，鼓励或不鼓励某种活动，如对产生大量污染的行为征收较高的许可费，或者在欧洲经常使用的一些更简化的程序，以使对环境有利的那些活动更为容易。在欧洲出现的例如可更新能源的发展，可以通过加速期限或者规定越过程序中有关主体的沉默或者不同意的某种形式来实现。

对于申请环境许可的活动而言，负担与成本也是国家之间竞争的重要因素，国家制定最低环境保护标准，设计简单有效程序，对企业规定更少负担，同时达到环境保护的目的，这对国家的能力是一种挑战。

最后，需要指出许可在新经济活动及市场发展中能够发挥的作用。

一些经济现状，所谓的循环经济，也就是利用废物与垃圾作为进一步生产的原材料，如果缺少一种合理的许可设计就不可能存在。

---

〔6〕 在企业自由与保护环境遵照权之间的平衡，理论与司法界存在很大的争议。司法界强调，"行政裁量的特别层面"，是环境许可程序方面重视公共利益优先的特征，参见 G. Morbidelli, Il regime amministrativo speciale dell'ambiente, in Scritti Predieri, Milano, 1996, Vol. II, pag. 1165 ss.

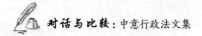
比如有一种许可，审查是否遵守某种处理垃圾的标准，允许确定某种垃圾在处理时就可以被认为是一种原材料。

利用现今所有的技术回收垃圾，允许修建设备或自己的工业区，这也是许可的一种作用。

这就是在垃圾与生产的废物方面的循环经济的模式。

总之，笔者认为环境许可对经济活动的可持续发展具有决定性地位。许可是公权力手中的一种工具，可以指导经济活动向某个确定的模式发展。在减轻经济行为负担与环境保护的需求之间确定一个最好的平衡点并非是一个简单的挑战，但是令人兴奋的，尤其是像今天这样，通过对比进行思考更是如此。

"德赛互搏"视野下的环境规制程序

张　力*

引　子

近年来，环保议题的重要性日渐凸显。从组织的地位来看，2008 年，中央层级的环保主管部门由"总局"升格为国务院组成部门，即环境保护部。在诉讼制度设计方面，全国人大在 2014 年修订了《中华人民共和国环境保护法》（以下简称《环境保护法》），允许符合法定条件的组织提起公益诉讼。[1]而在 2015 年，全国人大又授权检察机关未来两年内在 13 个省级地区提起民事、行政公益诉讼，环保案件是其中的重点。[2]在关注度方面，中央、省级政府与社会媒体对环境执法日益重视，并投入许多资源来督促一线执法者依法行政。尽管如此，在现实当中，因环保议题引发的冲突仍处于日益增多和愈演愈烈的状态，对此，传统法律手段一度显得捉襟见肘，以开放和参与为主要内容的行政程序机制和理念也未能完全作出有效应对，如 PX（对二甲苯）化工项目在各地纷纷招致强烈抵抗，各地方政府在认定民众科学知识存在偏差的情况下，却多半采取缓建、停建等息事宁人的方式，同时辅之以惩戒骚乱事件的煽动者这一传统命令式手段，而这并不能确保类似环保议题再次发作时各方能

---

　* 张力，中国政法大学法学院副教授，中国政法大学法学博士。

　〔1〕《中华人民共和国环境保护法》（2014 年修订）第 58 条规定：对污染环境、破坏生态，损害社会公共利益的行为，符合下列条件的社会组织可以向人民法院提起诉讼：①依法在设区的市级以上人民政府民政部门登记；②专门从事环境保护公益活动连续 5 年以上且无违法记录。符合前款规定的社会组织向人民法院提起诉讼，人民法院应当依法受理。提起诉讼的社会组织不得通过诉讼牟取经济利益。

　〔2〕　参见中央全面深化改革领导小组于 2015 年 5 月通过的《检察机关提起公益诉讼改革试点方案》。

够进入一个良性轨道，也不能确保科学与民主两种价值相冲突时作出合理选择。有鉴于此，以下讨论将围绕三个问题展开：

第一，当下环保领域中的科学与民主价值的冲突是如何形成的。

第二，在法律制度设计上日益开放的行政程序是否有能力容纳这一冲突。

第三，中国行政法应当在行政程序的理念和机制上如何进行调整，才能在个案当中将上述冲突纳入良性解决的轨道。

一、"德先生""赛先生"的魅力与冲突

民主与科学是不折不扣的舶来品，在中国传统的价值语境中因难觅其踪而无所谓好坏，而到了近代，尤其是在共和政体建立后，它们跨越了此前的"体""用"之争，从器物层面上升到了文明层面，获得了独特的价值。

（一）从近代到现代

民主与科学一旦被称之为"德先生"和"赛先生"，便获得了一种近乎意识形态的地位，作为敬语的"先生"一词使得民主与科学被魅化。近代中国人希望借助民主与科学缩短与西方国家的各项差距，使中国在政治、法律和社会等方面迅速变成一个现代的文明国家。正是在这一大背景下，在共和政体尚未达致稳定的时候，当时的北洋政府便效仿欧陆国家，设立了独立的行政法院，即平政院，专门负责审理行政案件，并引入法定程序作为审查标准，以否定政府部门的决定。[3]与之相类似，通过对西方科学知识和成果的认识，"五四运动"前后的中国人很快拥抱了科学价值，并在20世纪20年代通过与玄学的论战，通过讨论"科学能否支配人生观"，在知识界重创了儒家的传统世界观。在科学逐步化身为"赛先生"的过程中，标志性的事件之一便是爱因斯坦的相对论在"五四运动"前后迅速且未发生实际争议地被当时的中国人所接受，这与该理论在当时西方国家的境遇形成鲜明对比。[4]

1949年中华人民共和国成立以后，虽然经历了一番曲折，但彼时的

---

〔3〕 殷啸虎、李红平："鲁迅状告民国教育部行政诉公案"，载《中国审判》2014年第2期。

〔4〕 ［美］胡大年：《爱因斯坦在中国》，世纪出版集团、上海科技教育出版社2006年版，第46~89页。

中国人很快先后重拾了科学与民主价值。1975 年，在第四届全国人大第一次会议上，时任总理周恩来重申了此前的"四个现代化"目标[5]，实际上，这暗含了对现代化进程中科学价值的再次肯认，也在某种程度上再次划分了科学与哲学之间的界线。在 1978 年的中共十一届三中全会上，邓小平则表示国家建设需要加强社会主义民主，后来又曾表示"民主和法制，这两个方面都应该加强，过去我们都不足。要加强民主就要加强法制。没有广泛的民主是不行的，没有健全的法制也是不行的"。

尽管自近代以来，"德先生"和"赛先生"进入了中国的价值系统并获得独特的地位，但这并不意味着民主和科学必然拥有独立的价值。就价值系统中所处的地位而言，两者独立性的缺失或许正是当下专家与民众互不信赖乃至"德先生"和"赛先生"产生冲突的根源。

如美国学者本杰明·史华兹所言，欧风美雨吹打下的近代中国人固然在价值观上接受了民主和科学，但这种接受的背后有着极为浓烈的对富强的追求，以及与富强密不可分的对现代化的追求。恰是富强，才是从近代到现代的中国人观念中占据主导地位的价值追求，是使民主和科学升格为"德先生"与"赛先生"的背景性力量。史华兹的观点在爱因斯坦的相对论迅速被中国人接受的过程中同样可以得到佐证。一战以后，中国知识界出现了对西方国家失望的情绪，如严复对一战的评价便是"觉彼族三百年之进化，只做到'利己杀人，寡廉鲜耻'八个字"[6]。这种失望情绪使得社会上产生了革命思潮，认为革命才是实现国家富强和现代化的有效途径。在 20 世纪 20 年代，爱因斯坦之所以得到当时中国知识界的迅速认同，便与其"科学界的革命者"这一形象密切相关。[7]而在革命思潮的背后，依然是追寻富强这一目标在主导。

在现行宪法当中，人们仍然可以寻觅到上述逻辑的踪迹。根据 1982 年制定的《中华人民共和国宪法》序言，无论是发展民主还是推动"四个现代化"，无论是促进物质文明的发展还是推动政治文明、精神文明，

---

〔5〕 即农业、工业、科学技术和国防现代化，由周恩来在 1964 年第三届全国人民代表大会第一次会议上提出。

〔6〕 严复："与熊纯如书"，载王栻主编：《严复集》（第 3 册），中华书局 1986 年版，第 692 页。

〔7〕 [美] 胡大年：《爱因斯坦在中国》，世纪出版集团、上海科技教育出版社 2006 年版，第 153 页。

皆是为了建成一个"富强、民主、文明"的国家。可见，即便寻求富强未必构成一种价值，但它却是主导近代以来中国人价值系统的最重要因素。

（二）冲突及其背后动因

诚然，在中国迈向现代化的过程中，民主与科学成了崭新且独特的价值，但其地位却缺乏独立性。这便导致在寻求富强这一目标逐渐因接近实现而淡化时，两者之间的冲突可能性愈渐增大，而利益的多元化更是加剧了这种可能。环保领域技术性色彩较强、民众表达渠道更为通畅以及所涉及的利益更为复杂多元，因而成为典型的民主与科学互博空间，这在"PX系列事件"中得到充分的体现。

所谓"PX系列事件"特指各地政府引进PX化工项目所引发的民众抗议或潜在不满，迄今为止，已有厦门、大连、启东、昆明、茂名、漳州等地曾经计划或已经建成PX项目化工厂。在这一系列事件发展过程中，地方政府在事前或事后都曾以某种方式征询过民众意见，体现了公众参与，并借助专家的力量，向当地民众介绍过与之相关的专业知识。但是，从这一系列事件发展结果来看，无论是政府主导的公众参与，还是专家对相关专业知识的普及，两者效果均不佳。在各地方政府以及部分专家看来，作为有机化工原料的PX属于低毒化合物，毒性只比乙醇略高一点，并且没有证据证明其致癌，民众的反对是其欠缺相关科学知识的反映，需要进一步普及相关科学常识。然而，地方民众却认为政府的决策没有反映民意，在项目规划、建设前没有充分征求民众的意见，相关行政程序缺乏公开、参与环节，这既不符合国务院《全面推进依法行政实施纲要》对依法行政的要求，也有违该纲要所提的民主决策。[8]表面上看，"PX系列事件"似乎是地方政府没有完全践行正当法律程序的要求所致，实际上，若细究之，人们可以很容易地发现，即便政府完全履行了实定法所规定的行政程序，民众依然很难认同此类化工项目的规划与建设。毕竟，就行政程序而言，公开与参与并不能确保民众的呼声

---

〔8〕 国务院2004年颁发的《全面推进依法行政实施纲要》在依法行政部分明确规定了"程序正当"，规定"要严格遵循法定程序，依法保障行政管理相对人、利害关系人的知情权、参与权和救济权"，同时还在决策机制部分要求"科学、合理界定各级政府、政府各部门的行政决策权，完善政府内部决策规则。建立健全公众参与、专家论证和政府决定相结合的行政决策机制。实行依法决策、科学决策、民主决策"。

必然得到产生效力的倾听和回应。

自改革开放以来，在国家与社会的现代化进程中，利益逐渐从一元化走向多元化，过去统合式的一元化结构逐步被打破，人们开始寻求在法律秩序当中的利益实现之道。当个体利益不再完全依附集体利益并成为公民个人堂而皇之地追逐对象时，利益便存在被魅化的可能。在这一历史演进背景下，前述民主和科学的冲突真相便显得暧昧不清，百余年前的中国人在热切地欢迎"德先生"和"赛先生"时恐怕不会想象到今日两者之间的剧烈冲突。在当下，两者几乎在化工项目建设、垃圾填埋场选址、水坝修建、地下水污染等诸多环保事件当中都发生了激烈冲突，那么，这种冲突的背后是否潜藏着其他因素呢？

毋庸讳言，地方政府对 PX 项目、水坝建设等拥有不小的热情，这背后既有税收、就业等方面的利益推动，又有主政官员个人基于政绩的晋升冲动[9]，经济与政治利益双管齐下使得地方政府或者说是地方官员热衷于一些与环保目标不符的工程项目，并为此选择符合自身偏好的专家。作为此类工程项目的实施方，企业同样会根据自身的偏好选择专家，甚至在诸如 PX 项目这样的化工产业里，数量有限的专家本身就出身于产业界，与企业之间具有密切的联系。这种"产业科学家"并非中国特有的现象，而是社会和经济复杂化与分工细化带来的结果。然而，在民众一方看来，这些专家已然倒向了政府和企业。在这里，"赛先生"成了一方利益的唱和者。不过，需要注意的是，各类环保事件中的民众也绝非单纯地使用民主的价值观来对抗政府的决定，而是在呼吁政府正视和承认其环境利益，如避免污染造成的人身侵害、不动产的贬值以及后代的生存和健康利益等。政府并非环境利益的天然代言人，民众个体才是这种利益的真实享有者。在民众看来，专家所普及的科学知识因为威胁到此类利益而难以被接受。由此可见，"德赛互搏"的真实叙事是利益的较量，在利益的较量过程中，民主和科学被同时除魅，反倒是利益本身在近三十余年的多元化过程中被魅化，成为各方主体最为真实的追求。

---

〔9〕 周黎安：《转型中的地方政府：官员激励与治理》，格致出版社、上海人民出版社 2008 年版，第 87~122 页。

二、开放程序的负担

中国行政法体系的搭建在相当大的程度上同时借鉴了大陆法系与英美法系的经验和理论，其中，对英美法系中正当法律程序的借鉴乃是重要一环。

（一）开放的双重价值

源自英国"自然正义"理念的正当法律程序（Due Process）几近辗转进入中国，并很快得到了在理论体系上更为偏重大陆法系的中国行政法的接受。虽然在英美法系当中，正当法律程序的确立和发展是在普通法、成文法乃至软法上同时发力的[10]，但它在中国的形成与演进主要是通过《中华人民共和国行政处罚法》《中华人民共和国行政许可法》等成文法进行的，并以制定统一的行政程序法为目标。1989 年制定的《中华人民共和国行政诉讼法》授权法院采用"法定程序"作为标准审查行政机关的行政行为，尽管在"法定程序"和正当程序的关联与区别上，尤其是在前者的内涵和外延上存在争议，但随着单行法律、法规对行政程序规范密度的加大，随着司法实践的有意尝试，"法定程序"的内容显然不能局限于具体某部法律、法规所规定的程序，而是通过学理以及不同领域法律规范之间的类比，逐渐形成了一种"公因式的法定程序"，这一有关法定程序内容的形成路径在一定程度上也可以从比较法上得到映衬。例如，美国联邦最高法院大法官怀特（White）就曾在 1974 年的伍尔夫诉麦克唐纳（Wolff v. McDonnell）案中提到正当程序要求给予当事人某种形式的听证。[11]

经过三十余年的发展，尽管中国行政法在统一行政程序法的价值定位上究竟是取法欧陆还是英美尚未完全明晰，但对"公因式的法定程序"内容已大致形成共识。在这里，公平、公正、公开以及与之相关的信息公开、听证笔录排他、公众参与等制度构成了行政程序法治化的路线图。与过去奉行管理观念的行政程序机制相比，该路线图的最大特征就是逐步将封闭、单向的行政程序向开放、多中心维度转变。

在环保领域，走向开放的行政程序将同时有利于提升民主正当性和

---

[10] 毕洪海："普通法国家的行政程序正义进路"，载《政治与法律》2015 年第 6 期。

[11] 418 U. S. 539, 555（1974）.

知识增量。在该领域中，主管机关由于面临民众公开质疑的可能性较大，显然是较早意识到行政程序功能价值的行政部门之一。为了增强环保事件中政府活动的民主正当性，公众参与在政府环境规制领域中被作为一项重要制度而得到推广，并在实践中采取了座谈会、恳谈会乃至干部入户沟通听取意见等诸多形式。例如，当原选址厦门的 PX 项目因为市民反对而在 2007 年迁建至同省城市漳州时，漳州政府便采取各种贴近当地民众并与之沟通的措施确保这一项目的规划和建设能得到民众认同，并在 2013 年的时候被中央确立为走群众路线的典型经验而得到推广。[12] 2014 年新修订的《环境保护法》中更是有专章规定"信息公开和公众参与"，而环保部在 2015 年则专门制定了《环境保护公众参与办法》，再次明确了座谈会、听证会等公众参与形式，并规定了热线电话、互联网等沟通方式，试图确保民众表达渠道的畅通。

开放的程序同样给"赛先生"设计了进入通道。如果说现代行政程序为环保事件中的民众提供了表达机制，以此增进了行政机关活动的正当性，那么从另一个角度来看，这一程序对专业知识的开放则是为了确保行政机关决策的正确性。现代经济和社会事务的复杂性使得政府决策的难度骤然增大，环保领域更是因为自然科学与社会科学的交叉、不同学科知识的混杂、产业知识与科学研究的交织而呈现出判断和行动"双困难"的局面。诚然，环保机关身为公权力机关拥有技术、资金、人力等专业方面的优势，法院通常也愿意以此为由在司法审查中采取尊让姿态，但在 PX 项目、水坝建设、核电站项目、汽柴油标准等具体个案决策中，仍然不可避免地需要在相关行政立法、决策的程序中为外部专业知识的介入设计入口，以确保最终结果的正确性。之所以要在公众参与的渠道之外单独设置专业知识的介入通道，根本的原因就在于，从正确性角度来看，民众的判断或说"感觉"往往是错误的，他们对风险及其大小等级的评估存在相当大的误判。此类误判主要是由于"启发性装置"（heuristic device）、信息传递中的群体同化、情感等因素造成的。[13] 譬如，民

〔12〕 彭利国："PX 国家公关：为昨天的错误埋单，为明天的扩产蓄势"，载《南方周末》2013 年 7 月 25 日。

〔13〕 ［美］史蒂芬·布雷耶：《打破恶性循环：政府如何有效规制风险》，宋华琳译，法律出版社 2009 年版，第 42~52 页；［美］卡斯·桑斯坦：《阴谋论和其他危险的想法》，陈丽芳译，中信出版集团 2015 年版，第 11~23 页。

众可能基于对核辐射的恐惧而高估核电站的风险，进而向政府施压。而从专业知识的角度来看，此类项目的风险实际上是很低的，政府的相应决策在科学上具有正确性。就目前的制度实践来看，各个环节的专家论证会等无疑是实现该正确性的最稳定渠道，也是落实行政程序促进知识增量价值的主要通道。对此，无论是从各类环保事件中专家参与的身影，还是从《全面推进依法行政实施纲要》《环境保护法》《环境保护公众参与办法》等政策、法律规范中均可见一斑。

（二）开放的双重负担

在环境规制中，政府希望通过在行政程序当中融合公众参与的方式来增进民众对最终决策的认同。不过，从当下中国诸多的环保事件来看，这一希望与现实仍然存在差距，程序的开放首先带来的是负担，具体表现在以下两个方面：

1. 信息需求的负担

环境规制既有经济性规制色彩，又有社会性规制因素。前者要求考虑政府介入会对市场产生什么样的影响，后者涉及大量技术标准的制定。民众的有效参与以信息公开为前提，环境规制所涉及的信息驳杂，且具有很强的专业性。譬如，某个垃圾填埋场造成地下水污染的风险有多大、不同填埋和防渗技术有何差别等，此类信息都需要经过一定转化才能被普通民众所理解。可见，单纯的信息公开只能解决可得性问题，而环境规制过程还需要解决信息的可理解性。2008 年起实施的《政府信息公开条例》固然大大推进了行政程序的开放，但公开的信息若不能为相关民众所认知和理解，反倒将给日益开放的程序增添负担，切断环境规制程序与民主正当性之间的理论关联。

2. 参与实效的负担

开放的价值在于直接从民众参与当中汲取正当性，如前所述，环境规制领域中已有座谈会、听证会等公众参与形式，但此类参与与政府最后决策之间的关系在现行制度实践中却暧昧不清。在美国学者雪莉·阿恩斯坦（Sherry Arnstein）看来，几乎没人会反对公众参与，核心问题是需要对公众参与进行分类，有的参与仅是形式化的，而有的参与则具有更强的影响力。[14]在"PX 系列事件"中，个别地方民众的不满固然有缺乏参与的因素，但参与却无法从制度上得到真实回应，更无法评估其实效，这无疑将使开放的规制程序背负"华而不实"的指责。此外，在实践中，公众参与的实效还受到了议题设置乃至官员回应程度的影响。[15]

在科学方面，就理论来说，环境规制程序的开放确实有助于专业知识的进入，通过各方专业知识的交流与竞争进而实现科学上的正确性。但是，开放在使知识获得增加的同时，却也给规制程序带来了科学方面的负担。

首先，科学的不确定性将通过开放的程序进入环境规制领域。由于人类认知的局限性，相当多的科学问题在当下并没有确切答案，而政府在采取环境规制措施时又必须以一定的确定性为前提，此时便出现环境规制需求与规制依据的差距。譬如，科学研究对转基因食品的安全性尚存在争议，开放的规制程序不可避免地会将这些争议带进来，主管机关显然难以在如此不稳固的基础上形成决定。

其次，开放带来的专业知识不等于真实的专业知识。利益冲突背景下的专业知识存在被政府或企业蓄意扭曲的可能性，主要表现为虚假和隐瞒。之所以会出现被扭曲的专业知识，原因在于，开放的环境规制程序未必中立客观，专家基于与政府或企业的利害关系可能会提供虚假的专业知识，或是仅仅陈述有利于一方的专业知识，对不利的一面避而不谈。

最后，开放的环境规制程序可能仅能带来狭隘的专业视角，这在环境规制领域体现得尤为典型。现代科学的发展不完全是由传统的学院派研究推动的，在很大程度上，产业界也有自身的科学研究力量，如化工企业、制药企业下属的科研机构。在某个具体问题上，往往会出现产业界研究比传统学院派更为专业和深入的情况，此时，政府规制活动的知

---

〔14〕 See Sherry R. Arnstein, "A Ladder of Citizen Participation", *Journal of the American Institute of Planner*, Vol. 35, No. 4, July 1969, pp. 216-224.

〔15〕 邓佑文："行政参与的权利化：内涵、困境及其突破"，载《政治与法律》2014 年第11 期。

识来源则不得不更多地倚重前者。[16]而前者由于受产业界影响，所关注和解决的问题常常缺乏系统性。

三、开放程序的机制设计

在环保领域，规制程序的开放引发了民主和科学两方面的负担，并存在整个程序因不堪重负而被压垮的风险。当前诸多环保事件中，民众与政府的冲突在一定程度上便体现了现代行政程序所背负的这种双重负担。但程序的日渐开放是面对行政国家趋势的必要回应，因噎废食重新走向封闭绝非现代行政权的因应之策。

（一）完善信息传递机制

政府的责任不能止步于信息公开，而应承担起提供具有可理解性信息的职责，在环境规制的各利益方之间建立起良好的信息传递机制。具体而论，包括三方面的内容：

第一，政府作为最主要的信息掌握者，同时也是最佳的信息解读人选。政府的这一信息垄断地位使其与公民之间存在信息不对称的问题，并使其具有保密倾向。[17]为了纠正这一不对称和保密倾向，立法者应当要求政府承担解读责任，亦即无论相关信息是由政府制作的，还是从其他主体那里获得的，政府均应当对此进行解读和转化，将此类信息特别是其中涉及专业知识的部分转化为民众易于理解的内容。

第二，政府应当要求环境规制程序中的有关企业，如 PX 化工产品的生产企业及其专业研究机构在提供专业知识时，须保证此类知识在科学界是可以获得、可以验证和可以理解的。需要注意的是，这里并不是要求产业界及其专家在与政府的沟通过程中就要符合可理解性这一要求，主管部门的专业性和行政效率并不要求这么做。在这里，政府的职责是确保进入环境规制程序的企业及其专家在与民众沟通、协商时所提供的专业知识具有可理解性。

第三，政府在建立信息传递机制时，有责任确保民众拥有自己的专

---

〔16〕 ［美］史蒂芬·布雷耶：《规制及其改革》，李洪雷等译，北京大学出版社 2008 年版，第 163~167 页。

〔17〕 李放、韩志明："政府回应中的紧张性及其解析——以网络公共事件为视角的分析"，载《东北师大学报（哲学社会科学版）》2014 年第 1 期。

业知识获得渠道。就消极方面而论，政府不应干涉民众自行寻求专业知识，这包括不干涉民众寻求专家的智力支持、购买技术设备等。[18]从积极方面来看，政府应当为民众自行寻求专业知识的帮助提供指引乃至资金支持。

（二）建立权力共享机制

在共同体的框架内，民众与政府之间需要建立更为密切的关联，使政府真正成为一种"社区政府"（community government）。环境规制领域因其所涉利益的复杂性而需要包括企业、当地民众乃至环保类非政府组织的广泛参与，这一点在当下中国已然得到认可。问题在于，参与和最终规制措施的内容之间的关系模糊，即便是法律、法规所明确规定的座谈会、听证会等公众参与形式也未能明确参与者对最后决策是否能产生影响以及如何产生影响，如听证会制度之所以广受诟病，被批评为"形式主义""没有作用"等便根源于这一模糊性。[19]

前述阿恩斯坦已经根据实际影响的大小将公众参与划分为八个类别，其中实际影响最大的是"公民控制"（citizen control）。权力共享机制的核心要素正是参与方对决策内容的实际影响乃至控制，由包括政府、企业、当地民众乃至环保类非政府组织等在内的各方分享公共权力。由此形成的权力结构乃是一个多中心的网络结构（network），而非以政府为单一中心的命令——服从结构。实际上，美国从20世纪70年代以来在规则制定（rulemaking）程序中已经部分采取了这一思路，并在联邦和部分州的层面建立了这一机制，表现为协商规制程序（regulatory negotiation）。从近些年的实践来看，环境规制领域恰是该程序得到最为充分实践的领域。根据这一程序，主管部门在制定规则草案时必须取得所有规制程序参与方的支持，否则相关规则便无法出台。[20]这意味着作为参与方的地方民众对最后的结果拥有了可见的实际影响，成为公共权力的共同享有

---

〔18〕 譬如在2010年的"蘑菇被漂白"事件中，北京市有一名小学生自行实验发现市场上销售的部分蘑菇经过荧光增白剂的漂白，主管部门认为其实验"不科学"，在这里，主管部门不应简单地作出"不科学"的认定，不应阻挠民众寻求专家帮助或技术支持。参见陈黎明等："蘑菇漂白：民众为何不信'权威检测'"，载《新华每日电讯》2010年12月6日，第1版。

〔19〕 章志远："价格听证困境的解决之道"，载《法商研究》2005年第2期。

〔20〕 See Philip J. Harter, "Negotiating Regulations: A Cure for Malaise", 71 *The Georgetown Law Journal* 1, 1982, p. 7.

者。日益开放的环境规制需要在一定范围内确立权力共享机制，尽管当下中国尚未在程序制度的实践中确立该机制，但个别城市的特定领域已经展开了类似尝试，赋予了地方民众更为实际和可见的影响力。[21]2015 年 3 月新修订的《中华人民共和国立法法》扩大了地方行政立法的主体范围，从原来的 49 个市扩大到了 284 个"设区的市"，在权限上则限于城乡建设与管理、环境保护、历史文化保护等方面的事项。[22]可以想见，借助立法法赋予地方政府的空间，环保领域的权力共享机制在未来或有更多的实践可能性。

（三）探索程序交叉机制

风险社会的存在意味着决策者需要同时兼顾民众和专家，将二者融合到一个多中心的程序机制中。[23]根据这一理念，决策者在开放的环境规制程序当中，应当将增进民主正当性的程序设计与促进知识增量的程序设计从并行改为交叉，使二者在统一的规制程序框架中相互作用，避免出现民众和专家之间的互不信任，从而打破政府及其专家认为民众参与无法带来知识增量，民众则质疑前者无视民主价值的僵局。德国社会学家贝克曾表示，关于风险，不存在什么专家，专家无法垄断理性，他们与民众同样无知，因此相关决定应当侧重考虑公平。[24]在风险丛生的环境规制领域，更完整的表述或许是既然民众与专家同样无知，在考虑公平的同时应当共同促进知识的增长，从无知之地走出，同时，专家与民众一样也有权参与规制程序，利用自己的专业知识和能力推动程序向"更好规制"（better regulation）发展，而非被动单纯地与民众一道公平地承受不利。

如前所述，中国行政法在过去已经发展出体现民主和科学价值的制度设计与实践，但座谈会、听证会、论证会等形式均是在政府主导下进行的，彼此之间的互动也需要经过政府的中转，这便是政府—民众与政

---

〔21〕　张力："论城市作为一个行政概念——一种组织法的新视角"，载《行政法学研究》2014 年第 4 期。

〔22〕　《中华人民共和国立法法》第 82 条。

〔23〕　金自宁："风险决定的理性探求——PX 事件的启示"，载《当代法学》2014 年第 6 期。

〔24〕　［德］乌尔里希·贝克：《风险社会》，何博闻译，凤凰出版传媒集团、译林出版社 2004 年版，第 28 页。

府—专家的并行程序关系。随着对环境规制程序属性和作用认识的深化，这一关系逐渐向交织转化。如环保部制定的《环境保护公众参与办法》便规定行政机关在组织专家论证会时，同时"应当邀请可能受相关事项或者活动直接影响的公民、法人和其他组织的代表参加"。[25]这便有助于将民意和专家知识在同一规制程序中结合起来，实现二者的直接沟通交流。

四、结论

对于中国而言，现代化建设是一个包括民主和科学在内的各种目标和价值的集合，由于历史因素，其背后有着更为深刻的动因。随着时间的推移，诸如民主和科学这样的价值可能发生冲突，现代行政程序因为效法法治成熟国家，希望在开放过程中将这两方面的价值同时纳入其中，但却在利益冲突层出不穷的当下现实中遭遇"德先生"和"赛先生"的不可沟通、冲突乃至互搏。尤其是在环境规制领域当中，此类价值冲突几近不可调和，造成了理论和现实的抵牾，给建设中的行政程序制度带来的了负担，同时也是对中国行政法制度建设和理论发展的挑战。

在风险社会当中，民主与科学的冲突乃是一个普遍性问题，只不过在发展迅速的中国，尤其是涉及利益冲突相对剧烈、专业性和技术性颇强的环境规制时，该问题显得尤为明显。为了避免环境规制程序承受因制度设计和理论不完备带来的负担，有必要通过有效的信息传递、权力共享与程序交叉机制，最终将民主正当性和科学方面的正确性价值统合在环境规制程序当中。

---

〔25〕《环境保护公众参与办法》第7条。

环境领域的行政与诉讼保护

［意］埃米尼·奥法拉利 * 著

李 媚 ** 译

一、作为公共财产和公共利益的环境

随着环境被看作是一个财产（或说一系列特定的财产），或是被看做是社会管理者们有义务去维护的一种利益，[1]有关环境保护的规范和法律手段发生了相当大的变化。

如果将环境视为一个财产，那么，首先应该将其看做是一个物，对人类而言其具有有用性，因此，其可以被主体享有、使用、消耗和收益。"环境的"这一形容词随后用来指称一系列与环境相关的财产。因此，在对环境的诸多定义中，有一种是将环境定义为有益的生活和工作条件。但由于环境所涉及的是在社会整体中所呈现的生活条件，因此，其也可以从另一个角度被看做是超越各种财产门类的环境财产的集合体。环境不仅仅是其所包含的单个财产，也是这些财产之间的特殊关系，是通过特定的调节必须保护和维持的一种平衡。也就是说，要为人们规定某种义务和禁令，因为人们的活动会影响这一平衡。在这一意义上，环境变成了是社会的管理者们有义务去保障和不断完善的一种状态。

＊ 埃米尼·奥法拉利（Erminio Ferrari），米兰国家大学教授。

＊＊ 李媚，中国政法大学比较法学研究院讲师，意大利罗马第二大学法学博士。

〔1〕 Cfr. A. Farì, Beni e funzioni ambientali. Contributo allo studio della dimensione giuridica dell'ecosistema, Napoli, 2013.

这两种不同的定义，会产生不同的环境保护方式和体系。但它们之间并不是相互取代的关系，相反，它们时常相互配合以确保环境可以获得完整的保护。

为了方便论述分析，对这两个不同的定义方向进行分别考察。

二、环境财产的保护

哪些物属于环境财产的范畴，那么，自然就是这里我们所讨论的对象。当说到这一定义时，我们可以说尚且缺乏有关"环境财产"的普遍接受的法律定义。至少有两派经济学家对此下过定义。早期的带有经济性特征的定义认为环境财产是公共财产，即非专有性的和非竞争性的财产。通过这一表述，这些经济学家们想要表明的是，一方面，这些财产不属于任何特定的人；另一方面，不能限制他人对环境财产的使用。另一个对"环境财产"的定义是指那些需要预防其污染、减少污染和消除污染的事物就是环境财产。

这是两个非常不同的概念，因为基于前一个"环境财产"的概念，并不存在需要界定的市场。但是基于第二个概念，环境财产可以在如今迅猛发展的市场中进行交易，这也是 WTO 和欧盟谈判的重要内容。

并且对于环境财产的具体认定也存在不确定性。在此，一个被普遍接受的观念认为，环境财产最核心的要素包括：空气，水，土地，光照和黑暗，寂静或安静，风景。依照这一观点人们时常认为还应包括山峰、海洋、公园和自然保护区等。

随后提出一个问题——这尤其是意大利的法学家们所热衷讨论的——是否环境在整体上也被看作是一个法定的财产，而与其所包含的单个环境财产是相区分的。事实上，环境并不是水、空气和土地等的简单总和，而是它们之间特定的平衡。可以确定的是，环境是一个"无形的财产整体"，是属于意大利国家的，而国家是作为意大利社会的代表。

从保护的角度来看，对环境财产的保护主要侧重于对财产权的保护。任何环境"财产"都有"所有权人"，这一所有权人拥有保护其所有权的法律手段：可以对未经授权或是以不正确方式利用环境财产者发布禁止令，也可以对相关环境财产的损害要求赔偿。

这当然是基本的情况，这些法律保护手段也可以根据财产的类型，特别是财产所有权人的不同而不同。

事实上，由于环境财产的多样性和差异，其"所有权人"经常不同。[2]

环境财产，比如，一个公园或某个特定的自然保护区也可能是私人所有权的客体。但是绝大部分环境财产是由公共机构（国家、大区、城市）享有所有权。在这种情况下，所谓的国有财产（比如，水）通常都是属于意大利国家的，对于国家财产，立法者总是为了整体的利益而试图减少私人对该财产的处置。

但也存在一些环境财产是很难做出界定的，因此现今国家的立法都没有为其规定"所有权人"，比如，空气、昼夜的交替等。为了确保这类"财产"也能有所有权人，如今人们正在讨论引入"公共所有权"的概念，但是实现这一理想并非易事。在意大利，也像其他大部分的欧洲国家一样，集体所有权的概念产生于好几个世纪之前，但是在资产阶级革命过程中，随着个人所有权概念的确定，集体所有权的概念遭受了毁灭性的打击，重走回头路似乎也并不容易。[3]

保护"环境财产"所有权的方式最重要的是请求赔偿损失，且要求进一步采取环境修护措施。例如，从过去经典的一般过错责任过渡到严格责任（如对废物制造者而言要求其承担严格责任）。

此外，针对某些"环境财产"缺乏所有权人，以至于可能没有主体来启动环境保护程序以追究环保责任的担忧：在这一情况下，是由制定该特定财产保护条件的主体来负责启动环保程序，例如，自然保护区、水资源、土地（2004 年 4 月 21 日所颁布的欧盟第 2004/35 号指令）[4]。如果缺乏告发污染者的主体，那么，公共行政部门必须进行干预。这一环境财产的类别要求非常严格，但不可否认的是，以这一方式获得保护的自然资源的列表并不是很长，且其中尚未规定空气也受到这一保护。这一规范和其他的所有规范一样，都是不同需求相互妥协的结果，且基于此而达

〔2〕 M. Interlandi, Ambiente, beni di interesse comune e diritti《collettivi》, in Dir. e proc. amm. 2015, p. 231 ss.

〔3〕 M. Bombardelli (a cura di), Prendersi cura dei beni comuni per uscire dalla crisi. Nuove risorse e nuovi modelli di amministrazione, Napoli, 2016.

〔4〕 B. Pozzo, "Liability for Environmental Harm in Europe: Towards Harmonized Regime?", in *Hitotsubashi J. of Law and Pol.* 44, 2016, pp. 43–65.

到的平衡对环境而言并非一定是十分有利的。

三、环境公共利益的保护

在"环境财产"这一概念下来谈环境保护是有其局限性的：所有权人可能并不积极主动，因为所有权人对这一特定环境财产并不关心。因此，基于所有权而获得的保障通常都通过"事后"赔偿来实现，也就是在污染发生之后，在损害已经产生之后来获得赔偿。

相对于责任追究本身和环境损害赔偿而言，更重要的是采取积极的修复措施[5]，以重建适宜的生态环境。事实上，应该由污染者采取环境修复行为；如果污染者没有完成环境修复，那么，公共管理部门有义务去实现这一环境修复，相应的费用支出由污染者来承担。在此，不能仅规定简单的赔偿责任，而应规定具体的行政管理行为如何开展：这一应当被消除的污染情况涉及的是社会的整体利益。也就是说环境保护是公共利益。

当然，这并非唯一可以彰显环境是公共利益的规范。所有的授权和许可行为都应该从环境的角度来考察其可接受性。特定的环保举措会得到经济援助，相反其他对环境产生不利影响的行为会被要求缴纳环境税。这样的例子随时可以举出很多。

适用该规范所规定的保护手段也应该遵循基本规则，这一规则是，对于行政行为相关主体也可以获得保护：相关主体如果认为其由于行政机关不正确地适用或根本未适用保护环境公共利益的规范而受到了损害，那么，其可以提起诉讼。我们可以看到，一个农民可以就其认为有害的工业废水排放的行政许可提出反对意见；房屋的租客可以抱怨工厂的噪音过大；人们可以就大气污染物超标进行投诉等。

在这些情形下所采取的保障措施不仅仅是损害赔偿的问题。当法院撤销这一许可时，这一行为就会被认定为是污染行为。缺乏许可文书的相关行为就变成非法的了，并且可能会受到刑事处罚。可以这么说，这一体系在意大利运行得非常有效，虽然不能说在所有的情况下都是有效的，但在必要的情形下它是有效的。需要说明的是，出于保障就业和其

---

〔5〕 E. Ferrari, Le bonifiche dei siti contaminati come attività amministrativa di ripristino, in Riv. giur. ed., 2015, II, pp. 199–221.

他公共目的，意大利的立法者有时会以法律手段使得法官的判决不生效力，法律可能也会规定特定活动可以继续开展，即使它们是违反环境保护的。

除了这些立法干预的例外情况，这一保护机制运行的最大问题是，环境污染的情形不存在相关主体或相关主体并没有提起环境诉讼。面对这一问题，意大利立法者对环境保护组织进行了专门的授权规定（1986年7月8日所颁布的第349号法令的第13条的规定）〔6〕。环境保护组织具有连续性、职能性和民主性等特征，它们可以要求在环境保护部所持有的名册中进行登记注册。一旦注册就可以针对任何环境领域的行政行为提起诉讼。环保组织以这样的方式承担起监督和审查环境保护法律法规适用情况的义务。

---

〔6〕 F. Giglioni, La legittimazione processuale attiva per la tutela dell'ambiente alla luce del principio di sussidiarietà orizzontale, in Dir. proc. amm. 2015, p. 413 ss.

论环境行政公益诉讼

王成栋 *

一、现行法律框架下政府环保责任及其履行现状

(一) 政府环保责任的基本内容

责任是法律的生命,在依法治国的进程中加强环保工作,关键是强化环保责任。在各责任主体中,作为公共利益代表者的政府,其环保责任更需要法律予以明确。《中华人民共和国宪法》(以下简称《宪法》)第26条第1款规定:"国家保护和改善生活环境和生态环境,防治污染和其他公害。"这是我国政府环境保护职责的宪法依据。此外,我国正在生效的环境保护法律(包括基本法与单行法)有20多部,涉及环境保护的各个方面:综合规划与专项规划环境影响评价;促进循环经济;促进清洁生产;大气、水、土地资源的保护、防治污染;可再生能源的开发利用;保护野生动物等。归纳起来,各级政府的环保责任主要包括教育引导、环保规划、执法监督、市场服务、信息公开五个方面的内容。

1. 教育引导责任

思想是行动的先导,观念决定环保的实践。国际自然联盟与联合国教科文组织曾指出:"环境教育是一个认识价值和澄清概念的过程,这些价值和概念是为了发展和评价人及其文化、生态环境之间相互关系所必需的技能与态度。环境教育还促使人们对环境质量问题做出决定,对本身的行为准则做出自我的约束。"[1]《中华人民共和国环境保护法》(以下简称《环境保护法》)第9条规定:"各级人民政府应当加强环境保护

---

  * 王成栋,中国政法大学法学院教授。
  〔1〕 王燕津:"'环境教育'概念演进的探寻与透析",载《比较教育研究》2003年第1期。

宣传和普及工作，鼓励基层群众性自治组织、社会组织、环境保护志愿者开展环境保护法律法规和环境保护知识的宣传，营造保护环境的良好风气。教育行政部门、学校应当将环境保护知识纳入学校教育内容，培养学生的环境保护意识。新闻媒体应当开展环境保护法律法规和环境保护知识的宣传，对环境违法行为进行舆论监督。"各级政府应从思想入手，自身和引导人民群众向环境友好型社会观念进行转变，推动我国经济结构和经济增长方式的转变。

2. 环保规划责任

《环境保护法》第 13 条规定：县级以上地方人民政府环境保护主管部门会同有关部门，根据国家环境保护规划的要求，编制本行政区域的环境保护规划，报同级人民政府批准并公布实施。2002 年颁布的《中华人民共和国环境影响评价法》对政府的环保评价、规划进一步作出了规定。与具体建设项目相比，环保规划对环境影响更大，环保规划失误会造成环境在更大范围内、更长时间上的更大破坏。

3. 执法监督责任

环保执法监督就是环境行政执法，指环境行政执法主体按照环境法律、法规的规定，对环境行政相对人采取的直接影响其权利义务的环境行政行为，具体形式包括环境行政许可、排污收费、现场检查、"三同时"验收、限期治理、调查取证、环境行政处罚与行政强制等。执法监督责任是政府环保责任中的重要环节，直接关系到环境资源能否得到保护、环境污染能否被遏制、违法环境主体能否受到惩罚，因此也是相关法律重点加以规范的方面。比如《中华人民共和国环境噪声污染防治法》第 6 条第 2 款规定："县级以上地方人民政府生态环境主管部门对本行政区域内的环境噪声污染防治实施统一监督管理。"

4. 市场服务责任

由于环保事业的复杂性和专业性，单靠政府来实施环保行为是远远不够的，尤其是在环保基础设施的建设方面，必须由政府和市场共同完成。政府通过政策上的引导和优惠措施，吸引民间机构参与环保基础设施的建设和运营，比如建设—运行—移交（BOT）模式。该由政府承担的责任绝不能缺位，该由市场配置的资源政府绝不能垄断，促进企业和社会对环境保护事业的投入，推动环境产业的发展。

5. 信息公开责任

环境保护需要广大人民群众共同参与，政府有责任向公众公开环境信息。除涉及国家利益、商业秘密、个人隐私等法律法规明确规定的不应予以公开的环境信息外，其他环境信息政府都应向公众公开，以保障公民的环境知情权，进而保障其对环境保护的参与权和监督权。

（二）政府环保责任履行现状

不可否认，自改革开放以来，我国政府在环境保护方面取得了一定成绩。然而，如果就其是否有效地解决了环境问题这个方面来讲，政府环保履责并未达到应有的效果。一直以来，我国环境恶化趋势不仅没有得到较为有效遏制，反而出现恶化、加重的情况，这体现在环境的方方面面：重点流域、海域水污染；全域性和区域性大气灰霾现象加重；农村环境污染加剧；污染物排放超标；土壤、地下水等污染显现；生态系统功能退化、生态环境脆弱；生物多样性保护压力加大；突发环境事件的数量居高不下；人民群众环境诉求不断提高与政府提供生态与环境安全能力不足之间的矛盾加剧等。环境问题已成为威胁人体健康、公共安全和社会稳定的重要因素之一。

导致上述环境问题产生的因素固然是多方面的，如经济活动本身的负外部性影响、环境保护相关科学技术不够发达、国家环保立法滞后等。但一些政府和官员为了自身利益不顾环境公共利益，长期搞政绩工程，过于重视 GDP、执法监督不到位、环保履责制度缺位才是产生上述问题最为重要的原因。著名环境法学者王曦教授曾指出："我国环境管理中的'政府失灵'突出表现在中央和地方政府两个层次上。"[2]近些年来发生的典型环境污染案件也可以力证政府环保责任的缺位。比如 2007 年发生的太湖流域水污染案中，由于政府未将治污配套资金列入政府财政预算，太湖水污染防治工作无法展开，引发无锡百万人的供水危机。2010 年的福建紫金矿业重大环境污染案中，尽管该公司多次爆发严重污染事故，造成当地渔业重大损失，但上杭县政府却因其是缴税大户、当地财政收入的 60% 来自该企业，而未对其进行严格调查。

所以，必须尽快在我国建立起可以有效督促政府履行环保责任的相

---

〔2〕 王曦："建设生态文明需要以立法克服资源环境管理中的'政府失灵'"，载《中州学刊》2008 年第 2 期。

关制度和机制，这其中，构建环境行政公益诉讼制度既可以为公民监督政府提供司法保障，明确公民在维护环境公共利益方面的诉权，又可以将政府置于最广泛的监督之中，追究其在环境保护中的违法及不作为行为的法律责任，有效地督促其履行环保职责。

二、行政公益诉讼督促政府履行环保责任

公益诉讼是公共利益最后的司法保障。然而我国至今尚未建立起十分完整的行政公益诉讼制度[3]，使得公共利益包括环境公共利益在遭受损害时得不到相应的法律救济。从中国目前和长期的行政权力有效履行情况和国际环保法治实践来看，建立环境行政公益诉讼是十分必要的，它可以有效促进政府环保责任的履行，相关理论依据包括以下几个方面：

（一）人民监督理论

1. 社会主义人民监督理论

社会主义人民监督理论是由马克思和恩格斯创立，经列宁、斯大林、毛泽东继承发展而形成的。马克思、恩格斯认为，在无产阶级专政的国家，新型国家政权使掌握国家权力的官员由压迫社会和公众的主人变成了为社会和公众服务的公仆。但是由于无产阶级专政的国家仍是国家与社会分离的产物，执掌国家权力的公仆仍有蜕化变质成为压迫社会和公众的存在的可能性，所以必须加强人民对社会公仆的监督。列宁、将马恩的公仆监督思想在实践中进行了创造发展，他强调为了防止官僚主义恶习将新生的苏维埃政权断送，必须加强人民监督，并且提出应该有多种多样的自下而上的监督形式和方法，比如国家机关向人民公开报告、人民信访制度及舆论监督。斯大林作为列宁的接班人，在该理论上也提出了一些正确思想，提出为了使国家机关得到改善，就必须吸收人民群众参加国家管理。毛泽东从唯物史观出发，坚信人民群众是历史的创造

---

〔3〕 全国人大常委会 2017 年 6 月 27 日通过，自 2017 年 7 月 1 日起施行的《全国人民代表大会常务委员会关于修改〈中华人民共和国行政诉讼法〉的决定》，将《中华人民共和国行政诉讼法》第 25 条增加一款，作为第 4 款：人民检察院在履行职责中发现生态环境和资源保护、食品药品安全、国有财产保护、国有土地使用权出让等领域负有监督管理职责的行政机关违法行使职权或者不作为，致使国家利益或者社会公共利益受到侵害的，应当向行政机关提出检察建议，督促其依法履行职责。行政机关不依法履行职责的，人民检察院依法向人民法院提起诉讼。该修改及最高人民法院和最高人民检察院于 2018 年 3 月 1 日颁布的《关于检察公益诉讼案件适用法律若干问题的解释》标志着行政公益诉讼制度在我国的初步建立。

者，人民是国家的主人，党和政府的权力是人民赋予的，因而人民有权监督党和政府及其工作人员，并带领中国人民进行了丰富的卓有成效的可资借鉴和继承的理论实践。

人民有权监督政府，而且发展到今天，人民也有多种方式监督政府，包括诉讼。依法理而言，无救济则无权利，司法救济理应成为保护公共利益的最后一道防线。任何一种权利要获得实在性，都需要司法上的救济，公共利益不应只是停留在纸面上的空谈，而应是具体的存在，当其受到损害时，必须通过司法程序对政府违法或不作为的行为进行矫正。在环境行政公益诉讼中，政府的违法失职行为会受到最广范围的监督，要承担其相应的法律责任，这必然会在履行环保责任方面对其产生有效的督促作用。

2. 丹宁勋爵的公民监督思想

20世纪英国乃至世界最伟大的法律改革家丹宁勋爵曾提出："当出现对公共权力机构的控告时，现在人们头脑中'起诉权'这个概念的应用范围要比以前广得多，它可以适用于任何一个不是好事，而是代表一般公众利益来法院起诉的人。"[4] 在起诉途径方面，他也对之前公民如果想要维护某种公共利益只能向检察总长提出申请这一唯一途径提出了异议，提出若检察总长拒绝允许一项合理的诉讼，或者不适当地、毫无道理地拖延对诉讼的批准，或者他的机构工作效率太低，那么作为最后的办法，一个有充分利益的公民可以自己直接向法院提起公益诉讼。受其思想影响，英国不断完善包括环境公益诉讼在内的公益诉讼制度，比如英国《污染控制法》规定，"对于公害，任何人都可以提起诉讼"。

（二）主客观诉讼理论

主观诉讼和客观诉讼由法国学者莱昂·狄骥（Duguit）所创立。在大陆法系国家，根据诉讼目的的不同，行政诉讼在学理界通常被划分为主观诉讼与客观诉讼。主观诉讼旨在保护公民法律上的权利和利益，而客观诉讼旨在维护社会公共利益以及客观的法律秩序。[5] 在具体制度中，主观诉讼体现为法院主要就原告的诉讼请求进行审查，附带审查被诉行

---

〔4〕［英］丹宁勋爵：《法律的训诫》，杨百揆等译，法律出版社1999年版，第136页。

〔5〕林莉红、马立群："作为客观诉讼的行政公益诉讼"，载《行政法学研究》2011年第4期。

为的合法性，客观诉讼体现为法院仅就行政行为合法性进行审查。此外，两者在原告资格确认标准方面也是不同的：主观诉讼的原告资格一般是以"法律上的利益"作为判断标准，诉讼当事人与诉讼对象具有法律上的利害关系是判断诉讼是否成立的标准之一，而客观诉讼是以与自己的法律利益无关的某种资格进行的诉讼。

"行政诉讼承载的司法功能除了如民事诉讼中适用法律解决纠纷的功能之外，还在于法院通过诉讼体现诉讼法承载的客观法律价值。这种法律价值除了保护个人的合法权益外，更有国家利益和公共利益需要司法保护。因此，在行政诉讼中，公民得提起环境诉讼等公益诉讼。"〔6〕环境资源作为公共物品，属于公共利益的范畴，理应由旨在维护社会公共利益和客观法律秩序的客观诉讼来保障，作为客观诉讼的环境行政公益诉讼应然产生。而目前我国行政诉讼法虽然将监督行政机关依法行使职权作为立法目的之一，但现有的监督是以相对人权益受到损害为前提的。在行政行为侵害环境公共利益且没有直接受害人的情况下，普通公民由于起诉资格的限制无法提起行政诉讼，这样很大一部分直接旨在监督政府环保职责履行、维护环境公共利益的诉讼都被排除在外。故应尽快建立起适合我国国情的环境行政公益诉讼制度，保障环境公共利益和环境客观法律秩序。

（三）权力制衡理论

孟德斯鸠在《论法的精神》一书中指出："一切有权力的人都容易滥用权力，这是一条万古不易的经验。"要防止权力滥用，就必须实行权力分立，将立法权、行政权、司法权分别授予不同的国家机关，使之相互制约平衡，任何机关的权力都不能随意扩张、任意行使，以保障人民的权力和自由。人民起初希望通过国家权力机关授权来限制政府权力的行使，但随着社会经济生活的发展，政府行使权力的领域越来越广、越来越深，法律不得不赋予其广泛的自由裁量权。正是由于这广泛地自由裁量权，再加上权力的诱惑性，一些政府或政府官员为了一己私利而损害公共利益。在这种情况下，仅仅依靠权力机关的监督是远远不够的，而公民个人相对于政府来说，力量又过于微弱，所以必须允许公民对损害

---

〔6〕 梁凤云："行政诉讼法修改的若干理论前提（从客观诉讼和主观诉讼的角度）"，载《法律适用》2006 年第 5 期。

公共利益的行政行为提起公益诉讼，借助司法机关的公权力来对抗政府的公权力，"以权力制约权力"，以达到更好的监督效果。环境公益领域亦是如此，环境行政公益诉讼的构建一方面可以使公民通过司法程序对政府履行环保责任进行监督；另一方面由于与社会舆论监督联系紧密，可以对政府公权力的行使产生一种无形的威慑力。

三、环境行政公益诉讼制度构建面临的障碍

如上文所述，环境行政公益诉讼可以更有效地监督政府履行环保责任，但是在具体制度的构建中，存在着一些重点、难点问题亟须解决。目前，环境行政公益诉讼制度的构建中主要存在以下困境：

（一）环境信息公开机制不够健全

公众参与环境保护、监督政府履行环境保护责任的前提条件之一就是健全的环境信息公开机制，它是公众获取各种环境信息的核心内容。具体来说，环境信息公开机制涉及环境信息公开主体、公开内容、公开程序和步骤、公开时间和期间以及公开利害关系人的救济等诸多内容。目前，许多西方发达国家已经通过法律形式确认了环境信息公开机制，并且取得了良好的实践效果。但在我国，环境信息公开机制还不够完善，环境信息不对称是制约公众参与环境保护的绊脚石。公众对环境保护相关法律法规的不了解，对政府环境政策的不知晓，对本地区生产、建设、经营活动可能产生的环境影响不清楚，通过环境行政公益诉讼制度来监督政府履行环保责任、维护公共利益更是无从谈起。

（二）原告起诉资格受限

环境行政公益诉讼制度的原告资格问题直接关系到公民监督行政权力的范围和深度，关系到法院司法审查权对行政权力制约的力度，所以原告资格的界定直接影响到环境行政公益诉讼制度设立目标的实现。[7]我国行政诉讼法中缺失行政公益诉讼类型，关于环境行政公益诉讼原告资格的界定也没有作出规定。实践中，环境行政公益诉讼只能适用现行行诉法相关规定，而现行行诉法对原告资格有着严格限制，只有被诉的具体行政行为侵犯其合法利益的当事人才能成为原告。这导致实践中大

---

〔7〕 曹和平、尚永昕："中国构建环境行政公益诉讼制度的障碍与对策"，载《南京社会科学》2009年第7期。

多数行政公益诉讼案件被法院以原告不符合起诉资格为由拒之门外。当发生环境污染事件或遭遇生态环境破坏时，非直接利害关系人只能等自己的权利受到侵害后以受害者的身份对侵权者提起民事诉讼，或者作为环境公益事业的局外人，眼见环境公共利益遭受政府的不作为或乱作为而无能为力。所以，亟须解决原告资格的合理界定问题，以启动整个诉讼程序，使公民可以通过司法途径维护环境公共利益，监督政府履责。

（三）法院审判受到政府牵制

法院作为我国司法审判机关，有保障环境法律得到实施的责任，但其在行政审判工作的独立性不足却广受诟病。（旨在提高司法能力、减少包括行政干预的司法改革原则自 1999 年以来一直在推进。2004 年公布的中央司法体制改革领导小组《关于司法体制和工作机制改革的初步意见》以及中共中央十八届三中、四中全会相关决议，2015 年 4 月中共中央办公厅、国务院办公厅印发的《关于贯彻落实党的十八届四中全会决定进一步深化司法体制和社会体制改革的实施方案》等一系列改革在独立公正司法方面已经有所成效。）一些政府对法院审判工作的不当干预，使公民维护公益事业的难度雪上加霜。出于经济发展利益的驱动，一些政府会对高污染、高回报的企业进行庇护，环境保护主管部门迫于上级压力，也只是睁一只眼闭一只眼。当人们将侵害环境公共利益的行为诉诸法院时，一些地方政府又不惜对法院施加压力，干预其独立判案。根据政府统管财政的原则，各级人民法院的人员工资、业务经费均由同级人民政府提出预算，报同级人民代表大会审议通过后划拨。[8]这种经费划拨体制下，同级法院要依法独立行使职权而不受政府某些领导的干涉，显然是不现实的，环境行政公益诉讼很可能会被"扼杀在当地"。这样一来，作为最后一道防线的司法都不能做到公正独立，公共利益的维护也只能是空谈。

（四）环保问责机制不够健全

我国虽然将实行"依法治国建设社会主义法治国家"作为治国方略写进《宪法》，但对法治的基础"职权法定"的认识无论法律理论界还是实务界认识还不到位，法律更没有建立一个明确、科学、有效的环保问责机制。何种官员所负何责，根据什么样的标准来问责，没有一个明

---

〔8〕 谭世贵主编：《中国司法制度》，法律出版社 2005 年版，第 177 页。

确的标准。在环境行政公益诉讼中，出现环境问题需要追究政府或相关官员的责任时，往往会由于法律责任规定不明确或法律规定上政府只有权而没有责，导致政府或官员内部的相互推诿、无法公正准确追究法律责任的情形偶有发生。法院在追究政府的环境保护法律责任时，或缺乏相关法律依据或无法正确判断责任主体及其履责情况，从而使环境行政公益诉讼权威性和震慑力大大降低。所以，必须从立法上完善政府履行环保职责的问责机制，明确、细化政府的环保责任。

四、排除环境行政公益诉讼制度障碍的对策

排除环境行政公益诉讼的障碍，要从法治理念的建立与巩固，改革妨碍行政公益诉讼的体制机制，完善法律规范及其实施技术等各个方面入手。

（一）完善环境信息公开机制

我国应从法律上进一步完善环境信息公开机制，以公开为原则，不公开为例外，除涉及公共安全、国家利益、商业机密等特殊情况外，其他环境信息均应予以公布。通过搭建信息发布平台，有关环境部门向公众发布相关环境信息，内容主要包括以下三类：一是基本的环境保护信息，例如环境破坏或环境污染的类型、特征、缘由等。本地区内重点污染源分布情况，对环境造成各种的影响，污染治理配套措施，未来污染防治计划等。二是环境保护法律法规依据，政府的环境政策、措施，近期的环评信息，环境治理标准等。三是排污收费状况。同时对各主体公开环境信息的程序和步骤、时间和期间以及公开利害关系人的救济等诸多方面也要进行明确和细化，保障公民的环境知情权，健全公众参与环境保护的路径和体系，为公民提起环境行政公益诉讼、监督政府履行职责提供前提。

（二）建立多元化原告资格制度

为保证环境行政公益诉讼制度的有效性并最大限度地发挥其功能，我国应建立多元化的环境行政公益诉讼原告资格制度，具体包括三类主体：检察机关、环保组织和公民。①检察机关。作为国家的法律监督机关，检察机关有责任更有义务监督国家行政部门；而《宪法》规定的"人民检察院依照法律规定独立行使检察权，不受行政机关、社会团体和

个人的干涉"说明它是适合承担公益诉讼中原告角色的；再加上其在专业人才、财政、案件经验等方面的优势，将检察机关作为行政公益诉讼的原告是十分必要的。目前行政诉讼法的相关规定的不足在于范围有限。②环保组织。环保组织尽管在我国还不成熟，但其在环境保护事业中的正价值日益凸显，而且在专业知识、资金力量等方面拥有相对优势，故可以在立法上赋予合格的环保组织比如中国野生动物保护协会、中华环保基金会、自然之友等以公益诉讼的起诉权，发挥其自身优势。③公民。公民的环境行政公益诉讼原告资格的赋予是符合宪法精神和法治原则的，而且公民作为国家和社会中的一分子，当环境公共利益受到侵害时，其利益自然也会受到侵害，权益受损者有提起诉讼的权利本身无可非议。此外，公民拥有诉权还可以弥补检察机关或环保组织可能存在的消极不作为或只关注某一领域共同利益的问题。

在判断原告有无起诉资格的标准上，环境行政公益诉讼作为一种客观诉讼，目的是维护公共利益和客观法律秩序，并不要求原告与诉讼对象必须存在法律上的利害关系，正如丹宁勋爵所说："每个有责任感的公民都有权利确保法律得到实施，而这本身就是他为确保法律得到实施在要求法院颁布调卷令和训令时的充分的利益。"〔9〕此外，考虑到司法资源的有限性和对行政机关依法行政的保障，可在环境行政公益诉讼中设置前置程序，比如，公民在提起环境公益行政诉讼之前，应向相关行政机关提出要求履行职责的请求，给行政机关一个纠错的机会。

（三）加快司法体制改革，提升法院履职能力

现行的司法体制不能有效保证司法机关独立公正有效行使审判权，司法中立者的地位无法得到制度的保障，从而导致了司法公信力的下降。十八届三中全会《关于全面深化改革若干重大问题的决定》在这个关键的问题上实现了历史性的突破，要求"改革司法管理体制，推动省以下地方法院、检察院人财物统一管理，探索建立与行政区划适当分离的司法管辖制度，保证国家法律统一正确实施"。按照全会司法体制改革精神，省以下地方人民法院、人民检察院人财物由省一级统一管理，地方各级人民法院、人民检察院和专门人民法院、人民检察院的经费由省级财政统筹，中央财政保障部分经费。推动法院的人、财、物真正与行政

---

〔9〕〔英〕丹宁勋爵：《法律的训诫》，杨百揆等译，法律出版社1999年版，第142页。

机关相分离，理清法院与行政机关的关系，如此才能使法院不为五斗米折腰，在审判中排除行政干预，忠实于法律，忠实于职责，真正做到依法审判、独立审判。

此外，考虑到环境行政公益诉讼案件一般具有影响范围大、影响人数众多的特点，为了更好地维护环境公共利益、更有效地避免地方保护主义，笔者建议提高审理环境行政公益诉讼案件管辖法院的等级。在现行行政诉讼管辖制度的基础上，将环境公益诉讼案件的管辖向上提升一个级别，即原来一审由基层人民法院管辖的提升为中级人民法院管辖，原来一审由中级人民法院管辖的提升为高级人民法院管辖。同时，考虑到环境案件的专业性问题，可以在法院设立环保庭，专门审理环境保护相关诉讼。

（四）畅通政府环保责任的追究渠道

按照法理学理论，法律责任包括两个范畴，即"第一性义务"和"第二性义务"。"第一性义务"又称一般意义上的义务，即法律规定的作为或不作为义务。对于政府而言，就是法律规定的职责。"第二性义务"又称特殊意义上的义务，是指由于违反了法定义务或称"第一性义务"而引起的新的特定的义务。对于政府而言，就是违反了法律职责而应该承担的法律上的不利后果。[10]从这个角度上看，我国现有的环保法律，大多只规定了政府的"第一性义务"，而对于"第二性义务"规定是相当缺乏的。所以，我国应以提高政府执行力和公信力为目的，按照权责统一、依法有序、民主公开、客观公正的原则，从立法上明确政府或有关人员在环境保护上的"第二性义务"，建立以行政首长为重点的问责制度，畅通政府环保责任的追究渠道。这样，一方面可以督促政府依法执行环境法律法规；另一方面也可以方便公众提起环境行政公益诉讼，方便法院在审判中准确地追究政府相关责任。

此外，构建完善的环境行政公益诉讼制度，还应在将政府的环境抽象行政行为纳入受案范围、合理设置诉讼费用、激励公民监督政府履行环保责任等方面做出努力。

---

〔10〕 张文显主编：《法理学》（第2版），高等教育出版社2003年版，第142页；王成栋：《政府责任论》，中国政法大学出版社1999年版，第11页。

小　结

环境行政公益诉讼制度是一种公众参与权、司法权和行政权互动的新型制度安排，是公众有序参与环境事务的制度创新。在国外已经发展了几十年，无论理论制度还是实践都非常成熟，可资借鉴。该制度既可以化解因环境问题引起的社会矛盾，疏导社会积怨，发挥公民参与的积极性，又可督促政府依法履行环境保护职责，保护环境公共利益，有着其他任何监督制度所不能替代的作用。所以，我国应加快构建环境行政公益诉讼制度的步伐，以期在全社会范围内形成对环境公共利益的共同维护。

作为民事诉讼原告的国家机关

——中国环境公益诉讼的一个侧面

王天华 *

一、解题

2012 年修正的《中华人民共和国民事诉讼法》（以下简称《民事诉讼法》）第 55 条第 1 款规定："对污染环境、侵害众多消费者合法权益等损害社会公共利益的行为，法律规定的机关和有关组织可以向人民法院提起诉讼。"本条规定在法律上确立了中国环境公益诉讼的一个重要侧面：环保机关、检察机关等国家机关可以作为原告，对企业等的环境污染行为提起民事诉讼。

问题是，国家机关作为公权力行使者何以成为民事诉讼的原告？其在民事诉讼中又能够对污染环境的私人主张什么？这个问题通常以国家机关的"原告资格"问题，或者以国家机关对污染环境的私人有何"请求权"的问题呈现出来，是一个实体法与诉讼法问题交错在一起的复杂问题。同时，本条规定还确立了"有关组织"的原告地位，"有关组织"的原告地位与国家机关有何区别，恐怕也有待挖掘。另外，按照权威部门的解释，本条规定意味着作为民事诉讼的环境公益诉讼，其原告只能是"法律规定的机关和有关组织"——直接受污染环境行为侵害的个人无权起诉。对个人原告地位的这种排除，与对国家机关原告地位的这种认可之间有何关联，恐怕也需要深入讨论。

本报告聚焦于上述复杂问题中的一点——国家机关在实体法上对污染环境的私人有何"请求权"，对本法修正前即已出现的司法实践加以描

---

* 王天华，北京航空航天大学法学院教授，日本东京大学法学博士。

述和评价，借此对中国环境公益诉讼的一个侧面加以把握。

二、描述

（一）制度形成过程的简要回顾

在笔者目前所掌握的材料中，国家机关作为民事诉讼原告的中国环境公益诉讼，肇始于个别地方的司法实践。例如，2003 年 5 月，山东省乐陵市人民检察院对被告范某通过非法渠道加工销售石油制品，损害国有资源，造成环境污染，威胁人民健康，影响社会稳定提起了诉讼。乐陵市人民法院依据《中华人民共和国民法通则》第 5、73、134 条规定作出判决，责令被告范某将其所经营的化工厂自行拆除，停止对社会公共利益的侵害，排除对周围群众的妨碍，消除对社会存在的危险。同年 11 月，四川省阆中市环保局经群众举报，对该市"群发骨粉厂"周围区域的空气质量进行监测后发现，其悬浮颗粒物、噪声等超标较严重。随后，该市检察院向法院提起民事诉讼。阆中市人民法院判决该市群发骨粉厂停止对环境的侵害，并在一个月内改进设备，直至排出的烟尘、噪声、总悬浮颗粒物不超过法定浓度限值标准为止。

随后，各地法院先后以司法解释的方式规定了国家机关当民事诉讼原告的环境公益诉讼。如，贵阳市中级人民法院《关于贵阳市中级人民法院环境保护审判庭、清镇市人民法院环境保护法庭案件受理范围的规定》（2007 年）、无锡市中级人民法院《关于办理环境民事公益诉讼案件的试行规定》（2008 年）、昆明市中级人民法院与昆明市检察院联合制定的《关于办理环境民事公益诉讼案件若干问题的意见（试行）》（2010 年）以及昆明市中级人民法院与昆明市检察院、昆明市公安局联合制定的《关于办理环境保护刑事案件实行集中管辖的意见（试行）》（2010 年）等。

2010 年，最高人民法院在《关于为加快经济发展方式转变提供司法保障和服务的若干意见》（法发〔2010〕18 号）中规定，人民法院应当及时审理环保行政诉讼案件，加大对环保非诉行政案件的审查执行工作力度，支持和监督环保行政执法机关依法履行环保职能；依法受理环境保护行政部门代表国家提起的环境污染损害赔偿纠纷案件，严厉打击一切破坏环境的行为。这一司法解释为各地法院的司法实践有一锤定音之效，同时，可以认为，对于 2012 年《民事诉讼法》的修正有前导意义。

（二）国家机关当民事诉讼原告的几种情形

上述制度形成过程中的开拓性司法实践，可以分为如下几类：

（1）检察机关代位污染环境行为受害人，请求侵害人停止侵害或恢复原状。如前述 2003 年发生于山东省乐陵市和四川省阆中市的两个案件。

（2）检察机关代表国家，请求侵害人停止侵害或恢复原状。如，在 2009 年发生于江苏省的一个案件中，检察机关以被告盗伐高速公路防护林、破坏高速公路路基养护、造成高速公路通行车辆重大安全隐患为由，向法院起诉，要求法院责令被告恢复原状（补种、管护等），并追求其刑事责任。

（3）环保机关代表国家，请求污染环境行为人支付环境污染治理费用（包括监测、评估等费用）。如，在著名的"大龙潭案"（2010 年昆明）中，昆明市的几家养殖企业向当地饮用水源大龙潭排污，造成严重污染，该市环保局接到公众举报后，经监测、评估，在该市检察院"支持起诉"下向该市中级人民法院起诉，请求被告支付治污等费用并胜诉。

三、评价

从本文的视角——国家机关在实体法上对污染环境的私人有何"请求权"——来看，上述司法实践所意味的中国环境公益诉讼的实态，存在着诸多问题。

（一）请求权的"代位"问题

检察机关以维护社会公益的名义，实质上代位污染环境行为受害人，请求侵害人停止侵害或恢复原状的诉讼，令笔者有两点担忧：

第一，检察机关代位受害人的法律基础为何，尚需证立。实践中，看不到受害人的授权程序，只能看到受害人向环保机关举报——环保机关调查——环保机关向检察机关移送这样的外部过程。而在诉讼过程中，检察院往往以"根据民法通则等相关法律规定，检察机关作为国家的法律监督机关，负有维护国家和社会公共利益的法定职责"这样的抽象表述，证明自己为适格原告。但在这种表述中，受害人的利益被吸收于"国家和社会公共利益"，有沦为反射性利益之嫌。

第二，检察机关为污染环境行为受害人"出头"的动因如何确保，尚需追问。事实上，作为一种社会学认识，检察机关、环保机关乃至法院都是政府的下属这样的命题基本上是成立的（公检法统合在"政法委"之下）。而污染企业大多是地方政府的财政支柱，这种情况下，检察机关能否对所有污染环境行为一视同仁，令人存疑。

（二）国家对污染环境者的请求权问题

国家机关在法律上不具有独立的人格，其对污染环境者的请求权是国家的请求权。换言之，国家机关当原告不是作为权利主体，而是作为权利主体（国家）的"代理人"在起诉。此点得到广泛认同，逻辑上也没有问题。但问题如下：

第一，在法学理论上，国家对全体公民承担"环境保护义务"，而通过这种民事诉讼只能事后性地、不完全地履行这一义务。因为，多数环境污染是难以恢复原状的，事后的"治理"代替不了事前的"管理"（避免污染发生）。

第二，更为重要的是，环保机关倚重民事诉讼，可能意味着其事前的"管理"权限未得到充分地行使，甚至其权限本身对于避免污染发生就是不充分的。若果真如此，可以将环保机关等对民事诉讼的倚重理解为立法不作为的一种代偿。

第三，环保机关为污染环境行为受害人"出头"的动因如何确保，尚需追问。

（三）法院的角色错乱

透视国家机关当民事诉讼原告的中国环境公益诉讼实践可知，法院与检察院、环保机关乃至公安机关联合出台规定，推动环境公益诉讼是实务中的一种常态。在这种实务常态中，法院是作为一种"执法部门"在活动，在作出意志行为（Willensakt）。抛开法院的独立性不论，单就其意志行为而言，"依法裁判"如何确保令人担忧。事实上，在很多环境公益诉讼案件中，法院的审理基本上是一种调解，环境公益诉讼相应地实质上转化为污染环境行为人、受害人、环保机关以及检察机关甚至包括法院在内的"沟通平台"。这种平台固然提供了一个将相关行政机关从利益关联中剥离出来的契机，但裁判基准的缺失等问题极大地减损了诉讼的法律性。

综上，笔者以为，中国目前的以国家机关为民事诉讼原告的环境公益诉讼，可以理解为在立法不作为的情况下，包括法院在内的各国家机关在"忍无可忍"时对污染环境行为的一种包含诸多不确定性的追究。质言之，是一种共同体的应急反应。作为一项法律制度，其法律性亟须进一步加强。

中国环境公益行政诉讼原告资格和类型*

刘善春**

一、环境公益行政诉讼原告资格定义和意义

（一）定义

原告资格指成为原告的必备条件：①权利受到实际损害，且这种损害是具体的、特定的、实际的或迫近的，非推测的、非假定的或非普遍的。②因果关系与违法行政行为有直接因果关系。③补救能力——损害很有可能被有利的判决所救济。在环境公益行政诉讼资格上，应认可损害普遍性和间接因果关系要件。如美国最高法院最初拘泥于"法律权利"原则，除非原告能证明其受法律保障的权利已经或正在遭受侵害，否则欠缺原告资格，即只有法院认定原告在普通法上享有诉的利益时，才承认其原告资格。其后法院将"法律权利"软化至"事实损害"，不再以法律权利为要件，如果原告能证明其起诉的行政行为对其造成经济损害或环境利益损害，该申请人就享有原告资格，可见环境公益行政诉讼原告资格已扩张，许多国家都承认任何公民、环保组织或其他公益团体以及行政机关的公益行政诉讼原告资格。

环境公益行政诉讼原告资格并不应要求损害已发生，只要有导致环境权益和生态平衡发生危险或损害的行政行为，任何人都可提起诉讼，包括政府、检察机关、公民、法人以及其他社会团体。很显然，传统的以"现实直接利害关系理论"为基础的原告资格界定无法对当下中国受

---

* 本文由中国政法大学行政法专业硕士研究生李胜蓝参与初稿撰写，最终由刘善春老师修改定稿。

** 刘善春，中国政法大学法学院教授，中国政法大学法学博士。

损的环境公共利益实现法律补救。我们建议降低原告资格门槛，只要有导致损害环境公共利益的行政行为，任何人或社会组织就可提起诉讼，这样可使更多人进入到环境公益行政诉讼中来。

日本自明治维新就产生严重的环境污染和"公害"纠纷，直到20世纪50年代，"公害"问题才引起人们重视。现在看来，实际上公害诉讼并不存在原告资格问题，只不过是这些公害普遍影响范围大、时间长，对因果关系的认定较困难罢了。对于因果关系的认定，一些新理论已建立起来，并通过了法院认可，如"忍受限度论"和"举证责任转移"理论。[1]

在德国，2002年梅克伦堡-前波梅拉尼亚州立法设定公益行政诉讼起诉权，但对其施加一定限制：环境组织就环境公益问题提起诉讼时，仅能依据《联邦自然保护法》第61条规定提起。2002年修改《联邦自然保护法》时将公益行政诉讼起诉权引入联邦法层面，即根据自然保护法规定享有原告资格，这主要想弥补自然保护法实施缺陷，以促进政府行政机关更好履行《联邦自然保护法》。比起联邦，各州显然更为积极和开放地赋予环境公益行政诉讼者原告资格，特别是那些长期存在非政府环境保护组织的州。[2]中国环境公益行政诉讼原告资格也已突破传统资格限定，检察机关已对损害环境公共利益的行政行为享有起诉资格。未来再扩及行政机关、公民、法人或其他组织。行政诉讼法和《最高人民法院、最高人民检察院关于检察公益诉讼案件适用法律若干问题的解释》都赋予检察机关提起公益行政诉讼资格。

（二）意义

经济学领域中，国外流传"公地悲剧"实验。实验者选取一块草地，将其分割为几部分并将各个部分，由每个牧羊人分别管理，但留出中间一块空地让大家共同打理。一年后实验者发现，被划分给个人的草地被用心打理，实现可持续发展，而作为公共空间的那块草地早就因过度放牧而导致土壤失去肥力。实验者得出结论：人都有保护自有财产以及无节制扩张的天性。在公共环境无人管理时，处于无保护状态下的公共利益最易受到侵害。在一个或几个牧羊人破坏了公共草地，而环保行政机关又没有履行环保行政职责时，其他牧羊人该如何维护自身对公共草地

---

〔1〕 张式军：《环境公益诉讼原告资格研究》，武汉大学2005年博士学位论文。

〔2〕 ［美］伯纳德·施瓦茨：《行政法》，徐炳译，群众出版社1986年版，第68页。

享有的权利呢？"有权利必有救济。"这就是确立环境公益行政诉讼原告资格的意义，即至少使检察机关具有起诉资格，以保护环境公共利益。如《最高人民法院、最高人民检察院关于检察公益诉讼案件适用法律若干问题的解释》第2条规定，人民法院、人民检察院办理公益诉讼案件主要任务是充分发挥司法审判、法律监督职能作用，维护宪法法律权威，维护社会公平正义，维护国家利益和社会公共利益，督促适格主体依法行使公益诉权，促进依法行政、严格执法。

二、设定环境公益行政诉讼原告资格原理

（一）法院可解决普遍争议的原理

一般说来，法院只解决具体法律争端，只有直接具体利害关系人才有原告资格。如《美国宪法》没有明确规定"原告资格"，只对联邦司法权作出限定："司法权包括在本宪法、美国法律和美国现在以及将来缔结的条约下发生的法律案件……以及美国为一方当事人的、两个和更多的州之间的……以及不同州公民之间的……争端。"据此联邦最高法院通过判决，解释并仅审理"案件"和"争端"。[3]原告为证明他符合《美国宪法》第3条所规定"争端"的要求，必须证明他个人所遭受由被告行为引起的实际损害或即将发生的损害，且两者之间必须存在直接因果关系。还必须证明最终确定的判决有可能救济其损害。按照《美国宪法》设定的原告资格，原告必须证明：①实际损害，且这种损害是具体、特定、实际或迫近而非推测、非假定或非普遍的；②因果关系——损害可以公正地追溯至被告的行为；③救济能力——损害很有可能被有利判决所救济。[4]《中华人民共和国行政诉讼法》（以下简称《行政诉讼法》）第25条也规定行政行为的相对人以及其他与行政行为有利害关系的公民、法人或者其他组织，有权提起诉讼。我们认为中美行政诉讼原告资格规定为一般情况，法院在特定情况下也应当解决抽象或普遍争议。环境公害具有反复性、普遍性、继续性、潜在性和间接性。[5]环境问题作

〔3〕 祝芬：《我国环境公益诉讼原告资格研究》，中国政法大学2009年硕士学位论文。
〔4〕 雷景辉：《环境公益诉讼原告资格研究》，重庆大学2009年硕士学位论文。
〔5〕 刘年夫、李挚萍主编：《正义与平衡——环境公益诉讼的深度探索》，中山大学出版社2011年版，第154页。

为人类生存共同面临的问题，每个公民都享有共同环境权利，环境权利共有、环境抽象行政行为、环境行政决定与每个人都有直接或间接的利害关系，每个人都应赋予其原告资格，这是设定环境公益行政诉讼原告资格的原理。

（二）"公共信托"理论〔6〕

该理论源自古罗马，后经英国法学家引入，被英国法接受。20世纪中期，美国学者将其引入环境保护领域，使之成为美国环境公益诉讼的理论根据，认为"水等与人密不可分的生活环境要素是属于全体国民的共有财产""国民可委托国家来代替其更好地管理好这些共有财产"，国家与民众之间形成委托关系，国家应当为所有国民管理好财产，未经国民许可，国家不得擅自处理。该理论赋予了国民和国家起诉权，以保护"共有财产"。对国家而言，其有责任通过诉讼来保护环境不受侵害，由于国家为抽象概念，环保行政机关可为国家"代言人"。对公民而言，应有权利借助法律途径来监督受托人的管理环境的行政行为。公共信托理论从实体和程序两方面揭示了检察机关和公民应享有起诉权，为原告公益行政诉讼资格制度的设立，提供了强大理论支撑。

（三）"私人检察总长"理论〔7〕

该理论来自美国，得到立法者认可，成为确定环境公益行政诉讼原告资格的重要基础。据该理论，立法者授权检察总长，以及公民充当检察总长，为维护公共利益而对行政不法行为提起行政诉讼。检察总长当然可以提起环境公益行政诉讼，私人检察总长起诉的目的在于维护公众利益免受非法侵害，而与起诉人自身利益并无直接利害关系，这使非直接利害关系人即私人，作为检察总长，获得起诉资格。

三、中国环境公益行政诉讼原告资格现状

（一）中国环境公益行政诉讼原告资格的宪法依据

《中华人民共和国宪法》（以下简称《宪法》）序言规定，中国各族人民将继续在中国共产党领导下，在马克思列宁主义、毛泽东思想、邓小平理论、"三个代表"重要思想、科学发展观、习近平新时代中国特色

---

〔6〕 余卫钊：《环境公益诉讼原告资格研究》，昆明理工大学2012年硕士学位论文。

〔7〕 张丰芹：《环境公益诉讼原告资格研究》，江西理工大学2009年硕士学位论文。

社会主义思想指引下，坚持人民民主专政，坚持社会主义道路，坚持改革开放，不断完善社会主义的各项制度，发展社会主义市场经济，发展社会主义民主，健全社会主义法治，贯彻新发展理念，自力更生，艰苦奋斗，逐步实现工业、农业、国防和科学技术的现代化，推动物质文明、政治文明、精神文明、社会文明、生态文明协调发展，把我国建设成为富强民主文明和谐美丽的社会主义现代化强国，实现中华民族伟大复兴。《宪法》第41条规定：中华人民共和国公民对于任何国家机关和国家工作人员，有提出批评和建议的权利；对于任何国家机关和国家工作人员的违法失职行为，有向有关国家机关提出申诉、控告或者检举的权利，但是不得捏造或者歪曲事实进行诬告陷害。对于公民的申诉、控告或者检举，有关国家机关必须查清事实，负责处理。任何人不得压制和打击报复。由于国家机关和国家工作人员侵犯公民权利而受到损失的人，有依照法律规定取得赔偿的权利。据此，任何公民都可以针对环保行政机关的违法行政行为，向法院提起公益行政诉讼，或者向检察机关提出建议，请求检察机关提起公益行政诉讼，法院必须依法受理、审理和判决。宪法序言中的"推动生态文明协调发展"等规定和第41条是环境公益行政诉讼原告资格确立的直接依据。

（二）《行政诉讼法》已经赋予检察机关提起公益行政诉讼的资格

《行政诉讼法》第25条第4款规定：人民检察院在履行职责中发现生态环境和资源保护、食品药品安全、国有财产保护、国有土地使用权出让等领域负有监督管理职责的行政机关违法行使职权或者不作为，致使国家利益或者社会公共利益受到侵害的，应当向行政机关提出检察建议，督促其依法履行职责。行政机关不依法履行职责的，人民检察院依法向人民法院提起诉讼。《最高人民法院、最高人民检察院关于检察公益诉讼案件适用法律若干问题的解释》第4条规定：人民检察院以公益诉讼起诉人身份提起公益诉讼，依照民事诉讼法、行政诉讼法享有相应的诉讼权利，履行相应的诉讼义务，但法律、司法解释另有规定的除外。第21条规定：人民检察院在履行职责中发现生态环境和资源保护、食品药品安全、国有财产保护、国有土地使用权出让等领域负有监督管理职责的行政机关违法行使职权或者不作为，致使国家利益或者社会公共利益受到侵害的，应当向行政机关提出检察建议，督促其依法履行职责。

行政机关应当在收到检察建议书之日起 2 个月内依法履行职责，并书面回复人民检察院。出现国家利益或者社会公共利益损害继续扩大等紧急情形的，行政机关应当在 15 日内书面回复。行政机关不依法履行职责的，人民检察院依法向人民法院提起诉讼。

（三）《环境保护法》应明确设定环境公益行政诉讼原告资格

《中华人民共和国环境保护法》（以下简称《环境保护法》）第 58 条规定：对污染环境、破坏生态，损害社会公共利益的行为，符合下列条件的社会组织可以向人民法院提起诉讼：①依法在设区的市级以上人民政府民政部门登记；②专门从事环境保护公益活动连续 5 年以上且无违法记录。符合前款规定的社会组织向人民法院提起诉讼，人民法院应当依法受理。提起诉讼的社会组织不得通过诉讼牟取经济利益。可以认为这是环境公益行政诉讼原告资格的规定。因为其中"对污染环境、破坏生态，损害社会公共利益的行为"可包括环保行政行为。

《环境保护法》第 57 条规定：公民、法人和其他组织发现任何单位和个人有污染环境和破坏生态行为的，有权向环境保护主管部门或者其他负有环境保护监督管理职责的部门举报。公民、法人和其他组织发现地方各级人民政府、县级以上人民政府环境保护主管部门和其他负有环境保护监督管理职责的部门不依法履行职责的，有权向其上级机关或者监察机关举报。接受举报的机关应当对举报人的相关信息予以保密，保护举报人的合法权益。该条没有规定公民、法人和其他组织发现地方各级人民政府、县级以上人民政府环境保护主管部门和其他负有环境保护监督管理职责的部门不依法履行职责的，有权向法院提起公益行政诉讼，这是其不足。

《环境保护法》第 6 条规定：一切单位和个人都有保护环境的义务。地方各级人民政府应当对本行政区域的环境质量负责。企业事业单位和其他生产经营者应当防止、减少环境污染和生态破坏，对所造成的损害依法承担责任。公民应当增强环境保护意识，采取低碳、节俭的生活方式，自觉履行环境保护义务。可见，《环境保护法》对环境保护问题更多的是从"义务"角度出发，号召人们自觉保护环境，但忽视了"环境保护靠自觉"的艰难，也高估了人的善本性。该条没有授予公民享有环境公益行政诉讼资格，也是不足。

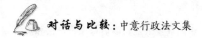

（四）环境公益行政诉讼原告资格实际

1. 检察机关已具有公益行政诉讼原告资格

如按行政诉讼"直接"利害关系人、"直接"因果关系资格要求，必使具有"间接""普遍"或"影响"关系的原告挡在法院门外，许多环境行政争议无法得到解决，环境公共利益得不到有效保护，2017年《行政诉讼法》修订授权检察机关可以提起环境公益行政诉讼。此前不能解决的问题，当下检察机关可提起公益诉讼。如2001年，南京市中山陵园管理局在中山陵风景区紫金山兴建"南京市紫金山景观台"。2001年10月17日，东南大学两位教师施建辉和顾大松，以南京市规划局对景观台的规划许可未依法行政，导致景观台的建设给紫金山的自然风景造成破坏为理由，将南京市规划局起诉至南京市中级人民法院，要求撤销被告所作紫金山景观台的行政规划许可。该法院以该案未在本辖区内造成重大影响，以及不属于该院在本辖区内受理的重大，复杂的行政案件为由，驳回两教师起诉。同年年底，两原告拟向区法院提起诉讼，与此同时南京市规划局鉴于舆论压力，决定撤除紫金山景观台，为此两原告放弃起诉。2002年3月，南京市在保留下面三层的基础上，通过逐渐爆破的方式将该工程拆除。[8]在本案中，南京市中级人民法院根据《最高人民法院关于执行〈中华人民共和国行政诉讼法〉若干问题的解释》第1条第2款第6项的规定，"对公民、法人或其他组织的权利和义务不产生实际影响的行为"，认为不属于法院主管，从而不受案。虽然在紫金山景观台的建设中，南京市规划局行政行为违法，破坏了公共利益，但是该景观台的建设并没有给公民和个人造成实际直接的利益损害，仅是损害了市民对自然风光的审美利益，同时根据当时《行政诉讼法》的规定，原告"必须是承担具体行政行为或受其影响的公民，法人和其他组织"，即"与具体行政行为有法律上利害关系的公民，法人或者其他组织对该行为不服的，可以依法提起诉讼"。而此案原告并不具备法律规定的原告资格，他们与紫金山景观台的建设不具有直接利害关系，同时南京市规划局也没有给他们造成利益上的损害，仅是破坏了公众对自然景观的观赏，法院认为两位老师不具备原告资格。按新修订的《行政诉讼法》第25条的规

---

〔8〕"施建辉、顾大松诉南京市规划局违法行政案"，载环境法制网，http://www.hjfzw.net/，最后访问时间：2014年11月16日。

定，检察机关可以向规划行政机关提出建议，在规划行政机关不接受建议情况下，向法院提起公益行政诉讼。

2. 检察机关已具有公益民事诉讼原告资格

此前不受理公民提起公益民事诉讼案件，2017 年之后，公民可以按照新修订的《中华人民共和国民事诉讼法》（以下简称《民事诉讼法》）的规定，申请检察机关依法提起公益民事诉讼。如 2005 年 11 月 13 日，中国石油天然气集团公司所属中国石油天然气股份有限公司吉林分公司双本厂（101 厂）硝基苯精馏塔发生爆炸，100 吨苯类污染物流入松花江，导致江水硝基苯和苯严重超标，造成整个松花江水流域生态环境被严重破坏。剧毒化学物质给松花江水域内的生物资源、自然资源带来的巨大破坏，很难在短期内恢复，一些珍贵物种可能会濒临灭绝的危险境地。2005 年 12 月 7 日，北京大学法学院的三位教授和三位研究生以自然物属于公共财产为由，作为共同原告向黑龙江省高级人民法院提起公益民事诉讼，要求被告吉林分公司双苯厂赔偿 100 亿人民币用于设立松花江流域污染治理基金。但当时似未实现起诉目标。现在新《民事诉讼法》第 55 条规定，对污染环境、侵害众多消费者合法权益等损害社会公共利益的行为，法律规定的机关和有关组织可以向人民法院提起诉讼。人民检察院在履行职责中发现破坏生态环境和资源保护、食品药品安全领域侵害众多消费者合法权益等损害社会公共利益的行为，在没有前款规定的机关和组织或者前款规定的机关和组织不提起诉讼的情况下，可以向人民法院提起诉讼。前款规定的机关或者组织提起诉讼的，人民检察院可以支持起诉。

3. 环保社团还无明确的环境公益行政诉讼原告资格

环保社团以维护公共环境为宗旨，具有科技实力，可以承担环境公益行政诉讼职责。从目前法律规定和司法实践来看，环保社团还不能对与自己无直接利害关系的环境行政行为提起行政诉讼。[9]这些环保社团在环境公益行政诉讼中还无一席之地，不利于维护环境公共利益。《民事诉讼法》第 55 条已经授权环保社团提起公益民事诉讼资格，我们认为也应当授予其公益行政诉讼资格。

---

〔9〕 李光禄、刘明明："论我国环境公益诉讼原告资格的确立"，载《重庆工商大学学报（社会科学版）》2006 年第 5 期。

4. 公民还无环境公益行政诉讼原告资格，未来应授予

不过作为原告，公民举证肯定很难，环境问题通常极为复杂，比如水污染经常面临的技术性难题：污染源的属性、损害发生及其程度、致病机理等，并且水的流动性强，如果不及时向法院申请鉴定或保全证据，起诉难，举证更难。

四、环境公益行政诉讼原告资格类型

（一）检察机关

《人民检察院组织法》第 2 条规定："人民检察院是国家的法律监督机关。人民检察院通过行使检察权，追诉犯罪，维护国家安全和社会秩序，维护个人和组织的合法权益，维护国家利益和社会公共利益，保障法律正确实施，维护社会公平正义，维护国家法制统一、尊严和权威，保障中国特色社会主义建设的顺利进行。"第 20 条规定："人民检察院行使下列职权：……④依照法律规定提起公益诉讼……"提起公益行政诉讼是检察机关行使法律监督权的重要组成部分，其性质和职责及优越性决定其享有公益诉讼的原告资格。在司法实践中，早在 2018 年新检察院组织法修改之前，有些检察院已经提起环境公益诉讼并取得很好效果，这为检察机关提起环境公益行政诉讼入法奠定了实践基础。如山东省乐陵市人民检察院对被告范某提起的民事环境公益诉讼[10]，堪称典型。2003 年 5 月，山东省乐陵市人民检察院对范某提起了环境民事公益诉讼。乐陵市人民检察院诉称：被告范某通过非法渠道非法加工销售石油制品，损害国有资源，造成环境污染，威胁人民健康，影响社会稳定，请求乐陵市人民法院依法判令被告停止侵害、排除妨害、消除危险。乐陵市人民法院受理后，经审判支持了检察院的诉讼请求，依据《中华人民共和国民法通则》第 5、73、134 条规定作出判决，责令被告范某将其所经营的金鑫化工厂，于判决生效后的 5 日内自行拆除，停止对社会公共利益的侵害，排除对周围群众的妨碍，消除对社会存在的危险。这起由乐陵市检察院起诉、乐陵市法院判决的环境污染停止侵害案，是近年来中国处理得比较好的一个环境公益诉讼案例。

---

[10] "论检察机关提起环境公益诉讼"，载法律教育网，http://www.chinalawedu.com/，最后访问时间：2009 年 10 月 15 日。

2002 年，四川省阆中市群发骨粉厂产生的烟尘、噪声污染环境严重，周围居民因长期受该厂侵害，多次到环保部门投诉。2003 年年初，阆中市环保局在对该厂周围区域的空气质量进行监测后发现，其悬浮颗粒物、噪声等超标较重。随后该市检察院向法院提起民事诉讼。法院审理后认为，群发骨粉厂排放的污染物在一定程度上对周边群众的工作、生活构成了侵害，检察院诉讼请求应予支持。于 2003 年 11 月依法判决：阆中市群发骨粉厂停止对环境的侵害，并在一个月内改进设备，直至排出的烟尘、噪声、总悬浮颗粒物不超过法定浓度限值标准为止。[11] 这些检察机关提起环境公益民事诉讼的案例，无论在程序还是在实体上，对我们建立检察机关提起环境公益行政诉讼制度也都有重要意义。这说明，检察机关提起环境公益诉讼是必然的。正是吸取上述经验，2017 年全国人大常委会审时度势，修订行政诉讼法赋予检察机关环境公益行政起诉权。

（二）环境行政机关

第一，环境行政机关提起环境公益行政诉讼有其自身的优越性。环境污染成因复杂，损害因果关系难以确定，这需要有丰富专业知识才能实现证据的收集与运用。环保机关在职务活动中获得大量环境损害的信息，由其起诉，可以更迅速、有效地举证。

第二，中国法律和司法实践已经将环境行政机关作为环境公益诉讼的原告。如《中华人民共和国海洋环境保护法》第 89 条第 2 款规定："对破坏海洋生态、海洋水产资源、海洋保护区，给国家造成重大损失的，由依照本法规定行使海洋环境监督管理权的部门代表国家对责任者提出损害赔偿要求。"

第三，《民事诉讼法》第 55 条第 1 款规定："对污染环境、侵害众多消费者合法权益等损害社会公共利益的行为，法律规定的机关和有关组织可以向人民法院提起诉讼。"这是具有里程碑意义的修订，为环保公益行政诉讼指明了方向。可见，法律赋予环保行政机关"索赔权"或"起诉权"，是公益起诉原告由模糊向确定迈出的关键一步。

（三）环保社会团体

国务院早在 2005 年 12 月颁布的《关于落实科学发展观加强环境保

---

〔11〕 "论检察机关提起环境公益诉讼"，载法律教育网，http://www.chinalawedu.com/，最后访问时间：2009 年 10 月 15 日。

护的决定》就强调，"完善对污染受害者的法律援助机制，研究建立环境民事和行政公诉制度"，"发挥社会团体的作用，鼓励检举和揭发各种环境违法行为，推动环境公益诉讼"。2015 年 6 月 25 日，大连市环保志愿者对中石油 2010 年"7·16"原油泄漏造成海洋环境污染向大连海事法院提起环境公益民事诉讼。经协商，被告中石油出资两亿元用于修复由于原油泄漏造成的海洋污染，并接受公众监督。此前，大连市环保志愿组织在海洋周边 5 个区进行了调查问卷，结果显示有 96% 的受调查者认为应对中石油提起诉讼。这一举动为公民关注环保法、提升环保意识、真正参与到环境保护中来加足了马力，也使中国环保社会团体提起环境公益行政诉讼更具可行性，[12]还可以减轻检察机关提起公益行政诉讼负担。环保社团无论是推动环境法制定，还是参与监督环境法实施都发挥着重要作用，特别是当政府活动或其他私人活动污染破坏环境，当政府和污染者不愿消除污染或为受害公众提供充分补救，个人面对势力强大的行政机关和环境污染者无能为力时，环保社团可以代表公众，提起诉讼保护公民合法环境权益。虽然目前环保团体数量不多，质素还有待提高，但应该把它们作为有潜力的主体来培养。当前可以借鉴欧洲国家的做法，采取国家认可的方式，由国家认可，成立已经有一定年限的环保团体具有公益行政起诉权。[13]

（四）公民个人或集体

20 世纪 40 年代后期至 70 年代，美国谨慎放宽环境公益行政诉讼的原告资格，从"申诉人只有在合法的财产权利受到侵害时才有起诉资格"到"竞争者虽然没有受到合法权利上的损害，但其利益存在事实上的损害，可以依法享有请求司法审查的资格，即除了享有合法权利者外，作为竞争者也具有起诉资格"。尽管判例法已经放宽对原告资格的限制，但成文法对此还是态度谨慎。1946 年美国《联邦行政程序法》对起诉资格作了重要规定，其中"任何人由于行政行为而受到不法的侵害"，还是传统起诉资格标准。到 20 世纪 70—80 年代，环境诉讼原告资格全面放开。

---

〔12〕 "中石油掏两亿用于生态修复　大连海洋污染案原告放弃上诉"，载新华网，http://www.xinhuanet.com/，最后访问时间：2015 年 6 月 27 日。
〔13〕 李挚萍："中国环境公益诉讼原告主体的优劣分析和顺序选择"，载《河北法学》2010 年第 1 期。

公民、社会团体既可以针对污染者的侵权行为提起环境民事公益诉讼，也可针对环境保护行政部门的违法不作为或作为提起环境行政公益诉讼。

五、确立中国环境公益行政诉讼原告资格的保障

（一）公益行政诉讼原告资格法律保障

（1）《中华人民共和国宪法》进一步确立"环境公益行政诉讼原告资格"理念。

（2）《中华人民共和国环境保护法》对环境权作具体细化规定。

（3）《中华人民共和国水污染防治法》《中华人民共和国大气污染防治法》或《中华人民共和国固体废物污染环境防治法》，明确规定不同情形的原告公益行政起诉资格。

（4）《中华人民共和国行政诉讼法》未来应从检察机关扩及社团、公民有权提起公益行政诉讼。

（二）法律援助和奖励制度保障

第一，法律援助制度。律师具备良好专业知识和素质，如果参与到环境公益诉讼中去，无疑是助环保事业一臂之力。由律师协会牵头开展环境公益行政诉讼服务，设立公益法律服务中心，对环境公益行政诉讼给予支持；鼓励律师提供无偿或低酬公益服务。

第二，激励机制。环境保护公益行政诉讼是一项艰巨事业，激励机制，比如向提供律师服务的律所颁发锦旗、向对环境公益行政诉讼做出贡献的人士授予称号，会使更多人愿意为环境公益行政诉讼尽一分力量。

（三）财务制度保障

环保事业的可持续发展需要投入大量的人力、物力和财力，更离不开高科技、新能源的替代发展。因此，有力的财务支撑是促进环保事业发展的必要条件。我们需要合理分配资金布局，加大环保投入，使环保公益行政诉讼在费用问题上没有后顾之忧。